主　编　刘宇红
副主编　杨天平　黄筑蓉

证券
基础与实务

Zhengquan
Jichuyushiwu

Finance

图书在版编目（CIP）数据

证券基础与实务/刘宇红主编. —北京：经济管理出版社，2014.8
ISBN 978-7-5096-3182-9

Ⅰ. ①证…　Ⅱ. ①刘…　Ⅲ. ①证券交易—中等专业学校—教材　Ⅳ. ①F830.91

中国版本图书馆 CIP 数据核字（2014）第 126890 号

组稿编辑：魏晨红
责任编辑：魏晨红　周晓东
责任印制：黄章平
责任校对：陈　颖

出版发行：经济管理出版社
（北京市海淀区北蜂窝 8 号中雅大厦 A 座 11 层　100038）
网　　址：www. E-mp. com. cn
电　　话：(010) 51915602
印　　刷：北京银祥印刷厂
经　　销：新华书店
开　　本：787mm×1092mm/16
印　　张：19.25
字　　数：388 千字
版　　次：2014 年 8 月第 1 版　2014 年 8 月第 1 次印刷
书　　号：ISBN 978-7-5096-3182-9
定　　价：38.00 元

编委会

前　言

自股票诞生以来，证券发展迅速，创新层出不穷，品种日新月异。

证券的迅速发展促进了证券市场发展。证券交易所如雨后春笋般快速发展，并呈现出强强联合趋势。2000 年 3 月 18 日，阿姆斯特丹交易所、布鲁塞尔交易所、巴黎交易所签署协议，合并为泛欧交易所，并于 2000 年 12 月 22 日正式成立，总部位于巴黎。2007 年 4 月 4 日泛欧交易所与纽约证券交易所合并为纽约泛欧交易所（NYSE Euronext），成为世界上第一个全球证券交易所。

近年来，证券场外市场飞速发展，交易量超过交易所市场。1971 年成立的、完全采用电子交易的美国纳斯达克（NASDAQ）股票市场，有近 5400 家公司的证券在其上市交易，向全球 50 多万个计算机终端显示报价，促进了证券交易的繁荣和发展。

我国证券市场在证券的种类和创新、证券交易所的数量和资产规模、证券交易量等方面都与发达国家有很大的差距，这种差距有多方面的原因，其中一个重要的原因是我国证券人才的培养模式。我国院校对证券人才培养多注重理论、轻视实践，导致学生理论与实践脱节，限制了我国证券市场的发展。

《证券基础与实务》正是基于这样的背景下编写的。本书是中等职业学校金融事务类专业的核心课程用书之一，是深圳市福田区华强职业技术学校与深圳市国泰安信息技术有限公司合作编写的系列教材之一。深圳市福田区华强职业技术学校是国家级重点职业学校，2011 年被立项为国家中等职教改革发展示范校建设学校，是广东省现代教育技术实验学校，是教育部确定的全国第一批培养技能型紧缺人才学校，全国中等职业学校德育先进集体。

本书从中等职业学校学生的身心发展阶段和学习特点出发，结合金融实务专业的培养要求，对证券市场、股票及股票市场、债券、基金、金融衍生产品进行深入浅出的介绍，并在此基础上介绍了股票操作知识。本书理论与实践并蓄，在证券理论和实践知识之间架设桥梁，让学生在掌握理论知识的同时兼顾实训内容，让学生更好地理解证券市场和证券交易知识。本书也可作为证券类相关课程的指导教材，可供证券实务操作人员和社会投资者自学使用。

本书共分为三章，内容包括：

第一章：证券市场概述。主要内容为证券市场的概念及证券市场相关要素。

第二章：股票和股票市场。主要介绍股票、股票发行市场和交易市场知识，并在此基础上，介绍了股票的K线形态、技术类型、移动平均线、技术指标及证券投资策略方面的实践知识。

第三章：其他投资工具。主要讲述了债券、基金和金融衍生产品的相关知识。

本书由深圳市福田区华强职业技术学校与深圳市国泰安信息技术有限公司合作编写，由深圳市国泰安信息技术有限公司的程军编写初稿，由深圳市福田区华强职业技术学校黄筑蓉进行总纂并定稿。

本书的出版得到了经济管理出版社编辑魏晨红的大力支持和帮助，在此表示衷心感谢。对本书在编撰过程中所参阅的有关资料、论著、教材和网络数据的作者，在这里也深表谢意！

由于编者水平有限，书中难免存在缺点甚至错误，敬请广大读者批评指正。

笔　者

2014年7月

目　录

第一章　证券市场概述

第一节　证券

一、证券的基本概念

证券（Securities）指各类记载并代表一定权利的法律凭证。它用以证明持有人有权依其所持凭证记载的内容而取得应有的权益。从一般意义上来说，证券是指用以证明或设定权益所做的书面凭证，它表明证券持有人或第三者有权取得该证券所代表的特定权益，或证明其曾经发生过的行为。证券可以采取纸质形式或证券监管机构规定的其他形式。

二、证券的种类

证券是多种经济权益凭证的统称，主要包括资本证券、货币证券和商品证券等。

资本证券是指由金融投资或与金融投资有直接联系的活动而产生的证券，持有人对该证券有一定收入的请求权，包括普通股股票、优先股股票、商业票据、国库券、国库票据、公司债券等。

货币证券是指持券人或第三者能取得货币索取权的证券，主要包括两大类：一类是商业证券，如商业汇票和商业本票；另一类是银行证券，如银行汇票、银行本票和支票。

商品证券是指用来证明持有人有商品所有权或使用权的凭证，取得这种证券就等于取得商品的所有权或使用权，持有人对这种证券所代表的商品所有权受法律保护，商品证券有提货单、栈单、运货单等。

狭义上的证券主要指的是证券市场中的证券产品，如股票、债券、股票指数期货及期权、利率期货及期权等。证券一般指的是有价证券。

三、有价证券的种类

有价证券是一种标有票面金额，证明持券人或该证券指定的特定主体对特定财产拥有所有权或债权的凭证，这类证券本身没有价值，但由于它代表着一定量的财产权利，持有人可以凭该证券直接取得一定量的商品、货币，或是取得利息、股息等收入，因而可以在证券市场上买卖和流通，客观上具有交易价格，钞票、邮票、印花税票、股票、债券、国库券、商业本票、承兑汇票、银行定期存单等，都是有价证券。

有价证券有广义和狭义之分，广义上有价证券包括商品证券、货币证券和资本证券；狭义上指资本证券。

有价证券的种类多样，可以从不同的标准进行分类：

1. 按证券发行的主体，有价证券可以分为政府证券、政府机构证券和公司证券

政府证券指中央政府或地方政府发行的证券，中央政府债券也称为国债，通常由一国财政部发行。地方政府债券由地方政府发行，2009年以前我国不允许地方政府发行债券，之后可以由财政部代理发行，2014年经国务院批准，上海、浙江、广东、深圳、江苏、山东、北京、江西、宁夏、青岛试点地方政府债券自发自还。公司证券是公司为筹措资金而发行的有价证券，公司证券的范围比较广泛，有股票、公司债券及商业票据等。

2. 按是否在证券交易所挂牌交易，有价证券可以分为上市证券和非上市证券

上市证券指经证券主管机构核准发行，并经证券交易所依法审核同意，允许在证券交易所公开买卖的证券。非上市证券指未申请上市或不符合证券交易所挂牌交易条件的证券，非上市证券不允许在证券交易所交易，但可以在其他证券交易市场发行和交易，凭证式国债、电子式储蓄国债、普通开放式基金份额和非上市公司的股票都属于非上市证券。

3. 按募集方式，有价证券可以分为公募证券和私募证券

公募证券指发行人向不特定的社会公众投资者公开发行证券，审核较严格，并采取公示制度。私募证券是指向少数特定的投资者发行的证券，其审查条件相对宽松，投资者也较少，不采取公示制度。

4. 按证券所代表的权利性质，有价证券可以分为股票、债券和其他证券

股票和债券是证券市场两个最基本和最重要的品种，其他证券包括基金证券、证券衍生产品等，如金融期货、可转换债券、权证等。

第二节　证券市场的概念

一、证券市场的基本概念

证券市场是股票、债券、投资基金等有价证券的发行和交易场所，泛指一切以证券为对象的交易关系的总和。证券市场是市场经济发展到一定阶段的产物，是为解决资本供求矛盾和流动性而产生的市场。证券市场是以证券的发行和交易方式实现筹资与投资的对接，有效地化解资本的供求矛盾和资本结构矛盾的难题。

二、证券市场的构成要素

证券市场的构成要素包括证券的市场结构和证券市场的参与者。

1. 证券的市场结构

证券的市场结构有很多种，但比较重要的有证券市场的层次结构和证券市场的品种结构。

证券市场的层次结构包括发行市场和交易市场。发行市场又称为一级市场或初级市场。交易市场又称为二级市场或次级市场（后面详细介绍）。

证券的品种结构主要有股票市场、债券市场、基金市场和衍生产品市场。

2. 证券市场的参与者

证券市场参与者包括证券的发行人、证券的投资者、证券市场的中介机构、证券市场的自律性组织、证券的监管机构。

（1）证券的发行人。证券的发行人是指为筹集资金而发行债券、股票等的发行主体，包括公司、政府和政府机构等。现代公司主要采用股份有限公司和有限责任公司，只有股份有限公司才能发行股票。公司发行证券的主要方式有两种，即股票和债券。公司股票和债券的区别如表 1–1 所示。

表 1–1　股票和债券的比较

证券名称	资本性质	时间	是否偿还
股票	自有资本	长期	不需偿还
债券	借入资本	长期/短期	需还本付息

政府（中央政府和地方政府）和中央政府直属机构已成为证券市场发行的重要主体之一。政府发行的证券一般仅限于债券。由于以国家财政信誉作为债券还本付息的保证，所以政府证券不存在违约的风险，被称为“金边证券”，这一类证券被视为无风险证券，其证券收益率被称为无风险利率，是金融市场上重要的价格指标。

（2）证券的投资者。证券的投资者是指通过买入证券而进行投资的各类机构法人和自然人。证券的投资者分为个人投资者和机构投资者。个人投资者是指从事证券投资的自然人，他们是证券市场最广泛的投资者。机构投资者主要有政府机构、金融机构、企业和事业单位法人及各类基金等。金融机构包括证券经营机构、银行金融机构、保险经营机构、境外投资者（QFII）、主权财富基金和其他金融机构。各类基金主要包括证券投资基金、社保基金、企业年金和社会公益基金等。

（3）证券市场的中介机构。证券市场的中介机构是指为证券的发行、交易提供服务的各类机构，包括证券公司和证券服务机构。

（4）证券市场的自律性组织。证券市场的自律性组织主要是指按《证券法》规定设立的组织，主要包括证券交易所、证券业协会、证券登记结算机构。

（5）证券的监管机构。证券的监管机构是指中国证监会及其派出机构。

表 1–2　证券市场的构成要素

证券市场	组成	名称
证券市场的结构	发行市场	一级市场或初级市场
	交易市场	二级市场或次级市场
证券市场的参与者	证券的发行人	公司、政府和政府机构
	证券的投资者	个人投资者
		机构投资者：政府机构、金融机构、企业和事业单位法人、各类基金
	证券市场的中介机构	证券公司、证券服务机构
	证券市场的自律性组织	证券交易所、证券业协会、证券登记结算机构
	证券的监管机构	中国证监会及其派出机构

三、证券市场的地位和功能

证券市场综合反映了国民经济的整体运行情况，被称为国民经济的“晴雨表”，为观察和监控经济运行提供了直观的指标。证券市场的功能主要有以下三点：

1. 筹资投资功能

证券市场一方面为资金需求者提供了通过发行证券筹集资金的机会，同时也为资金供给者提供了投资的对象。证券市场上的任何证券，既是筹资的工具，也是投资的工具。经济运行过程中，资金盈余者为使资金增值，寻找投资对象；资金短缺者为了发展业务，就需要向社会寻找资金。为筹措资金，资金短缺者可以向银行筹措资金，也可以通过发行各种证券来筹资。资金盈余者可以通过购买证券而实现投资的目的。筹资和投资是证券市场两个不可分割的方面。

2. 资本定价功能

证券是资本的表现形式，所以证券的价格实际上是证券所代表的资本的价格。证券价格是证券市场上供求双方共同作用的结果。证券市场的运行形成了证券需求者和供给者之间的竞争关系。这种竞争关系的结果是产生高投资回报资本，市场需求大，相应的证券价格高；反之，证券价格就低。证券市场提供了资本的合理定价机制。

3. 资本配置功能

证券市场通过证券价格引导资本的流动，从而实现资本合理配置。证券市场上，证券价格的高低是由该证券所能提供的预期报酬率高低来决定的。证券价格的高低实际上是该证券筹资能力的反映。高报酬率的证券一般来自于那些经营好、发展潜力巨大或新兴行业的企业。证券的预期报酬率高，资本持有者会纷纷购买该证券，导致该证券市场价格也高，从而筹资能力强，市场资金就流向能产生高报酬率的企业或行业，实现资本的合理配置。

第三节 证券发行市场

一、证券发行市场的概念

证券发行市场指发行人向投资者出售证券的市场，又称为一级市场或初级市场。证券发行市场通常无固定的场所，是一个无形的市场，没有专业的设备或设施。证券发行市场实际上包括各个经济主体和政府部门从筹划发行证券、证券承销商承销证券、认购人购买证券的全过程。

证券发行市场发行对象，可以是证券发行人首次发行的证券，也可以是证券发行人再次增发的新证券，还可以是因证券拆细或合并等行为而发行的证券。我国证券发行市场发行的对象是企业通过股份制改造发行的新股票，或上市公司为了增加股本，以送股或配股等方式发行的新股票等。

证券发行市场由证券发行人、证券投资者、证券承销商和证券中介机构构成（如图 1–1 所示）。

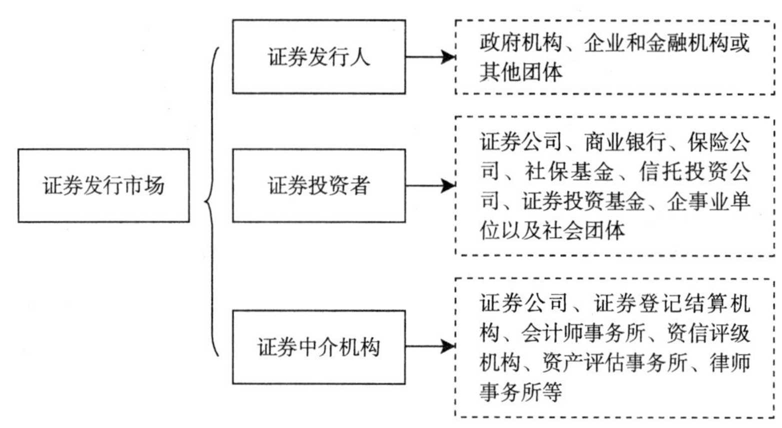

图 1–1 证券发行市场

1. 证券发行人

证券发行人又称发行主体，是资金的需求者和证券的供应者。市场经济下，资金需求者可以通过两种途径筹集资金，即向银行借款和发行证券，也称为间接融资和直接融资。发行证券已经成为资金需求者最基本的筹集资金的手段。证券发行人主要是企业、政府机构、金融机构或其他团体。

2. 证券投资者

证券投资者是以取得利息、股息或资本收益为目的而认购证券的机构或个人。证券投资的机构主要包括证券公司、商业银行、保险公司、社保基金、信托投资公司、证券投资基金、企事业单位以及社会团体等。

3. 证券中介机构

中介机构就是连接证券发行人与证券投资者之间的桥梁和纽带。中介机构接受证券发行人的委托，通过一定的发行方式和发行渠道，向投资者销售发行人的证券。我国证券中介机构主要包括证券公司、证券登记结算机构、会计师事务所、资信评级机构、资产评估事务所、律师事务所等机构。

证券发行市场具有以下作用（如图 1–2 所示）：

1. 为资金需求者提供筹集资金的渠道

证券发行市场拥有大量的运行成熟的证券商品供发行者选择，发行者可以根据证券的期限、收益水平、参与权、流通性、风险度、发行成本等不同的特点，选择自己需要或可能选择发行的证券种类，并根据市场供求关系确定价格和数量。发行市场上众多的中介服务机构利用自己的网点、技术和人才向公众推销证券，有助于发行者及时筹措到所需的资金。

2. 为资金供应者提供投资的机会

证券发行市场提供了多种多样的投资机会，实现社会储蓄向投资的转化。

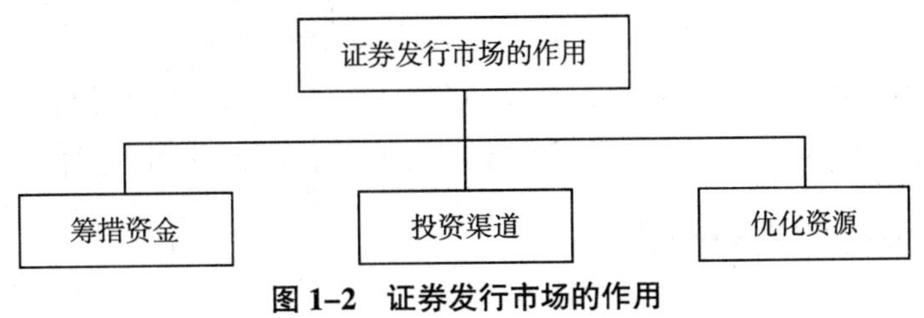

图 1-2 证券发行市场的作用

3. 形成资金流动的收益导向机制，促进资源的优化配置

证券发行市场通过市场机制选择发行证券的主体和价格，那些市场产业前景好、经营业绩好、发展潜力大、预期收益高的证券受到市场的青睐，更容易从市场筹集到所需的资金，从而导致资金流入最能产生收益的行业和企业，促进社会资源的优化配置。

二、证券发行市场的管理

由于证券发行的注册制和核准制都需要证券监督管理机构批准，因此证券发行市场由证券监管机构监督管理。我国证券的发行是由中国证监会管理。2013 年 10 月 8 日，中国证监会发布了《证券发行与承销管理办法》（以下简称办法），并于 2014 年 3 月 18 日执行。该管理办法规定，公司发行证券要依据《证券法》、《公司法》，并且要满足一定的条件：

（1）中国证监会依法对证券发行与承销行为进行监督管理。证券交易所、证券登记结算机构和中国证券业协会应当制定相关业务规则，规范证券发行与承销行为。证券公司承销证券，应当依据本办法以及中国证监会有关风险控制和内部控制等相关规定，制定严格的风险管理制度和内部控制制度，加强对定价和配售过程的管理，落实承销责任。

为证券发行出具相关文件的证券服务机构和人员，应当按照本行业公认的业务标准和道德规范，严格履行法定职责，对其所出具文件的真实性、准确性和完整性承担责任。

（2）中国证监会对证券发行承销过程实施事中事后监管，发现涉嫌违法违规或者存在异常情形的，可责令发行人和承销商暂停或中止发行，对相关事项进行调查处理。

（3）中国证券业协会应当建立对承销商询价、定价、配售行为和网下投资者报价行为的日常监管制度，加强相关行为的监督检查，发现违规情形的，应当及时采取自律监管措施。中国证券业协会还应当建立对网下投资者和承销商的跟踪分析和评价体系，并根据评价结果采取奖惩措施。

（4）发行人、证券公司、证券服务机构、投资者及其直接负责的主管人员和其他直接责任人员有失诚信，违反法律、行政法规或者本办法规定的，中国证监会可以视情节轻重采取责令改正、监管谈话、出具警示函、责令公开说明、认定为不适当人选等监管措施，或者采取市场禁入措施，并记入诚信档案；依法应予以行政处罚的，依照有关规定进行处罚；涉嫌犯罪的，依法移送司法机关，追究其刑事责任。

三、证券发行方式和种类

证券发行方式分为以下两种：一种是按发行对象分类，另外一种是按发行有无中介机构参与分类。

1. 按发行对象分类

（1）公募发行，又称为公开发行，是发行人向不特定的社会公众投资者发售证券。在公募方式下，任何合法的投资者都可以认购拟发行的证券。

（2）私募发行，又称为不公开发行或私下发行、内部发行，是指以特定少数投资者为对象的发行。私募发行的对象有两类：一类是公司的老股东或发行人的员工，另一类是投资基金、保险公司、社会保障基金、商业银行等金融机构及与发行人有业务关系的公司等机构投资者。

证券公募发行和私募发行的优缺点如图 1–3 所示。

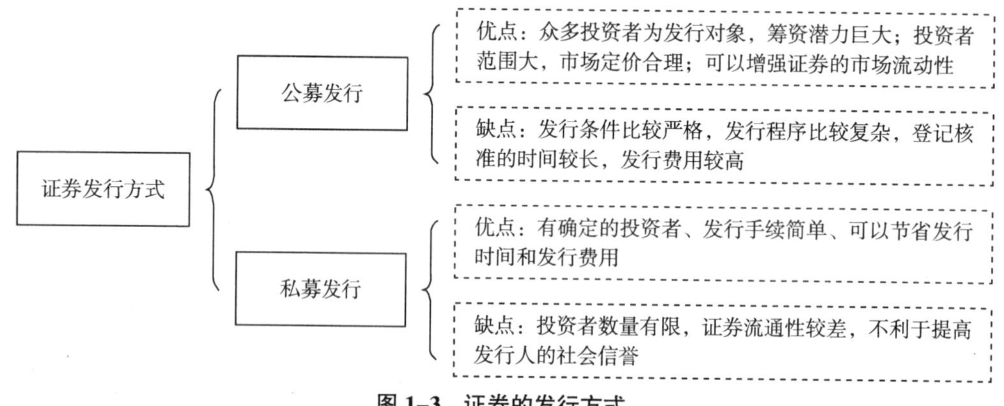

图 1–3　证券的发行方式

2. 按有无中介参与分类（如表 1–3 所示）

（1）直接发行，即发行人直接向投资者推销、出售证券的发行方式。直接发行方式可以节省向发行中介机构缴纳的手续费，降低发行成本。然而，如果发行证券额度较高，由于缺乏专业的人才和发行网点，发行者自身要承担较大的发行风险。这种方式只适用于有既定发行对象或发行人知名度高、发行数量少、风险低的证券。

（2）间接发行，间接发行是由发行公司委托证券公司等证券中介机构代为出售证券的发行。间接发行可以在较短的时间内筹集到所需的资金，发行风险较小；但需支付一定的手续费，发行费用较高。间接发行是常用的发行方式。

表 1-3 直接发行和间接发行的比较

发行方式	优点	缺点	适用范围	发行方式比较
直接发行	无中介手续费、发行成本低	无发行网点、承担较大风险	发行数量少、风险低的证券	私募发行
间接发行	短时间筹措资金、发行风险小	支付中介费、发行成本较高	基本常见方式	公募发行

四、证券发行的程序

在注册制度下，发行人需先披露与发行有关的公司信息，并把申报材料向证券监管机构申报，等待监管机构审批，如果监管机构没有拒绝注册，发行人就可以发行证券了。

核准制度下，发行人需要披露与证券发行有关的信息，报证券监管机构并经核准后才能发行。

（一）首次公开发行证券

为了保证证券市场的稳定和投资者的正当权益，证券发行都必须按一定的程序进行。从目前我国证券发行的过程来看，股票与企业债券的发行一般要有以下几下基本程序，如图 1-4 所示。

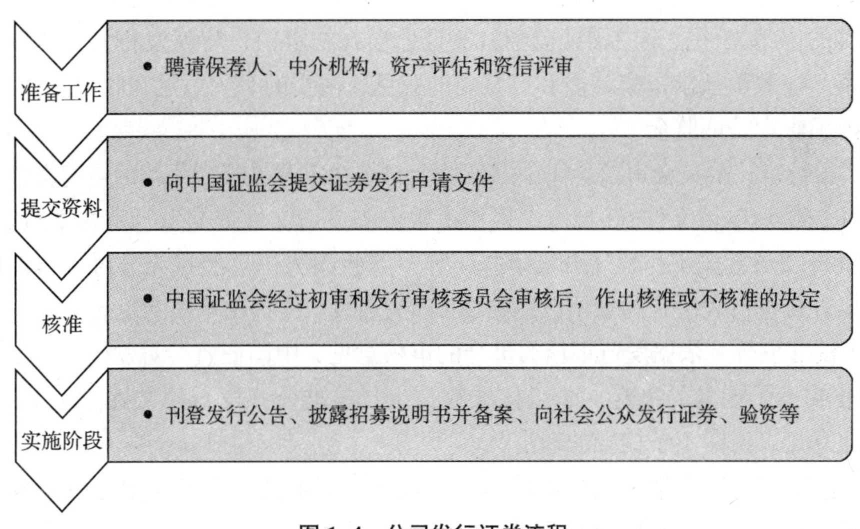

图 1-4 公司发行证券流程

1. 证券发行报批前的准备工作

发行前的准备工作对于证券能否取得发行资格，能否顺利发行有着重要意义，主要内容包括：

（1）聘请保荐人。保荐人对发行人的申请文件和信息披露资料进行审慎核查，督导发行人规范运作。

（2）聘请中介机构。主要是证券承销商，其次还包括具有从事证券相关业务资格的律师事务所、会计审计机构、资产评估机构等其他中介机构。

（3）进行财产重估与资信评审。新建股份有限公司必须经国家有关部门批准，并由发起单位认购全部股份总额的35%以上，方能对外发行股票。现有企业改制成股份有限公司必须经国家有关部门批准，并进行财产重估，合理核定企业资产的价值。如果发行企业债券，则必须进行资信审查和评估，对于向社会公开发行债券的企业，还必须先向有关信誉评估机构申请评估，评估机构根据有关标准评定企业的资信等级。

（4）围绕证券发行审批的要求准备好各项文件资料。

2. 证券发行人向有关部门提交申请文件

发行人完成了各项文件资料的准备工作后，依照法定程序向中国证监会报送证券发行申请报告及其他所要求的文件资料。

3. 证券发行的审批

中国证监会接获发行人的申报后，即进入审查批复阶段。经过对申报资料的审核，有关部门会出具书面反馈意见，发行人和中介机构须按照反馈意见修改和补充资料。

（1）初审。①证监会受理申请文件后，对发行人申请文件的合规性进行初审，并在30日内将初审意见函告发行人及其主承销商。主承销商收到初审意见之日起10日内将补充完善的申请文件报至中国证监会。②证监会在初审中，将就发行人投资项目是否符合国家产业政策征求国家计委和经贸委的意见，两委的有关意见在收到文件后15个工作日内函告中国证监会。

（2）发行审核委员会审核。①中国证监会对按初审意见补充完善的申请文件进一步审核，并在受理申请文件60日内，将初审报告和申请文件提交发行审核委员会审核。②发行审核委员会按工作程序开展审核工作。③投票表决。经过充分讨论，形成共识后以投票方式进行表决，同意票数达到2/3即为通过。④提出审核意见。

（3）核准发行。依据发行审核委员会的审核意见，中国证监会对发行人的发行申请作出核准或不予核准的决定。予以核准的，出具核准公开发行的文件。不予核准的，出具书面意见，说明不予核准的理由。

（4）复议。发行申请未被核准的企业，接到中国证监会书面决定之日起60日内，可提出复议申请。中国证监会收到复议申请后60日内，对复议申请作出决定。对决定不服的可以依法向人民法院提起行政诉讼。

4. 实施发行阶段

发行人在获得中国证监会同意其公开发行证券的批复后，即可按批准的发行方案发行证券，大致可分为以下几个步骤：

（1）刊登发行公告。发行人和主承销商应当将发行过程中披露的信息刊登在至少一种中国证监会指定的报刊，同时将其刊登在中国证监会指定的互联网网站，并置备于中国证监会指定的场所，供公众查阅。

（2）披露招募说明书并备案。招募说明书是发行人向特定的或不特定的投资人发出销售某种证券的书面要约，发行人向社会公开发行证券，必须公告招募说明书，并承担相应的法律责任。

（3）发行证券。发行人通过证券承销机构按照一定的发行方式向公众发行证券。

（4）验资。发行的证券价款缴足后，须经法定的验资机构验资并出具证明。

（5）证券托管。

（6）发行结束（详细的发行过程，请见第二章“股票发行市场”内容）。

（二）上市公司发行证券

2006年5月中国证监会颁布并实施的《上市公司证券发行管理办法》中规定，中国上市公司证券发行程序为：

1. 上市公司申请发行证券，董事会应当依法就下列事项作出决议，并提请股东大会批准

（1）本次证券发行的方案；

（2）本次募集资金使用的可行性报告；

（3）前次募集资金使用的报告；

（4）其他必须明确的事项。

2. 股东大会就发行股票作出的决定，至少应当包括下列事项

（1）本次发行证券的种类和数量；

（2）发行方式、发行对象及向原始股东配售的安排；

（3）定价方式或价格区间；

（4）募集资金用途；

（5）决议的有效期；

（6）对董事会办理本次发行具体事宜的授权；

（7）其他必须明确的事项。

3. 股东大会就发行可转换公司债券作出的决定，至少应当包括下列事项

（1）前面第2部分内容；

（2）债券利率；

（3）债券期限；

（4）担保事项；

（5）回售条款；

（6）还本付息的期限和方式；

（7）转股期；

（8）转股价格的确定和修正。

4. 股东大会就发行分离交易的可转换公司债券作出的决定，至少应当包括下列事项

（1）前面第2部分、第3部分第（2）~（6）项规定的事项；

（2）认股权证的行权价格；

（3）认股权证的存续期限；

（4）认股权证的行权期间或行权日。

5. 股东大会就发行证券事项作出决议，必须经出席会议的股东所持表决权的2/3以上通过。向本公司特定的股东及其关联人发行证券的，股东大会就发行方案进行表决时，关联股东应当回避

上市公司就发行证券事项召开股东大会，应当提供网络或者其他方式为股东参加股东大会提供便利。

6. 上市公司申请公开发行证券或者非公开发行新股，应当由保荐人保荐，并向中国证监会申报。保荐人应当按照中国证监会的有关规定编制和报送发行申请文件

7.中国证监会依照下列程序审核发行证券的申请

（1）收到申请文件后，5个工作日内决定是否受理；

（2）中国证监会受理后，对申请文件进行初审；

（3）发行审核委员会审核申请文件；

（4）中国证监会作出核准或者不予核准的决定。

8. 自中国证监会核准发行之日起，上市公司应在6个月内发行证券；超过6个月未发行的，核准文件失效，须重新由中国证监会核准后方可发行

9. 上市公司发行证券前发生重大事项的，应暂缓发行，并及时报告中国证监会。该事项对本次发行条件构成重大影响的，发行证券的申请应重新经过中国证监会核准

10. 上市公司发行证券，应当由证券公司承销；非公开发行股票，发行对象均属于原前十名股东的，可以由上市公司自行销售

上市公司发行证券的流程如图1–5所示。

图1–5　上市公司发行证券的流程

第四节 证券交易市场

一、证券交易市场的概念

证券交易市场也称为流通市场、二级市场（Security Secondary Market）、次级市场，是已经公开发行的证券进行买卖、转让和流通的市场。

我国《证券法》规定，依法公开发行的股票、公司债券以及其他证券应当在依法设立的证券交易所上市交易或者在国务院批准的其他证券交易所转让。证券交易当事人依法买卖的证券，必须是依法发行并交付的证券。

二、证券交易市场的种类

证券交易市场分为两类：即场内交易市场和场外交易市场。

1. 场内交易市场

场内交易市场是指由证券交易所组织的集中交易市场。证券交易所，是证券买卖双方交易的场所，是一个高度组织化、集中进行证券交易的市场，是证券交易市场的核心组成部分。证券交易所本身并不买卖证券，也不确定证券价格，而是为证券交易提供一定的场所和设施，配备必要的管理和服务人员，并对证券交易进行周密的组织和严格的管理，为证券交易顺利进行提供一个稳定、公开、高效的市场。证券交易所接受和办理符合有关法律规定的证券上市买卖，投资者则通过券商在证券交易所进行证券买卖。

我国证券交易市场有上海证券交易所、深圳证券交易所。目前，我国证券交易市场形成三大块，即主板市场、中小企业板块市场和创业板市场。主板市场是一个国家和地区证券发行、上市及交易的主要场所，一般来说，各国主要的证券交易所代表着国内主板市场，主板市场对发行人的营业期限、股本大小、盈利水平、最低市值方面要求较高，上市企业大多是大型成熟企业。主板市场是资本市场中最重要的组成部分，有宏观经济“晴雨表”之称。

2004 年 5 月，经国务院批准，中国证监会批复同意，深圳证券交易所在主板市场内设立了中小企业板块，为主旨突出、具有成长性和科技含量的中小企业提供直接融资平台。2009 年 10 月 23 日，经国务院同意，中国证监会批准，中国创业板市场在深圳证券交易所成立，主要面向成长型企业，重点支持市场前景好、带动能力强、就业机会多的成长型创业企业。

2. 场外交易市场（Over-The-Counter Market）

场外交易市场又称柜台交易或店头交易市场，指在交易所外由证券买卖双方当面议价成交的市场，它没有固定的场所，其交易主要利用电话、互联网进行，交易的证券以不在交易所上市的证券为主，在某些情况下也对在证券交易所上市的证券进行场外交易。我国的场外交易市场有银行间的债券市场、代办股份转让系统和债券柜台交易市场。

随着信息技术的发展，证券交易的方式逐渐演变为通过网络系统将订单汇集起来，再由电子系统处理，场内市场和场外市场的物理界限逐渐模糊。

三、证券交易所的设立

证券交易所，是依据国家有关法律，经政府证券主管机关（中国为国务院）批准设立的集中进行证券交易的有形场所。

（一）证券交易所简介

提到证券交易所，就不能不提及世界上几大著名的证券交易所。

1. 世界上第一个证券交易所——阿姆斯特丹证券交易所

1602 年荷兰联合东印度公司成立发行了世界上第一只股票。股票的诞生促进了股票交易的活跃，1609 年阿姆斯特丹证券交易所在荷兰阿姆斯特丹诞生，成为世界历史上第一个股票交易所。

2. 费城交易所（Philadelphia Stock Exchange）

费城交易所创立于 1790 年，拥有 217 年历史，是美国最古老的股票交易所，目前是美国三大期权交易所之一。

3. 纽约泛欧交易所（NYSE Euronext，NYSE：NYX，Euronext：NYX）

由纽约证券交易所集团（总部位于纽约）和欧洲证券交易所（总部位于巴黎）合并组成，于 2007 年 4 月 4 日在纽交所和欧交所同时挂牌上市。纽约泛欧交易所集团是全球规模最大、最具流动性的证券交易集团。

4. 中国第一个证券交易所——北京证券交易所

1918 年 6 月 6 日，北京证券交易所开业，这是中国人自己创办的第一家证券交易所。

（二）证券交易所组织形式

从证券交易所的设立来看，证券交易所的组织形式大体上有两种，即公司制和会员制。这两种证券交易所均可以是政府或公共团体出资经营的（称为公营制证券交易所），也可以是私人出资经营的（称为民营制证券交易所），还可以是政府与私人共同出资经营的（称为公私合营的证券交易所）（如图 1-6 所示）。

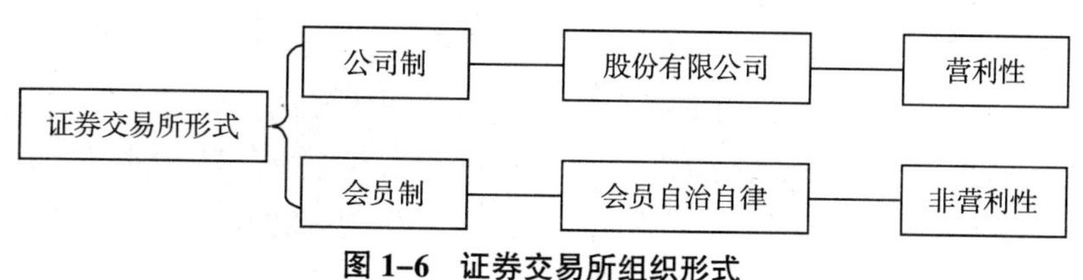

图 1-6 证券交易所组织形式

1. 公司制证券交易所

公司制证券交易所是以股份有限公司形式组织并以盈利为目的的法人团体，一般由金融机构及各类民营公司组建，交易所章程中明确规定了作为股东的证券经纪商和证券自营商的名额、资格和公司存续期限。公司制的证券交易所需遵守本国的公司法规定，在政府证券主管机构的管理和监督下，吸收各类挂牌公司上市交易。

2. 会员制证券交易所

会员制证券交易所不以盈利为目的，由会员自治自律、互相约束，参与经营的会员可以参加股票交易中的股票买卖与交割。会员制交易所设会员大会、理事会和监察委员会。进入会员制证券交易所参与集中交易的，必须是证券交易所的会员或会员派出代表，其他人要买卖在证券交易所上市的证券，必须通过会员进行。会员制证券交易所注重会员自律，在证券交易所内从事证券交易的人员，违反证券交易所的有关规定的，由证券交易所给予纪律处分，对情节严重的撤销其资格，禁止其入场进行证券交易。

（三）我国证券交易所的设立

《中华人民共和国证券法》（以下简称《证券法》）规定，证券交易所的设立和解散由国务院决定。设立证券交易所必须制定章程。证券交易所章程的制定和修改，必须经国务院证券监督管理机构批准。

我国内地的两家证券交易所（上海证券交易所和深圳证券交易所）均按会员制方式组成，是非营利性的法人组织。组织机构由会员大会、理事会、监察委员会和其他专门委员会、总经理及其他职能部门组成。

四、我国的证券交易所

目前，我国有四大交易所。内地有两大交易所，即上海证券交易所和深圳证券交易所；香港特别行政区有香港证券交易所，台湾地区有台湾证券交易所。

（一）上海证券交易所

上海证券交易所又称上交所（Shanghai Stock Exchange），位于上海浦东新区，于1990年11月26日正式成立，同年12月19日开业，由中国证监会直接监督管理。截至2014年4月3日，上交所拥有959家上市公司，上市证券数2983个，上市股票数1003只，总股本26027.14亿元，股票市价总值148609.2亿元。

上交所市场交易采用电子竞价交易方式，所有上市交易证券的买卖均须通过电脑主机进行公开申报竞价，由主机按照价格优先、时间优先的原则自动撮合成交。上交所交易时间为每周一至周五，上午为前市，9：15~9：25 为集合竞价时间，9：30~11：30 为连续竞价时间。下午为后市，13：00~15：00 为连续竞价时间，周六、周日和上交所公告的休市日，市场休市。上海证券交易所网页如图 1–7 所示。

图 1–7　上海证券交易所网页

2007 年 5 月 28 日发布的《上海证券交易所证券代码分配规则》规定，上交所证券代码采用 6 位阿拉伯数字编码，取值范围为 000000~999999。具体代码含义请见本章“附录 1：上海证券交易所业务代码”。

（二）深圳证券交易所

深圳证券交易所又称深交所，位于深圳罗湖区，成立于 1990 年 12 月 1 日，1991 年 7 月 3 日正式营业，由中国证监会直接监督管理。截至 2014 年 4 月 3 日，深交所上市公司 1578 家，上市股票数 2372 只，股票市价总值为 90274.95 亿元。

深圳证券交易所网页如图 1–8 所示。

深交所交易时间为：9:15~9:25 为开盘集合竞价时间，9:30~11:30、13:00~14:57 为连续竞价时间，14:57~15:00 为收盘集合竞价时间。法定节假日除外。

深圳证券交易所证券代码分布规则请见本章“附录 2：深圳证券交易所业务代码”。

（三）香港证券交易所

香港证券交易所又称香港交易及结算所有限公司，通称香港交易所，简称港交所（Hong Kong Exchanges and Clearing Limited，HKEx，股票代码 HKEx：00388），是一家

图 1-8 深圳证券交易所网页

控股公司，全资拥有香港联合交易所有限公司、香港期货交易所有限公司和香港中央结算有限公司三家附属公司。主要业务是拥有及经营香港联合交易所与期货交易所，以及其有关的结算所业务。

香港最早的证券交易可以追溯至 1866 年。香港第一家证券交易所——香港股票经纪协会于 1891 年成立。1914 年，改名为香港证券交易所，1921 年，香港又成立了第二家证券交易所——香港证券经纪人协会。1947 年，这两家交易所合并为香港证券交易所有限公司。1969 年以后相继成立了远东、金银、九龙三家证券交易所。1986 年 3 月 27 日，四家交易所正式合并组成香港联合交易所，4 月 2 日，联交所开业，并开始享有在香港建立、经营和维护证券市场的专营权。2012 年 6 月 15 日，以 13.88 亿英镑成功收购伦敦金属交易所。2012 年 9 月 26 日与沪深交易所成立合资公司“中华证券交易服务有限公司”，2013 年首季推出相关指数产品。香港证券交易所网页如图 1-9 所示。

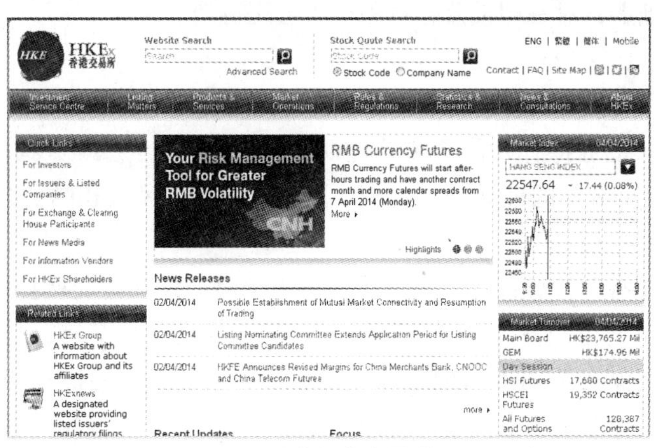

图 1-9 香港证券交易所网页

香港交易所交易时间于周一至周五（公众假期除外）进行，交易时间如下：竞价时段（开市前时段），上午 9：00~9：30（可以用竞价盘、竞价限价盘等方式进行交易）；早市交易时段，上午9:30~12:00；延续早市交易时段，中午12:00~13:00（早市收市后，在此时段内也可进行交易，但会在午市开市后才会成交）；午市交易时段，13:00~16:00。

（四）中国台湾证券交易所

中国台湾证券交易所（TWSE），全称中国台湾证券交易所股份有限公司（Taiwan Stock Exchange Corporation，TSEC），简称台证所或证交所，1961 年 10 月 23 日中国台湾证券交易所正式被批准成立，1962 年 2 月 9 日起正式对外营业。中国台湾证券交易所的最高决策机构为股东大会，下设董事会，由 13 名董事组成，从中推举产生 5 名常务董事，1 名董事长。

五、证券交易的“三公”原则

我国《证券法》规定，证券交易遵循公开、公平、公正的“三公”原则，保护投资者合法利益不受侵犯，也是保护投资者利益的基础。“三公”原则的具体内容包括：

1. 公开原则，又称信息公开原则

公开原则通常包括两个方面，即证券信息的初期披露和持续披露，要求上市公司在证券上市时完整披露与证券有关的信息，在证券上市后，要持续披露对证券价格有影响的公司信息。

2. 公平原则

证券市场的公平原则，要求证券发行、交易活动中的所有参与者都有平等的法律地位，各自的合法权益能够得到公平的保护。

3. 公正原则

公正原则是针对证券监管机构的监管行为而言的，它要求证券监督管理部门在公开、公平原则基础上，对一切被监管对象给予公正待遇。

六、证券交易

证券交易是指证券持有人依照交易规则，将证券转让给其他投资者的行为。证券交易遵循《证券法》规定的证券交易规则、遵守《中华人民共和国公司法》及《中华人民共和国合同法》规定。

证券交易一般有两种形式：一种形式是上市交易，指在证交所挂牌上市买卖交易，在证交所挂牌上市的公司称为上市公司；另一种形式是上柜交易，是指公开发行但未达上市标准，或因某种原因退市的证券在证券柜台（证券交易商）买卖交易。众多的股份有限公司发行了证券，但不是所有的证券都可以自由上市或上柜交易的。证券要上市或上柜交易，必须按一定条件和标准进行审查，符合规定的才能上市或上柜自由买卖。已上市证券如达不到证监会要求，证券交易所可以停止其上市资格。下面为上市交易证券相关内容：

1. 交易对象

证券交易对象主要指证券市场上交易的品种类型。证券市场上交易的有价证券主要包括股票、债券、国债、基金、股指期货、权证①、ETF②等。

2. 证券交易规则

我国颁布和制定了一系列证券交易法律法规，如《证券法》、《公司法》等都对证券交易作出了相关规定。还有其他法律、法规，如《民法通则》、《银行法》、《保险法》和《刑法》也直接或间接地调整着证券交易关系。证券交易所颁布的系列自律性章程规定，也具有相应的法律约束力。

证券交易规则包括交易时间规定、竞价成交原则、交易单位设定、涨跌幅限制、委托买卖、大宗交易规则等相关规则。

3. 交易方式

早期证券交易主要采取现货交易方式，但随着商品经济及资本市场的发展，形成了现货交易、信用交易、期货交易和期权交易等并存的交易形式。

（1）证券现货交易。现货交易是证券交易双方在成交后即时清算交割证券和价款的交易方式。现货交易双方为持券出售者和投资者。持券出售者将所持证券转变为现金，投资者将所持货币转变为证券。现货交易最初遵循“一手交钱、一手交货”的形式。现代证券成交与交割通常都有一定时间间隔，间隔长短依证券交易所规定的交割日期确定，如证券交易实行的“T+0”、“T+1”、“T+2”、“T+3”等。如“T+0”为证券成交当日进行款项交割，“T+1”在成交后的下一个营业日办理相关证券款项交割事宜，如果该下一营业日恰逢法定休假日，则交割日期顺延至该法定休假日开始后的第一个营业日，依次类推。

（2）证券期货交易。期货交易是与现货交易相对应的。期货交易对象不是证券本身，而是期货合约，即未来购买或出卖某一种证券并交割的合约。期货合约是标准化合约，由证券交易所制定。期货合约规定交易一方当事人应于交割期限内，向持有期货合约的另一方交付期货合约指定数量的金融资产。在期货合约规定的期限来临前，期货合约持有人可依市场价格向他人出售合约，并借此转让期货合约项下权利。由于期货合约可以在合约到期之前根据市场情况进行买卖，所以出现了“多头交易”和“空头交易”。多头交易指买入期货合约，在未来价格上涨时卖出期货合约的交易行为；空头交易正好相反，卖出期货

①权证是一种金融衍生产品（工具），又称“认股证”或“认股权证”（Warrant），故在香港又俗译为“窝轮”。在证券市场上，Warrant 是指一种具有到期日及行使价或其他执行条件的金融衍生工具。根据美交所（American Stock Exchange）的定义，Warrant 是指一种以约定的价格和时间（或在权证协议里列明的一系列期间内分别以相应价格）购买或者出售标的资产的期权。有关内容将在后面第三章有介绍。

②ETF（Exchange Traded Fund），交易型开放式指数基金，又称交易所交易基金。ETF 是一种在交易所上市交易的开放式证券投资基金产品，交易手续与股票完全相同。ETF 管理的资产是一篮子股票组合。

合约，在未来期货价格下跌时买入期货合约，赚取价格差。

（3）证券期权交易。证券期权交易是当事人为获得证券市场价格波动带来的利益，约定在一定时间内，以特定价格买进或卖出指定证券，或者放弃买进或卖出指定证券的交易。期权交易指证券买入者（卖出者）与卖出者（买入者）约定在未来某个时间，以特定的价格购买（卖出）指定的证券的一种交易方式，为购买期权，期权持有人支付一定的期权费。

期权分为看涨期权和看跌期权两种基本类型。看涨期权，期权持有人有权在某一确定时间，以某一确定价格购买标的资产（有价证券）。看跌期权，期权持有人有权在某一确定的时间，以某一确定价格出售标的资产。根据期权交易规则，期权持有人可以在确定日期行使期权，行使期权所带来的收益需大于期权费；也可在到期日放弃行使期权，放弃行使期权的损失为期权费。

（4）证券信用交易。证券信用交易是指投资者凭借自己提供的保证金和信誉，取得经纪人信用，在买进证券时由经纪人提供贷款，在卖出证券时由经纪人贷给证券而进行的交易。信用交易包括以下种类：保证金交易，即投资者向经纪人交付一定数额的保证金，并在此基础上进行交易；融资融券交易，经纪人向投资者提供借款购买证券或者经纪人提供证券以供出售。

4. 交易步骤

证券上市交易步骤如图 1–10 所示。

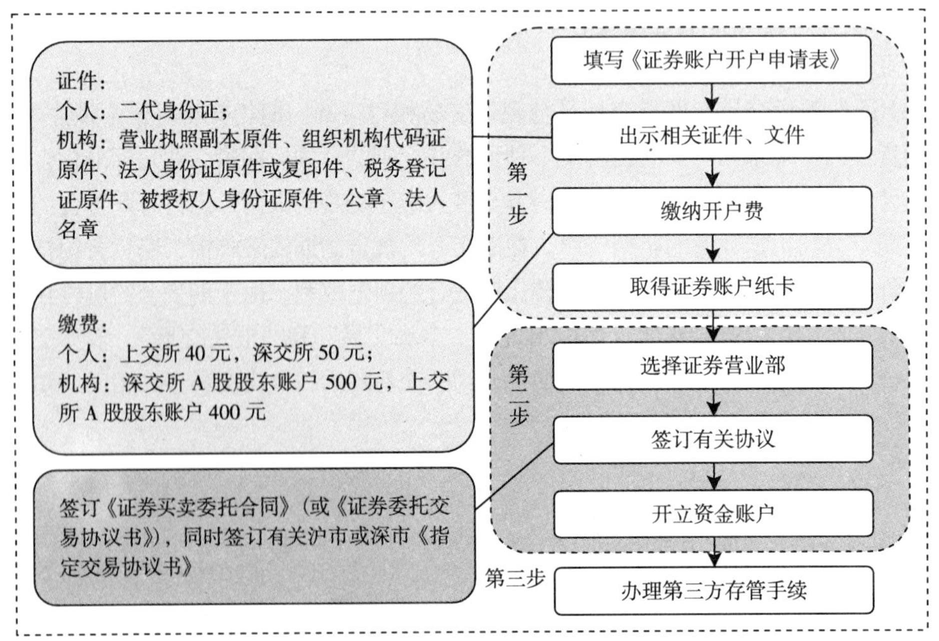

图 1–10　证券上市交易步骤

（1）开立证券账户。证券账户是中国结算公司为申请人开出的记载其证券持有及变更的权利凭证。证券账户包含 A 股账户、B 股账户和证券投资基金账户及其他账户几种。个人与机构投资者需到中国结算公司或其开户代理机构开立证券账户，个人需提供本人有效身份证及复印件，委托他人代办的，还需提供委托人的身份证和复印件。机构投资者需提交营业执照副本原件、组织结构代码证原件、法人身份证原件或复印件、税务登记证原件、被授权人身份证原件、公章、法人名章等。

（2）开立资金账户。资金账户是用来记载和反映投资者买卖证券的货币收付和结存数额。①个人投资者需提供身份证原件及复印件，深、沪证券账户卡原件及复印件；②填写开户资料并签订《证券买卖委托合同》（或《证券委托交易协议书》），同时签订有关沪市或深市的《指定交易协议书》；③证券营业部为投资者开设资金账户（设置账户密码和交易密码）；④需开通证券营业部银证转账业务功能的投资者，注意查阅证券营业部有关此类业务功能的使用说明。

（3）办理第三方存管手续。投资者到证券公司指定银行，提交协议和出示证件（本人身份证原件、本人的银行卡、证券账户卡），经银行审核确认合格后，给予确认开通第三方存管业务。到银行开立第三方存管的目的是与证券公司开的资金账户绑定，倘若需要买债券的时候就先把钱存到银行，然后在交易软件上面把钱从银行转到资金账户。

在此需要注明的是，开立账户时需注明开立账户的类型，如 A 股账户还是 B 股账户，开立 A 股账户可以用来买卖普通股股票、债券、上市基金、权证等各类证券。

第五节 证券机构

一、我国证券管理机构

我国证券经过 30 多年的发展，逐步形成了以国务院证券监督管理机构、国务院证券监督管理机构的派出机构为主的管理机构。

1. 中国证券监督管理委员会

中国证券监督管理委员会（简称“中国证监会”），成立于 1992 年 10 月，是国务院直属机构，是全国证券、期货市场的主管部门，按国务院授权履行行政管理职能，依照有关法律、法规对全国证券、期货市场进行集中统一管理，维护证券市场秩序，保障其合法运行。

2. 证监会派出机构

中国证监会在上海、深圳等地设立 9 个稽查局，在各省、自治区、直辖市、计划单列市共设立36个证监局。主要职责为贯彻执行国家有关法律法规和方针政策，依据中国证监会的授权对辖区内的上市公司、期货经营机构、证券和期货投资咨询机构及从事证券业务的律师事务所、会计师事务所、资产评估机构等中介机构的证券业务活动进行监督管理；依法查处辖区内前述监督范围内的违法、违规案件，调解证券、期货业务纠纷和争议，以及中国证监会授予的其他职责。

二、我国证券经营机构和服务机构

（一）证券经营机构

证券经营机构指专营证券业务的金融机构，我国证券经营机构有证券公司和信托投资公司。

（1）证券公司。证券公司是指依照《公司法》、《证券法》设立的经营证券业务的有限责任公司或者股份有限公司。我国设立证券公司必须经国务院证券监督管理机构审查批准。

世界各国对证券公司的划分或称呼不尽相同。美国一般称为投资银行，英国称为商人银行。而德国等国家实行银行业与证券业的混业经营，通常由银行设立公司从事证券业务经营。

证券公司是证券市场重要的经营机构，在证券市场中发挥着重要的作用，证券公司是证券市场投资融资服务的提供者，为证券发行人和投资者提供了专业化的中介服务，如证券发行、上市保荐、承销、代理证券买卖等；同时证券公司也是证券市场重要的机构投资者；证券公司还通过资产管理方式，为投资者提供证券及其他金融产品的投资管理服务等。

（2）信托投资公司。信托投资公司是一种以受托人的身份，代人理财的金融机构。除了办理信托投资业务外，还可设立证券部办理证券业务，其业务范围主要有证券的代销及包销，证券的代理买卖及自营，证券的咨询、保管及代理还本付息等。

（二）证券服务机构

证券服务机构是指为证券市场提供相关服务的法人机构。证券服务机构包括投资咨询机构、财务顾问机构、资信评级机构、资产评估机构、证券金融公司、会计师事务所、律师事务所等。根据我国有关法律法规规定，证券服务机构的设立需要按照工商管理法规的要求办理注册，从事证券服务业务的必须得到中国证监会和有关主管部门的批准。

三、证券从业人员和机构必备的素质和要求

（一）证券从业人员

证券从业人员必须具备以下条件：①具有中华人民共和国国籍；②具有完全民事

行为能力；③具有良好的职业道德；④未受过刑事处罚或者与证券方面有关的严重行政处罚；⑤具有大学专科以上学历；⑥获得证券从业资格证（至少通过两门从业资格考试）；⑦具备一定的市场投资经验。

2009年1月19日，中国证监会发布了《证券从业人员执业行为准则》，对证券从业人员行为准则进行了规定：

1. 证券从业人员基本准则

（1）证券从业人员应遵守国家相关法规规范，接受并配合中国证监会的监督与管理，接受并配合协会的自律管理，遵守交易所有关规则、所在机构的规章制度以及行业公认的职业道德和行为准则。

（2）证券从业人员在执业过程中应当维护客户和其他相关方的合法利益，诚实守信，勤勉尽责，维护行业声誉。

（3）证券从业人员在执业过程中应依照相应的业务规范和执业标准为客户提供专业服务，对客户进行证券投资相关教育，正确地向客户揭示投资风险。

（4）为保证必要的执业能力和专业水平，证券从业人员应取得相应的从业资格，通过所在机构向协会申请执业注册，接受协会和所在机构组织的后续职业培训。

（5）证券从业人员在执业过程中遇到自身利益或相关方利益与客户的利益发生冲突或可能发生冲突时，应及时向所在机构报告；当无法避免时，应确保客户的利益得到公平的对待。

（6）证券从业人员应保守国家秘密、所在机构的商业秘密、客户的商业秘密及个人隐私，对在执业过程中所获得的未公开的信息负有保密义务，但下列情况除外：国家司法机关和政府监管部门按照有关规定进行调查取证的；有关法律、法规要求提供的。

（7）机构或者其管理人员对证券从业人员发出指令涉嫌违法违规的，证券从业人员应及时按照所在机构内部程序向高级管理人员或者董事会报告。机构应及时采取措施妥善处理。机构未妥善处理的，证券从业人员应及时向中国证监会或者协会报告；协会对证券从业人员的报告行为保密。证券机构或机构相关人员不得对证券从业人员的上述报告行为打击报复。

2. 证券从业人员一般禁止行为

（1）从事或协同他人从事欺诈、内幕交易、操纵证券交易价格等非法活动；

（2）编造、传播虚假信息或者误导投资者的信息；

（3）损害社会公共利益、所在机构或者他人的合法权益；

（4）从事与其履行职责有利益冲突的业务；

（5）贬损同行或以其他不正当竞争手段争揽业务；

（6）接受利益相关方的贿赂或对其进行贿赂；

（7）买卖法律明文禁止买卖的证券；

（8）违规向客户作出投资不受损失或保证最低收益的承诺；

（9）隐匿、伪造、篡改或者毁损交易记录；

（10）泄露客户资料；

（11）中国证监会、协会禁止的其他行为。

3. 证券公司从业人员禁止行为

（1）代理买卖或承销法律规定不得买卖或承销的证券；

（2）违规向客户提供资金或有价证券；

（3）侵占挪用客户资产或擅自变更委托投资范围；

（4）在经纪业务中接受客户的全权委托；

（5）对外透露自营买卖信息，将自营买卖的证券推荐给客户，或诱导客户买卖该种证券；

（6）中国证监会、协会禁止的其他行为。

4. 基金管理公司、基金托管和销售机构的从业人员禁止行为

（1）违反有关信息披露规则，私自泄露基金的买卖信息；

（2）在不同基金资产之间、基金资产和其他受托资产之间进行利益输送；

（3）利用基金的相关信息为本人或者他人谋取私利；

（4）挪用基金投资者的交易资金和基金份额；

（5）在基金销售过程中误导客户；

（6）中国证监会、协会禁止的其他行为。

5. 证券投资咨询机构、财务顾问机构、证券资信评级机构的从业人员禁止行为

（1）接受他人委托从事证券投资；

（2）与委托人约定分享证券投资收益，分担证券投资损失，或者向委托人承诺证券投资收益；

（3）依据虚假信息、内幕信息或者市场传言撰写和发布分析报告或评级报告；

（4）中国证监会、协会禁止的其他行为。

（二）证券机构

1. 证券公司成立条件

（1）有符合法律、行政法规规定的公司章程；

（2）主要股东具有持续的盈利能力，最近3年没有重大违法违纪记录，净资产不低于人民币2亿元；

（3）符合《证券法》规定的注册资本①；

（4）董事、监管、高级管理人员具备任职资格，从业人员具有证券从业资格；

（5）有完善的风险管理与内部控制制度；

（6）有合格的经营场所和业务设施；

（7）国务院证券监管机构的其他条件。

根据《外资参股证券公司设立规则》规定，外资参股证券公司应当符合下列条件：

（1）注册资本符合《证券法》规定；

（2）股东具备本规则的资格条件，其出资比例、出资方符合本规则规定；

（3）取得证券从业资格的人员不少于 30 人，并有必要的会计、法律和计算机专业人员；

（4）有健全的内部管理、风险控制和对承销、经纪、自营等业务在机构、人员、信息和业务执行等方面分开管理的制度，有适当的内部控制技术系统。

2. 会计师事务所从事证券资格要求

（1）依法成立 3 年以上；

（2）注册会计师不少于 80 人，其中通过全国考试的不少于 55 人，上述 55 人中，最近 5 年持有注册会计师证书且连续执业的不少于 35 人；

（3）有限责任公司净资产不少于 500 万元，合伙会计师事务所净资产不少于 300 万元；

（4）上一年度审计业务收入不少于 1600 万元；

（5）持有不少于 50%股权的股东，或半数以上合伙人最近在本机构中连续执业 3 年以上等。

3. 从事证券、期货咨询业务的机构要求

（1）分别从事证券或者期货投资咨询业务的机构，有 5 名以上取得证券、期货投资咨询资格的专职人员，同时从事证券和期货投资咨询业务的机构，有 10 名以上取得证券、期货投资咨询业务资格的专职人员。高级管理人员中至少有 1 人取得证券或期货投资咨询业务资格。

（2）有 100 万元以上的注册资本。

（3）有固定的业务场所和与业务相适应的通信及其他信息传递设施。

（4）有公司章程。

（5）有健全的内部管理制度。

---

①根据《证券法》，证券公司经营证券经纪、证券投资咨询和与证券交易、证券投资活动有关的财务顾问业务中的一项和数项的，注册资本最低为 5000 万元；经营证券承销与保荐、证券自营、证券资产管理和其他证券业务中的任何一项，注册资本最低为 1 亿元；经营证券承销与保荐、证券自营、证券资产管理和其他证券业务中的任何两项以上的，注册资本最低为 5 亿元。

（6）具备中国证监会要求的其他条件。

4. 证券资信评级机构应具备的要求

（1）具备中国法人资格，实收资本与净资产均不少于2000万元。

（2）具备资信评级规定的高级管理人员不少于3人，具有证券从业资格的评级从业人员不少于20人。

（3）具备健全良好的内部控制机制和管理制度。

（4）具有完善的业务指导。

（5）近5年未受刑事处罚，最近3年未因违法经营受到行政处罚等。

（6）最近3年在税务、工商、金融等行政管理机关以及自律组织、商业银行等机构无不良诚信记录。

（7）中国证监会的其他规定。

5. 资产评估机构从事证券资格应具备的条件

（1）依法设立并取得资产评估资格3年以上，发生过吸收合并的，应当自完成工商变更登记之日起1年。

（2）质量控制制度和其他内部管理制度健全并有效执行。

（3）具有不少于30名注册资产评估师，其中最近3年持有注册资产评估师证书且连续执业的不少于20人。

（4）净资产不少于200万元。

（5）按规定购买职业责任保险或者提取职业风险基金。

（6）半数以上合伙人或持有不少于50%股权的股东最近在本机构连续执业3年以上。

（7）最近3年评估业务收入不低于2000万元，且每年不少于500万元。

证券公司、证券服务机构为证券的发行、上市、交易等证券业务活动制作、出具审计报告、资产评估报告、财务顾问报告、资信评级报告或者法律意见书等文件，应当勤勉尽责，对文件资料内容的真实性、准确性、完整性进行核查、验证和负责。给他人造成损失的，应当与发行人、上市公司承担连带赔偿责任，但自证没有过错的除外。

第六节　证券公司基本业务

一、证券公司基本业务概述

按《证券法》规定，我国证券公司的业务范围包括证券经纪业务，证券投资咨询，与证券交易、证券投资活动有关的财务顾问，证券承销与保荐，证券自营，证券资产管理与其他证券业务。《证券法》也规定，经国务院监督管理机构批准，证券公司可以为客户买卖证券提供融资融券服务及其他业务。

二、证券经纪业务

证券经纪业务又被称为代理买卖证券业务，是指证券公司接受客户委托代客户买卖有价证券的业务。

在证券代理买卖业务中，由于证券交易方式的特殊性和操作程序的复杂性，决定了广大投资者不能直接进入证券交易所买卖证券，只能由经过批准并具备一定条件的证券经纪商进入交易所进行交易，投资者则需委托证券经纪商代理买卖来完成交易过程。证券经纪业务中，证券公司充当买卖的中间人角色，是以代理人的身份从事证券交易，证券经纪商必须遵照客户发出的委托指令进行证券买卖，并尽可能以最有利的价格使委托指令得以执行，证券经纪商并不承担交易中的价格风险。证券经纪商向客户提供服务以收取佣金作为报酬。

在证券经纪业务中，包含要素有委托人、证券经纪商、证券交易所和证券交易对象。

证券经纪业务流程如图 1-11 所示。委托人在相应机构开户后，通过证券经纪商办理证券买卖委托合同，委托合同包括买卖证券的名称、买卖数量、买卖出价方式、价格幅度等。证券经纪商将委托人的委托合同反馈给证券交易所挂单，待成交后，证券经纪商反馈给委托人买卖成交报告单，委托人支付给证券经纪商佣金。随着科技发展，现代证券交易大部分通过网络进行，通过证券公司的网络交易系统，客户可以进行网络下单，证券公司通过网络报单发送至证券交易所，完成证券委托交易。

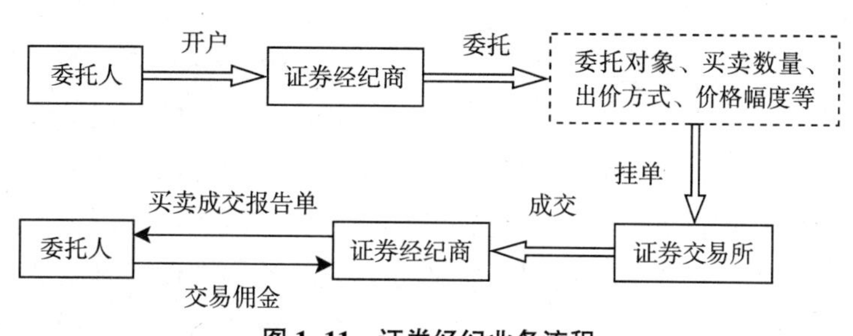

图 1-11 证券经纪业务流程

三、证券投资咨询业务

证券投资咨询业务是从事证券投资咨询业务的机构及其咨询人员为证券投资人或者客户提供证券投资分析、预测或者建议等直接或间接有偿咨询服务活动。

2010 年 10 月 19 日，中国证监会公布了《证券投资顾问业务暂行规定》和《发布证券研究报告暂行规定》，进一步确定了证券公司可以开展证券投资咨询的两种基本业务形式。证券投资顾问业务是指证券公司、证券投资咨询机构接受客户委托，按照约定，向客户提供涉及证券及证券相关产品的投资建议服务。辅助客户作出投资决策，并直接或间接获取经济利益的经营活动。投资建议包括投资品种选择、投资组合以及理财规划建议等。

发布证券研究报告是指证券公司、证券投资研究咨询机构对证券以及证券相关产品的价值、市场走势或者相关影响因素进行分析，形成证券估值、投资评级等投资分析意见，制作证券研究报告，并向客户发布的行为。研究报告主要包括证券及证券相关产品的价值分析报告、行业研究报告、投资策略报告等。

四、证券承销与保荐业务

1. 证券承销

证券承销是指具有证券承销业务资格的承销公司（证券公司），接受证券承销人的委托，在法律规定或约定的时间范围内，利用自己的良好信誉和销售渠道将拟发行的证券发行出去，并因此收取一定比例承销费用的活动。证券承销活动分为代销和包销，代销为一般的委托代理关系，在法定或约定的期限内不能完成证券发售任务时，余额退还发行公司，证券公司不承担发行风险。包销是指全额包销，证券公司在法定或约定的时间范围内不能全部售出发行证券的，自己买下全部份额，证券公司风险大，收费也较高。

我国《证券法》规定了承销团的承销方式，向不特定对象发行的证券票面总额超过人民币 5000 万元的，应当有承销团承销，承销团主要由承销商和参与承销的证券公司组成。

2. 保荐业务

证监会规定，发行人申请公开发行股票、可转换为股票的公司债券，依法采取承销方式的，或者公开发行法律、行政法规规定实行保荐制度的其他证券的，应当聘请具有保荐资格的机构担任保荐人，承担保荐任务。保荐机构负责证券发行的主承销工作，附有对发起人进行尽职调查的义务，对公开发行募集文件的真实性、准确性、完整性进行核查，向中国证监会出具保荐意见，并根据市场情况与发行人协商确定发行价格。

五、证券自营业务

证券自营业务是指证券公司以自己的名义，以自有资金或者依法筹集的资金，为本公司买卖在境内证券交易所上市交易的证券，在境内银行间市场交易的政府债券、国际开发机构人民币债券、央行票据、金融债券、短期融资券、公司债券、中期票据和企业债券，以及经证监会批准或者备案发行并在境内金融机构柜台交易的证券，以获取盈利的行为。

由于证券公司在交易成本、资金实力、获取信息以及交易的便利条件等方面比广大的投资者更占据优势，因此，证券公司在自营业务中容易产生操纵市场和内幕交易等不当行为，许多国家对自营业务进行严格的管理。

六、融资融券业务

融资融券业务是指证券公司向客户出借资金供其买入证券或出具证券供其卖出证券的业务，并收取担保物的经营活动。由融资融券业务产生的证券交易称为融资融券交易。融资融券交易分为融资交易和融券交易两类，客户向证券公司借入资金买进证券叫融资交易，客户向证券公司借入证券并卖出为融券交易。

证券公司经营融资融券交易业务，应当以自己的名义在证券登记结算机构分别开立融券专用证券账户、客户信用交易担保证券账户、信用交易证券交收账户和信用交易资金交收账户；以自己的名义在商业银行分别开立融资专用资金账户和客户信用交易担保资金账户。

证券公司在开展融资融券前，应与客户签订融资融券合同，明确约定融资融券的额度、期限、利率、利息的计算方式，保证金比例、维持担保物比例、可充抵保证金的证券种类和折算率、担保债权范围、追加保证金的通知方式、最近保证金的期限、客户清偿债务的方式及证券公司对担保物的处分权利。

证券公司向客户融资融券，应当向客户收取一定比例的保证金，保证金可用证券抵押。证券公司将收取的保证金以及客户融资买入的全部证券和融券卖出的全部所得价款，分别存入客户信用交易担保证券账户和客户信用交易担保资金账户，作为对该客户融资融券所产生债券的担保物。证券公司逐日计算客户交存的担保物价值与其所欠债务的比例，当该比例低于最低维持担保比例时，客户需在一定期限内补交差额；如果客户没有补交差额的，证券公司立即按约定处分其担保物。

七、与证券有关的财务顾问业务

财务顾问活动主要指：

（1）与证券交易、证券投资活动有关的咨询、建议、策划业务，包括为企业申请证券发行和上市提供改制改组、资产重组、前期辅导等方面的咨询服务；

（2）为上市公司重大投资、收购兼并、关联交易等业务提供咨询服务；

（3）为法人、自然人及其他组织收购上市公司及相关的资产重组、债务重组提供咨询服务；

（4）为上市公司再融资、资产重组、债务重组等资本运营提供融资策划、方案设计、路演推介等方面的咨询服务等业务。

八、证券公司 IB 业务

证券公司 IB 业务是指证券公司接受期货经纪商的委托，为期货经纪商介绍客户参与期货交易并提供其他相关服务的业务活动。2007 年 4 月 20 日中国证监会发布的《证券公司为期货公司提供中间结算业务试行办法》规范了证券公司提供中间业务活动的行为。

第七节　证券市场风险

一、证券投资风险

证券投资风险是指投资者在证券投资过程中达不到预期收益率或遭受损失的可能性。证券投资风险就其性质而言，可分为系统性风险和非系统性风险。

1. 证券投资的系统性风险

系统性风险是指由于全局性事件引起的投资收益不确定性。系统性风险对所有公司、企业、证券投资者和证券均产生影响，通过证券多样化投资不能抵消这种风险，所以又称为不可分散风险。系统风险包括政策风险、经济周期风险、利率风险和购买力风险。

（1）政策风险。政策风险是指政府有关证券市场的政策发生重大变化或有关法律法规的出台，引起证券市场的波动，从而给投资者带来的风险。

（2）经济周期风险。经济周期风险是指证券市场行情受经济周期的波动而引起的风险，这种风险指证券行情长期趋势的改变，总的趋势可分为看涨市场或多头市场、牛市，看跌市场或空头市场、熊市两大类型。看涨市场中，股票价格大涨小跌，看跌市场中，股票价格是小涨大跌，从而导致证券市场风险。

（3）利率风险。利率风险是指市场利率变动引起的证券投资收益的变动。市场利率与证券价格呈反方向变化，利率提高，证券价格下跌；反之，证券市场价格上升。作用机制是通过两方面影响的：利率提高，市场资金流向银行储蓄、商业票据等其他金融资产，证券需求减少，导致价格降低；利率提高，导致公司融资成本提高、其他条件不变的情况下，盈利下降，股息和红利减少，引起股票价格下跌。反之，股票价格上升。

（4）购买力风险。购买力风险是指通货膨胀导致货币贬值，给投资者带来实际收益下降。当股票、债券等收益一定的情况下，通货膨胀导致社会商品价格上涨，投资者实际购买力下降而产生风险。

2. 非系统性风险

非系统性风险是指只针对某个行业或某个公司的证券产生影响的风险，它通常由某一个特殊的因素引起，与整个证券市场的价格不存在系统、全面的联系，而只对个别或少数证券的收益产生影响。

（1）信用风险。信用风险又称违约风险，主要是指发行人在证券到期不能或不能按时还本付息而使投资者遭受损失的风险。

（2）经营风险。经营风险是指公司的决策人员与管理人员在经营管理过程中出现失误而导致公司盈利水平发生变化，从而使投资者预期收益下降的可能或风险。

（3）财务风险。财务风险是指公司财务结构不合理、融资不当导致投资预期收益下降的风险。

对证券投资的风险衡量方法是计算证券投资的各种可能收益与其期望收益之间的偏离程度，即证券收益的方差（Variance）或标准差（Stand Deviation）。该方法计算证券的各种可能收益出现的概率，计算各种收益与期望收益的差额，从而判断投资风险的大小。

二、投资者自身权益的保护

在证券市场中，投资者，尤其是中小投资者，由于信息不对称、持股比例相对较小，相比于控股股东和公司管理层，一般处于弱势地位。为此，投资者在关注投资与收益的同时，应有效地保护自身权益。

（一）证券交易中的权益保护

1. 选择证券营业部

投资者通过证券公司买卖证券，证券公司及其营业部管理和服务质量的好坏直接关系到投资者交易的效率和资金安全性。投资者根据证券公司规模、信誉、软硬件设施、服务质量、内部管理状况等标准来选择自己满意的证券营业部。

2. 明确权利义务

为维护自身权益，投资者必须明确与证券公司的权利义务范围。这种权利义务范围的确定，取决于投资者与证券公司签订的《指定交易协议》和《证券买卖代理协议》。投资者应注意在协议中规定以下内容：①证券营业部的义务范围和权利；②指定交易的有关事项；③股票买卖和资金存取所需证件及其有效性的确认方式和程序；④委托人保证金和股票管理的有关事项；⑤证券营业部对委托人委托事项的保密责任；⑥双方违约责任和争议的解决方法。

3. 办理指定交易

为维护自身的合法权益，投资者必须选择一家证券营业部为指定交易的代理机构，并由该机构向交易所电脑交易系统申报证券账户的指定交易指令；经证券营业部审核同意，也可通过该营业部的电脑自助申报系统（电话委托）自行完成证券账户的指定交易指令申报。指定交易申报一经交易所电脑交易系统确认即生效。交易所于当日闭市后通过成交数据传输系统将已确认生效的指定交易数据传送至相关证券营业部。

（二）证券投资者权益保护的法律途径

1. 协商

在自愿互谅的基础上，投资者与证券公司对所发生争议进行协商，就双方均能接受的解决方案达成协议。当事人协商解决证券纠纷时，应遵循平等原则，双方协商后所达成的协议必须合法，不得损害社会公共利益或第三人的合法权益。

2. 调解

如果无法通过协商的方式解决当事人之间的争议，可以通过调解来解决纠纷。调解可以在证券监督管理机构、证券业协会、证券交易所或双方认可的其他人主持下进行。争议双方经过调解，就有关问题达成一致后，调解人可以制作调解笔录或调解协议，由当事人和调解人分别签字盖章。调解的基础是自愿，任何一方当事人或调解人都无权强迫。当事人反悔的，还可以通过仲裁或诉讼寻求保护。

3. 向有关机关投诉或举报

当证券投资者的合法权益因有关机构或个人的违法违规行为受到侵害时，可以向有关主管机关和监管机构投诉。根据违法违规行为的性质，证券投资者还可以向工商行政管理机关、公安机关或检察机关举报，检举揭发各种证券市场的违法违规行为。

4. 仲裁

通过协商或调解不能解决证券纠纷时，当事人可以向仲裁机构申请仲裁。选择仲裁方式解决纠纷的前提必须是争议双方达成了仲裁协议或相关的协议中有仲裁条款。投资者既可以在与证券公司签订的开户或委托协议中列明仲裁条款，也可以在纠纷产生后、申请仲裁前签订仲裁协议。双方当事人一旦选择以仲裁方式解决纠纷，就不得再向法院起诉。一方当事人不执行仲裁裁决或调解协议的，另一方当事人可以向人民法院申请强制执行。

5. 诉讼

除了以上途径，投资者还可以通过诉讼渠道维护自身权益。投资者保护自身合法权益时，应注意：

（1）保存好相关的证据。对于能够证明事实真相的有关证据，投资者一定要注意妥善保存，尤其是和证券公司等交易双方之间的各种凭证，如开户协议、委托协议、成交回报单等，这些是法院审理案件、仲裁机关进行仲裁必不可少的证据。

（2）咨询或委托有经验的律师。证券业务专业性强，而投资者往往没有相关的专业知识和充裕的时间去处理与此有关的纠纷，因此，咨询具有证券专业知识的律师，或者在必要时委托其代理诉讼，对于维护投资者的合法权益非常重要。

（3）及时解决纠纷。如果纠纷久拖不决，可能影响证据的收集和保存，对于一般的证券纠纷，法律规定的诉讼时效为两年，超过两年不主张自己权利的，法院将不予以保护。所以投资者应尽早以事后能够证明的方式向对方提出请求或直接向法院提起诉讼，积极维护自己的权利。

本章小结

本章主要了解证券市场的概念、证券的发行市场和交易市场。证券的发行市场又称为初级市场或一级市场，证券的交易市场又称为二级市场或次级市场。

在了解证券市场的基础上，学习了我国证券监督管理机构及证券经营和服务机构，并对证券公司的业务进行了介绍，了解证券市场风险。

练习

1. 简要阐述证券和证券市场的概念。
2. 简要回答证券发行方式和种类。
3. 阐述首次公开发行证券的发行方式。
4. 简述我国证券管理机构和服务机构内容。
5. 谈谈证券风险的类型和风险防范。

附录1：上海证券交易所业务代码

上交所证券代码采用六位阿拉伯数字编码，取值范围为000000~999999。六位代码的前三位为证券种类标识区，其中第一位为证券产品标识，第二位至第三位为证券业务标识，六位代码的后三位为顺序编码区。

其中，上交所证券首位代码代表的产品定义分别为：0—国债/指数、1—债券、2—回购、3—期货、4—备用、5—基金/权证、6—A股、7—非交易业务（发行、权益分配）、8—备用、9—B股。

根据规则，上交所可以根据具体情况调整代码分配办法。

具体的代码分配规则如下：

首位代码	产品定义
0	国债/指数
1	债券
2	回购
3	期货
4	备用
5	基金/权证
6	A 股
7	非交易业务（发行、权益分配）
8	备用
9	B 股

具体代码如下：

第 1 位	第 2~3 位	产品定义
0	00	上证指数、沪深 300（行情论坛）指数、中证指数
	09	国债（2000 年前发行）
	10	国债（2000~2009 年发行）
	90	新国债质押式回购质押券入库（对应 010×××国债）
	99	新国债质押式回购质押券入库（对应 009×××国债）
1	00	可转债
	10	可转债
	12	可转债
	13	可转债
	20	企业债
	21	资产证券化
	26	分离交易的可转换公司债
	29	企业债
	81	可转债转股
	90	可转债转股
	91	可转债转股
2	01	国债回购（席位托管方式）
	02	企业债回购
	03	国债买断式回购
	04	新质押式国债回购（账户托管方式）
3	10	国债期货（暂停交易）

续表

第1位	第2~3位	产品定义
5	00	契约型封闭式基金
	10	交易型开放式指数证券投资基金
	19	开放式基金申赎
	21	开放式基金认购
	22	开放式基金跨市场转托管
	23	开放式基金分红
	24	开放式基金转换
	80	权证（含股改权证、公司权证）
	82	权证行权
6	00	A股证券
	01	A股证券
7	00	配股
	02	职工股配股
	04	持股配转债
	05	基金扩募
	06	要约收购
	30	申购、增发
	31	持股增发
	33	可转债申购
	35	基金申购
	38	网上投票
	40	申购款或增发款
	41	申购或增发配号
	43	可转债发债款
	44	可转债配号
	45	基金申购款
	46	基金申购配号
	51	国债分销
	60	配股
	62	职工股配股
	64	持股配转债
	80	申购、增发
	81	持股增发
	83	可转债申购
	88	网络投票
	90	申购款或增发款
	91	申购或增发配号
	93	可转债申购款

续表

第1位	第2~3位	产品定义
7	94	可转债配号
	99	指定交易（含指定交易、撤销指定（行情论坛）、回购指定撤销、A股密码服务等）
9	00	B股证券
	38	网上投票（B股）
	39	B股网络投票密码服务（现仅用939988）

附录2：深圳证券交易所业务代码

第1位	第2位	业务定义
0	0	A股权证
	3	A股A2权证
	7	A股增发
	8	A股A1权证
	9	A股转配
1	0	国债现货
	1	债券
	2	可转换债券
	3	国债回购
	7	原有投资基金
	8	证券投资基金
2	0	B股证券
	7	B股增发
	8	B股权证
3	0	创业板证券
	7	创业板增发
	8	创业板权证
	9	综合指数/成份指数

第二章 股票和股票市场

第一部分 理论知识

第一节 股票的特征与类型

一、股票的定义和特征

1. 股票的定义

股票诞生至今已有近400年的历史。股票最早出现于资本主义国家。17世纪初，资本主义大工业的发展，企业生产规模的不断扩大，企业自有资本有限，资本的不足成为制约生产经营的重要因素之一，为了筹措更多的资本，企业制度发生变革，股份公司适时而生。由股东共同出资经营，进而筹资范围扩张到了社会——向社会公开发行，吸收社会上闲散资金——从而产生了这种表示投资者入股、并按出资额的多少享受一定的权益和义务的有价凭证——股票。世界上首只股票于1602年诞生于荷兰的东印度公司。

股票诞生记

1602年，荷兰东印度公司成立，进行荷兰和亚洲之间的贸易。贸易的利润是十分可观的，而获取利润所必须承担的巨大风险又是所有人无法逃避的。那么，有没有一种既能够获得足够的利润又能够把风险控制在一定程度的办法呢？于是，股份制公司、股票以及股票市场就在人们这种分散投资的需求中诞生了，股票是股份有限公司在筹集资本时向出资人发行的股份凭证。股票代表着其持有者（即股东）对股份公司的所有权。每个股东所拥有的公司所有权份额的大小，取决于其持有的股票数量占公司总股本的比重。荷兰东印度公司发行了当时价值650万荷兰盾的股票，并在荷兰的6个海港城市设立了办事处，其中最重要的一个当然就是阿姆斯特丹了，在这里发行的股票数量占总数的50%以上。当时，几乎每一个荷兰人都去购买这家公司的股票。

股票是一种有价证券，它是股份有限公司签发的证明股东所持有股份的凭证。

股份有限公司的资本划分为股份，每一股份的金额相等。公司的股份采用股票形式。股票一经发行，购买股票的投资者即成为公司的股东。股票实质上代表股东对股份有限公司净资产的所有权，同种类的每一个股份所代表的权利是一样的。

股东凭借股票可以获得与持股数量相应的股息和红利收入，参加公司的股东大会并行使自己的权利，同时也承担相应的责任与风险。

我国《公司法》规定，股票采用纸面形式或国务院证券监督管理机构规定的其他形式。股票应当载明以下主要事项：公司名称、公司成立日期、股票种类、票面金额及代表股份数、股票的编号。

2. 股票的特征

（1）股票的收益性。股票的收益性是股票最基本的特征，是指股票可以为持有人带来收益，持有人持有股票的目的也在于股票的收益性。股票的收益可分为两类，即股票的股息、红利和资本利得。持有股票后，持有者享有发行公司的经济权益，享有公司根据经营状况和盈利水平而派发的股息和红利；持有股票后，如果证券交易所该股票价格大于买入价格，卖出股票就可以赚取差价收益，这种差价收益称为资本利得。

（2）风险性。股票的风险性含义为股票的收益的不确定性。投资者在购入股票时，对股票的未来都有一个预期，期望购入的股票能给投资者带来收益，然而股票价格可能高于买入价格，也可能低于买入价格，导致股票收益的不确定性，从而产生风险。但是风险并不一定是坏事，俗话说得好，高风险伴随着高收益。

（3）流动性。股票的流动性是指股票具有可以通过依法转让从而变现的特性。股票持有人是公司的股东，不能要求公司退还入股资金，在变现的成本很小（证券公司收取的交易费）的情况下，股票持有人可以通过市场将股票卖出去，变现为资金。然而，由于股票的转让受到很多因素的影响，不同的股票的流动性是不同的，一般来说，大盘股流动性强于小盘股，上市公司股票的流动性强于非上市公司股票，上市股票也可能因市场监管原因而受到转入限制。

（4）永久性。股票的永久性是指股票所记载的权利的有效性是长期的，是一种无限期的法律凭证。股票代表股东的永久性投资，股东不能要求股份有限公司退股。因此股份有限公司通过发行股票所筹集的资金，在公司存续期间是公司的自有资本。

（5）参与性。股票的参与性是指股票持有人有权参加公司重大决策的权利。股票持有人作为公司的股东，是公司的所有人之一，有权参加股东大会，行使公司的经营决策的参与权。股东参加公司经营决策权利的多少取决于所持有公司股份数量的多少。

二、股票的种类

根据股票所包含的权益不同，股票有不同的种类。一般来说，股票可分为普通股股票和优先股股票、记名股票和不记名股票、有面额股票和无面额股票三种类型。

（一）普通股股票和优先股股票

1. 普通股股票

该类股票是最基本、最常见的股票。普通股股票持有人享有股东的基本权利和义务。持有人参加公司的经营决策，其所分取的股息红利是随着公司盈利的多寡而变化。但在公司盈利和剩余财产的分配顺序上在债权人和优先股股东之后，因而承担的风险比债权人和优先股股东大。

2. 优先股股票

优先股股票是一种特殊的股票，持有该种股票股东的权益要受一定的限制。优先股股票的发行一般是股份公司出于某种特定的目的和需要，且在票面上要注明“优先股”字样。优先股股票的股息率是固定的，其优先的权利是优先于普通股股东以固定的股息分取公司收益并在公司破产清算时优先分取剩余资产，但一般不能参与公司的经营活动。

优先股股票一般包括以下几类：

（1）累积优先股股票和非累积优先股股票。累积优先股股票是指在上一营业年度内未支付的股息可以累积起来，由以后财会年度的盈利一起付清。非累积优先股股票是指只能按当年盈利分取股息的优先股股票，如果当年公司经营不善而不能分取股息，未分的股息不能予以累积，以后也不能补付。

（2）参加分配优先股股票和不参加分配优先股股票。参加分配优先股股票是指其股票持有人不仅可按规定分取当年的定额股息，还有权与普通股股东一同参加利润分配的优先股股票。不参加分配优先股股票，就是只能按规定分取定额股息而不再参加其他形式分红的优先股股票。

（3）可转换优先股股票和不可转换优先股股票。可转换优先股股票是指股票持有人可以在特定条件下按公司条款把优先股股票转换成普通股股票或公司债券的股票，而不可转换优先股股票是指不具有转换为其他金融工具的优先股股票。

（4）可赎回优先股股票和不可赎回优先股股票。可赎回优先股股票是指股份有限公司以一定价格收回的优先股股票，又称可收回优先股股票，而不附加有赎回条件的优先股股票就是不可赎回优先股股票。

（5）股息可调整优先股股票。它是指股息率可以调整变化的优先股股票，其特点是优先股股票的股息率可随相应的条件进行变更而不再事先予以固定。

（二）记名股票和不记名股票

1. 记名股票

记名股票是指在股票票面和股份公司的股东名册上记载股东姓名的股票。我国《证券法》规定，公司发行的股票可以为记名股票，也可以为无记名股票。股份有限公司向发起人、法人发行的股票，应当为记名股票，并应当记载该发起人、法人的名称或者姓名，不得另立户名或者以代表人姓名记名。记名股票不仅要求股东在购买股票时需要登记姓名或名称，而且要求股东转让股票时需办理股票过户手续，除了记名股东外，任何人不得凭此对公司行使股东权。

2. 不记名股票

不记名股票也称无记名股票，是指股票票面不记载股东姓名的股票。不记名股票只凭股票所附息票领取股息，可以自由转让，无须办理过户手续。不记名股票股东权利归属于股票的持有者；认购股票时要求缴足股款；转让相对简便；安全性较差。

记名股票与不记名股票的区别如图 2–1 所示。

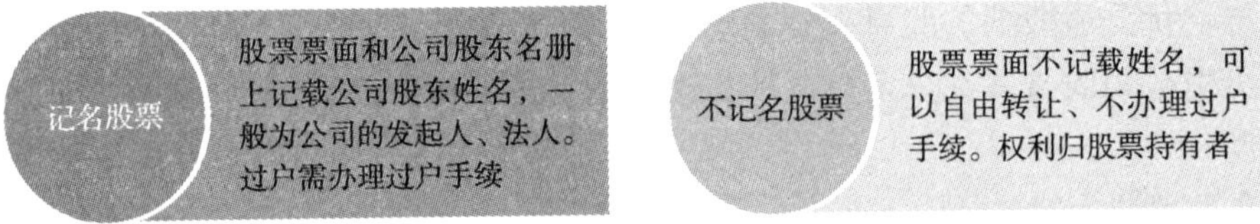

图 2–1　记名和不记名股票

（三）有票面额股票和无票面额股票

1. 有票面额股票

有票面额股票是指股票票面上记载一定金额的股票。记载的金额也称为票面金额、票面价值或股票面值。股票票面金额的计算方法是资本总额除以股份数，实际上许多国家是通过法规直接规定，一般限定这类股票的最低票面金额。我国《公司法》规定，股份有限公司的资本划分为股份，每一份的金额相等。

2. 无票面额股票

无票面额股票也称为比例股票或份额股票，是指股票票面不记载股票面额，只注明它在公司总股本中所占的比例，无票面额股票的价值随股份公司每股净资产和预期每股收益的增减而相应增减。

20 世纪早期，美国纽约州最先通过法律，允许发行无票面额股票；以后美国其他州和其他一些国家也相继效仿。但是，目前世界上很多国家（包括我国）的公司法规定不允许发行这种股票。

有票面额股票和无票面额股票的区别如图 2–2 所示。

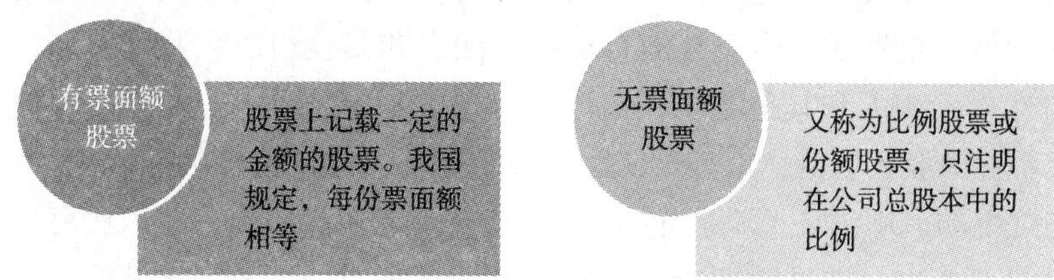

图 2–2 有票面额股票和无票面额股票

（四）我国股票的分类

按股东的权利和义务关系，国外一般把股票分为普通股和优先股，而我国按投资主体的不同性质，将股票分为国家股、法人股、社会公众股和外资股等。如图 2–3 所示。

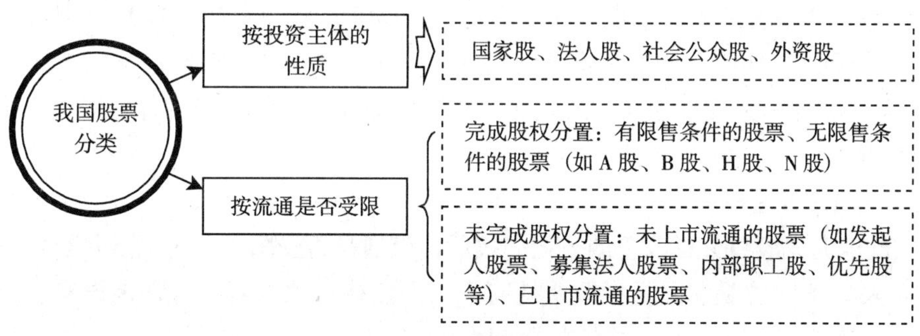

图 2–3 我国股票分类

1. 按投资主体的性质分类

（1）国家股。国家股是指有权代表国家投资部门或机构以国有资产向公司投资形成的股份，包括公司现有国有资产折算成的股份。

（2）法人股。法人股是指企业法人或具有法人资格的事业单位和社会团体以其依法可支配的资产投入公司形成的股份。法人持股所形成的也是所有权关系，是法人经营自身财产的一种投资行为。

（3）社会公众股。社会公众股是指社会公众依法以其拥有的财产投入公司时形成的可上市流通的股份。我国《证券法》规定，公司申请股票上市的条件之一是：向社会公开发行的股份达到公司股份总额的 25%以上；公司股本总额超过人民币 4 亿元，向社会公开发行股份的比例为 10%以上。

(4) 外资股。外资股是指股份有限公司向外国和我国香港、澳门、台湾地区投资者发行的股票。外资股按上市区域，可以分为境内上市外资股和境外上市外资股。

①境内上市外资股，又称为B股，是指股份有限公司向境外投资者募集并在我国境内上市的股份，投资者仅限于外国自然人、法人和其他组织；我国香港、澳门、台湾地区的自然人、法人和其他组织；定居在国外的中国公民等。B股采用记名股票形式，以人民币标明股票面值，以外币认购、买卖。

经国务院批准，中国证监会决定自2001年2月下旬起，允许境内居民以合法持有的外汇开立B股账户，交易B股股票。自从B股市场对境内投资者开放之后，境内投资者逐渐取代境外投资者成为投资主体，B股发生了由"外资股"演变为"内资股"的趋向。

②境外上市外资股，是指股份有限公司向境外投资者募集并在境外上市的股份。它也采取记名股票形式，以人民币标明面值，以外币认购。

在境外上市时，可以采取境外存股证形式或者股票的其他派生形式。在境外上市的外资股除了应符合我国的有关法规外，还须符合上市所在地国家或者地区证券交易所制定的上市条件。我国境外上市外资股主要有H股、N股、S股。H股指注册地在内地、上市地在我国香港的外资股。由于香港英文为HONG KONG，取其首字母，在香港上市的外资股为H股，依次类推，纽约的第一个英文字母为N，新加坡的第一个字母为S，伦敦的第一个字母为L，因此在纽约、新加坡、伦敦上市的外资股分别成为N股、S股、L股。

2. 按流通是否受限分类

(1) 已经完成股权分置改革的公司，按股份流通是否受限可分为以下几类：

①有限售条件的股票，是指股票持有人依照法律、法规规定或按承诺有转让限制的股份。具体包括国家持股、国有法人持股、其他内资持股、外资持股。

②无限售条件的股票，是指流通转让不受限制的股份，包括人民币普通股，即A股；境内上市外资股，即B股；境外上市外资股，如H股、N股等。

(2) 未完成股权分置改革的公司，可以分为以下几类：

①未上市流通的股票，如发起人股票、募集法人股票、内部职工股、优先股或其他。

②已上市流通的股票，包括境内上市人民币普通股股票（A股），境内上市外资股（B股）、境外上市外资股（H股）。

第二节 股票市场概述

一、股票市场的概念

股票市场是股票发行和流通、交易的场所，股票市场可以分为一级市场和二级市场，一级市场也称股票发行市场，二级市场也称股票交易市场。

股票是一种有价证券。有价证券除股票外，还包括国家债券、公司债券、不动产抵押债券等。因此，股票交易只是有价证券交易的一个组成部分，股票市场也只是多种有价证券市场中的一种。目前，世界各地很少有单一的股票市场，股票市场不过是证券市场中专营股票的场所。

二、股票市场的功能

股票市场具有以下功能：

1. 筹集资本功能

上市公司通过股票发行市场发行股票，上市公司将股票委托给证券承销商，证券承销商将股票推销给投资者。投资者用资金购买股票，使得股票从上市公司手中流入投资者手中，资金从投资者手中流入上市公司。上市公司通过股票发行市场筹集资金。

2. 资本流通功能

股票交易市场为股票的流通转让提供了场所，是股票发行的延续。当投资者选择银行储蓄或债券等固定收益证券时，只要到了约定的期限，他都可以按约定的利率收回利息并取回本金。投资者一旦购买了公司股票就成为公司的股东，既不能要求公司退股，也不能要求公司赎回股票。股票交易市场的存在，让投资者可以在股票与资金之间自由转换流通，按公平合理的价格将股票兑现或用资金购买股票。

3. 价格发现功能

股票本身并无价值，股票是一种代表财产权利的有价证券，它包含着股东具有依其持有的股票要求股份公司按规定分配股息和红利的请求权。公司在发行股票时，赋予股票发行的票面价格。公司股票票面价格的多少与其所代表的公司资本的价值无关，票面金额只是股票持有人参与红利分配的依据，股票的价格只有在进入股票市场后才表现出来，股票在市场上流通的价格与其票面金额不同。在股票市场上，股票价格有可能高于其票面金额，也有可能低于其票面金额，这是由股票的预期收益、市场利息率以及供求关系等多种因素决定，因此可以说股票市场决定股票价格。

三、股票市场的作用

股票市场具有优化资源配置、分散风险和经济预测等作用。

1. 资源优化配置

股票市场资源优化配置作用是通过一级市场、二级市场来实现的。投资者通过公司及时披露的各种信息，选择成长性好、盈利潜力大的公司股票进行投资，抛售业绩差、盈利少或没有盈利的公司股票，使得资金流向效益好、发展前景好的企业，推动其股价逐步上扬，促进公司进一步快速发展。而业绩差、收益差的公司股价下滑，难以继续筹集资金，以致逐渐衰落、消亡或被兼并收购。

2. 风险分散

股票市场在给投资者、融资者提供投融资渠道的同时，也分散了投资风险。股份公司通过发行股票筹集资金，股票投资者变成了股份公司的股东，从而承担了公司的经营风险，股份公司实现了风险的社会化。

3. 上市企业的广告作用

公司通过股票市场发行股票，投资者通过股票市场进行股票投资，使得投资者对公司的相关信息进行分析研究，从而关注公司，使得公司在上市的同时，免费进行了公司宣传。

4. 宏观经济“晴雨表”

一般来说，股市往往领先于实体经济的发展，对经济起预测作用。在经济繁荣的初期，股市往往反映了未来繁荣的预期，股市上某行业股票被追捧，也反映了该行业在未来的成长性，因此股市具有一定的前瞻性和预测性。股市在国民经济中的重要地位使各国经济学家均以股市走向来观测国民经济。

四、股票市场的融资方式

1. 市场融资类型

从市场融资类型来看，目前有直接融资和间接融资：

(1) 直接融资是资金需求者和资金持有人相互之间直接进行协议，或者在金融市场资金持有人购买资金需求者发行的有价证券，完成资金融通的过程。

(2) 间接融资是指以货币为主要金融工具，通过银行体系吸收社会存款，再对企业、个人贷款的一种融资机制。这种以银行或金融机构为中介进行的融资活动场所即为间接融资市场。

直接融资与间接融资的区别主要在于融资过程中资金的需求者与资金的供给者是否直接形成债权债务关系。在金融中介机构参与的情况下，判断是否直接融资的标志在于金融中介机构在这次融资行为中是否与资金的需求者与资金的供给者分别形成了各自独立的债权债务关系。

2. 市场融资方式

市场融资主要有以下几种方式：

（1）银行贷款。银行贷款是间接融资方式。银行是企业最主要的融资渠道。

（2）股票筹资。股票筹资是企业直接融资。企业通过股票市场发行股票、卖出股票、吸收资金完成融资，资金持有者通过购买股票而出让资金的使用权。股票筹集的资金是企业的自有资本。

（3）债券融资。债券融资是直接融资方式。企业发行的债券是企业依照法定程序发行并约定在一定期限内还本付息的有价债券，企业通过债券掌握债券购买者的资金使用权，并约定在一定期限内还本付息。债券购买者和企业的关系是债权债务关系。

（4）融资租赁。融资租赁是融资与融物的结合，兼具金融与贸易的双重职能。融资租赁有直接购买租赁、售出后回租和杠杆租赁。

（5）典当融资。典当是以实物为抵押，以实物所有权转移的形式取得临时性贷款的一种融资方式。与银行贷款相比，典当贷款成本高、贷款规模小，但典当也有银行贷款所无法相比的优势。首先，典当行对客户的信用要求几乎为零，典当行只注重典当物品是否货真价实；其次，到典当行典当物品的起点低；再次，典当贷款手续十分简便，大多立等可取，即使是不动产抵押，也比银行要便捷许多；最后，典当无须了解贷款的用途。

（6）P2P 融资。P2P 融资即点对点信贷，或称为个人对个人信贷，而 P2P 企业，就是从事点对点信贷中介服务的网络平台，需要借贷的人群可以通过网络平台寻找到有出借能力并且愿意基于一定条件出借的人群，中介帮助确定借贷的条款和准备好必须的法律文本，中介网络平台可以帮助贷款人通过和其他贷款人一起分担一笔贷款额度的方式来分散风险。

3. 股票市场融资方式

股票市场是股票发行和交易的市场，股票市场融资为直接融资。股票融资方式有普通股融资、优先股融资、配股融资、增发融资等方式。

（1）普通股融资。普通股是股份公司资本构成中最普通、最基本的股票，是股份企业资金的基础部分。企业通过股票市场发行股票、投资者用持有的资金购买企业股票，从而实现资金从投资者手中流入企业，变成企业的自有资本。普通股的股东通过股票获取股份公司的股息和红利，并在市场价格上涨时获取资本利得。

（2）优先股融资。优先股是相对于普通股而言的，主要指在利润分红及剩余财产分配的权利方面优先于普通股。优先股融资与普通股融资方式一致，都是通过发行股票方式进行融资，融资的资金是公司的自有资本。优先股与普通股的区别在于，拥有优先股股票的股东比持有普通股股票的股东分配在先，而且享受固定数额的股息，即优先股的股息率都是固定的，普通股的红利却不固定。在公司解散、分配剩余财产时，优先股在普通股之前分配。

(3) 增发融资。增发融资指公司因业务需要，增加资本额而发行的新股。上市公司可以向公众增发，也可以向特定机构或个人增发，又称定向增发，增发后公司的注册资本增加。增发是股份公司筹集资本、扩大经营规模的措施之一。

(4) 配股融资。配股是股票融资的一种形式。配股赋予公司现有股东对新发股票的优先取舍权。这种方式可以保护现有股东合法的优先购买权。比如，倘若一个企业已发行了 2 亿股股票，并希望再发行 2 亿股新股，这样它就必须按 1:1 的比率向现有股东配售。每个股东都有资格按所持有的每 1 股认购 1 股的比例优先购买新股。原有股东也可以放弃行使配股权。配股通常是按承销方式进行的，这样承销商将以一定价格购买现有股东未购买的新股。

第三节　股票发行市场

一、股票发行市场的基本概念

股票发行市场是指股份公司从发行股票规划到股票销售的全过程。股票发行市场是资金需求者获得资金的市场。

二、股票发行市场

股票发行市场是股份有限公司筹集资金的重要市场。新上市公司的成立、公司的增资都要通过发行市场，借助于发行、销售股票筹集资金，使资金从资金供给者手中转入资金需求者手中，实现社会资本的转化，以促进社会经济发展。

1. 股票发行市场特点

股票发行市场是股票发行和承销的市场，具有如下的特征：①无固定场所。股票发行市场没有固定的场所，可以在投资银行、信托投资公司和证券公司等股票承销商处发行出售，也可以在市场上公开出售新股票。②股票发行市场没有统一的发行时间。股份公司根据股票发行申请的批复、股份有限公司的需要和市场行情走向自行决定发行时间。

2. 股票发行市场的参与者

股票发行市场有三个参与者，即股票发行者、发行中介机构和股票投资者。

股份有限公司是股票发行的主体，股份有限公司的规模和投资者的实际投资能力，决定了发行市场的容量和发展程度。

投资者是股票的主要购买者，投资者以资金购买发行者发行的股票，实现资金的转换，达到投资目的。

为了确保股票发行顺利地进行，使股票发行者和股票投资者实现各自目的，发行中介机构在股票发行中承担着重要的作用，股票承销商等中介机构代销或包销发行者的股票，向发行者收取手续费用。股票发行市场就形成了以承销商为中介，股份有限公司、投资者积极参与的发行市场。

3. 股票发行方式

在不同的社会经济体制下，特别是金融体制和金融市场监管体制的差异，股票发行方式也多种多样。股票发行方式有以下几种：

（1）公募发行和私募发行。

①公募发行，又称为公开发行，是指向社会广大投资者公开推销股票的方式。公募发行可以扩大股东的范围，分散持股，提高股份有限公司的知名度。股份公司可以采用直接发售股票的办法，也可以支付一定的发行费用通过金融中介机构代理发行。

②私募发行，又称为不公开发行，是指股票发行者只对特定的发行对象推销股票的方式。通常在下面两种情况下进行：第一，股东配股，即股份公司按股票面值向原有股东分配该公司的新股认购权。这种新股发行价格往往低于市场价格，事实上成为对股东的一种优待，一般都乐于认购。如果有的股东不愿认购，他可以自动放弃新股认购权，也可以把这种认购权转让他人，从而形成了认购权的交易。第二，私人配股，又称第三者分摊，即股份公司将新股票分售给股东以外的本公司职工、往来客户等与公司有特殊关系的第三者。由于发行对象是既定的，不仅可以节省委托中介机构的手续费，降低发行成本，还可以调动股东、内部职工的积极性，巩固和发展公司的公共关系。

（2）直接发行与间接发行。

根据发行者推销股票的方式不同，分为直接发行和间接发行。

①直接发行又称直接招股，是指股份公司自己承担股票发行的一切事务和风险，直接向认购者推销股票的方式。采用直接发行方式时，要求发行者熟悉招股手续，精通招股技术并具备一定的条件。如果当认购额达不到计划招股额时，新建股份公司的发起人或现有股份公司的董事会必须自己认购未出售的股票。因此，直接发行适用于有既定发行对象或发行风险小、手续简单的股票。

②间接发行又称间接招股，是指发行者委托证券发行中介机构出售股票的方式。这些中介机构作为股票的承销商，办理一切发行事务，承担一定的发行风险并从中提取相应的收益。股票间接发行有代销、承销和包销 3 种方式。如图 2–4 所示。

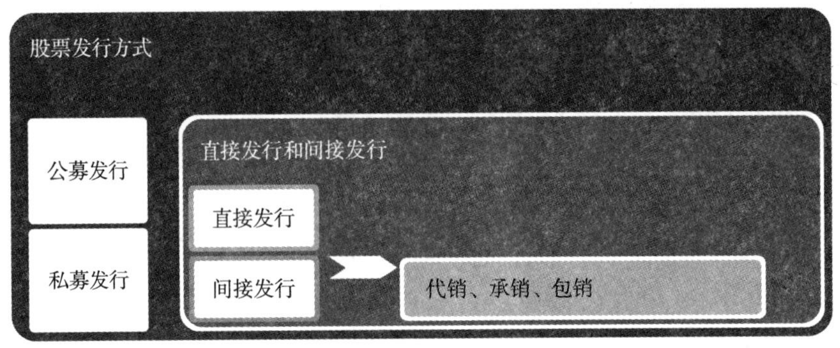

图 2–4　股票发行方式示意图

代销又称代理招股，中介结构只负责按发行者的条件推销股票，代理招股业务，而不承担发行风险，在约定发行销售期限内销售股票，期满销售不出去的股票退还给发行者。由于全部发行风险和责任都由发行者承担，证券发行中介机构只是接受委托代为推销，因此，代销手续费较低。

承销，股票发行者与证券发行中介机构签订股票销售合同，在约定期限内，如果中介机构推销的股票数没有达到合同规定的发行数额，差额部分由中介机构自己承购。这种发行方法能够完成股票发行额，受股票发行者欢迎，而中介机构因需承担一定的发行风险，故承销费高于代销的手续费。

包销又称包买招股，当股份公司拟发行新股时，证券发行中介机构先一次性把将要公开发行的股票全部买下，然后再根据市场行情逐渐卖出，中介机构从中赚取买卖差价。若有滞销股票，中介机构减价出售或自己持有，由于发行者可以快速获得全部所筹资金，而推销者则要承担全部发行风险，因此包销费更高于代销费和承销费。

三、股票发行审核制度

1. 股票发行审核制度是证券监督管理部门对公司发行股票的资格及活动内容进行审查，从而确定是否允许其发行的制度

2. 证券监督管理部门对公司的股票发行审查时，需要进行合规性审查与实质性审查

合规性审查主要指的是证券监督机构除了审查股票发行企业的发行资格外，还对其与股票发行有关的信息、资料文件进行真实性审查，旨在达到公开透明的目的，并及时颁布命令阻止虚假、不实、不完整、欺诈、误导等行为，并要求发行者承担法律责任。实质性审查是在合规性审核的基础上进一步对企业发行股票的实质情况加以审查，通过一系列的价值判断，审查发行股票的企业营业性质、企业管理人员的资格及能力、资本价格是否合理等。

3. 股票发行审核制度主要有注册制和核准制两种

（1）注册制，股票发行注册制度实行公开管理原则，是一种发行公司财务公开制度。注册制要求发行人提供关于股票发行本身及和股票发行有关的一切信息。发行人不仅要完全公开有关信息，不得有重大遗漏，并且要对所提供信息的真实性、完整性和可靠性承担法律责任。发行人将证券发行相关材料报证券监管机构，证券监管机构在注册生效等待时间内未对注册申报材料提出任何异议，证券发行注册生效，发行人便可发行证券。

如果证券监管机构认为报送的文件存在缺陷，会指明缺陷的地方并要求补正或拒绝、阻止发行生效。目前世界上如美国、英国、德国、法国、意大利、荷兰等国家实行注册制度。

（2）核准制，指发行人申请发行股票，不仅要公开披露与发行股票有关的信息，符合《公司法》和《证券法》所规定的条件外，发行人还要将发行申请报请证券监督管理机构决定的审核制度。核准制必须要满足的条件为：证券发行人必须真实充分公开证券发行相关信息，必须符合证券监督管理机构制定的若干适合发行的实质条件，符合条件的证券发行人经证券监管机构批准方可在证券市场上发行证券。

（3）我国证券市场发行制度。①2001 年 3 月 17 日前，我国股票发行实行审批制。1993 年 5 月 4 日，国务院颁布了《股票发行与交易管理暂行条例》，确定了审批制。中国证券监督管理委员会会同国家计委（现为“国家发展和改革委员会”），制定年度或跨年度全国股票发行总额度，再分配给各地方政府和中央部委。企业发行股票应当先向企业所在的政府或者主管中央部委提出额度申请，政府或中央部委在国家下达的额度内进行一级审批，通过审批后再报中国证券监督管理委员会进行复审。②1997 年 7 月 1 日《证券法》正式实施，我国正式确立了核准制，2000 年 3 月中国证监会公布了《证券发布核准程序》，核准制开始替代审批制，2001 年中国证监会正式发行了《上市公司新股发行管理办法》等文件，正式取消了审批制，启动核准制。

根据《证券法》、《公司法》等有关法律法规的规定，股份公司公开发行股票、可转换公司债券、公司债券和国务院依法认定的其他证券，必须依法报经中国证监会核准。

四、我国新股发行与申购

我国新股发行上市分为两种情况，一种是首次公开发行新股上市，另外一种是上市公司发行新股上市。

（一）首次公开发行股票上市

1. 首次公开发行股票（简称 IPO）

首次公开发行股票的流程如图 2-5 所示。

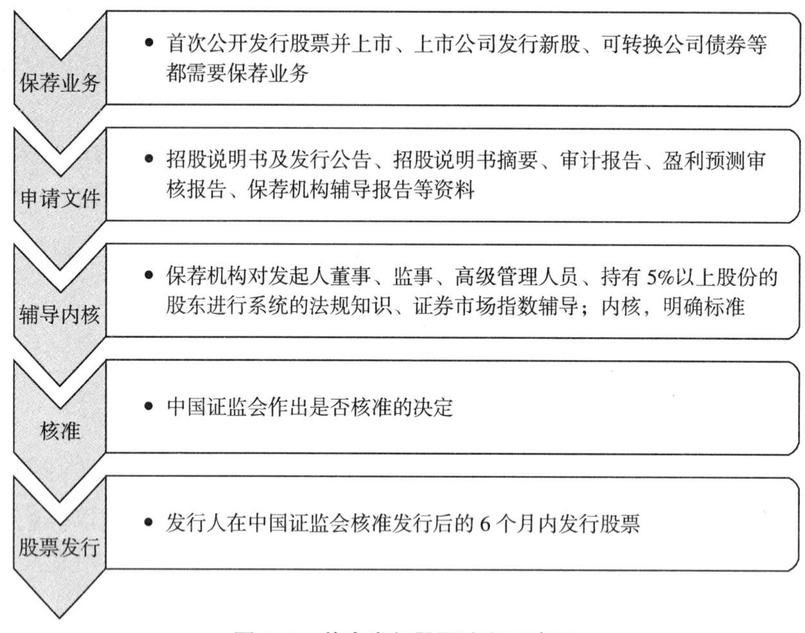

图 2-5 首次发行股票流程示意图

（1）保荐业务。《保荐办法》要求发行人就下列事项聘请具有保荐资格的证券公司履行保荐职责：首次公开发行股票并上市、上市公司发行新股、可转换公司债券及中国证监会认定的其他情形。

保荐业务规则：①尽职调查，对发行人进行全面调查，充分了解发行人经营状况及其面临的风险等。②推荐发行和上市。保荐机构推荐发行人发行股票，应当向中国证监会提交发行保荐书、保荐代表人专项授权书、发行保荐工作报告以及中国证监会要求的其他保荐业务有关的文件。发行保荐书的必备内容为本次证券发行的基本情况、保荐机构承诺事项、对本次证券发行的推荐意见；发行保荐工作报告的必备内容为项目运作流程、项目存在的问题以及解决情况。保荐机构推荐发行人上市，应向证券交易所提交上市保荐书以及证券交易所要求的其他保荐有关文件。③配合中国证监会审核。④持续监督。

（2）首次公开发行股票申请文件。①符合中国证监会上市申请相关要求。②申请文件目录包括：招股说明书及发行公告；发行人关于本次发行的申请及授权文件；保荐机构关于本次发行的文件；会计师关于本次发行的文件；发行人律师关于本次发行的文件；发行人设立的条件；关于本次发行募集的资金运用的文件；与财务会计资料相关的其他文件；其他文件；定向募集公司还应提供的文件。③招股说明书，发行人首次发行股票时，就发行中的有关事项向公众作出披露，并向非特定投资人提出购买或销售其股票的要约邀请性文件。④招股说明书摘要。随招股说明书一起报送批准后，在由中国证监会指定的至少一种全国性报刊上或发行人选择的其他报刊上刊登，供公众投资者参考的关于发行事项的信息披露法律文件。⑤资产评估报告，包括正文、附件。⑥审计报告。⑦盈利预测审核报告（如有）。⑧法律意见书和律师工作报告。⑨辅导报告，是保荐机构对拟发行证券的公司辅导工作结束后，就辅导情况、效果及意见向有关主管单位出具的书面报告。

公司发行股票除准备上述文件外，还应包括保荐机构的发行保荐书、公司章程、发行方案、资金运用可行性报告及项目批文等内容。

2. 首次公开发行股票的条件

（1）主板上市。根据中国证监会2006年5月发布实施的《首次公开发行股票并上市管理办法》（证监会令第32号）和《证券期货法律适用意见第1号》、《证券期货法律适用意见第3号》规定，首次公开发行股票的公司在主体资格、独立性、规范运营、财务与会计、募集资金运用、环保核查方面必须具备一定的条件（见本章“附录1：首次公开发行股票并上市管理办法”）。

（2）创业板上市。在创业板上市的企业应当符合相关条件，包括基本条件、持续盈利能力、高级管理人员和其他条件要求（见本章“附录2：在创业板上市公司首次公开发行股票的条件”）。

3. 首次公开发行股票的辅导和内核

（1）保荐机构在推荐发行人上市时，需对发行人进行辅导，对发起人的董事、监事、高级管理人员、持有5%以上股份的股东进行系统的法规知识、证券市场指数培训，由发起人所在地的中国证监会派出机构进行验收。

（2）内核。保荐机构应建立发行人质量评价体系，明确推荐标准，保证推荐内部管理良好、运作规范、未来有发展潜力的发行人发行股票。保荐人应当建立内核小组。保荐机构在内核结束后，应当作出是否推荐发行的决定，决定推荐的，应当出具发行保荐书。

4. 首次公开发行股票的核准

（1）主板上市的核准程序。①申请。发行人应当按中国证监会的有关规定制作申请文件，由保荐机构向中国证监会申请。②受理。中国证监会收到申请后，在5个工作日内作出是否受理的决定。③初审。中国证监会受理后，由相关职能部门对发行人的申请文件进行初审，初审过程中会征询发行人注册地省级人民政府对股票发行的意见和国家发改委的意见。④预披露。发行申请人首次公开发行股票的，在提交申请文件后，应当按照国务院证券监督管理机构的规定预先披露有关申请文件。因此在发行人申请文件受理后、发审委审核前，发行人应当将招股说明书在中国证监会网站预先披露，也可以将招股说明书刊登在企业网站上，但披露内容应当与中国证监会网站的完全一致，且不得早于中国证监会网站公布时间。⑤中国证监会发行审核委员会（以下简称“发审委”）审核。发审委组织发审委会议进行审核。⑥决定。中国证监会依照法定条件对发行人的发行申请作出予以核准或不予核准的决定，并出具相关文件。自中国证监会核准之日起，发行人应在6个月内发行股票。超过6个月未发行的，核准文件失效，须经中国证监会重新核准后方可发行。股票申请未获核准的，自中国证监会作出不予核准决定之日起6个月后，发行人可再次提出股票发行申请。如图2-6所示。

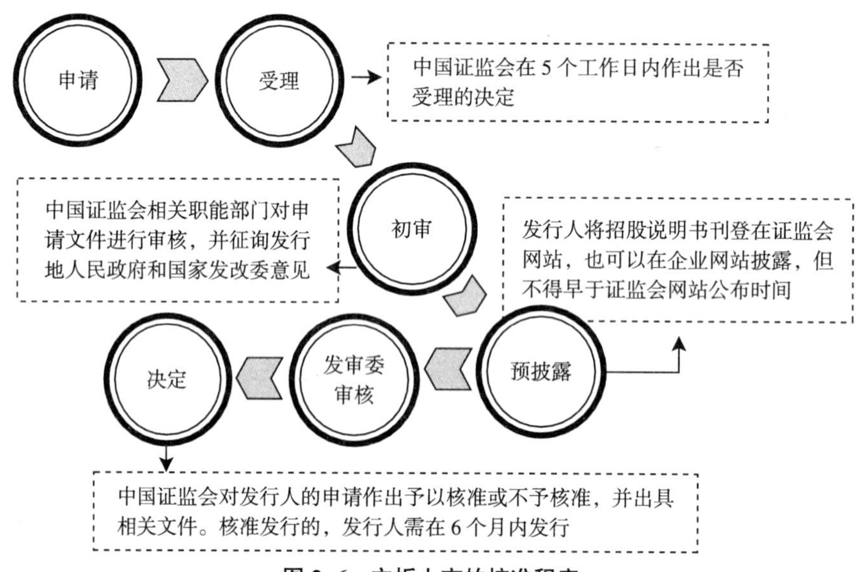

图2-6　主板上市的核准程序

（2）创业板上市公司首次发行股票的核准程序。发行人董事会应当依法就首次公开发行股票并在创业板上市的具体方案、筹集资金使用的可行性和其他必须明确的事项作出决议，并提请股东大会批准。

发行人应当按照中国证监会有关规定制作申请文件，由保荐机构保荐并向中国证监会申报。保荐机构保荐发行人发行股票并在创业板上市，应当对发行人的成长性进行尽职调查和审慎判断，并出具专项意见。

中国证监会在收到申请后，在5个工作日内作出是否受理的决定。中国证监会受理申请文件后，由相关职能部门对发行人的申请文件进行初审，并由创业板委员会审核。中国证监会依法对发行人的申请作出予以核准或不予核准的决定，并出具相关文件。

自中国证监会核准之日起，发行人应在6个月内发行股票。超过6个月未发行的，核准文件失效，须经中国证监会重新核准后方可发行。股票申请未获核准的，自中国证监会作出不予核准决定之日起6个月后，发行人可再次提出股票发行申请。

（二）上市公司发行新股上市

上市公司发行新股，可以公开发行和非公开发行。其中上市公司公开发行新股是指上市公司向不特定对象发行新股，包括向原股东配售股份（以下简称“配股”）和向不特定对象募集股份（以下简称“增发”）；上市公司非公开发行新股是指向特定对象发行股票。

1. 上市公司发行新股

（1）上市公司公开发行新股前，保荐人和上市公司必须首先判断发行主体是否符合公开发行新股的法定条件，这是上市公司成功公开发行新股的基本前提（见本章“附录3：上市公司公开发行新股的条件”）。

（2）配股的特别规定。向原股东配股，除符合附录1的一般规定外，还应当符合其他规定（具体见本章“附录4：上市公司增股特别规定”）。

（3）非公开发行股票的条件。非公开发行股票是指上市公司采用非公开方式，向特定对象发行股票的行为，发行非公开上市公司股票应符合一定条件（详见本章“附录5：上市公司发行非公开上市股票规定”）。

2. 新股发行的申请程序

根据上市公司证券发行管理办法，上市公司发行新股的申请程序如下：

（1）聘请保荐人。上市公司公开发行股票，应当由证券公司承销；非公开发行股票，则可以由上市公司自行销售。上市公司申请公开发行证券或者非公开发行新股，应当由保荐人保荐，并向中国证监会申报。

（2）董事会作出决议。上市公司董事会依法就下列事项作出决议：新股发行的方案、本次募集资金使用的可行性报告、前次募集资金使用的报告、其他必须明确的事项，并提请股东大会批准。

（3）股东大会批准。股东大会应当就本次发行证券的种类和数量、发行方式、发行对象及向原股东配售的安排、定价方式或价格区间、募集资金用途、决议的有效期、对董事会办理本次发行具体事宜的授权、其他必须明确的事项进行逐项表决。股东大会就发行证券事项作出决议。必须经出席会议的股东所持表决权的2/3以上通过。向本公司特定的股东及其关联人发行证券的，股东大会就发行方案进行表决时，关联股东应当回避。

上市公司就发行股票事项召开股东大会，应当提供网络或者其他方式为股东参加股东大会提供便利。上市公司发行新股决议1年有效；决议失效后仍决定继续实施发行新股的，须重新提请股东大会表决。

（4）编制和提交申请文件。保荐机构按中国证监会的有关规定编制和报送申请文件。

（5）保荐机构的尽职调查。与首次发行股票一样，保荐机构对上市公司的尽职调查贯穿始终。

（6）保荐机构的推荐。保荐机构推荐需经过保荐机构内核，保荐机构对向中国证监会报送的发行申请材料进行核查，确保没有重大法律和政策障碍等行为。内核结束后作出是否推荐发行的决定，决定推荐发行的，出具推荐书和发行保荐工作报告。

（7）中国证监会的核准。①受理申请文件，中国证监会收到申请文件后，在5个工作日内作出是否受理的决定。②初审。中国证监会受理申请文件后，对发行人申请文件的合规性进行初审。在初审过程中，中国证监会将就发行人的企业是否符合环境保护进行核查。③发行审核委员会审核。普通程序：发审委会议审核上市公司公开发行股票申请；对上市公司公开发行股票申请和中国证监会规定的其他非公开发行证券申请，采用特别程序规定，发审委会议的5名委员投票，同意票数达到3票的，通过发行申请。④核准发行。依据发审委的审核意见，中国证监会对发行人的发行申请作出核准或不予核准的决定。予以核准的，中国证监会出具核准公开发行的文件；不予核准的，中国证监会出具书面意见，说明不予核准的理由。

股票发行申请未获核准的上市公司，自中国证监会作出不予核准的决定之日起6个月后，可再次提出股票发行申请。

中国证监会自受理申请文件到作出决定的期限为3个月。发行人根据要求补充、修改发行申请文件的时间不计算在内。自中国证监会核准发行之日起，上市公司应在6个月内发行证券；超过6个月未发行的，核准文件失效，须经中国证监会重新核准后方可发行。

（三）股票首次发行与申购

股票发行申请获得中国证监会批准后，就可以通过发行市场进行交易。股票发行价格可以等于票面金额，也可以超过票面金额，但不能低于票面金额，既可以平价发行，也可以溢价发行。股票发行申购的具体程序如图2–7所示。

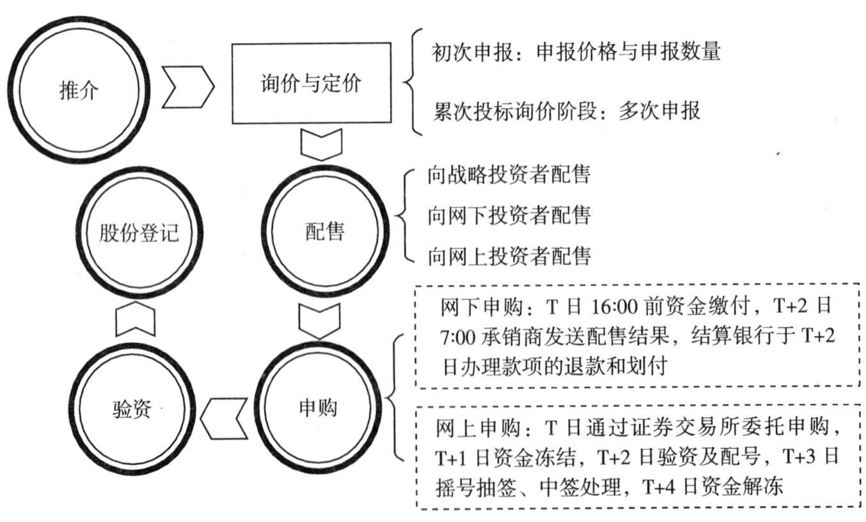

图2–7　首次发行新股的申购程序

1. 推介

初步询价开始日前两个交易日内，发行人应当向证券交易所申请股票代码，获取股票代码。发行人及主承销商在获取股票代码后刊登招股意向书。首次公开发行招股意向书刊登后，发行人及其主承销商可以对询价对象进行推介和询价，并通过互联网向公众投资者推介。

2. 询价与定价

股票发行价格不低于票面价格（票面价格如何确定呢？可以通过股票估值方法来确定定价，详见本章“附录6：股票的估值方法”），首次公开发行股票，可以通过询价的方式确定股票发行的价格，也可以通过发行人与主承销商自主协商直接定价等合法可行的方法确定发行价格。采用询价方式定价的，发行人和主承销商可以根据初步的询价结果直接确定发行价格，也可以通过初步询价确定发行价格区间，在发行价格区间内通过累计投标询价确定发行价格。

（1）每一个询价对象可以为其管理的每一个配售对象填报多个拟申报价格，每一个申报价格对应一个拟申购数量，申购平台记录本次发行的每一个报价情况，由主承销商向中国证监会报送。

（2）初步询价结束后，主承销从申购平台获取报价信息。配售对象在初步询价阶段填写的多个拟申购价格，如果全部落在主承销商确定的发行价格区间下限之下，该配售对象不得进入累计投标询价阶段进行新股申购；配售对象的拟申购价格有一个或一个以上的报价落在主承销商确定的发行价格区间之内或之上的，该配售对象可以进入累计投标询价阶段申购新股。

（3）累计投标询价阶段，询价对象管理的每一个配售对象可以多次申报，一经申报，不得撤销或修改。每个配售对象多次申报的累计申购股数不得少于落在发行价格区间之内及区间之上的初步询价报价所对应的“拟申购数量”总和，不得超过主承销商确定的申购数量上限，且不得超过网下发行股票总量。

3. 配售

（1）首次发行超过4亿股以上的，可以向战略投资者[①]配售发股，发行人应当与战略投资者事先签署配售协议，并报中国证监会备案；发行人及主承销商应当在发行报告中标明战略投资者的选择标准、配售的股票数量、占本次发行股票的比例以及持有期限（不少于12个月）。

---

① 战略投资者是指符合国家法律、法规和规定要求，与发行人具有合作关系或合作意向和潜力并愿意按照发行人配售要求与发行人签署战略投资配售协议的法人。我国在新股发行中引入战略投资者，允许战略投资者在发行人发行新股中参与申购。主承销商负责确定一般法人投资者，每一发行人都在股票发行公告中给予其战略投资者一个明确细化的界定。

(2) 发行人及其主承销商应当向参与网下配售的询价对象[①]配售股票，并应当与网上发行同时进行。公开发行股票数量少于4亿股的，配售数量不超过本次发行总量的20%；公开发行股票数量在4亿股以上的，配售数量不超过向战略投资者配售后剩余发行数量的50%。询价对象与发行人、承销商可自主确定网下配售股票的持有期。

询价对象应当为其管理的股票配售对象分别指定资金账户和证券账户，专门用于累计投标询价和网下配售。指定账户应当在中国证监会、中国证券业协会和证券登记结算机构登记备案。

(3) 向网上发行的投资者配售。向网上发行的投资者配售是指通过证券交易所公开发行股票，发行人及其主承销商网下配售股票，应当与网上发行同时进行。投资者参与网上发行，应当按价格区间上限进行申购，如最终确定的发行价格低于价格区间上限，差价部分退还给投资者。

4. 申购

(1) 网下申购。参与初步询价的询价对象和参与累计投标、申购的股票配售对象应在初步询价开始前一交易日12:00前完成在中国证券业协会的登记备案工作。在初步询价截止后，主承销商从申购平台[②]获取初步询价报价情况，并于累计投标询价开始前1个交易日15:00前，将这些询价对象所管理的配售对象信息通过申购平台发送至登记结算平台。登记结算平台自动核查申购平台转发的配售对象证券账户的代码有效性，将证券账户代码有效的配售对象信息提供给结算银行。

各配售对象在累计投标询价报价阶段办理申购资金划入时，须将网下发行申购款划付至登记结算公司在结算银行开立的网下申购资金专户，并在付款凭证备注栏中注明申购所对应的证券账户及股票代码。

T日，登记结算平台收到交易所发送的累计投标询价申报数据后，核算每个配售对象应付申购款金额，并将该核算结果通过PROP[③]发送给主承销商。T日16:00为网下申购资金入账的截至时点。配售对象须在16:00前将申购资金划入登记结算公司开立在结算银行的网下申购资金专户，1个配售对象只能通过1家结算银行办理申购资金的划入，配售对象须通过其在中国证券业协会报备的银行收付款账户办理申购资金的划出、划入。

---

① 股票配售对象为：经批准募集的证券投资基金；全国社会保障基金；证券公司证券自营账户；经批准设立的证券公司集合资产管理计划；信托投资公司证券自营账户；信托投资公司设立并已向相关监管部门履行报告程序的集合信托计划；财务公司证券自营账户；经批准的保险公司或者保险资产管理公司证券投资账户；合格境外机构投资者管理的证券投资账户；在相关监管部门备案的企业年金基金；经中国证监会认可的其他证券投资产品。

②为规范首次公开发行股票，提高首次公开发行股票网下申购及资金结算效率，中国证监会要求网下部分通过证券交易所进行电子化发行。

③登记结算公司参与人远程操作平台，简称为PROP。

结算银行根据主承销商提供的各配售对象银行收付款账户信息，对各配售对象收付款银行账户进行合规性检查。通过检查的，根据配售对象的划款指令将申购款计入登记结算公司在结算银行开立的网下申购资金专户，并向登记结算公司发送电子入账通知，由登记结算公司汇总后通知主承销商。登记结算公司根据结算银行电子入账通知，实时核算各配售对象申购款金额，主承销商可通过 PROP 实时查询各配售对象申购款到账情况。

主承销商于 T 日 17:30 后通过其 PROP 信箱获取各配售对象截至 T 日 16:00 的申购资金到账情况。主承销商根据其获取的 T 日 16:00 资金到账情况以及结算银行提供的网下申购资金专户截至 T 日 16:00 的资金余额，按照中国证监会相关规定组织验资。主承销商于 T + 2 日 7:00 前将确定的配售结果数据，包括发行价格、获配股数、配售款、证券账户、获配股份限售期限、配售对象证件代码等通过 PROP 发送到登记结算平台。登记结算平台根据主承销商提供的上述配售结果数据，将各配售对象的应缴款金额和应退款金额，以及主承销商承销证券网下发行募集款总金额，于 T + 2 日 9:00 前以各配售对象申购款缴款银行为单位，形成相应的配售对象退款金额数据及主承销商承销证券网下发行募集款金额数据，通过 PROP 提供给相关结算银行。主承销商若没有在规定时间前通过登记结算平台提供上述配售结果数据的，登记结算公司的退款时间将顺延，由此给配售对象造成的损失由主承销商承担。

结算银行于 T + 2 日主承销商通过登记结算平台提供的电子退款明细数据，按照原留存的配售对象汇款凭证办理配售对象的退款；根据主承销商于初步询价截止日前通过登记结算平台提供的主承销商网下发行募集款收款银行账户办理募集款的划付。

（2）网上申购。下面以上海证券交易所为例，介绍网上申购的方法。

①申购时间。沪市投资者可以使用其所持的上海证券交易所账户在申购日向上海证券交易所申购在上海证券交易所发行的新股，申购时间为 T 日上午 9:30~11:30，下午 13:00~15:00。

②申购单位及上限。每一申购单位为 1000 股，申购数量不少于 1000 股，必须是 1000 股的整数倍，但最高不得超过当次社会公众股网上发行数量或者 9999.9 万股。除法规规定的证券账户外，每一个证券账户只能申购 1 次，重复申购除第 1 次申购为有效申购外，其余申购由上海证券交易所交易系统自动剔除。

③投资者申购。申购当日（T 日），投资者在规定的申购时间内通过与上海证券交易所联网的证券营业部，根据发行人发行公告规定的价格区间上限和申购数量缴足申购款，进行申购委托。网上申购期内，投资者按委托买入股票的方式，以价格区间上限填写委托单。一经申报，不得撤单。已开立资金账户但没有足够资金的投资者，必须在申购日之前（含该日），根据自己的申购量存入足额的申购资金；尚未开立资金账户的投资者，必须在申购日之前（含该日）在与上海证券交易所联网的证券营业部开

立资金账户，并根据申购量存入足额的申购资金。

④资金冻结。申购日后的第 1 天（T + 1 日），由中国结算上海分公司将申购资金冻结。确因银行汇划的原因而造成申购资金不能及时入账的，应在 T+1 日提供划款银行的划款凭证，并确保 T + 2 日上午申购资金入账，同时缴纳 1 天申购资金应冻结利息。

⑤验资及配号。申购日后的第 2 天（T + 2 日），中国结算上海分公司配合上海证券交易所指定的具备资格的会计师事务所对申购资金进行验资，并由会计师事务所出具验资报告，以实际到位资金作为有效申购。发行人和主承销商应在T + 2 日前（含 T + 2 日）提供确定的发行价格。

⑥摇号抽签、中签处理。申购日后的第 3 天（T + 3 日），发行人和主承销商公布确定的发行价格和中签率，并进行摇号抽签、中签处理。中国结算上海分公司对申购的投资人按确定的新股发行价格予以扣款。

⑦资金解冻。申购日后的第 4 天（T + 4 日），发行人和主承销商公布中签结果，中国结算上海分公司对未中签部分的申购款予以解冻，如发行价格低于价格区间上限，差价部分退还给投资者。新股认购款统一由中国结算上海分公司划付给主承销商。

（3）网上申购的缩短流程。

表 2–1　网上申购流程

序号	程序名称	程序内容
1	申购时间	T 日上午 9:30~11:30，下午 13:00~15:00
2	申购单位	1000 股的整数倍
3	投资者申购	申购当日缴存申购款、填写网上申购单
4	资金冻结	T+1 日，中国结算上海分公司将申购资金冻结
5	验资及配号	T+2 日会计师事务所验资，发行人和主承销商提供发行价格
6	摇号抽签、中签	T+3 日发行人和主承销商公布发行价格和中签率
7	资金解冻	T+4 日发行人和主承销商公布中签结果，中国结算上海分公司对未中签部分的收购款予以解冻

上海证券交易所网上发行资金申购的时间一般为 4 个交易日，根据发行人和主承销商的申请，可以缩短 1 个交易日，申购流程如下：

①投资者申购（T 日）。申购当日（T 日）按发行公告和申购办法等规定进行申购。

②资金冻结、验资及配号（T+1 日）。申购日后的第 1 天（T+1 日），由中国结算上海分公司将申购资金冻结。16:00 前，申购资金须全部到位，中国结算上海分公司配合上海证券交易所指定的具备资格的会计师事务所对申购资金进行验资，并由会计师事务所出具验资报告，上海证券交易所以实际到位资金作为有效申购进行配号（16:00 后按相关规定进行验资，确认有效申购和配号）。

③摇号抽签、中签处理（T+2 日）。申购日后的第 2 天（T+2 日），公布确定的发行价格和中签率，并按相关规定进行摇号抽签、中签处理。

④资金解冻（T+3 日）。申购日后的第 3 天（T+3 日）公布中签结果，并按相关规定进行资金解冻和新股认购款划付。

深圳证券交易所资金网上申购实施办法与上海证券交易所略有不同，除了放宽投资者申购上限外，在申购单位上，上海证券交易所规定每一申购单位为 1000 股，申购数量不少于 1000 股，超过 1000 股的必须是 1000 股的整数倍；而深圳证券交易所则规定申购单位为 500 股，每一证券账户申购数量不少于 500 股，超过 500 股的必须是 500 股的整数倍。此外，在申购细节上，深圳证券交易所规定，每一证券账户只能申购 1 次，同一证券账户的多次申购委托（包括在不同的营业网点各进行 1 次申购的情况），除第 1 次申购外，均视为无效申购；上海证券交易所则规定每一证券账户只能申购 1 次，但法规规定的证券账户除外。

5. 验资

投资者申购缴款结束后，主承销商应当聘请具有证券相关业务资格的会计师事务所对申购资金进行验证，并出具验资报告，首次公开发行股票的，应当聘请律师事务所对向战略投资者、询价对象的询价和配售行为是否符合法律、行政法规的规定等进行鉴定。

6. 股份登记

根据中国证券登记结算公司规定，已发行的证券在证券交易所上市前，发行人应当在规定时间内申请办理证券的初始登记，需提交相关资料。

（四）上市公司发行股票

上市公司公开发行股票，有增发新股和配发新股。增发新股包括询价增发和定价增发。如图 2–8 所示。

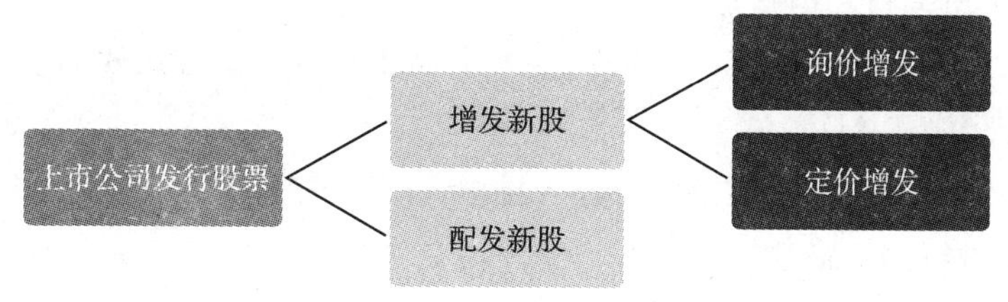

图 2–8 上市公司发行股票

（1）询价增发股票发行及申购流程。

T–5 日发行人刊登招股意向书、网下发行公告、网上路演公告（如有）见报并见于证券交易所网站。

T–4 日，网上路演（如有）。

T-3 日，网下累计投标询价暨申购，网下申购定价缴纳。

T-2 日，网下申购定金验资、确定发行价格。

T-1 日，刊登《网下累计投标询价结果公告》和《网上发行公告》。

T 日，增发网上申购日、原股东网上配售缴款日。

T+1 日，主承销商联系会计师事务所。如果采用摇号方式，还需联系公证机构。

T + 2 日，11:00 前，主承销商根据验资结果，确定本次网上网下发行数量、配售比例和发行价格，并报证券交易所发行上市部。主承销商拟定价格、申购数量等见报。

T+3 日，主承销商刊登《发行结果公告》，退还未获配售的网下申购定金，网下申购投资者根据配售结果补缴余款，网上发行部分如果采用摇号抽签方式，则举行摇号抽签仪式。

T + 4 日，网上申购资金解冻，网下申购资金验资，股票复牌。

(2) 定价增发股票发行及申购流程。

T – 2 日，刊登《招股意向书摘要》、《网上网下发行公告》、《网上路演公告》。

T – 1 日，进行网上路演，如向原股东配售，T-1 为股权登记日。

T 日，网上网下申购。

T + 1 日，主承销商联系会计师事务所进行网下申购定金验资。

T + 2 日，主承销商组织网上申购资金验资，根据网下申购情况，确定本次网上网下发行数量，计算网下配售比例。网上部分如果按比例配售，则确定网上发行的配售比例，如采用摇号方式，则联系公证机构。

T + 3 日，主承销商刊登网下发行公告，退还未获配售的网下申购定金，网下申购者补缴定金；网上抽签方式的，举行抽签仪式。

T + 4 日，网上申购资金解冻，网下申购资金验资，发行结束。

(3) 配股上市发行和申购流程。

T – 3 日前，发行人和主承销商应向证券交易所发行上市部报送有关材料，并进行发行公告，配股说明书及附件见报。

T – 2 日，配股说明书摘要及发行公告见报，配股说明书及附件见证券交易所网站。

T – 1 日，进行网上路演（如需）。

T 日，股权登记日。

T + 1 日至 T+5 日，配股缴款期间，上市公司至少作 3 次提示性公告。

T + 6 日，网下验资，确定原股东认配比例，如发行成功，则登记结算公司进行网上清算。

T + 7 日，刊登配股发行结果公告，股票恢复正常交易。发行成功，当日为除权基准日，发行失败，当日为申购资金退款日。

五、有偿增资、无偿增资和搭配增资发行股票

1. 有偿增资

有偿增资就是指认购者必须按股票的某种发行价格支付现款，方能获得股票的一种发行方式。一般公开发行的股票和私募中的股东配股、私人配股都采用有偿增资的方式，采用这种方式发行股票，可以直接从外界募集股本，增加股份公司的资本金。

2. 无偿增资

无偿增资是指认购者不必向股份公司缴纳现金就可获得股票的发行方式，发行对象只限于原股东，采用这种方式发行的股票，不能直接从外边募集股本，而是依靠减少股份公司的公积金或盈余结存来增加资本金，一般只在股票派息分红、股票分割和法定公积金或盈余转作资本配股时采用无偿增资的发行方式，按比例将新股票无偿交付给原股东，其目的主要是为股东分益，以增强股东信心和公司信誉或为了调整资本结构。由于无偿发行要受资金来源的限制，因此，不能经常采用这种方式发行股票。

3. 搭配增资

搭配增资是指股份公司向原股东分摊新股时，仅让股东支付发行价格的一部分就可获得一定数额股票的方式，例如股东认购面额为 100 元的股票，只需支付 50 元就可以了，其余部分无偿发行，由公司的公积金充抵。这种发行方式也是对原有股东的一种优惠，只要从股东再征集部分股金，就能很快实现公司的增资计划。

上述这些股票发行方式，各有利弊及条件约束，股份公司在发行股票时，可以采用其中的某一种方式，也可以兼采几种方式，各公司都是从自己的实际情况出发，择优选用。

第四节　股票交易市场

一、股票交易场所

股票交易市场又称二级市场、证券交易所，是指对已发行的股票进行买卖、转让和流通的市场。股票交易市场包括交易所市场和场外交易市场两部分，这两部分市场是建立在股票发行市场基础上的。

1. 股票市场的参与者

股票市场参与者有三种类型，即股票卖方、股票买方和证券商。股票卖方即股票出售者，是指持有股票，出于各种原因把股票转让出去的持股者；股票买方是准备在

股票市场进行投资的投资者。证券商是专门从事有价证券发行和买卖的公司，由于中国证券交易规定，个人或投资者不能参与证券交易所交易，因此证券交易所的直接参与者必须是交易所的会员，可以是证券商，也可以是经纪人或专业经纪人。

2. 股票交易所

股票交易的场所包括交易所市场和场外交易市场。

证券交易所市场是股票流通市场的最重要的组成部分，也是交易所会员、证券自营商或证券经纪人在证券市场内集中买卖上市股票的场所，证券交易所是股票交易市场的主体。证券交易所具有固定的交易场所和固定的交易时间，接受和办理符合有关法律规定的股票上市买卖，使原股票持有人和投资者有机会在市场上通过经纪人进行自由买卖、成交、结算和交割。

3. 场外交易市场

场外交易市场（OTC）又称店头市场或柜台市场，它与交易所共同构成一个完整的股票交易市场体系。场外交易市场实际上是由千万家证券商行组成的抽象的证券买卖市场。在场外交易市场内，每个证券商行大都同时具有经纪人和自营商双重身份，随时与买卖证券的投资者通过直接接触或电话、电报等方式迅速达成交易。

作为自营商，证券商具有创造市场的功能。证券商往往根据自身的特点，选择几个交易对象。作为经纪证券商，证券商替顾客与某证券的交易商行进行交易，证券商只是顾客的代理人，不承担任何风险，只收少量的手续费作为补偿。

场外交易市场与股票交易所的区别：①场外交易市场的买卖价格是证券商人之间通过直接协商决定的，而股票交易所的证券价格则是公开拍卖的结果；②场外交易市场的交易不是在固定的场所和固定的时间内进行，主要通过电话成交。股票交易所内仅买卖已上市的股票，而在场外交易市场则不仅买卖已上市的股票，同样也买卖未上市的股票、因某种原因退市的股票。

场外交易市场的股票通常有两种价格：①公司卖给证券公司的批发价格；②证券公司卖给客户的零售价格。

二、股票交易程序与方法

在证券交易所进行股票交易，需满足一定的条件才能进行股票交易，下面以在证券交易所交易 A 股为例说明股票交易程序，如图 2–9 所示。

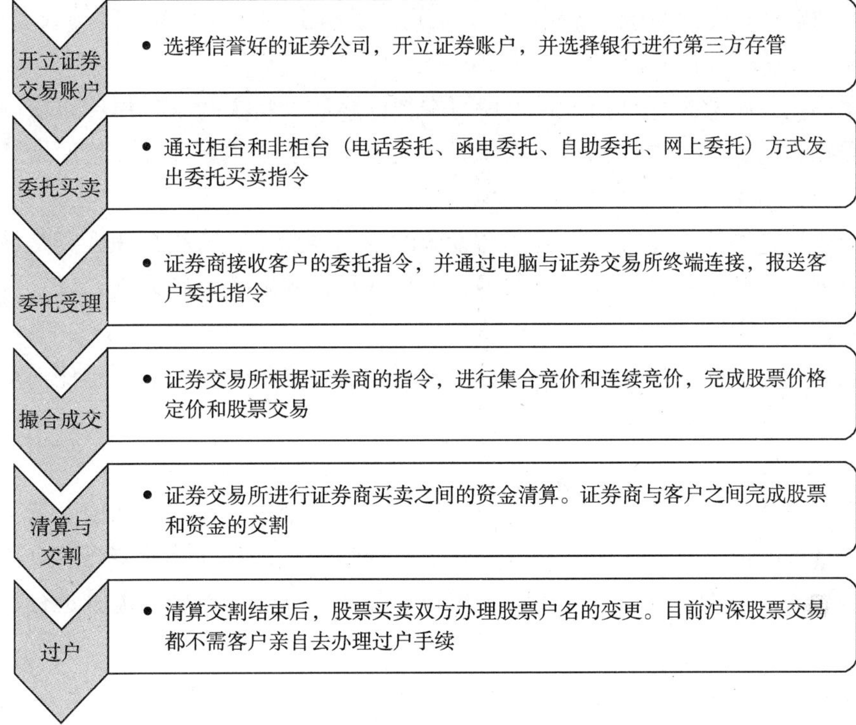

图 2-9 股票交易程序

1. 开立证券交易账户

在证券交易（第一章第四节第六部分）中已经介绍了证券账户开户流程。证券交易账户开户时，选择证券公司营业部，提交个人的有效证件，机构投资者需要提交营业执照原件、机构代码等资料，签署有关协议后，开立证券账户。开立证券账户后，到证券公司指定的银行机构办理第三方存管，证券账户就正式开立了，可以进行证券交易了。

2. 委托买卖

投资者开立了证券账户和资金账户后，就可以在证券营业部办理委托买卖。所谓委托买卖是指证券经纪商接受投资者委托，代理投资者买卖股票，从中收取佣金的交易行为。

投资者发出委托指令的形式有柜台委托和非柜台委托两种。①柜台委托是指委托人亲自或由其代理人到营业部交易柜台，由委托人及其代理人填写委托单并签章的形式。买卖证券的委托单是委托人与证券商之间确定代理关系的文件。买卖成交后，凭委托单办理交割手续。②非柜台委托主要有电话委托、函电委托、自助委托、网上委托等形式。

电话委托是指委托人通过电话方式表明委托意向，提出委托要求。委托人通过普通的双音频电话，按照系统发出的指示，借助电话机上的数字和符号键输入委托指令，以完成证券买卖的一种委托形式。

传真委托或函电委托是指委托人填写委托内容后，将委托书采用传真或函电的方式表达委托意向，提出委托要求。采用此方式，投资者必须在证券经纪商处开设委托专户。

自助委托是委托人通过证券营业部设置的专用委托电脑终端，凭证券交易磁卡和交易密码进入电脑交易系统委托状态，自行将委托内容输入电脑系统，以完成证券交易的一种委托形式。

网上委托是证券经纪商的电脑交易系统与互联网联结，委托人利用任何可上网的电脑终端，通过互联网完成交易。

3. 委托受理

证券商受理委托，主要包括审查、申报与输入三个基本环节。在信息技术发达的情况下，证券商的审查、申报、输入三环节一气呵成，证券商接受委托审查后，直接进行电脑输入。另外一种方法是客户采用自动委托方式输入电脑，电脑进行审查确认后，直接进入沪深交易所内计算机主机。

4. 撮合成交

证券商的买卖申报指令由证券商的电脑传至证券交易所终端。证券交易所电脑终端根据输入的信息进行集合竞价和连续竞价处理，集合竞价采用最大成交量原则、连续竞价按照“价格优先，时间优先”的原则撮合成交（见下面的交易规则）。每一笔委托由委托序号、买卖区分、证券代码、委托手续、委托限价、有效天数等组成。

5. 清算与交割

清算是指证券买卖双方在证券交易所进行的证券买卖成交之后，通过证券交易所将证券商之间证券买卖的数量和金额分别予以抵消，计算应收、应付证券和应付股金的差额的一种程序。

交割是指投资者与受托证券商就成交的买卖办理资金与股份清算业务的手续，沪深两地交易均根据集中清算净额交收的原则办理。

6. 过户

所谓过户就是办理清算交割后，将原卖出证券的户名变更为买入证券的户名。对于记名证券来讲，只有办妥过户手续才是整个交易过程的完成，才表明拥有完整的证券所有权。目前在沪深证券交易所上市的股票通常不需要股民亲自去办理过户手续。

三、股票交易费用

股票交易费用即股票交易手续费。股票交易手续费就是指投资者在委托买卖证券时应支付的各种税收和费用的总和。通常包括印花税、佣金、过户费、其他费用等。

（1）印花税：成交金额的 1‰。目前由向双边征收改为向卖方单边征收。上海股票及深圳股票均按实际成交金额的 1‰支付，上交所由券商代扣后由交易所统一代缴、深交所由投资者交给证券公司。债券与基金交易均免交此项税收。

（2）证券监管费：成交金额的 0.2‰。

（3）证券交易经手费：A 股，按成交额 0.0696‰双向收取；B 股，上交所按成交额 0.02‰双向收取、深交所按成交额 0.301‰收取。

（4）过户费（仅上海股票收取）：这是指股票成交后，更换户名所需支付的费用。由于我国两家交易所不同的运作方式，上海股票采取的是“中央登记、统一托管”，所以此费用只在投资者进行上海股票、基金交易中才支付此费用，深股交易时无此费用。此费用按成交股票面值（以每股为单位）的 1‰支付，不足 1 元按 1 元收。

（5）交易佣金：最高为成交金额的 3‰，最低 5 元起，单笔交易佣金不满 5 元按 5 元收取。

一般情况下，券商对资金量、交易量大的客户会给予降低佣金率的优惠，因此，资金量大、交易频繁的客户可自己去和证券部申请。另外，券商还会依客户采取电话交易、网上交易等提供不同的佣金率，一般来说，网上交易收取的佣金较低。

上海和深圳证券交易所交易费用的规定（详见本章“附录 7：上海证券交易所交易费用”、“附录 8：深圳证券交易所收费标准”）。

四、股票交易的主要规则

股票交易规则主要包括交易时间、交易单位、交易计价单位、报价方式、价格决定、涨跌幅限制、挂牌、摘牌、复牌、停牌、交易异常处理等。

（1）交易时间。上海和深圳证券交易所采用竞价交易方式，根据集合竞价和连续竞价的时间不同，有不同的时间规定。在股票交易日内，上海和深圳证券交易所交易时间如表 2-2 所示。

表 2-2　沪深证券交易所交易时间

交易所	集合竞价时间	连续竞价时间
上海证券交易所	开盘 9:15~9:25	9:30~11:30、13:00~15:00
深圳证券交易所	开盘 9:15~9:25 收盘 14:57~15:00	9:30~11:30、13:00~15:00 大宗交易延长至 15:30

（2）交易单位。交易单位是交易所规定每次申报和成交的交易数量单位，以提高工作效率。一个交易单位俗称为“1 手”。沪深证券交易所规定，通过竞价交易买入股票、基金、权证的，申报数量为 100 股（份）或其整数倍，卖出股票、基金、权证，余额不足 100 股（份）的，应当一次性申报卖出。股票、基金、权证的单笔申报最大数量

应当不超过100万股（份）。①股票的交易单位为"股"，100股=1手，委托买入数量必须为100股或其整数倍；②基金的交易单位为"份"，100份=1手，委托买入数量必须为100份或其整数倍；③国债现券和可转换债券的交易单位为"手"，1000元面额=1手，委托买入数量必须为1手或其整数倍；④当委托数量不能全部成交或分红送股时可能出现零股（不足1手的为零股），零股只能委托卖出，不能委托买入零股。

（3）报价单位和申报价格最小变动单位。不同的证券的计价单位不同，股票以"每股价格"为报价单位，基金以"每份基金价格"为报价单位，权证以"每份权证价格"为报价单位，债券以"每百元面值债券的价格"为报价单位。

申报价格最小变动单位是交易所规定的每次报价和成交的最小变动单位。上交所规定，A股、债券交易和债券买断式回购交易的申报价格最小变动单位为0.01元人民币，基金、权证交易为0.001元人民币，B股交易为0.001美元，债券质押式回购交易为0.005元。深交所规定，A股交易的申报价格最小变动单位为0.01元，基金、债券、债券质押式回购交易为0.001元人民币，B股为0.001港元。

（4）报价方式。现代证券多采用电脑报价方式。沪深证券交易所采用电脑报价接受会员的限价申报和市价申报方式。

（5）价格决定。我国上海和深圳证券交易所采用集合竞价和连续竞价方式。集合竞价是指将在规定时间内接受的买卖申报一次性撮合的竞价方式；连续竞价是指对买卖申报的逐笔连续撮合的竞价方式。

集合竞价时，成交价格的确定原则为：可实现最大成交量的价格；高于此价格的买入申报和低于此价格的卖出申报全部成交的价格；与该价格相同的卖方或买方至少有一方全部成交的价格。如果有两个以上申报价格符合上述条件的，上交所使未成交量最小的申报价格为成交价格；仍有两个以上的使未成交量最小的申报价格符合上述条件，其中间价格为成交价。深交所取在该价格以上的买入申报累计数量与在该价格以下的卖出申报累计数量之差最小的价格为成交价格；买卖申报累计数量之差仍存在相等情况的，开盘集合竞价时取最近成交价格为成交价。集合竞价的所有交易以同一价格成交。

集合竞价期间未成交的买卖申报自动进入连续竞价。在连续竞价时，成交价格的确定原则为：最高买入申报价格与最低卖出申报价格相同的，以该价格为成交价格；买入申报价格高于即时的最低卖出申报价格的，以即时的最低卖出申报价格为成交价格；卖出申报价格低于即时的最高买入申报价格的，以即时最高买入申报价格为成交价格。

股票的开盘价为当日该股票的第一笔成交价格，开盘价通过集合竞价产生，不能产生开盘价的，以连续方式产生。上交所收盘价为当日股票最后一笔交易前一分钟所有交易的成交量加权平均价。当日无成交的，以前收盘价为当日收盘价。深交所证券的收盘价通过集合竞价产生，收盘集合竞价不能产生收盘价的，以当日该股票最后一笔交易前一分钟所有交易的交易量加权平均价为收盘价。当日无成交的，以前收盘价为当日收盘价。

（6）涨跌幅限制。为保护投资者利益，证交所对每日股票价格的涨跌幅予以适当限制。沪深证交所对股票、基金实行价格涨跌幅限制，涨跌幅比例为 10%，其中 ST 股票和 *ST 股票[①]价格涨跌幅比例为 5%。

下列情形下首个交易日无涨跌幅限制：首次公开发行上市股票；首次公开发行的封闭基金（上交所）；增发上市的股票（上交所）；暂停上市后恢复上市的股票。

（7）挂牌、摘牌、复牌、停牌。交易所对上市股票实行挂牌交易。股票上市期届满或依法不再具备上市交易的，交易所终止其上市交易，并摘牌。股票、基金交易出现异常波动的，交易所可以决定停牌，直至复牌。

（8）"T + 1" 交收。"T" 表示交易当天，"T + 1" 表示交易日当天的第二天。"T + 1" 交易制度指投资者当天买入的股票不能在当天卖出，需待第二天进行自动交割过户后方可卖出（债券、股指期货当天允许 "T + 0" 回转交易）。资金使用上，当天卖出股票的资金回到投资者账户上可以用来买入股票，但不能当天提款，必须到交收后才能提款（A 股为 "T + 1" 交收，B 股为 "T + 3" 交收）。

第五节　股票价格指数

一、股票价格指数的概念

股票价格指数是用以反映整个股票市场上各种股票市场价格的总体水平及其变动情况的指标，简称为股票指数，反映一个国家或地区政治、经济发展状态的灵敏信号。股票价格指数是选取有代表性的一组股票，把他们的价格进行加权平均，通过计算得到。

1. 股票价格指数编制步骤

（1）选择样本股。选择有代表性的一定数量的上市公司股票作为编制股票价格指数

---

①ST 为 "特别处理"，针对出现财务状况或其他异常状况的。1998 年 4 月 22 日，沪深交易所宣布，将对财务状况或其他状况出现异常的上市公司股票交易进行特别处理（Special Treatment），由于 "特别处理"，在简称前冠以 "ST"，因此这类股票称为 ST 股。常见的带 ST 股票含义如下："*ST" 公司经营连续三年亏损，退市预警。"ST" 公司经营连续二年亏损，特别处理。"S*ST" 公司经营连续三年亏损，退市预警 + 还没有完成股改。"SST" 公司经营连续二年亏损，特别处理+还没有完成股改。"S" 还没有完成股改。

的样本股。样本容量可以是全部上市股票数量，也可以选择其中有代表性的一部分内容。样本容量太多，费时费力，太少不能反映市场情况。样本股的选择主要考虑如下因素：样本股的市价总值要占交易所上市全部股票市价总值的大部分；样本股价格变动趋势必须能反映股票市场价格变动的总趋势。

（2）选定基期。通常选择某一代表性或股价相对稳定的日期为基期，并用选定的某一种方法计算这一天的样本平均价格或总市值。

（3）计算计算期平均股价或市值，并作必要的修正。收集样本股在计算期的价格，并按选定的方法计算平均价格或者市值。

（4）指数化。如果计算股票价格指数，就需将计算期的平均股价或者市值转化为指数值，即将基期的平均股价或市值设定为某一常数（通常选择为 100、1000 或 10），并据此计算计算期的指数值。

2. 股价平均数

股价平均数是股票价格指数的基础，股价平均数采用股票平均法，用来度量所有样本股经调整后的价格水平的平均值，股价平均数可以分为三种：简单算术股价平均数、加权股价平均数和修正股价平均数。

（1）简单算术股价平均数。简单算术股价平均数是以样本股每日收盘价之和除以样本数。计算公式为：

$$\bar{P} = \frac{\sum P_i}{N}$$

式中，$\bar{P}$为平均股价，P_i为各个样本股的收盘价，N 为样本股总数。

简单算术股价平均数优点是计算简便，但它有两个缺点：①它未考虑各种样本股票的权数，从而不能区分重要性不同的样本股票对股价平均数的不同影响。②当样本股票配股、拆分和更换时会使股价平均数失去真实性、连续性和时间序列的可比性。

（2）加权股价平均数。加权股价平均数也称为加权平均股价，是将各样本股票的发行量或成交量作为权数计算出来的股价平均数。计算公式为：

$$\bar{P} = \frac{\sum_{i=1}^{n} P_i W_i}{\sum_{i=1}^{n} W_i}$$

式中，W 为样本股的发行量或成交量。

以样本股成交量为权数的加权平均股价可表示为：加权平均股价 = 样本股成交总额÷同期样本股成交量，计算结果为平均成交价。

以样本股发行量为权数的加权平均股价可表示为：加权平均股价 = 样本股市价总额÷同期样本股发行总量，计算结果为平均市场股价。

(3) 修正股价平均数。修正股价平均数是在简单算术股价平均数法的基础上，当样本股名单发生变化、样本股的股本结构发生变化、样本股的市值出现非交易因素的变动时，通过变动除数，使股价平均数保持连贯性。修正除数的计算公式如下：

$$\frac{\text{修正前的总价格（或总市值）}}{\text{原除数}}=\frac{\text{修正后的总价格（或总市值）}}{\text{新除数}}$$

由此公式得到新的除数，并据此计算以后的指数。修正后的股价平均数 = 股份变动后的总价格 ÷ 新除数。

目前国际上影响最大、历史最悠久的美国道琼斯股价平均数就采用修正股价平均数法来计算股价平均数。当股票分割、送股或增发、配股数超过原股份 10%时，就对除数作相应的修正。

3. 股票价格指数

股票价格指数的编制方法有简单算术股价指数和加权股价指数两种。

(1) 简单算术股价指数。简单算术股价指数有相对法和综合法之分。

①相对法是先计算各个样本股的个别指数，再加总求出算术平均数。如设股价指数为 P'，基期第 i 种股票价格为 P_{0i}，计算期第 i 种股票价格为 P_{1i}，样本数为 N，并设基期指数值为某一固定乘数（点数），计算公式为：

$$P'=\frac{1}{N}\sum_{i=1}^{n}\frac{P_{1i}}{P_{0i}}\times\text{固定乘数}$$

②综合法是将样本股票基期价格和计算期价格分别加总，然后再求出股价指数，其计算公式为：

$$P'=\frac{\sum_{i=1}^{n}P_{1i}}{\sum_{i=1}^{n}P_{0i}}\times\text{固定乘数}$$

(2) 加权股价指数是以样本股票发行量或成交量为权数计算，又有基期加权、计算期加权和几何加权之分。

①基期加权股价指数又称为拉斯贝尔加权指数，采用基期发行量或成交量作为权数，计算公式为：

$$P'=\frac{\sum_{i=1}^{n}P_{1i}Q_{0i}}{\sum_{i=1}^{n}P_{0i}Q_{0i}}\times\text{固定乘数}$$

式中，Q_{0i} 为第 i 种股票基期发行量或成交量。

②计算期加权股价指数又称为派许加权指数，采用计算期发行量或成交量作为权

数，其适用性较强，很多著名的股价指数，如标准普尔指数，都使用这一方法，计算公式为：

$$P' = \frac{\sum_{i=1}^{n} P_{1i}Q_{1i}}{\sum_{i=1}^{n} P_{0i}Q_{1i}} \times 固定乘数$$

式中，Q_{1i} 为计算期第 i 种股票的发行量或成交量。

③几何加权股价指数又被称为“费雪理想式”，是对两种指数做几何平均，由于计算复杂，很少应用。

二、上海证券交易所股价指数

上海证券交易所股价指数是由上海证券交易所编制并发布的上证指数系列，包括上证 180 指数、上证综合指数、A 股指数、B 股指数、分类指数、债券指数、基金指数等指数系列。

1. 成份指数类

（1）上证成份股指数，简称上证 180 指数，是上海证券交易所对原上证 30 指数进行了调整并更名而成的，其样本股是在所有 A 股股票中抽取最具市场代表性的 180 种股票。

上证成份股指数采用派许加权综合价格指数计算公式计算，以样本股的调整股本数为权数，采用流通股本占总股本比例分级靠档加权计算方法。上证 180 指数是 1996 年 7 月 1 日起正式发布的上证 30 指数的延续，2002 年 7 月 1 日起正式发布，基点为 2002 年 6 月 28 日上证 30 指数的收盘点数 3299.05 点。

表 2-3　上交所股价指数

指数类型	名称	股票数	计算方法	基期	基点
上证成份指数	上证 180 指数	180	派许加权指数	2002-06-28	3299.05
	上证 50 指数	从上证 180 中选 50 只	派许加权指数	2003-12-31	1000
	上证 380 指数	380	派许加权指数	2003-12-31	1000
上证综指	上证综合指数	上交所全部股票	加权平均法、除数修正法	1990-12-31	1000
	新上证综合指数	完成股权分置的所有股票	派许加权指数	2005-12-30	1000

（2）上证 50 指数。上证 50 指数由上海证券交易所编制，于 2004 年 1 月 2 日正式发布，指数简称为上证 50，指数代码 000016。

上证 50 指数从上证 180 指数样本中挑选上海证券市场规模大、流动性好的最具代表性的 50 只股票组成样本股，以综合反映上海证券交易所最具市场影响力的一批龙头企业的整体状况。指数以 2003 年 12 月 31 日为基准点，基点为 1000 点。

上证 50 指数的计算方法、修正方法、调整方法与上证 180 指数相同。

（3）上证 380 指数，上海证券交易所和中证指数有限公司于 2010 年 1 月 29 日发布上证 380 指数，以 2003 年 12 月 31 日为基日，基点为 1000 点，指数的计算方法、修正方法、样本股调整时间和方法与上证 180 指数相同。

2. 综合指数类

（1）上证综合指数。上海证券交易所从 1991 年 7 月 15 日起编制并公布了上海证券交易所股价指数，它以 1990 年 12 月 31 日为基期，以全部上市股票为样本，以股票发行量为权数，按加权平均法计算。遇新股上市、退市或上市公司增资扩股时，采用除数修正法修正原固定除数。2007 年 1 月上海证券交易所宣布，新股于上市的第 11 个交易日开始计入上证综指。

（2）新上证综合指数，简称新综指，指数代码为 000017，于 2006 年 1 月 4 日首次发布，是一个全市场指数，不仅包括 A 股市值，对于含 B 股的公司，其 B 股市值同样计算在内。新上证综合指数以 2005 年 12 月 30 为基日，以该日所有样本股票的总市值为基期，基点为 1000 点，采用派许加权方法，以样本股的发行股本数为权数进行加权计算。

上证综合指数系列还包括 A 股指数、B 股指数及工业类指数、商业类指数、地产类指数、公用事业类指数、综合类指数、中型综指、上证流通指数等。

三、深圳证券交易所股价指数

1. 成份指数类

（1）深证成份股指数。深圳证券交易所成份股指数，简称深证成指，是深圳证券交易所的主要股指。它是按一定标准选出 40 家有代表性的上市公司作为成份股，用成份股的可流通数作为权数，采用综合法进行编制而成的股价指标。成份股指数以 1994 年 7 月 20 日为基日，基数为 1000 点，起始计算日为 1995 年 1 月 23 日。

（2）深证 100 指数。深圳证券信息有限公司于 2003 年初发布深证 100 指数。深证 100 指数成份股的选取主要考察 A 股上市公司流通市值和成交金额两项指标，从在深交所上市的股票中选取 100 只 A 股作为成份股，以成份股的可流通 A 股数作为权数，采用派许综合法编制。深证 100 指数以 2002 年 12 月 31 日为基点，基准指数为 1000 点，从 2003 年 1 月 2 日开始编制和发布。

2. 综合指数类

（1）深证综合指数。深证综合指数是深圳证券交易所从 1991 年 4 月 3 日开始编制并公开发表的一种股价指数，该指数规定以 1991 年 4 月 3 日为基期，基期指数为 100 点。综合指数以所有在深圳证交所上市的主板、中小板、创业板的股票为计算范围，以发行量为权数的加权综合股价指数。

（2）深证 A 股指数。以在深圳证券交易所主板、中小板、创业板上市的所有 A 股为样本股，以样本股的发行总股本为权数，进行加权逐日连锁计算。深证 A 股指数以 1991 年 4 月 3 日为基日，1992 年 10 月 4 日开始发布，基日指数定为 100 点。

（3）深证 B 股指数。以在深交所上市的全部 B 股为样本，以样本股的发行总股本为权数，进行加权逐日连锁计算。深证 B 股指数以 1992 年 2 月 28 日为基日，1992 年 10 月 6 日开始发布。基日指数定为 100 点。

（4）行业分类指数。深圳证券交易所主板、中小板、创业板上市的按行业进行划分的股票为样本，以样本股的发行总股本为权数，进行加权逐日连锁计算。行业分类指数以 1991 年 4 月 3 日为基日，基日指数定为 100，2001 年 7 月 2 日开始发布。

（5）中小板综合指数。以在深圳证券交易所中小板上市的所有股票为样本股，以可流通股本数为权数，进行加权逐日连锁计算。中小板综合指数以 2005 年 6 月 7 日为基日，基日指数定为 1000，2005 年 12 月 1 日开始发布。

（6）创业板综合指数。以在深圳证券交易所创业板上市的所有股票为样本股，以可流通股本数为权数，进行加权逐日连锁计算。创业板综合指数以 2010 年 5 月 31 日为基日，基点指数定为 1000，2010 年 8 月 20 日开始发布。

（7）深证新指数。以在深圳证券交易所主板、中小板、创业板上市的正常交易的且完成股改的 A 股为样本股，以可流通股本数为权数，进行加权逐日连锁计算。深证新指数以 2005 年 12 月 30 日为基日，基点指数定为 1107.23 点，2006 年 2 月 16 日开始发布。

3. 我国主要指数

（1）沪深 300 指数。简称 300 指数，是沪深证券交易所于 2005 年 4 月 8 日联合发布的反映 A 股市场整体走势的指数。300 指数成份股为 300 只，指数基日为 2004 年 12 月 31 日，基点为 1000 点。当样本股名单、股本结构发生变化或样本股的调整市值出现非交易因素变动时，300 指数采用除数修正法修正。

（2）中证规模指数。中证规模指数包括中证 100 指数、中证 200 指数、中证 500 指数、中证 700 指数、中证 800 指数和中证流通指数，这些指数与沪深 300 指数共同构成了中证规模指数体系。其中中证 100 指数定位于大盘指数、中证 200 指数定位于中盘指数、沪深 300 指数为大盘指数、中证 500 指数定位于小盘指数、中证 700 指数定位于中小盘指数、中证 800 指数则由大中小盘指数构成。

表 2–4　深交所股价指数

指数类型	名称	股票数	计算方法	基期	基点
深证成份指数	深证成份股指数	40	综合法	1994–07–20	1000
	深证 100 指数	100 只 A 股	派许综合法	2002–12–31	1000
深证综合指数	深证综合指数	深交所全部股票	加权平均法	1991–04–03	100
	深证 A 股指数	所有 A 股	可流通股本数为权数，进行加权逐日连锁计算	1991–04–03	100
	深证 B 股指数	全部 B 股		1992–02–28	100
	行业分类指数	行业划分		1991–04–03	100
	中小板综合指数	中小板上市的所有股票		2005–06–07	1000
	创业板综合指数	创业板上市的所有股票		2010–05–31	1000
	深证新指数	深交所三板上市正常交易且完成股改的 A 股		2005–12–30	1107.23
沪深市场	沪深 300 指数	300 只	除数修正法修正	2004–12–31	1000

四、股票价格指数的波动

（1）股票价格受股票市场的供求关系影响，买方（多方）认为股票价格将上涨，在股票市场上买入股票赚取差价收入，股票卖方（空方）认为股票价格将下跌，在市场上卖出股票，买卖双方的力量决定了股票价格不会一成不变，当卖方多于买方需求时，股票价格下跌；当买方需求大于卖方时，股票价格上涨。

买卖双方根据自己的分析，预测股票未来的价格，在这种分析中，涉及政治因素（如战争、政权更迭、政府政策因素）、经济因素（如经济增长率、通货膨胀率等）、财政政策（如利率、汇率、税收、信用等）、公司因素（如公司的增资、配股、拆股等）等，仁者见仁、智者见智，各人对市场观点不同，导致了对股票未来市场行情认识不同，从而导致市场供需双方力量不同，股票价格随时波动。

（2）股票价格指数波动。从前面我们知道，股票价格指数计算有不同的方法，不论采用哪些方式，都涉及不同的样本股票，样本股票价格的波动导致了股票价格指数的波动。

理论部分小结

本部分主要学习了股票的相关概念、股票的定义和特征、股票的种类。了解股票的发行市场和交易市场，我国首次发行股票上市和上市公司发行股票上市的程序流程，从而明确股票发行和交易的相关内容。

练习

1. 简要回答股票的种类和特征。
2. 阐述股票发行市场的融资方式。
3. 简要回答股票发行市场的发行方式。
4. 阐述我国首次发行股票的程序流程。
5. 简要回答上市公司发行股票流程。
6. 谈谈股票交易费用的种类和费率。

第二部分 实训

项目一 K线形态

第一节 K线的起源和构成

1. K线图起源

K线又称蜡烛图、日本线、阴阳线、棒线等，英文名称为蜡烛线（Candlestick），目前常说为“K线”，起源于日本18世纪德川幕府时代（1603~1867年）的大阪堂岛米市交易，距今已有300多年历史。它是采用图示的方法来计算米市每日的涨跌，创始人为本间宗久，其创立的“酒田战法”曾在米市中取得过连续100笔盈利的记录，后来经过投资者的深入研究和改进，将其引入证券市场。那么，为什么叫“K线”呢？在日本的“K”并不是写成“K”字，而是写作“罫”（日本音读kei），K线是“罫线”的读音，K线图称为“罫线图”，西方以英文第一个字母“K”直译为“K”线，由此发展而来。K线因其标画方法具有独到之处，人们把它引入股票市场价格走势的分析中，经过300多年的发展，目前广泛地应用于股票、期货、外汇、期权等证券市场。

2. K线的构成

K线是一条柱状的线条，由影线和实体组成。影线在实体上方的部分叫上影线，下方的部分叫下影线。实体分阳线和阴线。其中影线表明当天交易的最高价和最低价，而实体表明当天的开盘价和收盘价。上影线的上端表示一日的最高价，下影线的下端表示一日的最低价。根据开盘价和收盘价的关系，K线又分为阳线（红色）和阴线（蓝色）：收盘价高于开盘价时为阳线，收盘价低于开盘价时为阴线（如图2-10所示）。

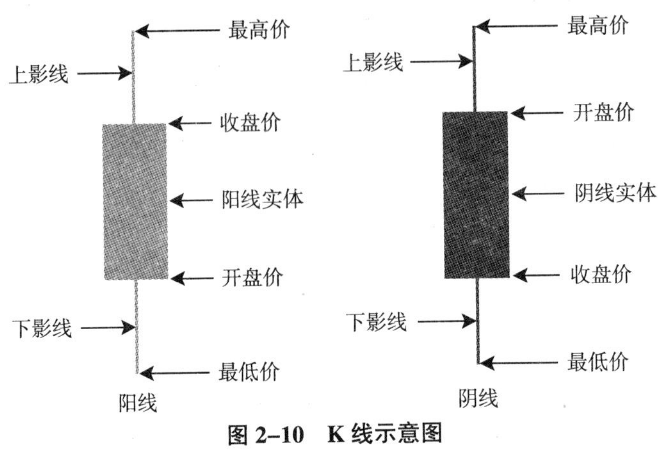

图 2-10 K 线示意图

第二节 K 线的基本形态

一、K 线基本形态介绍

根据股票市场的最高价、最低价、开盘价、收盘价的不同，产生了各种各样的 K 线图，K 线图的基本形态有以下形状：光头光脚（大/小）阳线、光头光脚（大/小）阴线、带上影线的阳线、带上影线的阴线、带下影线的阳线、带下影线的阴线、带上下影线的阳线、带上下影线的阴线、十字星、T 字星、倒 T 字星、一字形等形状。如图 2-11 所示。

（1）光头光脚（大/小）阳线。开盘为最低价，收盘为最高价，表示多方势头强大，空方毫无抵抗，经常出现在股价脱离底部的初期，回调开始后的首次上升及高位的拉升阶段，有时也在严重跌落后的强劲反弹中（小阳线股价变动幅度较小，表示买方力量逐渐增强，多头占据优势，经常出现在上涨初期、回调结束或横盘的时候）。

（2）光头光脚（大/小）阴线。开盘价为最高价，收盘价为最低价，表示卖方占绝对优势，多方毫无抵抗，经常出现在头部形成后跌势的初期、反弹结束后或最后的打压过程中（小阴线价格波动幅度不大，表示卖方力量有所增强，空方力量略占优势，常出现在下跌初期、反弹结束或者盘整时期）。

（3）带上影线的阳线。开盘价即为最低价，期间经历了最高价，收盘价高于开盘价，但低于最高价。这是上升受阻型，表示多方在上攻途中遇到阻力，此形态常出现在上涨途中、上涨期末或股价从底部启动后遇到成交密集区。上影线越长，表示上涨

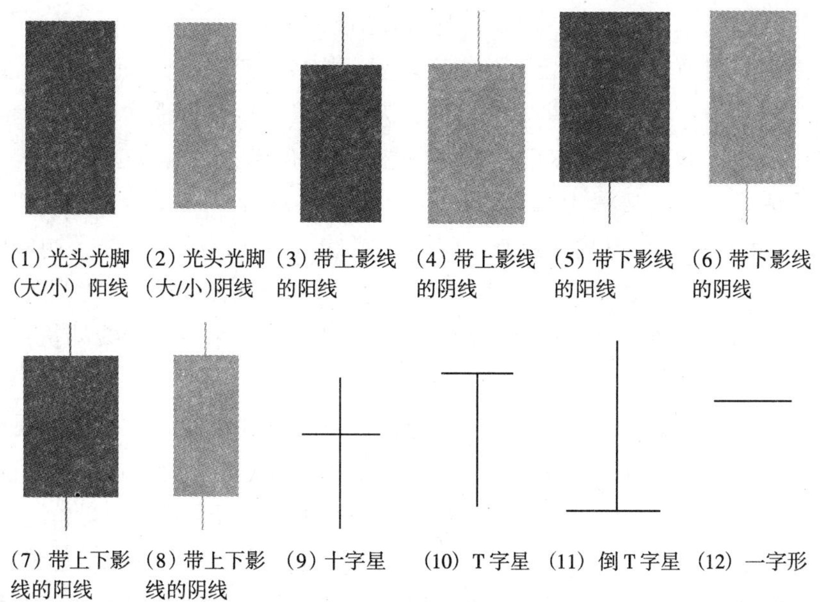

图 2–11 K 线图基本形态

压力越大，阳线实体越长，表示多方力量越强。

(4) 带上影线的阴线。表示股价先涨后跌，开盘后，股票价格一段时间上涨，超过开盘价，后为持续地下跌，阴线实体越长，表示空方势力越强，常出现在阶段性的头部、庄家拉高出货或震仓洗盘时。

(5) 带下影线的阳线。表示股价先跌后涨，股票开盘后，一段时间持续下跌后持续上涨，收盘价为最高价。股价在低位时获得买方支持，卖方受阻。

(6) 带下影线的阴线。开盘价即为最高价，开盘后股价持续下跌，中途价格上涨，但一直没有超过最高价，收盘价比最低价高但低于开盘价。表示空方力量强大，但在下跌过程中又受到买方的抵抗，常出现在下跌途中或市场顶部附近。

(7) 带上下影线的阳线。开盘价不是最低价，收盘价不是最高价，收盘价大于开盘价，表示上升有压力，下降有支撑，但买方占优势，常出现在市场的底部或股价上升途中。上影线越长，表示上升阻力越大，下影线越长，表示下降支撑强。

(8) 带上下影线的阴线。开盘价高于收盘价，收盘价不是最低价，开盘价不是最高价。表示上有抛压，下有接盘，但空方占优势，常出现在市场顶部或股价下跌途中，阴线实体越长，表示空方做空的力量越强大。

(9) 十字星。十字星是只有上下影线，没有实体的 K 线图。开、收盘价相同，成为“一”字，但上下影线较短。在上涨趋势末端出现，是见顶信号；在下跌趋势末端出现，是见底信号；在上涨途中出现，继续看涨；在下跌途中出现，继续看跌。信号可靠性不强。

（10）T字星。开盘价、收盘价、最高价粘连在一起，成为“一”字，但最低价与之有相当距离，因而在K线上留下一根下影线，构成“T”字状图形。在上涨趋势末端出现，为卖出信号；在下跌趋势末端出现，为买进信号；在上涨途中出现，继续看涨；在下跌途中出现，继续看跌。T字星下影线越长，力度越大，信号越可靠。

（11）倒T字星。又称为墓碑线，开盘价、收盘价、最低价粘连在一起，成为“一”字，但最高价与之有相当距离，因而在K线上留下一根上影线，构成倒“T”字状图形。在上涨趋势末端出现，为卖出信号；在下跌趋势末端出现，为买进信号；在上涨途中出现，继续看涨；在下跌途中出现，继续看跌。T字星上影线越长，力度越大，信号越可靠。

（12）一字形。开盘价、收盘价、最低价、最高价都相同时，就会出现这种图形，一般出现在市场开盘后直接达到涨跌停板时，表示多方或空方绝对占优势，涨跌停板全天未打开。①既可出现在涨势中，也可出现在跌势中；②开盘价、收盘价、最高价、最低价几乎相同成为“一”字，在上涨趋势中出现，是买进信号；在下跌趋势中出现，是卖出信号。在涨跌停板制度下，一字线有特别意义。涨势中出现一字线，表示股价封在涨停价上，说明多头气盛，日后该股往往会变成强势股；跌势中出现一字线，表示股价封杀在跌停价上，说明空头力量极其强大，日后该股往往会变成弱势股。

二、K线的市场表现形式

获取股票市场的K线图，有很多种方法，如通过国泰安“市场通”查询K线图，也可以通过证券公司软件查询，或者通过网络查询K线图。本部分以中国银行股票为例。

进入“市场通”，选择【报价】页面，搜索中国银行（601988），单击，在【行情图表】上选择“烛图表”，并选择合适的日期和时间跨度（本部分将选择最近几个交易日的K线图，并放大K线图），如图2-12所示。

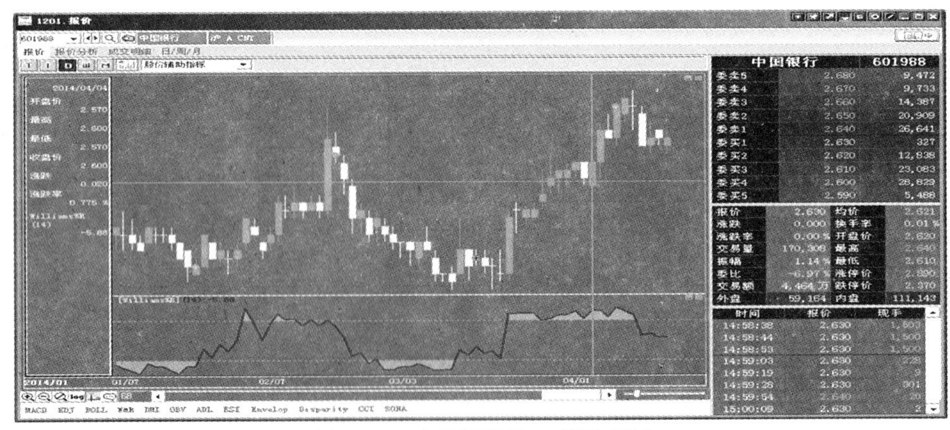

图2-12　中国银行日K线示意图

在图中，我们可以选择K线图呈现的方式，从图中右边部分可以看出中国银行股票当前的报价和市场交易信息。在左边部分显示的为中国银行股票市场的K线图。图中白色十字显示的为4月4日的市场信息。

也可以通过市场上的股票软件或者新浪财经上的股票系列。本处选择新浪财经上的K线图分析。如图2-13所示，图中显示的为2014年1~4月的K线图，从中可以看出K线图的基本形状。

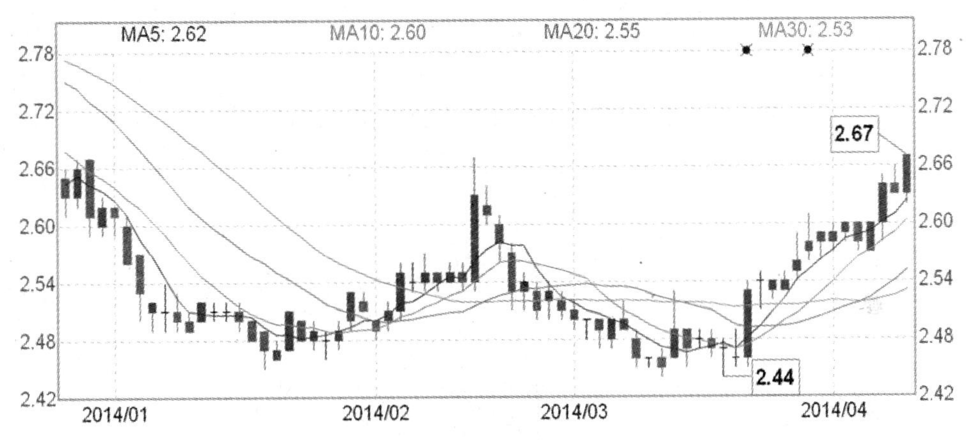

图2-13 中国银行K线示意图

（1）光头光脚（大/小）阳线。如图2-14所示，图中显示中国银行股票在2014年1月13日的市场报价，开盘价为2.50元，最高价为2.52元，最低价为2.50元，收盘价为2.52元。在图2-12中显示的为4月4日光头光脚K线图，开盘价为2.570元，最高价为2.600元，最低价为2.570元，收盘价为2.600元。没有上下影线，该阳线处在长期跌势的反弹中。

（2）光头光脚（大/小）阴线。从图2-15中可以看出，中国银行股票2014年1月17日开盘价为2.50元，最高价为2.50元，最低价为2.48元，收盘价为2.48元，最高价没有超过开盘价，最低价没有低于收盘价。从图中可以看出，阴线实体较长，空方占据优势，后市下跌的可能性较大。

（3）带上影线的阳线。通过图2-16可以看出，中国银行股票在2014年2月17日开盘价为2.54元，最高价为2.56元，最低价为2.54元，收盘价为2.55元，多方试图拉动市场，但遇到空方的阻力。

（4）带上影线的阴线。从图2-17中可以看出，中国银行股票在2014年4月9日开盘价为2.64元，最高价为2.66元，最低价为2.63元，收盘价为2.63元。多方试图拉升价格，但受到空方的阻力，价格持续下跌，空方占据市场优势，后市价格下跌可能性较大。

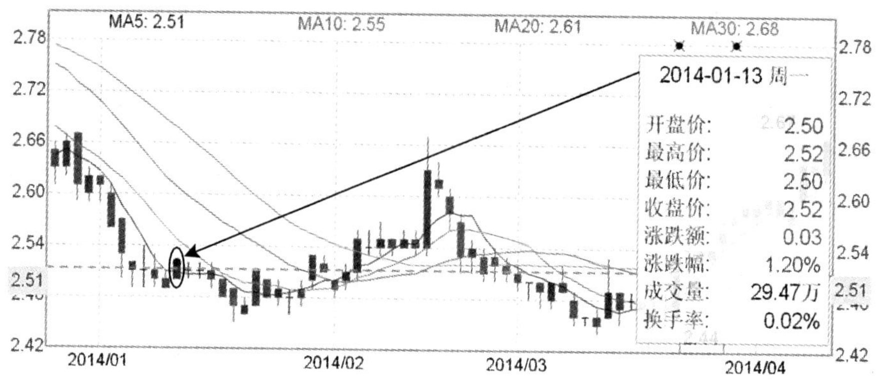

图 2–14 中国银行 K 线示意图［光头光脚（大/小）阳线］

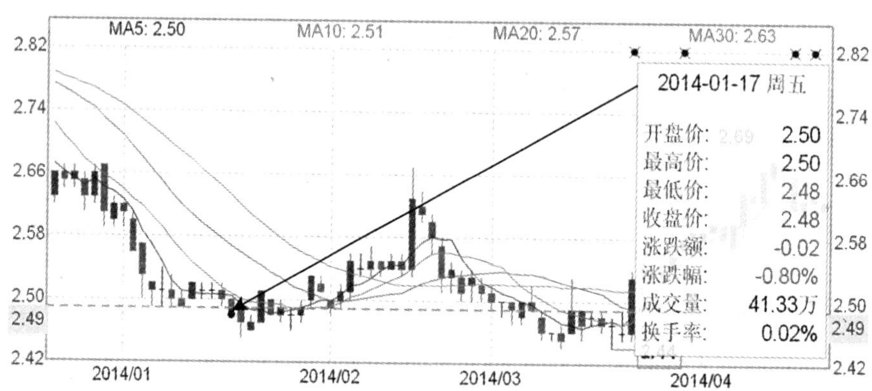

图 2–15 中国银行 K 线示意图［光头光脚（大/小）阴线］

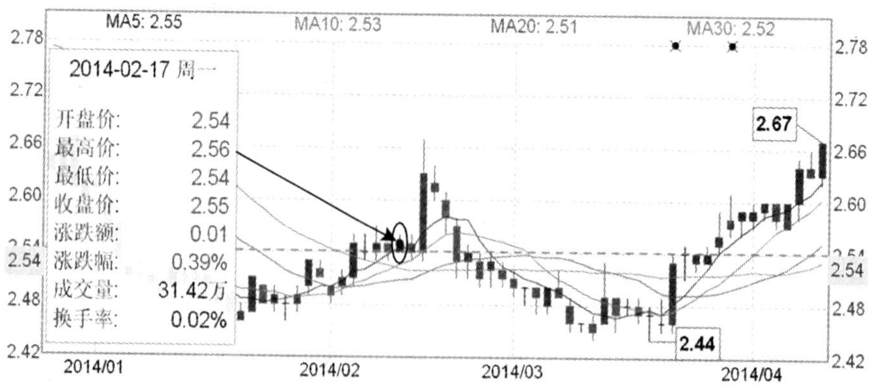

图 2–16 中国银行 K 线示意图［带上影线的阳线］

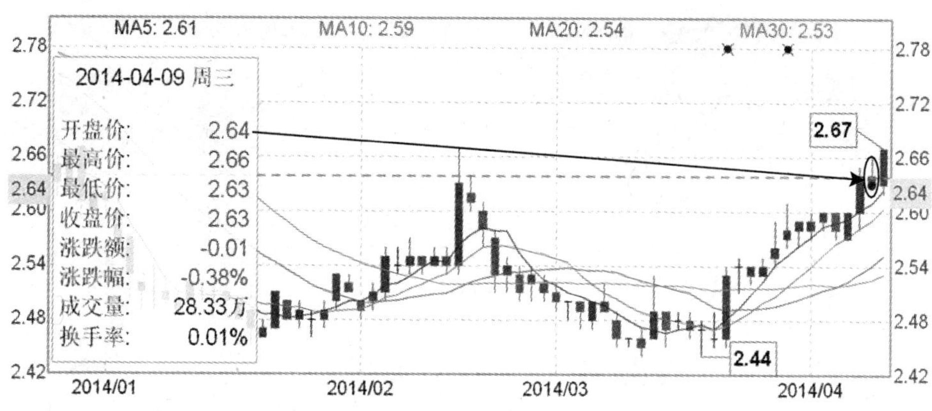

图 2–17 中国银行 K 线示意图（带上影线的阴线）

（5）带下影线的阳线。从图 2–18 可以看出，中国银行股票在 2014 年 4 月 10 日开盘价为 2.63 元，最高价为 2.67 元，最低价为 2.62 元，收盘价为 2.67 元。多方占据优势。在空方的阻力下，价格虽然跌至最低，但在多方的攻势下，价格一路攀升收于最高价。从 K 线推测，后市极有可能上涨。

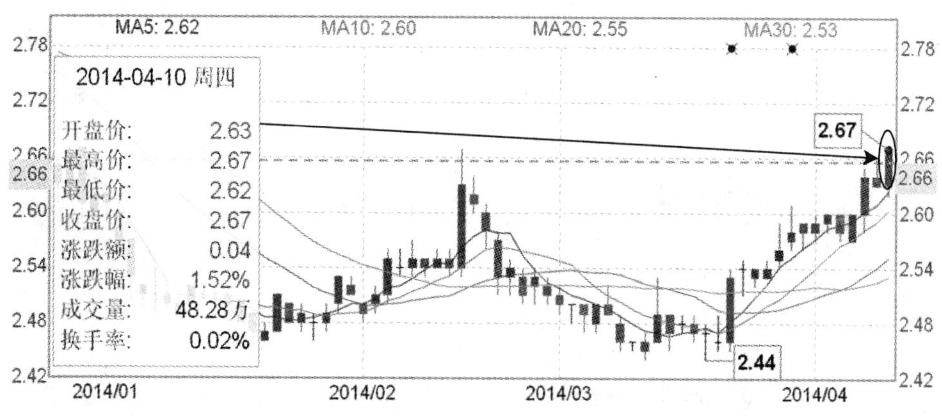

图 2–18 中国银行 K 线示意图（带下影线的阳线）

（6）带下影线的阴线。从图 2–19 中可以看出，中国银行股票在 2014 年 4 月 3 日开盘价为 2.600 元，最高价为 2.600 元，最低价为 2.570 元，收盘价为 2.580 元，空方占据市场优势，开盘后，价格一路下跌，多方虽有抵抗，但回天乏术，后市价格有可能下跌。

（7）带上下影线的阳线。从图 2–20 可以看出，中国银行股票 2014 年 2 月 19 日开盘价为 2.54 元，最高价为 2.67 元，最低价为 2.53 元，收盘价为 2.63 元，多空双方争斗激烈，多方占据市场优势。

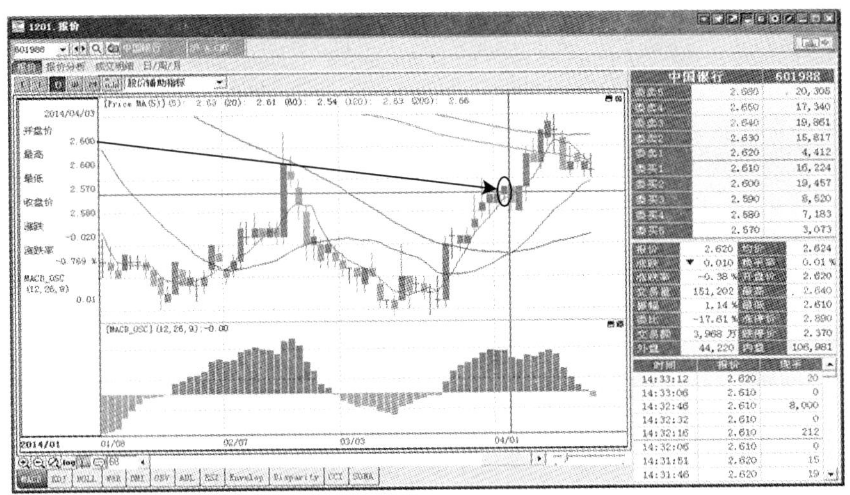

图 2-19　中国银行 K 线示意图（带下影线的阴线）

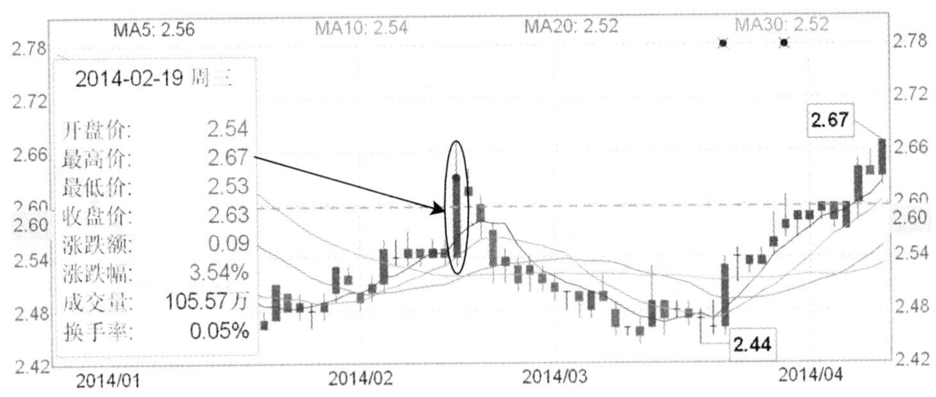

图 2-20　中国银行 K 线示意图（带上影线的阳线）

（8）带上下影线的阴线。从图 2-21 可以看出，中国银行股票 2014 年 2 月 24 日开盘价为 2.570 元，最高价为 2.580 元，最低价为 2.510 元，收盘价为 2.530 元，空方占据市场绝对优势，多空双方争斗中，多方虚弱无力，空方做空力量强大。

（9）十字星。从图 2-22 中了解到，2014 年 3 月 24 日，中国银行股票开盘价为 2.540 元，最高价为 2.550 元，最低价为 2.510 元，收盘价为 2.540 元，多空双方暂时处于平衡状态，下影线长于上影线，说明空方势力一度占优，多方艰难反抗，在收盘时，双方势均力敌。由于该十字星出现在上涨途中，后市上涨可能性大。

（10）T 字星。从图 2-23 中可以看出，2014 年 3 月 11 日，中国银行股票开盘价为 2.460 元，最高价为 2.460 元，最低价为 2.450 元，收盘价为 2.460 元，说明空方一直占据优势，在多方的顽强抵抗中，在收盘时，多空双方才势均力敌，处于平衡状态。由

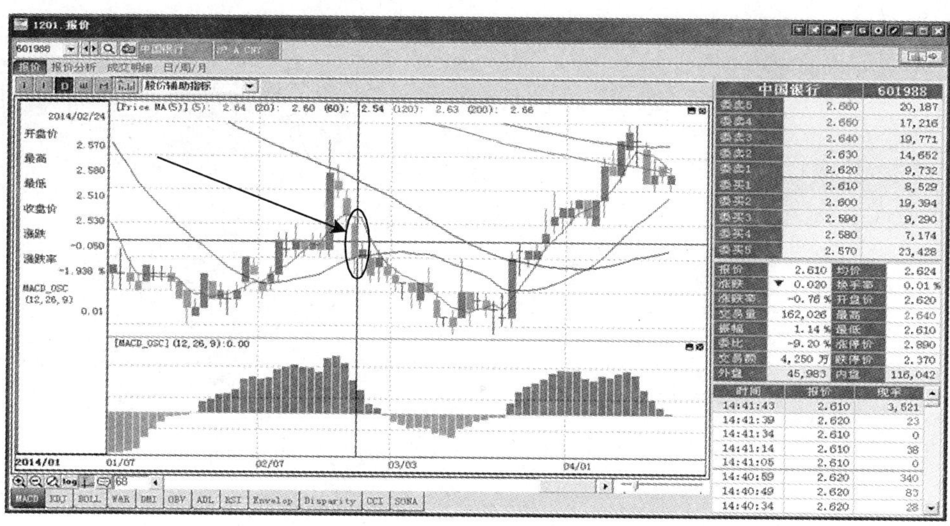

图 2–21 中国银行 K 线示意图（带上下影线的阴线）

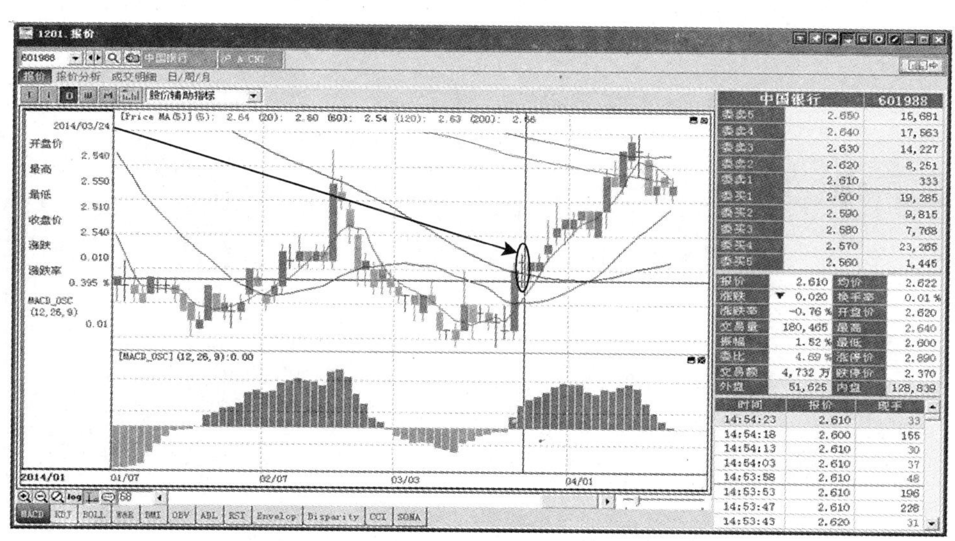

图 2–22 中国银行 K 线示意图（T 字星）

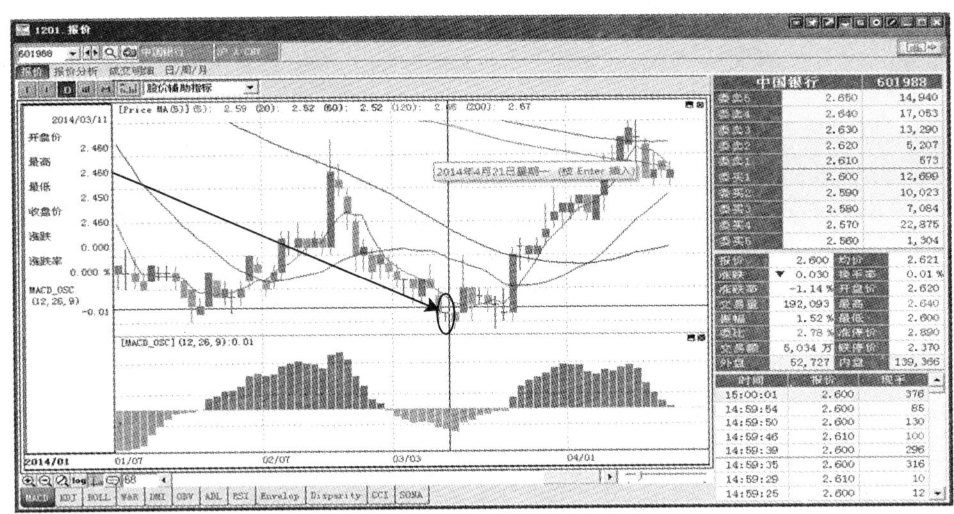

图 2-23 中国银行 K 线示意图（T 字星）

于该 T 字星在下跌途中，因此后市下跌的可能性极大。

（11）倒 T 字星。从图 2-24 可以看出，2013 年 10 月 18 日，中国银行股票开盘价为 2.800 元，最高价为 2.820 元，最低价为 2.800 元，收盘价为 2.800 元，多方占据优势，空方只有在收盘时才与多方均衡，收盘于开盘价。

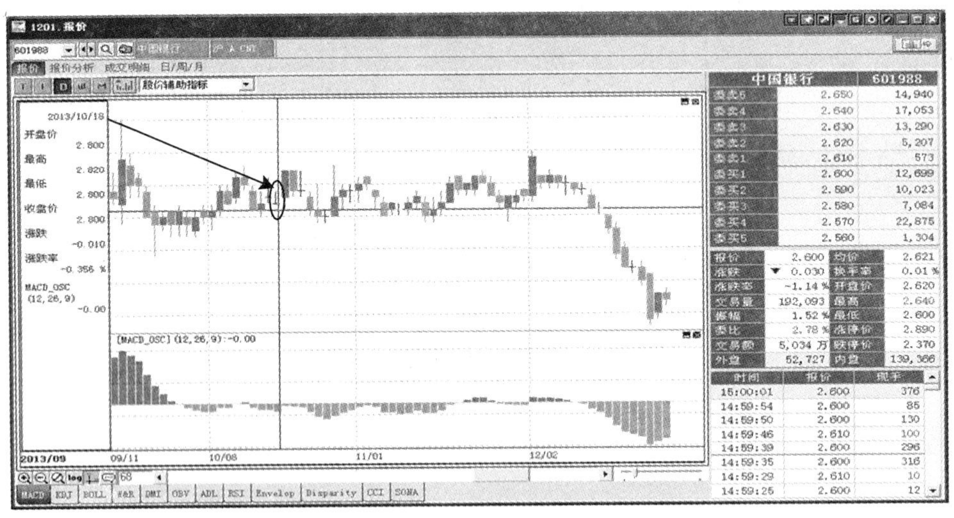

图 2-24 中国银行 K 线示意图（倒 T 字星）

（12）一字形。从图 2-25 可以看出，2012 年 5 月 30 日，中国银行股票市场开盘价、收盘价、最高价、最低价都是 3.030 元。

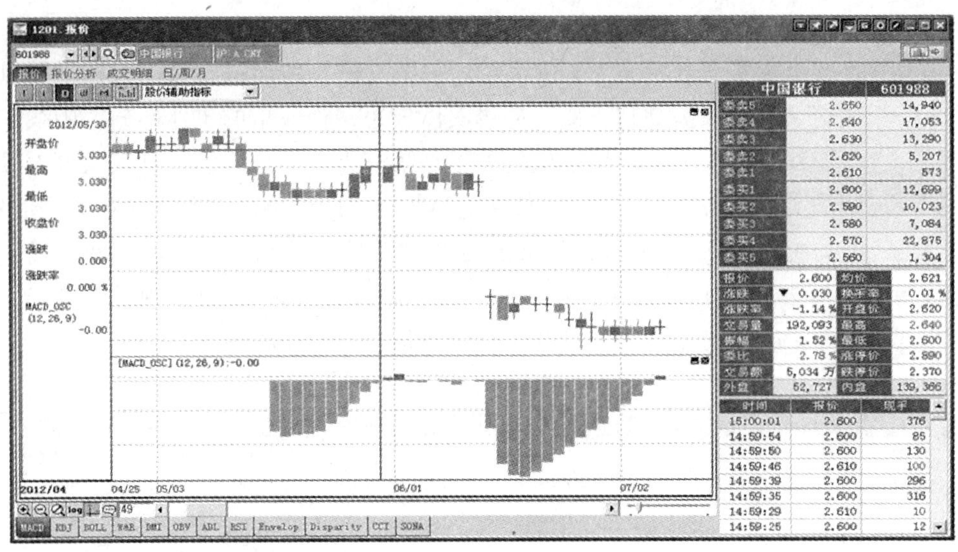

图 2–25 中国银行 K 线示意图（一字形）

第三节 K 线的组合形态

K 线的组合情况非常多，要综合考虑各根 K 线的阴阳、高低、上下影线的长短等。无论是多少根 K 线，都是以各根 K 线的相对位置和阴阳来预测行情的，由后一根 K 线对于前面 K 线的位置来判断多空双方的实力大小。

单一的 K 线代表的是多空双方一天战斗结果，不足以反映连续的市场变化，多根 K 线的组合图谱才可能更详尽地表述多空双方一段时间内的转化。多空双方中任何一方突破盘局获得优势，都将形成一波上涨或下跌的行情，这也就是所谓的“势在必行”。而随着这种行情的不断发展，又为对方积攒着反攻的能量，也就是“盛极而衰”。研究 K 线组合图谱的目的，就是通过观察多空势力强弱盛衰的变化，感受双方势力的转化，顺势而为，寻找并参与蓄势待发的底部，抱牢大势所趋的上涨股票，规避强弩之末的顶部风险。K 线图谱要结合成交量和移动平均线共同使用。成交量是多空双方搏杀过程中能量损耗的表述，移动平均线则是双方进攻与退守的一道道防线。K 线图经典图解，以下结合图例分别介绍。

现在我们选择中国银行（601988）某段区间的 K 线图，展示多根 K 线组合情况。

1. 早晨之星

早晨之星，也称希望之星，为买进信号。它由三根 K 线组成，第一天在下跌过程已形成一根阴线，第二天呈缺口下跌，K 线实体较短，构成星的主体部分，阳线和阴线均可，上下影线也不重要。早晨之星的关键是第三天必须是阳线，且其长度大致要升到第一根阴线实体的 1/2 处。若阳线长度包容第一根阴线就是明确无误的买进信号。如图 2–26 中，中国银行股票在 2013 年 10 月 25~29 日三根 K 线构成的早晨之星，28 日阴线短小，与 25 日相比形成一个巨大缺口性下跌，随后在 29 日出现反转阳线，上升的幅度非常大，包含 25 日阴线。之后，该股行情持续上涨数日。

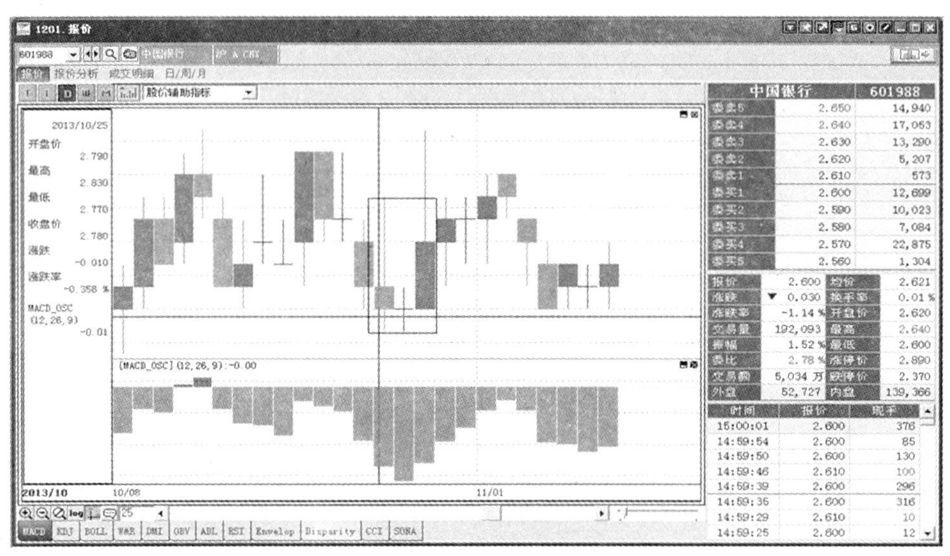

图 2–26　早晨之星示意图

早晨之星的 K 线形式一般出现在下降趋势的末端，是一个较强烈的趋势反转信号，谨慎的投资者可以结合成交量和其他指标分析，得出相应的投资参考。

2. 黄昏之星

黄昏之星是一种类似早晨之星的 K 线组合形式，可以认为是后者的翻转形式，但黄昏之星在 K 线图中出现的位置与后者完全不同。

（1）在上升趋势中某一天出现一根长阳实体，显示出继续上涨的趋势。

（2）次日出现一根向上跳空高开的十字星或锤形，且最低价可能高于头一天的最高价，与前一天的阳线之间产生一个缺口。有时可能会有一些变形，需根据 K 线形式灵活掌握。

（3）第三天出现一根长阴实体，空方占优势。

黄昏之星的情况与早晨之星正好相反，是较强烈的上升趋势中出现反转的信号。黄昏之星的 K 线组合形态如果出现在上升趋势中应引起注意，因为此时趋势已发出比较明确的反转信号或中短期的回调信号，对于我们来说可能是非常好的卖出时机或中短线回避的时机。同时如能结合成交量的研判，对于提高判断的准确性有更好的帮助。从图 2-27 中可以看出，4 月 11 日、14 日、15 日三天的 K 线图构成了一个黄昏之星形态，11 日开盘为 2.660 元，最高为 2.690 元，最低为 2.650 元，收盘为 2.680 元，14 日 K 线呈十字星，开、收盘价为 2.670 元，最高 2.690 元，最低 2.640 元，15 日出现了长阴线实体，是下降的信号。

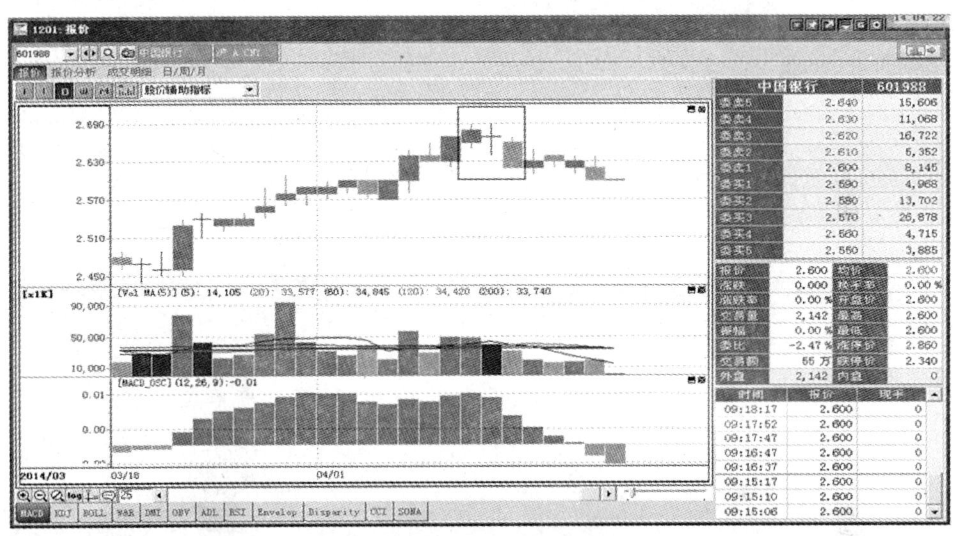

图 2-27 黄昏之星示意图

3. 孕育形

孕育形又称被包含线，是指 K 线长实体之后是小实体，它的实体完全被前一日长实体所包含，小实体 K 线的颜色与长实体的颜色相反。如图 2-28 所示，中国银行股票 2014 年 2 月 19 日和 20 日两根 K 线构成了反转下跌孕育形组合。

4. 红三兵

红三兵亦称“三红兵”，是三根阳线依次上升，形成红三兵形态。它是一种很常见的 K 线组合，这种 K 线组合出现时，后势看涨的情况居多，是买进的信号。具体的 K 线显示情况如下：使用中“红三兵”如果发生在下降趋势中，一般是市场的强烈反转信号；如果股价在较长时间的横盘后出现红三兵的走势形态，并且伴随着成交量的逐渐放大，则是股票启动的前奏。如图 2-29 所示，中国银行股票 2014 年 3 月 26 日、27 日、28 日连续三个交易日 K 线呈现红三兵形态。

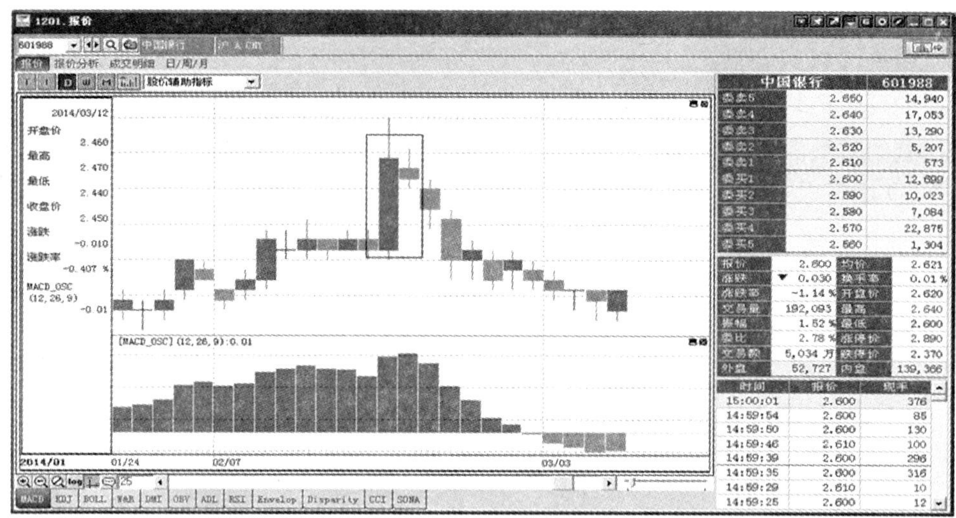

图 2–28　孕育形示意图

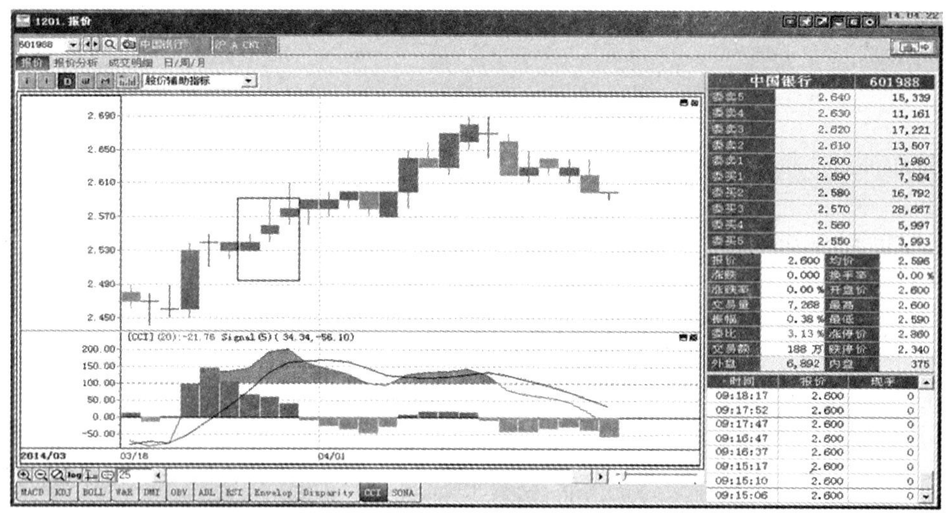

图 2–29　红三兵示意图

5. 三只乌鸦

三只乌鸦与红三兵正好相反，在上升趋势中，三只乌鸦呈阶梯形逐步下降，当出现三只乌鸦的 K 线组合形态，表明当前市场要么靠近顶部，要么已经有一段时间处在一个较高的位置了，出现此类 K 线形态一般表明股价后势将进一步下跌。三只乌鸦的具体形态如下：

（1）在上升趋势中连续三天出现长阴线；

（2）每根阴线的收盘价低于前一天的最低价；

（3）每天的开盘价在前一天的实体之内；

（4）每天的收盘价等于或接近当天的最低价。

图 2–30 为中国银行股票 2014 年 2 月 20 日开始三个交易日的股票 K 线图。从图中可以看出市场持续走低，呈现三只乌鸦的形状。

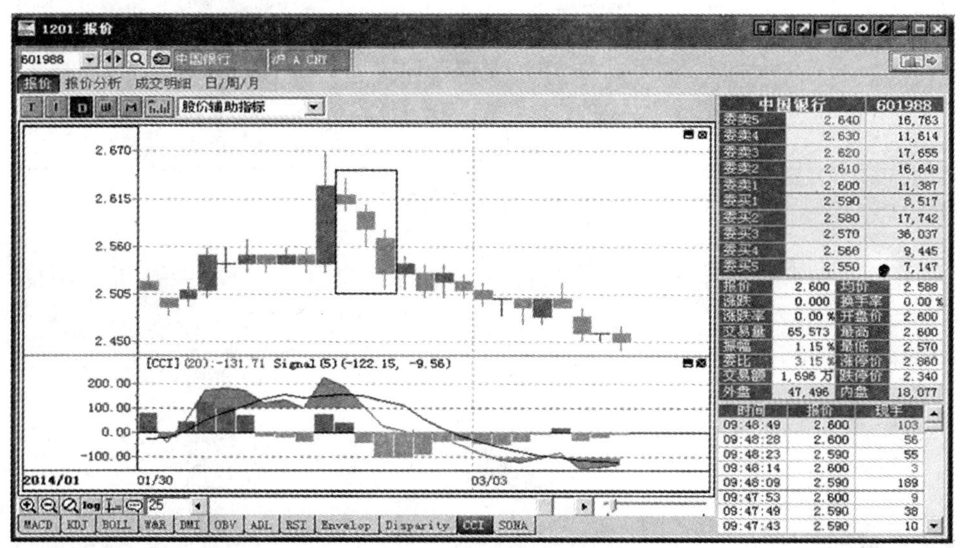

图 2–30　三只乌鸦示意图

6. 好友反攻

如图 2–31 所示，出现在下跌行情中，由一阴一阳两根 K 线组成，先是一根大阴线，接着跳低开盘，结果收了一根中阳线或大阳线，并且收在前一根 K 线收盘价相同或相近的位置上，这是见底信号，但后市看涨转势信号不如曙光初现强。

7. 曙光初现

曙光初现出现在下跌趋势中，由一阴一阳两根 K 线组成，先是一根大阴线或中阴线，接着出现一根大阳线或中阳线。阳线的实体深入到阴线实体的 1/2 以上处，是见底信号，后市看涨阳线实体深入阴线实体的部分越多，转势信号越强。图 2–32 为中国银行股票 2013 年 11 月 13 日、14 日两天的 K 线图，后市看涨。

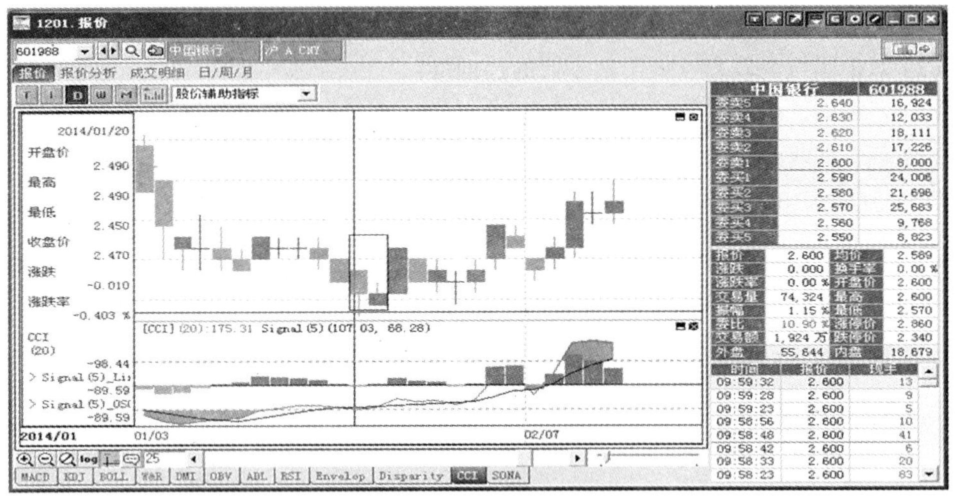

图 2–31　好友反攻示意图

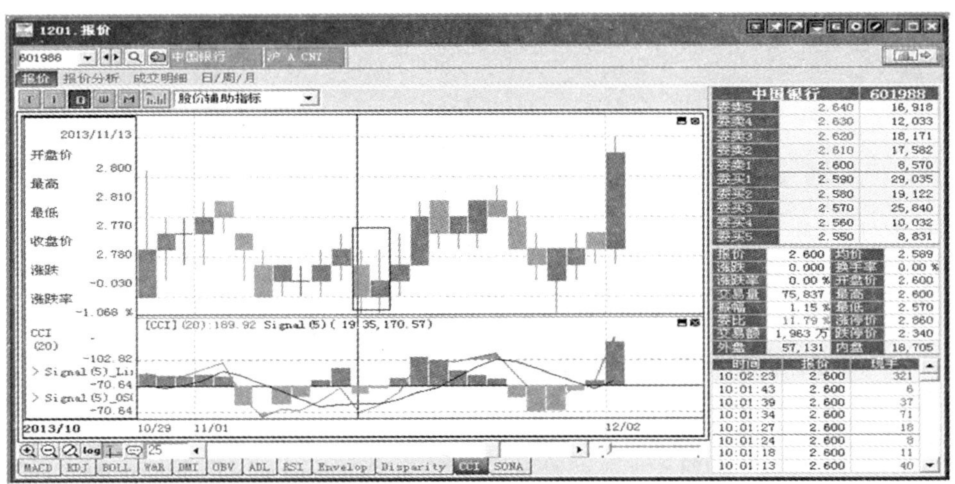

图 2–32　曙光初现示意图

8. 乌云盖顶

乌云盖顶的 K 线组合一般出现在上升趋势中，是趋势反转形态，其中阴线刺进前一根阳线的程度越深，顶部反转的可能性也越大。

（1）上升趋势中第一天是继续上涨的长阳线。

（2）第二天出现一根开盘价高于第一天最高点的阴线。

（3）第二天的阴线的收盘价低于第一天阳线实体的收盘价。图 2–33 为 2013 年 11 月 20 日、21 日中国银行股票日 K 线图，从图中可以看出，21 日 K 线图开盘价为 20 日的最高价，收盘价低于 20 日的收盘价，形成乌云盖顶形状。

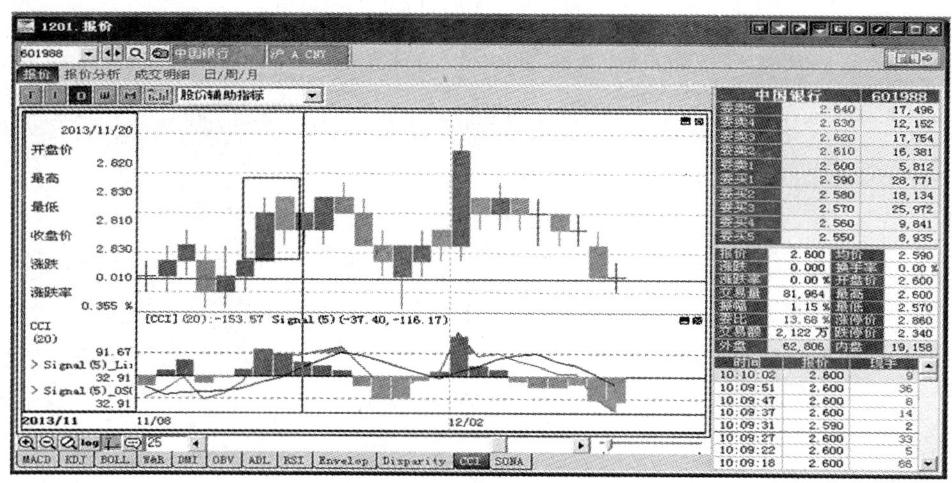

图 2-33 乌云盖顶示意图

9. 平底

平底又称钳子底。在下跌趋势中出现，由两根或两根以上的 K 线组成，这些 K 线最低价处在同一水平位置上，是市场见底信号，后市看涨可能性极大。图 2-34 为中国银行股票 2014 年 1 月 9 日、10 日的 K 线示意图，9 日最低价和 10 日最低价相同，为 2.490 元。

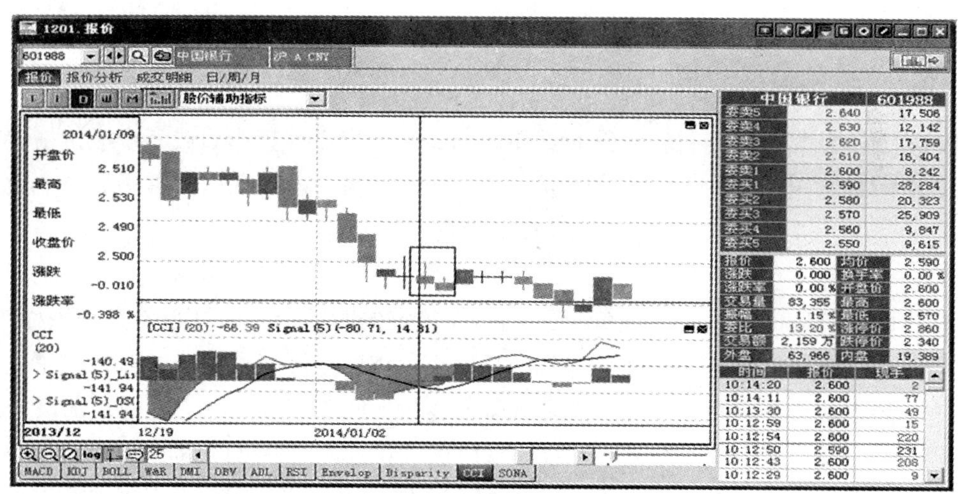

图 2-34 平底示意图

10. 塔形底

出现在下跌趋势中，先是一根大阴线或中阴线，后为一连串的小阴小阳线，最后出现一根大阳线或中阳线。这是见底信号，但后市看涨转势信号不如曙光初现强。图 2-35 为中国银行股票 2013 年 9 月 17 日至 10 月 9 日的几个交易日的 K 线图。

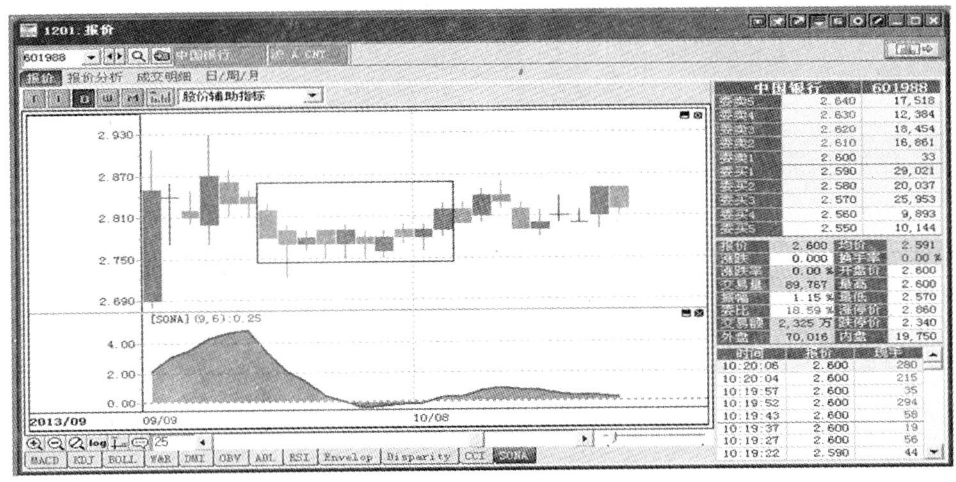

图 2–35　塔形底示意图

第四节　K 线的实际应用及应注意的问题

一、K 线的实际应用

K 线图分为指数 K 线图和股价 K 线图，是人们对股市大盘指数或者个股价格走势进行分析时最常用的一种图。K 线图通过图标法来记录一段时期内大盘指数及个股价格变动的情况，进而反映股市大盘指数和个股股价变化的趋势。

1. K 线的解读

K 线图的解读方法：打开股价 K 线图，在给定的时间位置上开盘价是一条横线，收盘价也是一条横线，这两条横线等长而且对正，用两根竖线连起来，就构成了一个小长方形块，这个小方块就称为 K 线。如果开盘价比收盘价高，称为收阴，则该 K 线称为阴线。习惯上把这个小方块即 K 线涂成绿色（或蓝色或黑色）。如果开盘价比收盘价低，称为收阳，则该 K 线称为阳线，习惯上把这个小方块涂成红色，可涂实也可留出空白。垂直穿过小方块的中心将最高价和最低价的两个点连接起来的线叫影线。将每天的 K 线都画在一张图上，则称之为日 K 线图，同样也可以画出周 K 线图和月 K 线图。在计算机中经常可以看到的还有 5 分钟、15 分钟、30 分钟和 60 分钟的 K 线图。

2. K 线的应用

K 线图的实体是阴线还是阳线，上、下影线的长与短可以反映多空双方力量的对比和后市的走势。一般来说，阳线则说明买方的力量强过卖方[①]，经过一定时间多空双方力量的较量，以多方的胜利而告终。阳线越长，说明多方力量胜过空方越多，买方力量强大，购买欲望强烈，买方为买到股票，抬高股票价格，导致股票价格持续走高，后市继续走强的可能性就越大。相反，若是收成阴线，表示卖方力量强过买方力量，买方力量强大，卖出股票的欲望强烈，卖方为卖出股票并希望买方接盘，卖方持续降低价格，股票价格持续下跌，阴线越长，说明空方力量胜过多方越多，后市走弱的可能性就越大。不带上（或下）影线的K线为光头（或光脚）线，它可以说明股市从开市到收市一路走高（或走低），后市一般将继续沿此方向发展。另外还说明收市前多、空中一方占了绝对优势，后市继续占优的可能性极大。如果是不带影线的K线则说明一方占了绝对优势，而上、下影线的长度则说明了多、空双方斗争激烈的程度，影线越长，斗争越激烈。这时我们必须将实体与影线结合起来看。

阳线带上影线，说明多方胜利得来不易，虽然暂时取得胜利，继续上升有困难。阳线带下影线，说明多方虽然企图上升，但以空方的胜利而告终。后市有下降的可能性。阴线带下影线，说明卖方势力在减弱，虽然买方未能战胜卖方，但再下跌已可能性不大。

跳空和缺口：如果两根并列的K线在价格上不连续，即一根K线的最高价比另一根K线的最低价还低，这种现象被称为跳空，价格上断开的部分被称为缺口。在股价上升或下降的过程中出现缺口常会使原来的趋势变得更加强烈。在有重大利空或利好消息时，尤其容易出现大的跳空缺口。通常，跳空的缺口总要补上，就是说，上升时留下的缺口会由股价回落来补上，下跌时留下的缺口由股价反弹来补上。其实这并不绝对，长时间不补的情况也是经常发生的，这显示股价在该方向上有强大的动力。特别要注意的是岛形反转，即在一个向上（或下）的大跳空缺口之后不久又出现一个向下（或上）的大跳空缺口，这是股市强烈反转的信号。

二、K线图应用注意事项

K线图仅仅是市场股票价格的反映。反映市场成交价格的波动情况、市场买卖双方力量对比情况，由单根K线、多根K线得到的结论是相对的，结论只是起到建议作用。在实际应用时，有时会发现运用不同种类的组合会得到不同的结论，有时应用一种组合得到明天下跌的结论，但次日股票没有下跌，反而上涨。因此，一种K线得出的结论不准确。在K线的实际应用中，应注意以下事项：

（1）K线图应与市场成交量联系起来一起作为股票价格预测的因素。K线图应配合

①多头是认为股票价格未来将上涨，从而当前买入股票，在未来价格上涨时卖出股票，获取资本利得的行为；空头是认为股票未来价格下跌，从而卖出股票的行为。

成交量观察买方与卖方强弱状况，找出股价支撑区与压力区。

（2）应用K线图时，需要进行基本面分析，了解所关注的股票或指数的影响因素，从而对股票市场波动进行正确的分析。

（3）每日开盘价与收盘价易受主力大户影响，因此在进行K线分析时，可以参考股票的周K线图，由于周K线的时间跨度要远远大于日K线，在同样的K线组合出现的情况下，周K线所预示的买卖信号的可信度要远远高于日K线。了解每周的市场走势图和市场报价，可以大体掌握股票市场价格走势。

项目二 技术类型

第一节 技术形态类型

一、形态分析的含义

形态分析法是从历史价格图表上去分辨价格变动趋势的分析方法，是一种直接根据价格图表中过去一段时间走过的轨迹形态来预测股票价格未来趋势的方法。价格走过的形态是市场行为的重要组成部分，从价格轨迹的形态中，我们可以推测出证券市场处于一个什么样的大环境下，从而对今后的投资给予一定指导。

二、技术形态的种类

技术形态种类有头肩顶（底）形态、双重顶和双重底形态、三重顶和三重底形态、圆弧形态、喇叭形态、V 形反转形态等形态。

（一）头肩顶（底）形态

头肩顶形态和头肩底形态是实际股价形态中出现的最多的形态。

1. 头肩顶形态

从图 2-36 可以看出，这种形态一共出现三个顶和底，也就是要出现三个局部的高点和局部低点。中间的高点（低点）比另外两个都高（低），称为头，左右两个相对较低（高）的高点（低点）称为肩，这就是头肩形名称的由来。

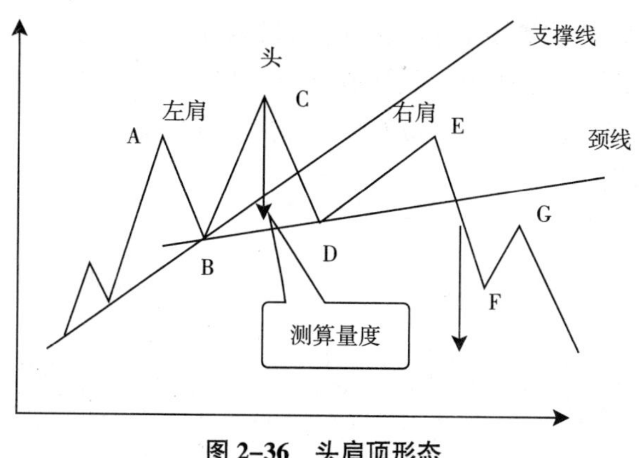

图 2-36 头肩顶形态

头肩顶的形成：

（1）股价长期上升后，成交量大增，获利回吐压力增加，导致股价回落，左肩形成。

（2）股价回升后，突破左肩之顶点，成交量亦可能因充分换手创纪录，但价位过高使持股者产生恐慌心理，竞相抛售，股价会跌至前一低点水准，头部完成。

（3）第三次上涨，前段的巨额成交量将不再重现，成交量持续减少，涨势亦不再凶猛，价位达到头部顶点之前就回落，形成右肩，股价持续下跌，跌破颈线。在回升时，股价也仅能达到颈线附近，然后成为下跌趋势，头肩顶形态宣告完成。头肩顶一旦确认，下跌的幅度一般不会小，通常会在牛市的尽头出现。

右图中，A 点和 B 点还没有放慢的迹象，从 C 点至 D 点，突破支撑线说明上升趋势已经遇到阻力，E 点和 F 点之间的突破则是趋势的转向，E 点的反弹高度没有超过 C 点，也是上升趋势出现问题的信号。

图中的颈线在头肩顶形态中，它是支撑线，起支撑作用。头肩顶形态走到了 E 点并调头向下，只能说明原有的上升趋势已经转化成了横向延伸，还不能说已经反转向下了。只有当图形走到了 F 点，即股价向下突破了颈线，才能说头肩顶反转形态已经形成。

头肩顶形态是一个长期的趋势的转向形态，一般出现在一段升势的尽头。这个形态一般有如下特征：①一般来说，左肩与右肩高点大致相等，有时右肩较左肩低，即颈线向下倾斜；②就成交量而言，左肩最大，头部次之，而右肩成交量最小；③突破颈线不一定需要大成交量的配合，但日后继续下跌时，需要成交量放大。

颈线被突破，反转确认之后，我们就知道股价下一步的大方向是下跌，而不是上涨或横盘。下跌的深度，我们可以借助头肩顶形态的测算来进行。

形态高度的测算方法是这样的，量出从头到颈线的距离（C 点向下的箭头长度），这个长度就是头肩顶形态的形态高度。上述原则是股价下跌最起码的深度，是最近的目标，价格实际下跌的位置要根据很多的因素来确定。上述原则只是给出了一个范围，只对我们有一定的指导作用。预计股价今后将跌到什么位置能止住或将要涨到什么位置而调头，永远是进行股票买卖的人最为关心的问题，也是最不易回答的问题。图 2–37 为头肩顶示意图。

图 2-37　头肩顶示意图

2. 头肩底形态

头肩底是头肩顶的倒转形态，是一个可靠的买进时机，头肩底形态形成过程如下：

（1）一轮大幅下跌，接着出现一个小型反弹，成交量放大，形成左肩；

（2）又一轮更大幅度的下跌，并创下新低，接着是成交量可能放大的反弹，形成头部；

（3）第三轮下跌，成交量缩小，未创新低就已经反弹，最终突破颈线。如图 2-38 所示。

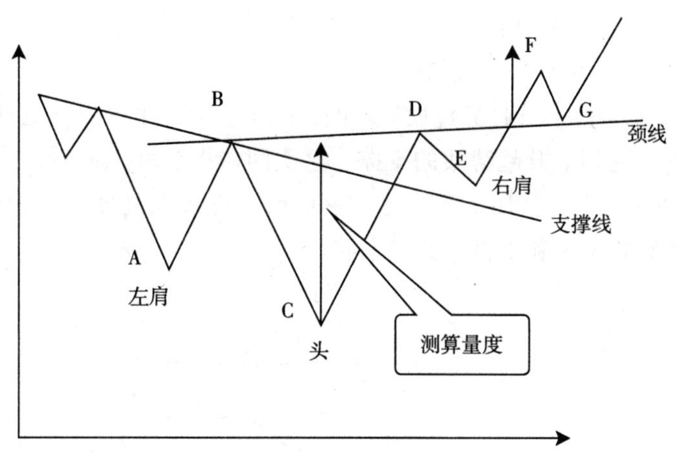

图 2-38　头肩底形态

3. 混合形态

股价变化经过复杂而长期的波动所形成的形态可能不只是标准的头肩形态，会形成所谓的复合头肩形态，这种形态与头肩形态基本形似，只是左右肩部或者头部出现多于一次，其形成过程也与头肩形态类似，分析意义也和普通的头肩形态一样。往往会出现在长期趋势的底部或顶部，复合形态一旦完成，即构成一个可靠性较大的买进或沽出时机。如图 2-39 为头肩底示意图。

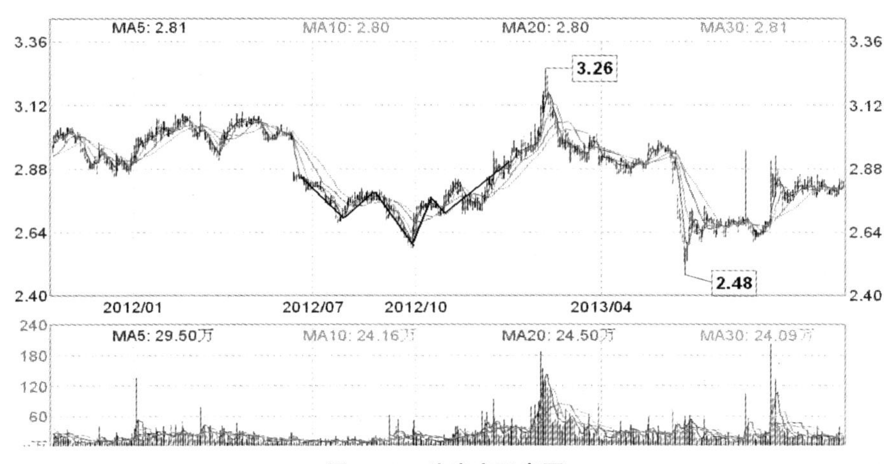

图 2-39 头肩底示意图

(二) 双重顶（底）形态

双重顶和双重底就是市场上众所周知的 M 头和 W 底，这种形态在实际中出现得非常频繁。

1. 双重顶（M 头）

M 头形成过程：

(1) 强势上涨，成交量放大，回调，形成第一个头。

(2) 再次上涨，成交量比前次小，价格未创新高，再次回落。

(3) 下跌幅度至少是头与颈线的距离。

如图 2-40 所示。在上升趋势过程的末期，股价在第一个高点 A 建立了新高点之后进行正常的回落，受到上升趋势线的支撑，这次回档将在 B 点附近停止。往后就是继续上升，但是力量不够，上升高度不足，在 C 点（与 A 点高度几乎相等）遇到压力，股价向下，这样就形成 A 和 C 两个顶的形状。

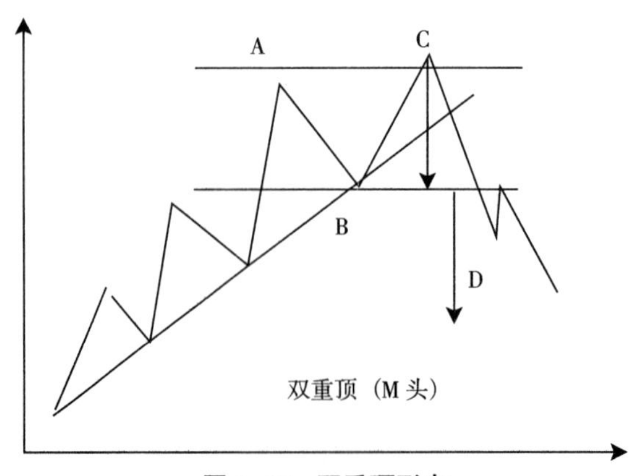

图 2-40 双重顶形态

M 头形成以后，有两种可能的走势：第一是未突破 B 点的支撑位置，股价在 A、B、C 三点形成的狭窄范围内上下波动，演变成矩形。第二是突破 B 点的支撑位置继续向下，这种情况才是双重顶反转突破形态的真正出现。前一种情况只能说明一个潜在的双重顶反转突破形态出现了。

以 B 点作平行于 A、C 连线的平行线，就得到了一条非常重要的直线——颈线。A、C 连线是趋势线，颈线是与这条趋势线对应的轨道线，这些轨道线在这里起的是支撑作用。

一个真正的双重顶反转突破形态的出现，除了必要的两个相同高度的高点以外，还应该向下突破 B 点支撑。

双重顶反转突破形态一旦得到确认，就可以用它对后市进行预测了。它的主要功能是测算功能。

从突破点算起，股价将至少要跌到与形态高度相等的距度。所谓形态高度就是从 A 或 C 到 B 的垂直距离，亦即从顶点到颈线的垂直距离。如图 2-41 所示。

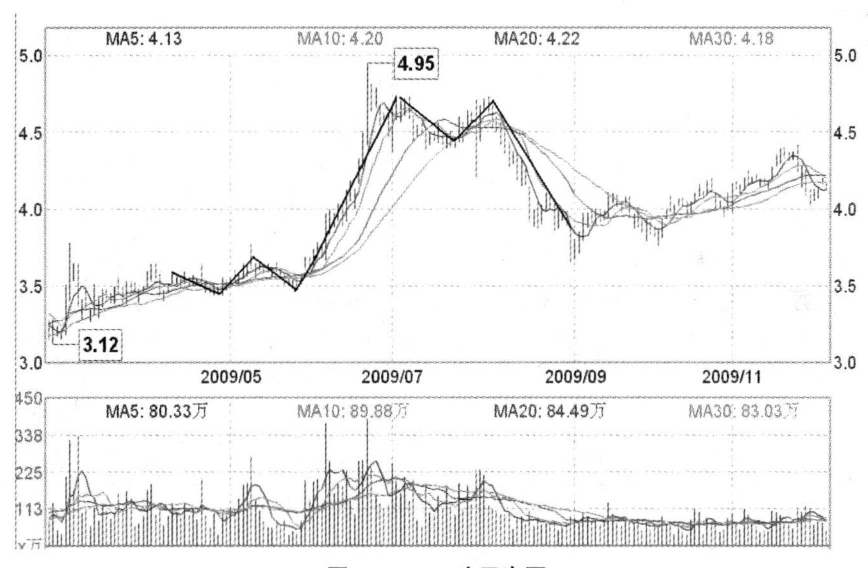

图 2-41 M 头示意图

2. 双重底（W 底）

双重底的形成过程如下：

(1) 加速下跌，成交量放大，反弹，形成第一个底；

(2) 再次下跌，成交量比前次小，价格未创新底，再次反弹。

(3) 上涨幅度至少是头与颈线的距离。图 2-42 为双重底形态，图 2-43 为 W 底示意图。

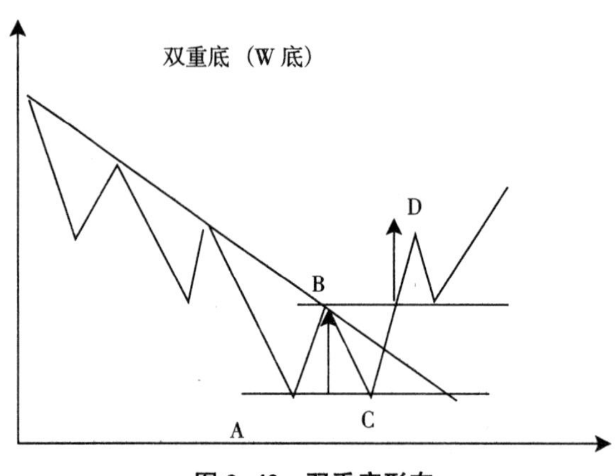

图 2-42 双重底形态

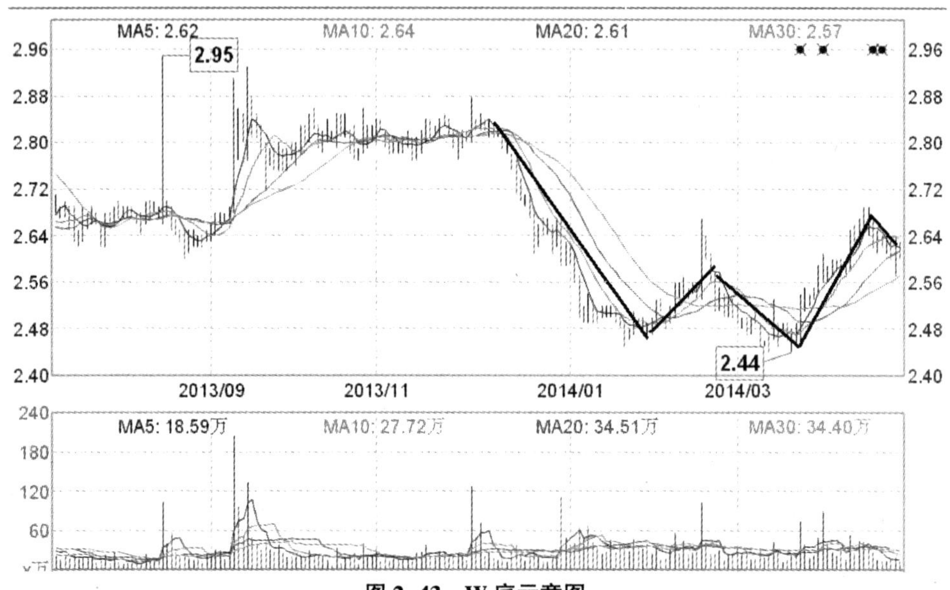

图 2-43 W 底示意图

（三）三重顶（底）形态

三重顶（底）形态是双重顶（底）形态的扩展形态，也是头肩顶（底）的一种变体，它是由三个一样高或一样低的顶和底组成。与头肩形的区别是头的价位回缩到与肩差不多相等的位置，有时甚至低于或高于肩部一点。从这个意义上讲，三重顶（底）与双重顶（底）也有相似的地方，前者比后者多“折腾”了一次。如图 2-44 所示。

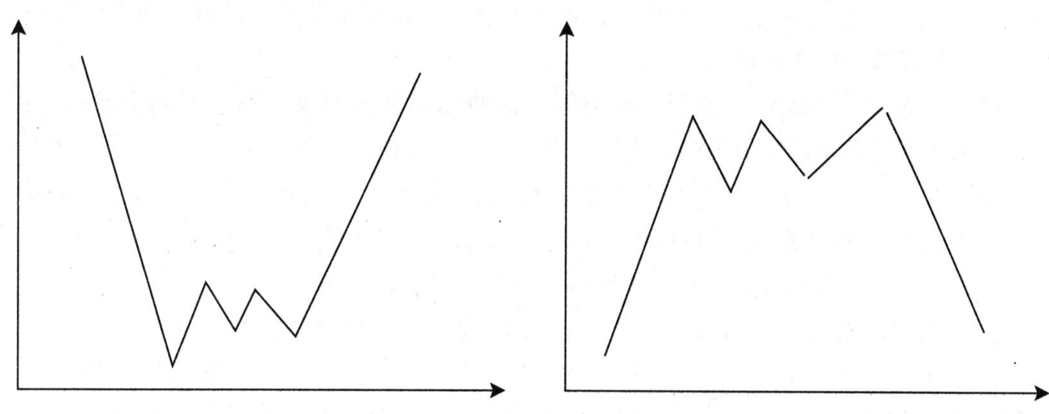

图 2-44 三重顶（底）形态

出现三重顶形态的原因是没有耐心的投资者在形态未完全确定时，便急于跟进或跳出，走势不尽如人意时又急于杀出或抢进；等到大势已定，股价正式反转上升或下跌，仍照原预期方向进行时，投资者却犹豫不决，缺乏信心，结果使股价走势比较复杂。

应用和识别三重顶（底）主要是用识别头肩形态的方法，直接应用头肩形态的结论和应注意的事项。头肩形态适用的三重顶（底）都适用，这是因为三重顶（底）从本质上来说就是头肩形态。图 2-45 为中国银行股票一段时间的走势图。

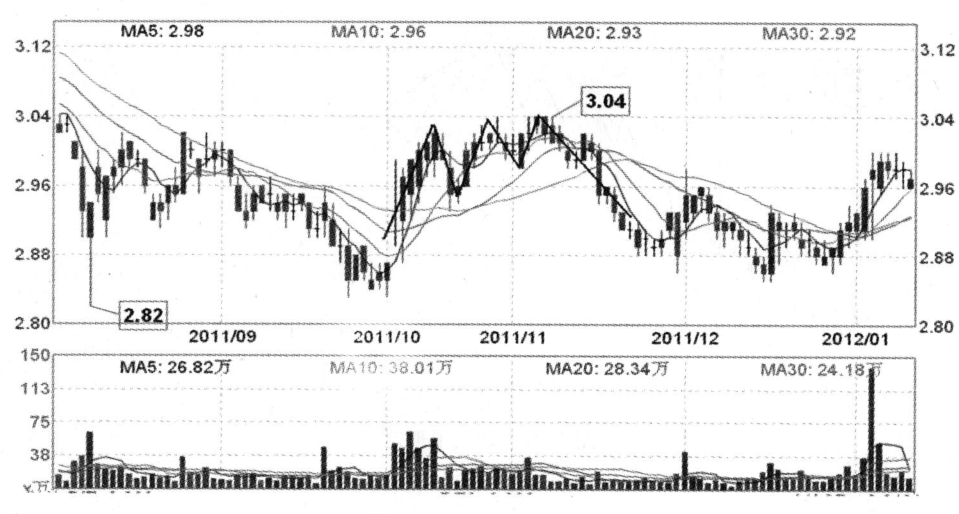

图 2-45 三重顶示意图

（四）圆弧形态

将股价在一段时间的顶部高点用折线连起来，每一个局部的高点都考虑到，我们有时可能得到一条类似于圆弧的弧线，盖在股价之上；将每个局部的低点连在一起也能得到一条弧线，托在股价之下。

圆弧形态又称为碟形、圆形、碗形等，这些称呼都很形象。不过应该注意的是：图中的曲线不是数学意义上的圆，也不是抛物线，而仅仅是一条曲线。

圆弧的形成过程与头肩形中的复合头肩形有相似的地方，只是圆弧形的各种顶或底没有明显的头肩的感觉。这些顶部和底部的地位都差不多，没有明显的主次区分。这种局面的形成在很大程度上是一些机构大户炒作股市的产物。

这些人手里有足够的股票，如果一下抛出太多，股价下落太快，手里的货可能不能全出手，只能一点一点地往外抛，形成众多回的拉锯，直到手中的股票接近抛完时，才会大幅度打压，一举使股价下跌到很深的位置。如果这些人手里持有足够的资金，一下买得太多，股价上涨得太快，也不利于日后的买入，也要逐渐地分批建仓，直到股价一点一点地来回拉锯，往上接近圆弧缘时，才会用少量的资金一举往上拉升到一个很高的高度。因为这时股票大部分在机构大户手中，别人无法打压股价。

在识别圆弧形态时，成交量也是很重要的。无论是圆弧顶还是圆弧底，在它们的形成过程中，成交量的过程都是两头多，中间少。越靠近顶或底，成交量越少，到达顶或底时成交量达到最少（圆弧底在达到底部时，成交量可能突然大一下，之后恢复正常）。在突破后的一段时间里，都有相当大的成交量。如图 2–46、图 2–47 所示。

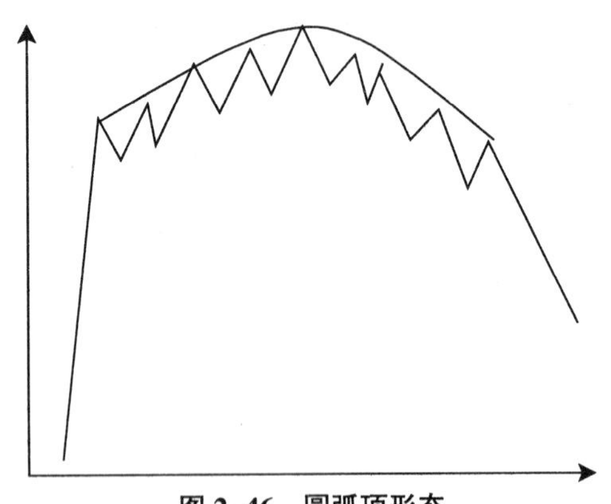

图 2–46　圆弧顶形态

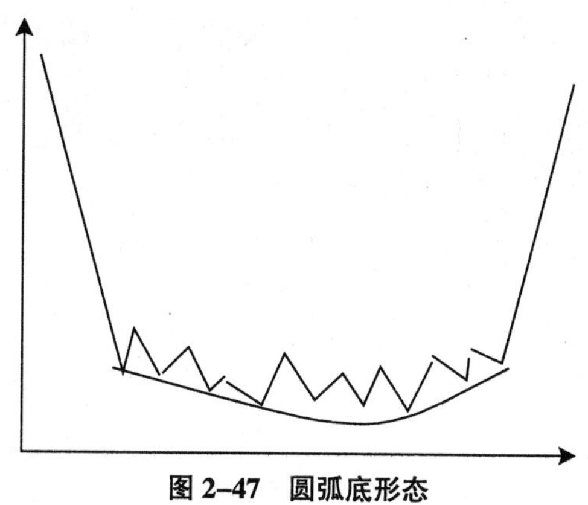

图 2–47　圆弧底形态

圆弧形态形成所花的时间越长，今后反转的力度就越强，越值得人们去相信这个圆弧形（如图 2–48 所示）。

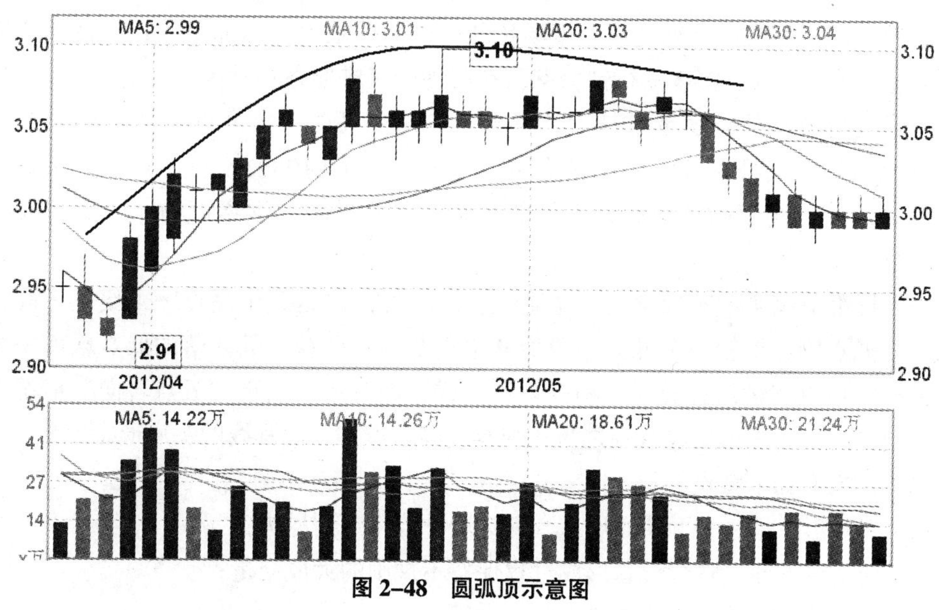

图 2–48　圆弧顶示意图

（五）喇叭形态（扩大形态）

喇叭形态是一种重要的反转形态，它大多出现在顶部，是一种较为可靠的看跌形态。喇叭形态形成后，几乎总是下跌，不存在突破是否成立的问题。如图 2–49 所示。

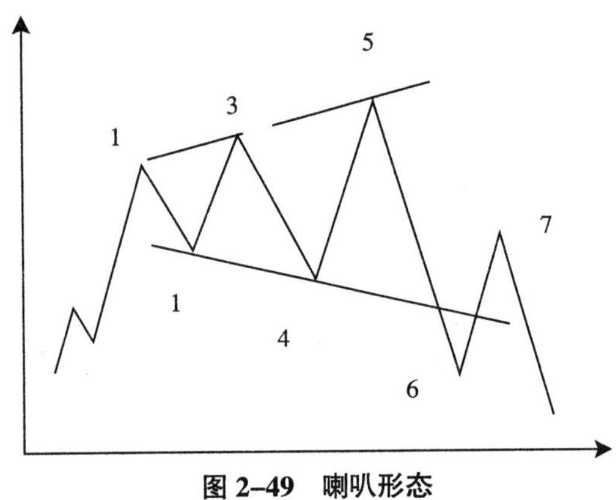

图 2–49　喇叭形态

股价经过一段时间的上升后下跌，然后再上升再下跌；上升的高点较上次为高，下跌的低点亦较上次的低点为低。整个形态以狭窄的波动开始，然后在上下两方扩大。如果我们把上下的高点和低点分别连接起来，就可以画出喇叭形。

这类形态通常是由于投资者的冲动情绪造成的，通常在长期上升的最后阶段出现，投资者受到市场炽热的投机气氛或市场传闻的感染，很容易追涨杀跌，使得股票价格发生大起大落，形成巨幅震荡行情，继而在震荡中完成形态的反转。

由于股价波动的幅度越来越大，形成了越来越高的三个高点和越来越低的二个底点，说明当时交易比较活跃，成交量日益放大，市场失去控制，完全由交易者的情绪决定。经过剧烈的动荡后，人们的情绪会逐渐平静，远离市场，股价将逐渐地往下运行。

一个标准的喇叭形态应该有三个高点，二个低点。这三个高点一个比一个高，中间的二个低点则一个较一个低。当股价从第三个高点回跌，其回落的低点较前一个低点更低时，可以假设形态成立。和头肩顶一样，喇叭形态属于“五点转向”形态，故此一个较平缓的喇叭形态也可视之为一个有较高右肩和下倾颈线的头肩形态走势。

喇叭形态有如下特点：

(1) 喇叭形态是一个下跌的形态，意味着升势将走到尽头；

(2) 成交量方面，整个形态形成过程保持不规则的大成交量；

(3) 喇叭形态的跌幅不可估量，跌幅会很大；

(4) 喇叭形态源于投资者的非理性。

图 2–50 为喇叭形态的简单示意图。

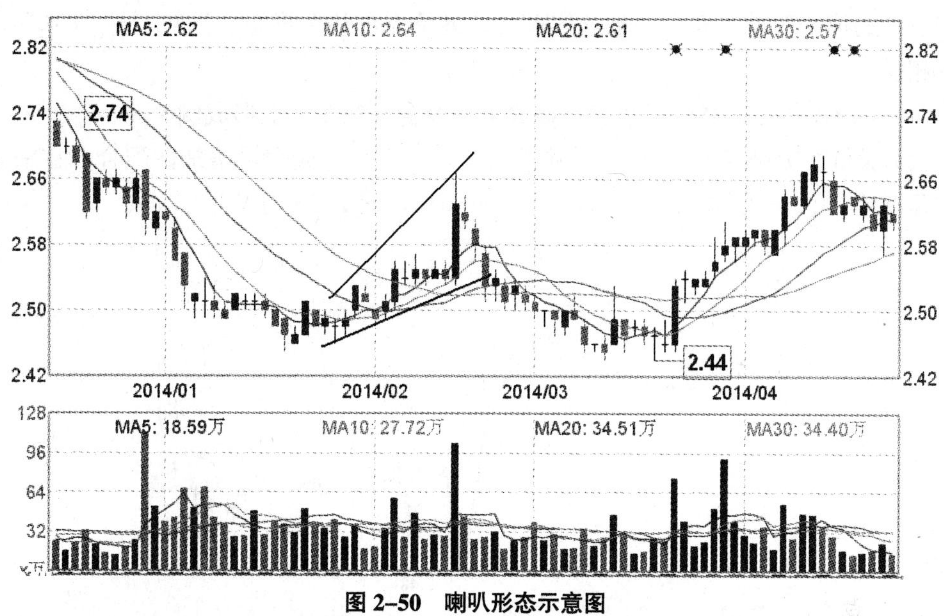

图 2–50 喇叭形态示意图

（六）V 形反转形态

V 形走势是一种很难预测的反转形态，它往往出现在市场剧烈的波动中。无论是 V 形顶，还是 V 形底，都没有一个明晰的形成过程，往往让投资者感到突如其来甚至难以置信。

V 形的形态要点：在下跌阶段，通常 V 形的左方跌势十分陡峭，而且持续一段时间。在转势阶段，V 形的底部十分尖锐，一般来说形成这转势点的时间仅两三个交易日，而且成交在这低点明显增多。有时候转势点就在恐慌交易日中出现。如图 2–51 所示。在回升阶段，接着股价从低点回升，成交量亦随之而增加。如图 2–52 所示。

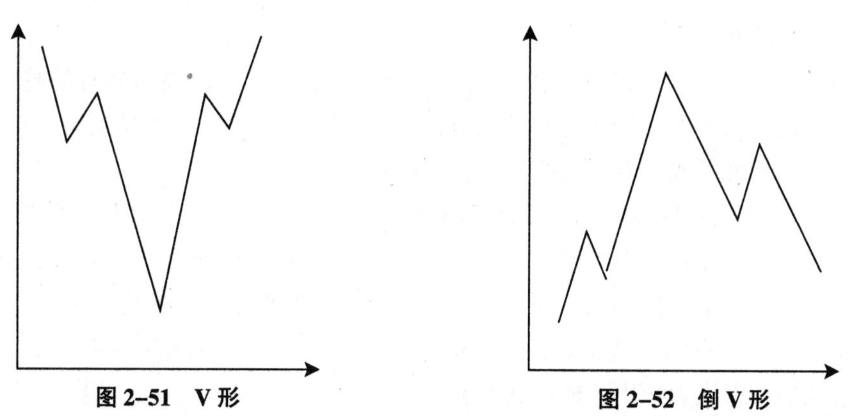

图 2–51 V 形　　图 2–52 倒 V 形

在形成 V 形走势期间，其中上升（或是下跌）阶段呈现变异，股价有一部分出现横向发展的成交区域，其后打破这徘徊区，继续完成整个形态。倒转 V 形与 V 形走势刚好相反。

（1）V 形走势在转势点必须有明显成交量配合，在图形上形成倒 V 形。

（2）股价在突破伸延 V 形的徘徊区顶部时，必须有成交量增加的配合，在跌破倒转伸延 V 形的徘徊底部时，则不需要成交量增加。图 2–53 为 V 形示意图。

图 2–53　V 形示意图

（七）三角形态

三角形态是属于持续整理形态的一类形态。三角形态主要分为三种，即对称三角形、上升三角形和下降三角形。第一种有时也称正三角形，后两种合称直角三角形。以下分别对这三种形态进行介绍。

1. 对称三角形

对称三角形情况大多是发生在一个大趋势进行的途中，它表示原有的趋势暂时处于休整阶段，之后还要随着原有趋势的方向继续行动。由此可见，见到对称三角形后，股价今后走向最大可能是沿原有的趋势方向运行。

图 2–54 是对称三角形的一个简化的图形，这里的原有趋势是上升，所以，三角形态形成后是突破向上的。从图中可以看出，对称三角形有两条聚拢的直线，上面的向下倾斜，起到压力作用；下面的向上倾斜，起到支撑作用。两直线的交点称为顶点。对称三角形一般应有六个转折点，图中的 A、B、C、D、E、F 都是转折点，这样，上下两条直线的支撑压力作用才能得到验证。

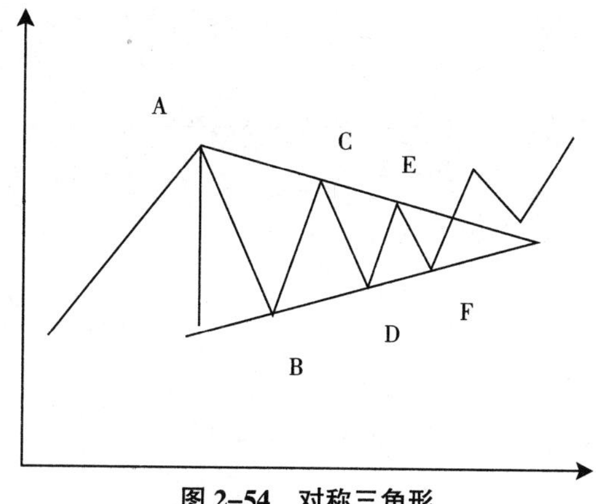

图 2-54　对称三角形

对称三角形只是原有趋势运行途中的休整阶段，所以持续的时间不会太长。持续时间太长了，保持原有趋势的能力就会下降。一般说来，突破上下两条直线的包围，继续沿原有既定的方向运行要尽量早些，越靠近三角形的顶点，三角形的各种功能就越不明显，对买卖操作的指导意义就越不强。

由对称三角形的特殊性，我们实际上可以预测股价向上或向下突破的时间区域，只要得到上下两条直线就可以完成这项工作。我们可在图上根据两条直线找到顶点，然后，计算出三角形的横向宽度，标出 1/2 和 3/4 的位置，图 2-55 中的 C 点。这样，这个区域就是股价未来可能要突破并保持原来趋势的位置，这对投资是很有指导意义的。

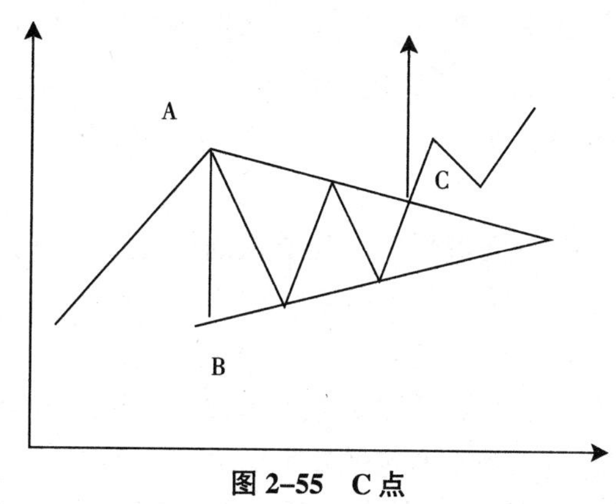

图 2-55　C 点

2. 上升三角形

上升三角形是对称三角形的变形体。对称三角形有上下两条直线。将对称三角形的上方压力线转变为水平的，就得到上升三角形。除了上面的直线是水平的以外，上升三角形与对称三角形在形状上没有什么区别，如图 2-56 所示。

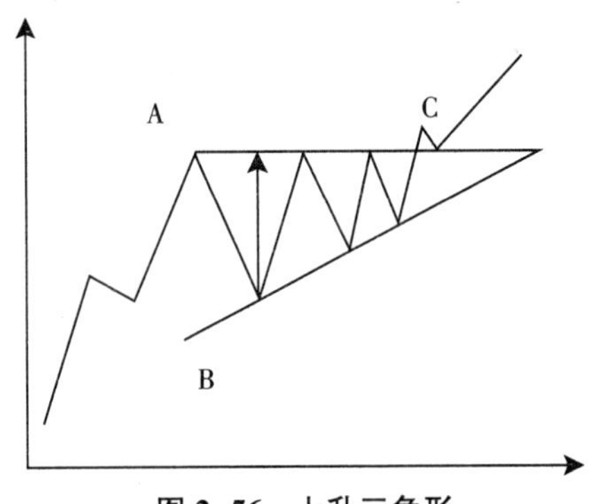

图 2-56　上升三角形

上面的直线起压力作用，下面的直线起支撑作用。在对称三角形中，压力和支撑都是逐步加强的。一方是越压越低，另一方是越撑越高，看不出谁强谁弱。在上升三角形中就不同了，压力是水平的，始终都是一样，没有变化，而支撑却是越撑越高。由此可见，上升三角形比起对称三角形来，有更强烈的上升意识，多方比空方更为积极。通常以三角形的向上突破作为这个持续过程终止的标志。

如果股价原有的趋势是向上的，则很显然，遇到上升三角形后，几乎可以肯定今后是向上突破。一方面要保持原有的趋势，另一方面形态本身就有向上的愿望。这两方面的结合使股价很难反转。

如果原有的趋势是下降的，则出现上升三角形后，前后股价的趋势判断起来有些难度。一方要继续下降，保持原有的趋势，另一方要上涨，两方必然发生争执。如果在下降趋势处于末期时（下降趋势持续了相当一段时间），出现上升三角形还是以看涨为主，这样，上升三角形就成了反转形态的底部。

上升三角形突破顶部的阻力线时，需要有大成交量的配合，否则为假突破。

3. 下降三角形

下降三角形与上升三角形正好反向，是看跌的形态。它的基本内容与上升三角形可以说完全相似，只是方向相反。

（八）旗形形态

旗形走势的形态就像一面挂在旗杆顶上的旗帜。这种形态通常在急速而又大幅的市场波动中出现。股价经过一连串紧密的短期波动后，形成一个稍微与原来趋势呈相反方向倾斜的长方形，这就是旗形走势。旗形走势又可分作上升旗形和下降旗形。

上升旗形的形成过程是：股价经过陡峭的飙升后，接着形成一个紧密、狭窄和稍微向下倾斜的价格密集区域。把这密集区域的高点和低点分别连接起来，就可以画出两条平行而又下倾的直线，这就是上升旗形。如图 2-57 所示。

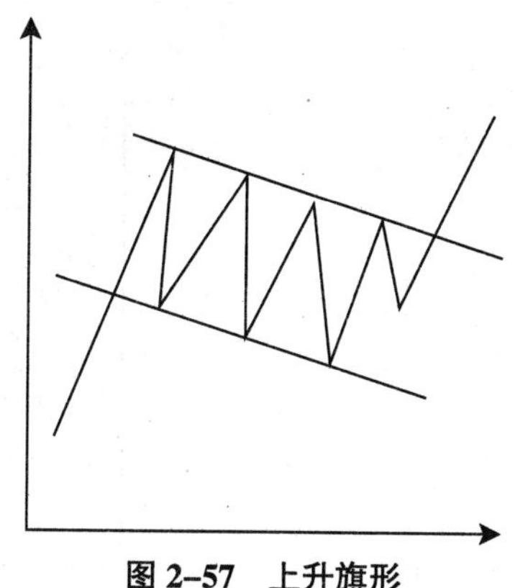

图 2-57 上升旗形

下降旗形则刚刚相反，当股价出现急速或垂直的下跌后，接着形成一个波动狭窄而又紧密，稍微上倾的价格密集区域，像是一条上升通道，这就是下降旗形。如图 2-58 所示。

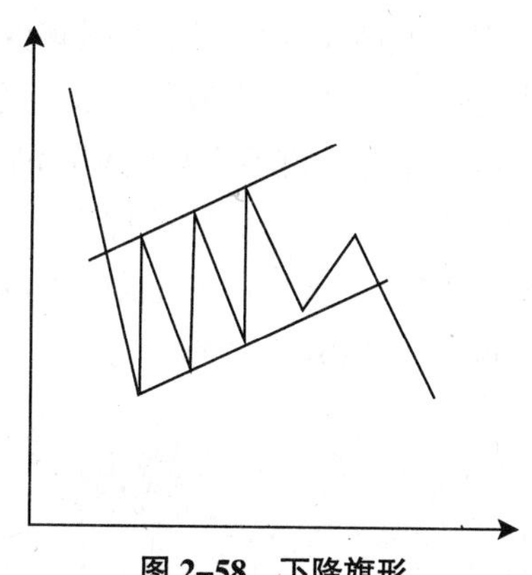

图 2-58 下降旗形

应注意的是，旗形形态出现前，一般应有一个旗杆，旗形持续时间不会太长，时间一长，保持原有趋势的能力就下降；旗形形成之前和突破后，成交量都大，旗形形态形成过程中，成交量从左到右逐渐减少。

（九）矩形形态

矩形形态是股价由一连串在两条水平的上下界线之间变动而成的形态。股价在其范围之内波动。价格上升到某一水平时遇阻回落，但很快便获得支持而上升，可是回升到上次同一高点时再一次受阻，而挫落到上次低点时则再得到支持。这些短期高点和低点分别以直线连接起来，便可以绘出一条通道。这通道既非上倾，亦非下降，而是平行发展，这就是矩形形态，如图 2-59、图 2-60 所示。

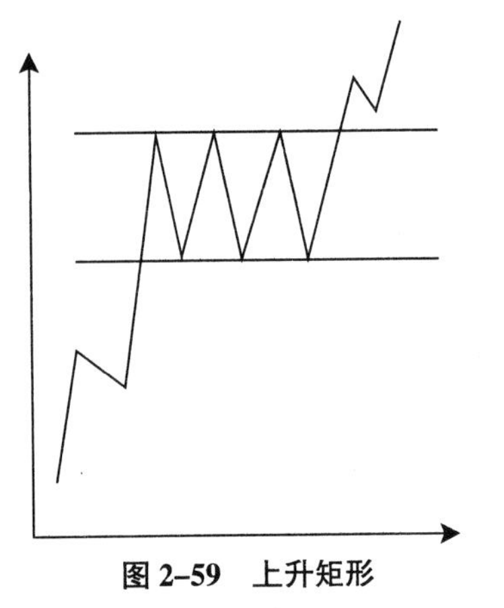
图 2-59　上升矩形

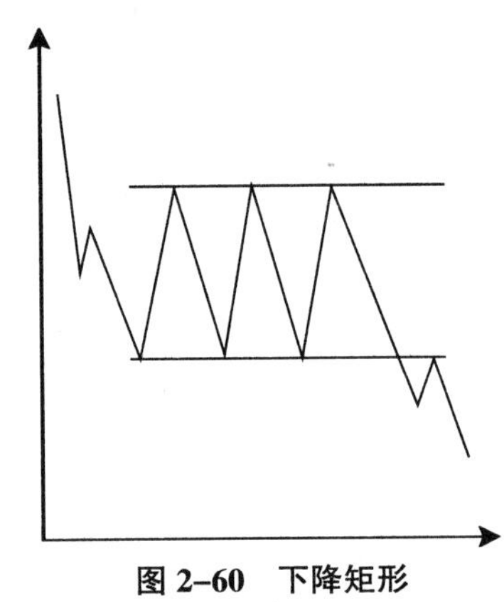
图 2-60　下降矩形

矩形形态形成之初，多空双方全力投入，各不相让。空方在价格涨到某个价位时抛出，多方在跌到某个价位时买入，时间一长就形成两条明显的上下界线，随着时间的推移，双方的战斗热情逐步减弱，成交量减少，市场趋于平淡。矩形形态形成的过程中，除非有突发性的消息扰乱，其成交量应该是不断减少的。如果在形态形成期间，有不规则的高成交量出现，形态可能失败。当股价突破矩形上限的水平时，必须有成交量激增的配合；但若跌破下限水平时，就不需高成交量的增加。

如果原有趋势是上升，经过一段时间的矩形整理后，会继续保持原有的趋势，多方会占优势并采取主动，使股价向上突破矩形的上限；如果原有趋势是下跌的，则空方会采取行动，突破矩形的下限。图 2-61 为矩形示意图。

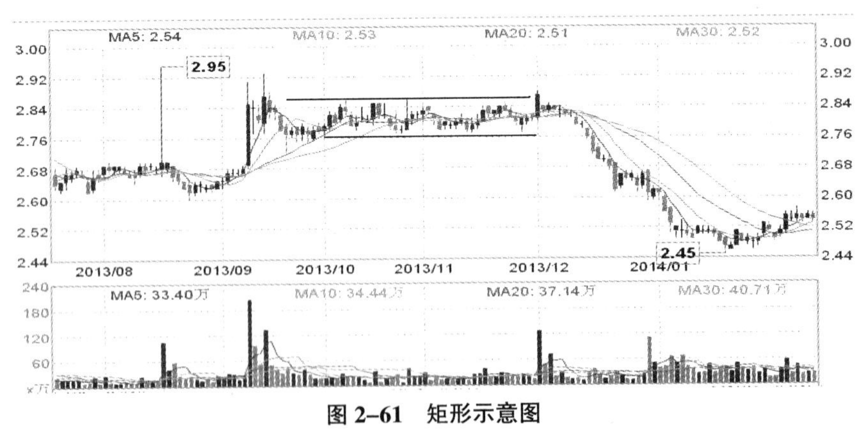

图 2-61　矩形示意图

（十）菱形形态

菱形的形态犹如钻石，其颈线为 V 字形。成交量如同三角形，渐次减少。菱形形态实际是喇叭形态和对称三角形态的结合。左半部和喇叭形态一样，第二个上升点较前一个高，回落低点亦较前一个低；当第三次回升时，高点却不能升越第二个高点水平，接着的下跌回落点却又较上一个高。股价的波动从不断地向外扩散转为向内收窄，右半部的变化类似于对称三角形，如图 2-62 所示。

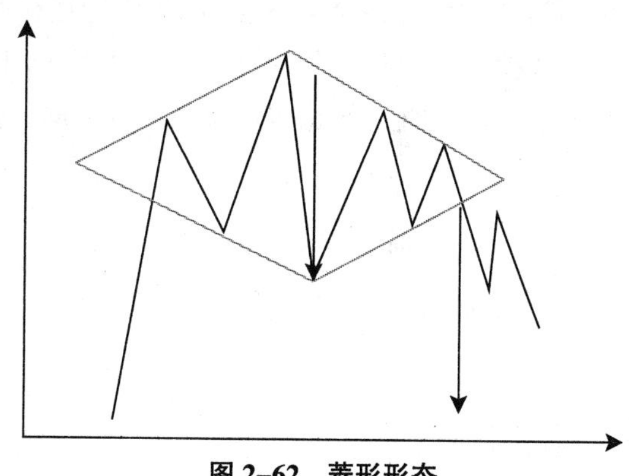

图 2-62 菱形形态

（1）菱形形态很少为底部反转，通常它在中级下跌前的顶部或大量成交的顶点出现，是个转向形态。

（2）当菱形形态右下方支持点跌破后，就是一个沽出信号；但如果股价向上突破右方阻力时，而且成交量激增，那就是一个买入信号。

（3）其最小跌幅的量度方法是从股价向下跌破菱形右下线开始，量度出形态内最高点和最低点的垂直距离，这个距离就是未来股价将会下跌的最小幅度。

第二节 切线原理与运用

一、趋势分析

1. 趋势的含义

趋势就是股票价格的波动方向，或者说是股票市场运行的方向。股票价格的变动有一定的方向，若是上升或下降，股价的波动必然朝着这个方向运行。上升的行情中，虽然有下降，但不影响上升的总体趋势；在下降中，也有可能上升，但上升不能改变整体下降的趋势。

影响股价的因素有很多，因此股票价格的变动不是朝一个方向变动的，中间肯定有曲折，从图形上看就是一条蜿蜒曲折的折线，每一个折点处就形成了一个峰或谷，由峰或谷的高度，可以看出趋势的整体方向。

2. 趋势方向

趋势方向的类型有上升方向、下降方向、水平方向三种。

（1）上升方向。如果图形中每个后面的峰和谷都高于前面的峰和谷，则股票价格波动的方向是上升方向，也即常说的底部抬高。图 2-63 为中国银行股票走势图，从图中可以看出，2014 年 3 月 12 日股票市场收盘价为 2.29 元，4 月 14 日市场收盘价为 2.47 元，这一时期，虽然股票价格时有涨跌，但总体形势为上升方向（该图为合成图）。

图 2-63　中国银行股票示意图（上升方向）

（2）下降方向。如果图形中每个后面的峰和谷都低于前面的峰和谷，则股票价格波动的方向是下降方向，也即常说的一顶比一顶低或者顶部降低。图 2-64 为中国银行股票价格市场表现，2013 年 12 月 5 日，股票收盘价为 2.64 元，2014 年 1 月 27 日收盘价为 2.36 元，整个期间，股票价格虽有小幅涨跌，但总体上是下跌的。

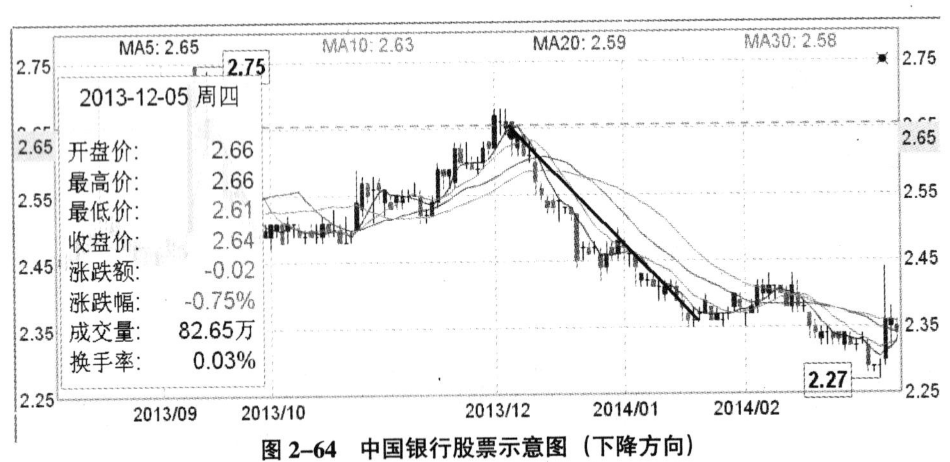

图 2-64　中国银行股票示意图（下降方向）

(3) 水平方向（无趋势方向）。如果图形中每个后面的峰和谷与前面的峰和谷相比，没有明显的高低之分，几乎呈水平延伸，这时的趋势是水平方向。市场处于供需平衡的状态，股价下一步朝向哪个方向没有规律可循，可以上也可以下，而预测股价朝向是非常困难的。图 2-65 可以看出，中国银行股票在 2013 年 4 月 3 日收盘价为 2.73 元，2013 年 6 月 6 日收盘价为 2.72 元，在这个时间段内，股票价格虽有小幅的波动，但总体上来说股票价格处在水平位置。

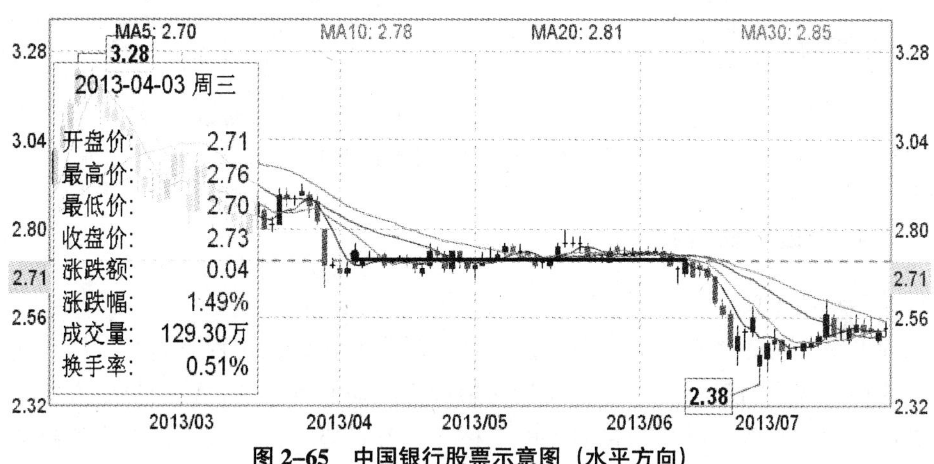

图 2-65 中国银行股票示意图（水平方向）

3. 趋势的类型

趋势分为三种类型：

(1) 主要趋势。主要趋势是趋势的主要方向，是股票投资者极力要弄清楚的，了解了主要趋势才能顺势而为。主要趋势是股票价格波动的大方向，一般持续的时间比较长。

(2) 次要趋势。次要趋势是在主要趋势的过程中进行的调整。趋势不会是直来直去的，总有个局部的调整和回撤，次要趋势完成的正是调整和回撤。

(3) 短暂趋势。短暂趋势是指在次要趋势中进行的调整。

三种趋势的区别是时间的长短和波动幅度的大小。主要趋势持续时间长，波动幅度大，次要趋势次之，短暂趋势的波动幅度最小。

图 2-66 为中国银行的股票市场走势图，在 2013 年 12 月 4 日至 2014 年 1 月 21 日，近两个月的时间内，主要趋势为下降趋势，次要和短暂趋势并不影响市场整体走势。

图 2-66 中国银行股票示意图

二、趋势线与轨道线

1. 趋势线的含义

证券价格变化的趋势是有方向的，上升、下降或水平，这种方向可以用直线表示出来，这种直线成为趋势线。趋势线是衡量价格波动的方向的，由趋势线方向可以明确地看出股价的趋势。反映价格向上的线称为上升趋势线；反映价格下降的趋势线称为下降趋势线。由于证券价格波动经常变化，可能由升转跌，也可能由跌转升，甚至在上升或下跌中途转换方向，因此，反映价格变化的趋势线不可能一成不变，而是随着价格波动的实际情况进行调整，也就是说，不同趋势线反映不同时期价格波动的实际走向，研究趋势线的变化方向和变化特征，就能把握住价格波动的方向和特征。

2. 趋势线的画法

（1）上升趋势线。在上升途中，将两个低点连成一条直线，就得到上升趋势线。如图 2-67 所示，将上升途中的两个低点 A、B 连接起来，得到一条线，成为上升趋势线。从上升趋势线中可以看出，上升趋势线起到支撑作用，股票的价格总是在此上升趋势线之上，上升趋势线为支撑线。

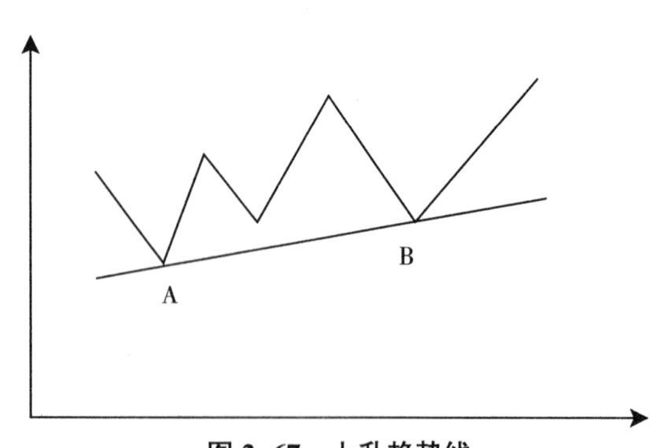

图 2-67 上升趋势线

（2）下降趋势线。在下降途中，将两个最高点连成直线，就得到下降趋势线。如图 2-68 所示，在下降途中，连接两个最高点 C、D，就得到下降趋势线。从图中可以看出，下降趋势线起压力作用，股票价格总是保持在此线以下。如图 2-69 为中国银行股票一段时间的趋势线。

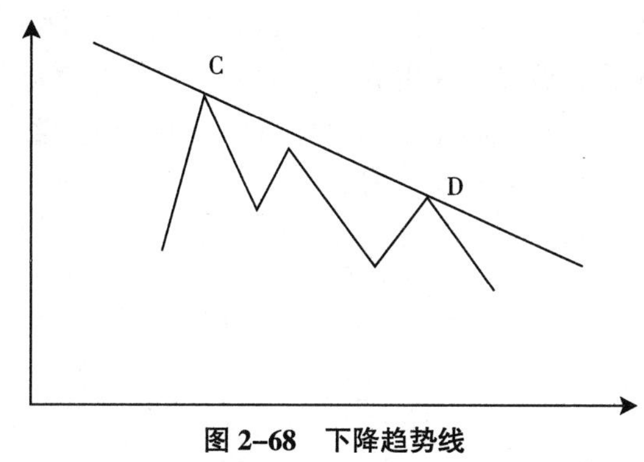

图 2-68 下降趋势线

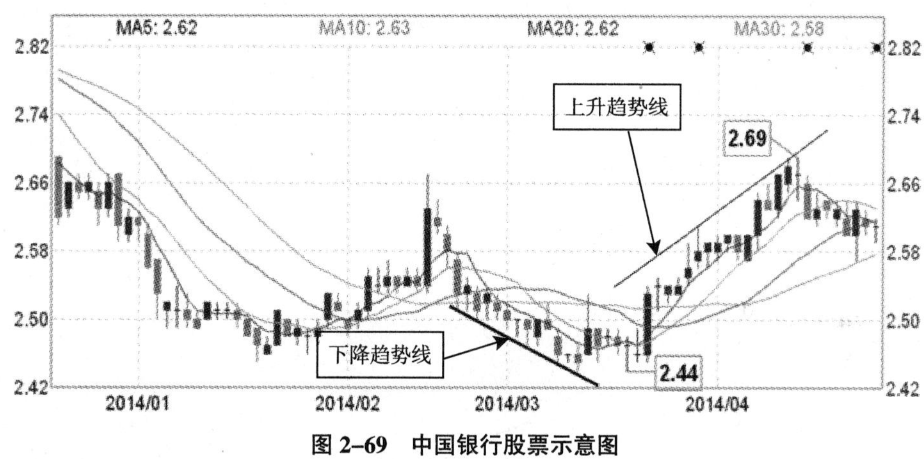

图 2-69 中国银行股票示意图

3. 趋势线注意事项

趋势线很容易画出，但并不意味着趋势线已经被我们所掌握。趋势线最关键的是两个低点或高点的确认。

根据数学原理，画趋势线需要确定两个高点或低点，一般来说，上升趋势的两个低点，应该是两个反转点，即下跌至某一低点开始回升，在下跌没有跌破前一低点又开始上升，则这两个低点即为两个反转点。同理，下跌趋势也需要两个反转高点。

如何确认趋势线的高点和低点呢？要经过多方确认才能确定低点或高点，不符合条件的应该删除。首先应该确认有趋势线的存在，即上升趋势有两个低点、下降趋势有两个高点，才能确认趋势线的存在；其次，画出趋势线后，还应得到第三点的确认才有效，被触及的点越多，其作为趋势线的有效性才越能得到确认。

4. 轨道线

轨道线又称通道线或管道线，是基于趋势线的一种方法。在已经得到趋势线后，通过第一个峰和谷可以画出这条趋势线的平行线，这条平行线就是轨道线。两条平行线组成一个轨道，这就是常说的上升和下降轨道。轨道的作用是限制股价的变动范围。对上面的或下面的直线的突破将意味着有一个大的变化。与突破趋势线不同，对轨道线的突破并不是趋势反向的开始，而是趋势加速的开始。轨道线的另一个作用是提出趋势转向的警报。如图 2-70、图 2-71 所示。

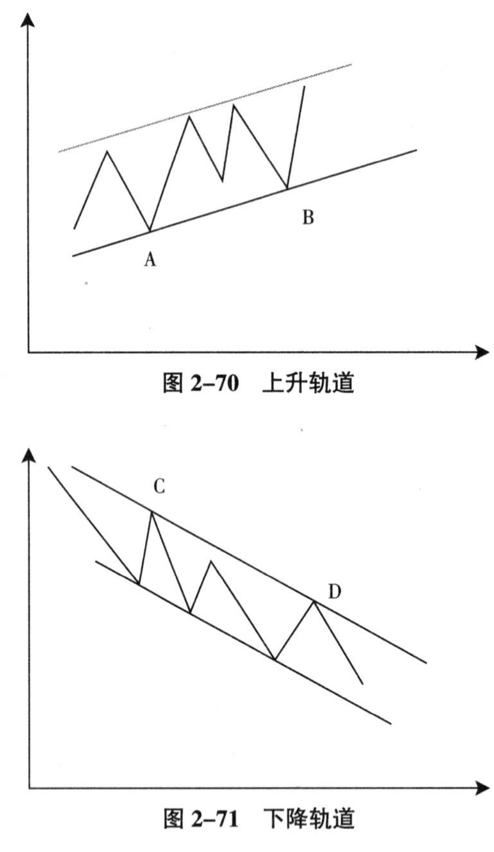

图 2-70　上升轨道

图 2-71　下降轨道

图 2-72 为中国银行股票的轨道示意图，是在图 2-69 的基础上画的轨道线。

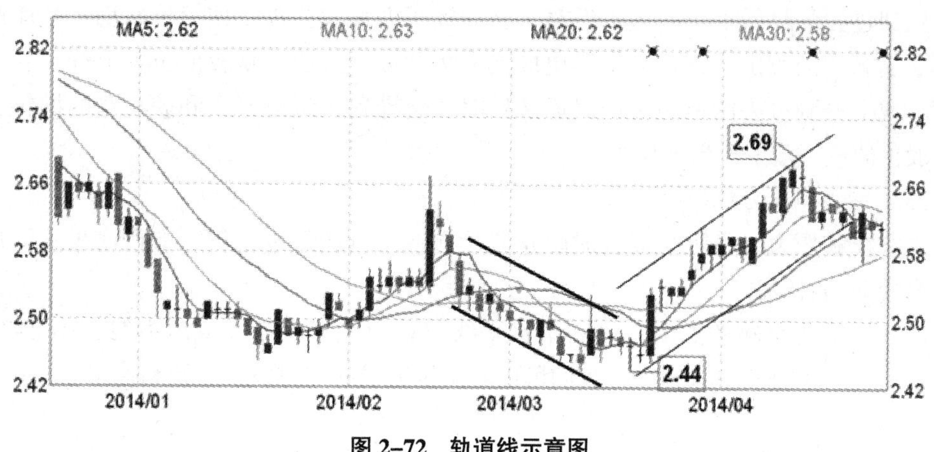

图 2-72　轨道线示意图

三、支撑线与压力线

1. 支撑线与压力线的含义

支撑线（Surport Line）又称抵抗线。当股价跌到某个价位附近时，就会出现买方增加、卖方减少，买方急于买到需要的证券，提高买入价格，导致证券价格停止下跌，甚至有可能回升。这个起着阻止证券价格继续下跌或暂时阻止继续下跌的价格就是支撑线所在的位置。

压力线（Resistance Line）又称阻力线。当股价上涨到某价位附近时，就会出现卖方增加、买方减少，导致证券价格会停止上涨，甚至回落。这个起着阻止或暂时阻止继续上升的价位就是压力线所在的位置。如图 2-73 所示。

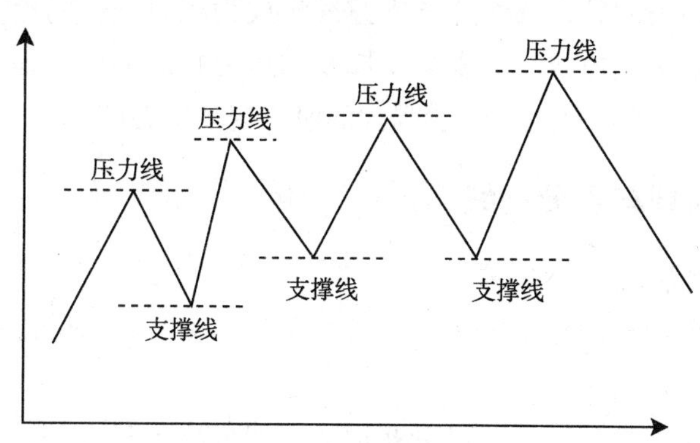

图 2-73　支撑线与压力线

2. 支撑线和压力线产生的原因

对证券价格的支撑和阻力，主要是投资者的持有成本、心理等因素造成的。当股价下跌至投资者的持仓成本或持有成本时，或股价从较高的位置下跌一定程度，或股价下跌到过去的最低价位区域附近时，会导致买方增加买盘，使股价站稳，从而对股价形成支撑。当股价上升至某一历史成交密集区域，或股价从较低位置上升了一定的程度，或上升到过去的最高价位附近区域时，会导致大量解套盘和获利盘的抛售，从而对股价的进一步上升形成压力。

3. 支撑线和压力线的画法

支撑线和压力线是阻止或暂时阻止股价向一个方向继续运行，有彻底阻止股价按原方向变动的可能。

在股价出现反转的点上，画一个水平线，就形成了支撑线或压力线，图 2–74 为哈飞股份股票走势图，从图中，我们可以看出压力线和支撑线的位置和作用。

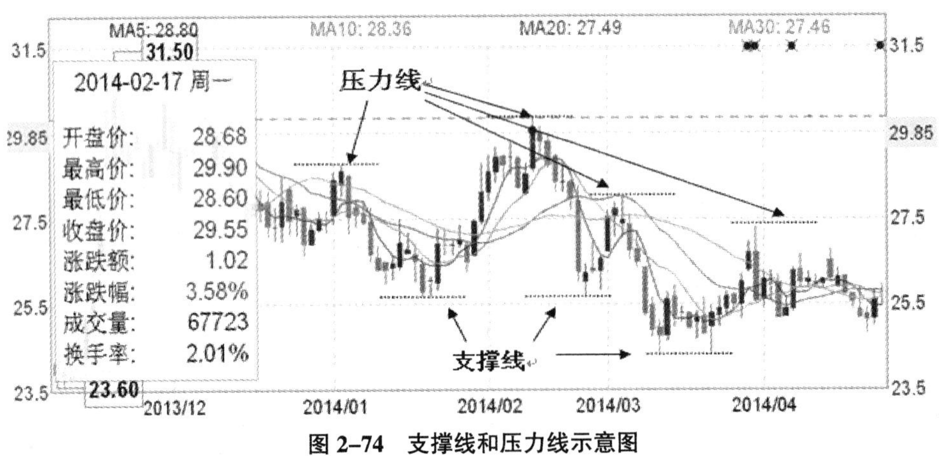

图 2–74 支撑线和压力线示意图

4. 支撑线与压力线相互转化

一条支撑线如果被跌破，那么这条支撑线将成为压力线；同理，一条压力线被突破，这条压力线将成为支撑线。这说明支撑线和压力线的地位不是一成不变的，而是可以改变的，条件是它被有效的、足够强大的股价变动所突破。

四、黄金分割线与百分比线

（一）黄金分割线

黄金分割是一个古老的数学方法，充满神奇的魅力，在实际应用中发挥着意想不到的效果和作用。

黄金分割线是股市中最常见、最受欢迎的切线分析工具之一，实际操作中主要运用黄金分割来揭示上涨行情的调整支撑位或下跌行情中的反弹阻力位。由于黄金分割线是从股价的高低来进行的，所以没有考虑到时间变化对股价的影响，所揭示出来的支撑位与阻力位较为固定，因而对于支撑位和阻力位的时机选择无法确定。因此，如果指数或股价在顶部或底部横盘运行的时间过长，则其参考作用要打一定的折扣。

黄金分割线是利用黄金分割比率进行的切线画法。黄金分割的比率为 0.618、0.382，据此又推算出 0.191、0.809（1–0.191）、1、1.191、1.382、1.618、1.809、2 等，由黄金分割而演化出来的数字对于黄金分割线具有重要的地位和作用。其中黄金分割线中运用最经典的数字为 0.382、0.618，极易产生支撑与阻力。

无论是止跌转升或止升转跌，以近期走势中重要的高点和低点之间的涨跌额作为计量的基数，将原涨跌幅按 0.191、0.382、0.618、0.809 分割为 4 个黄金点，股价在反转后的走势将可能在这些黄金分割点上遇到暂时的阻力或支撑。

黄金分割线的画法：在了解了一段时间内的最高点和最低点股票价格后，就可以计算出黄金分割线。黄金分割线一般包括四条线，分别为 0.191、0.382、0.618、0.809 的线。如某 A 股票一段时间处在上升趋势中，股票最低价为 5 元、最高价为 10 元。某 B 股票在一段时间内处在下降趋势，某一时点上，最高价格为 30 元，最低价格为 20 元，则黄金分割点的价格如表 2–5 所示。

表 2–5 黄金分割线计算表

股票名称	价 格	0.191	0.382	0.618	0.809
A 股（上升趋势）	最低价 5 元	5 +（10 − 5）× 0.191= 5.955	5 +（10 − 5）× 0.382= 6.91	5+(10−5)×0.618 = 8.09	5 +（10 − 5）× 0.809 = 9.045
	最高价 10 元				
B 股（下降趋势）	最高价格 30 元	30−10×0.191=28.09	30−10×0.382=26.18	30−10×0.618=23.82	30−10×0.809=21.91
	最低价格 20 元				

实际操作中，大多数股票分析软件上都有画线辅助功能，黄金分割线的作图比较简单，画法如下：

（1）首先找到分析软件的画线功能。

（2）在画线工具栏中点击黄金分割选项。

（3）如果股价正处在见底回升的阶段，以此低点为基点，用鼠标左键点击此低点，并按住鼠标左键不放，拖动鼠标使另外一边线对齐相应的高点，即回溯这一下跌波段的峰顶，松开鼠标左键系统即生成向上反弹上档压力位的黄金分割线。如图 2–75 为丰林集团股票走势图，以 2014 年 1 月 13 日 6.340 元为基点，2014 年 3 月 3 日 8.170 元为峰顶所做的黄金分割线，7.03 元、7.90 元为阻力线，6.77 元和 7.77 元为支撑线，市场在 7.020、7.860 阻力位置，卖方抛压，导致价格下跌。在 6.670、7.270 为支撑位置，买方接盘，强力企稳。

图 2–75 黄金分割线示意图

（4）如果股价正处于见顶回落的阶段，以此高点为基点，用鼠标左键点击此高点，并按住鼠标左键不放，拖动鼠标使边线对齐相应的低点，即回溯这一上涨波段的谷底，松开鼠标左键系统即生成黄金分割线。如图 2–76 为丰林集团股票走势图，以 2013 年 12 月 10 日 8.050 元为基点，2014 年 1 月 10 日 6.410 元为谷底所做的黄金分割线，其中 8.050~6.410 的 0.382 回调位为 7.53 元，而大盘在 7.620 处企稳展开进攻。

图 2–76 黄金分割线示意图

实际操作中还需注意：黄金分割线中最重要的两条线为 0.382、0.618，在反弹中 0.382 为弱势反弹位、0.618 为强势反弹位，在回调中 0.382 为强势回调位、0.618 为弱势回调位。

黄金分割线分析过程注意要点：

（1）从回调幅度判断。一轮真正的上升行情中，会有几次级别比较大的回调整理过程，这种回调整理的第一目标位，一般是前段上升行情高度的 0.382 线附近，第二和第三目标位则是前段上升行情高度的 0.5 线和 0.618 线附近。如果股价回调到 0.382 线上方或附近时，就重拾升势，则表明股价的强势上升行情依旧。当股价向下击穿 0.382 这条重要支撑线后，该段上升行情的 0.5 线是最重要的支撑位。如果股价回调到 0.5 线上方或附近时，就又重新掉头向上，则说明股价的上升行情并未结束。当股价向下击穿 0.5 这条重要支撑线后，该段上升行情高度的 0.618 线就是最后一个支撑位。如果股价有效向下击穿 0.618 线，则说明这段上升行情即将结束，股价的上升趋势将转为下降趋势或水平运动趋势。

（2）从反弹幅度判断。一轮大的下跌行情中会有几次级别较大的反弹出货过程，这种反弹出货过程，对于投资者逢高卖出股票有很大的帮助，同时，还可以用黄金分割线来判断反弹行情的性质。

股价从高位下跌过程中，由于前期跌势过猛，股价会有一个比较大的反弹。当这种反弹高度未到 0.382 线处，就又重新下跌，则意味着这种反弹是弱势反弹，股价未来的跌势可能会更加凶猛。

当股价的反弹高度未到 0.5 线处，就重新下跌，则预示着这种反弹是下跌途中的中级抵抗，股价的下降趋势依旧，下跌行情尚未结束。

当股价的反弹高度达到 0.618 线处时，说明股价的下跌趋势将趋缓，下跌行情也有可能转向为横向整理的行情。

（二）百分比线

百分比线是利用百分比率的原理进行分析的，可使股价前一次的涨跌过程更加直观。百分比线是将上一次行情中重要的高点和低点之间的涨跌幅按 1/8、2/8、1/3、3/8、4/8、5/8、2/3、6/8、7/8、8/8 的比率生成百分比线。在各比率中，4/8 最为重要，1/3、3/8 及 5/8、2/3 四条距离较近的比率也十分重要，往往起到重要的支撑位与阻力位作用。这么多的百分比线，如何能够记得清楚呢？我们可以记住比较重要的几条线，即 1/3、2/8、3/8、4/8、2/3、6/8。

百分比线的实战应用：百分比线考虑问题的出发点是人们的心理因素和一些整数的分界点。当股价持续向上，涨到一定程度，肯定会遇到压力，遇到压力后，就要向下回撤，回撤的位置很重要。黄金分割提供了几个价位，百分比线也提供了几个价位。百分比线以上涨开始的最低点和开始向下回撤的最高点（上升趋势中）两者之间的差，分别乘上几个特别的百分比数，就可以得到未来支撑位可能出现的位置。这些百分比数一共 9 个，它们是 0.125、0.25、0.375、0.5、0.625、0.75、0.33、0.67、0.875。

在这些百分比线中，比较重要的是 0.25、0.5、0.75。百分比线的实战运用主要体现在 25%线、50%线和 75%线三条重要的百分线上，在上升行情和下降行情中起到不同作用的研判。

1. 上升行情

在上升行情中，25%线、50%线和75%线这三条重要的百分线，对股价的向上运行起着不同的支撑作用。

（1）25%线。上升行情走势时，25%线是强势回调整理中比较重要的一条支撑线。在上升趋势中，当股价经过较短时间大幅上涨后，回调整理至25%百分比线附近区域时，股价便迅速企稳并再度向上回升，这表明股价的回调整理是一种上升行情中的强势整理，股价快速上升趋势仍将继续。不过，25%线附近的回调整理是上升行情中的一种极强势整理，它在股市中并不多见，只有那些牛股走势中才能出现。

（2）50%线。50%线是上升行情中强势整理的最重要的一条支撑线，它是股价将属于上升还是下降（或横盘）走势的分水岭。在上升行情中，大部分股票在经历了一波比较大的上涨后，往往都有回调到50%线附近然后再度上升的情况。50%线附近的回调整理是判断上升行情将继续还是可能夭折的一个重要标准。当股价从高位回调至50%线附近便企稳上升，则表明股价的上升趋势仍将继续。但是一旦股价没能在50%线附近企稳上升，而是选择向下突破50%这条重要的百分比线，则意味着股价的上升趋势可能将发生改变，市场可能出现反转，投资者应引起足够的注意。

（3）75%线。75%线是上升行情中股价向下回调整理的最后一条支撑线，也是属于上升行情中弱势整理的回档线。75%线附近的回调整理，是判断上升行情仍然存在可能，还是即将结束的比较重要的一条标准线。在上升行情中，也有小部分股票是在回调至75%这条线附近才企稳向上。当股价从高位回调至75%线附近时企稳，则说明股价的上升趋势仍然存在，股价的回调整理仍属于上升行情中的正常调整。不过，这种调整是属于一种弱势整理，这种弱势整理持续的时间会比较长。但一旦股价没能在75%线处企稳，而是向下突破75%这条支撑线时，则意味着股票这轮上升趋势已经结束，股价将继续下跌，至少会回到这轮行情发动的起点，甚至会跌破起点，展开另外一轮比较大的下跌行情。

2. 下跌行情

在下跌行情中，25%线、50%线和75%线这三条重要的百分线，对股价的向上反弹起着不同的压制作用。

（1）25%线。25%线是属于下跌行情弱势反弹的第一条阻力线。在下跌行情中，当股价经过一轮短时期幅度较大的下跌后，开始从底部反弹至25%这条比较重要的百分比线时，股价便又掉头向下，这表明股价的反弹是一种下跌行情中的弱势反弹，股价的下跌趋势仍将继续。这种25%线附近的反弹，是股市下跌行情中最常见的一种反弹形式。

（2）50%线。50%线是属于下跌行情中强势反弹的最重要的一条阻力线。在下跌行情中，一部分股票在经历了一波跌幅比较大的下跌后，可能会出现反弹至50%线附近然后再度下跌的情况。50%线是判断股价反弹是仍将继续还是可能夭折的一条重要参考线。当股价从低位反弹至50%线附近时，稍加整理便又继续向上，则表明股价的反弹行情仍将持续。但一旦股价没能在50%线附近反弹向上，而是没触及50%线或触及后便又向下跌破50%这条重要阻力线，则意味着股价反弹行情即将结束，投资者应引起足够注意。

（3）75%线。75%线是属于下跌行情中强势反弹的最后一条阻力线，也是判断股价强势反弹行情即将结束还是行情已经反转的一条重要参考线。在下跌行情中，当股价经过一轮短时期幅度较大的下跌后，强势反弹到75%这条百分比线附近区域时，股价又重新掉头向下，则表明这种强势反弹行情即将结束，股价将重新下跌或横向水平运动。但一旦股价反弹越过并站稳75%这条百分比线后继续向上运行时，则意味着反弹行情的到来。

百分比行情的市场表现。市场分析软件中都有百分线的画法，图2-77为建设银行的百分比线分析示意图，图中选取了建设银行股票2013年12月2日的4.500元至3月10日的3.770元之间的下跌趋势进行百分比分析。从图中可以看出25%线价格为4.33元，50%线价格为4.15元，75%线价格为3.96元。在12月13日的4.320元附近，没有经过反弹，直接跌破25%线，说明股票价格继续下跌。在50%线附近，经过弱势反弹后最终跌破50%线，未能获得有效的支撑，预示股票价格持续下跌。股票价格在跌至75%线后，经过短期企稳后，有效突破75%线，说明股票价格反弹。

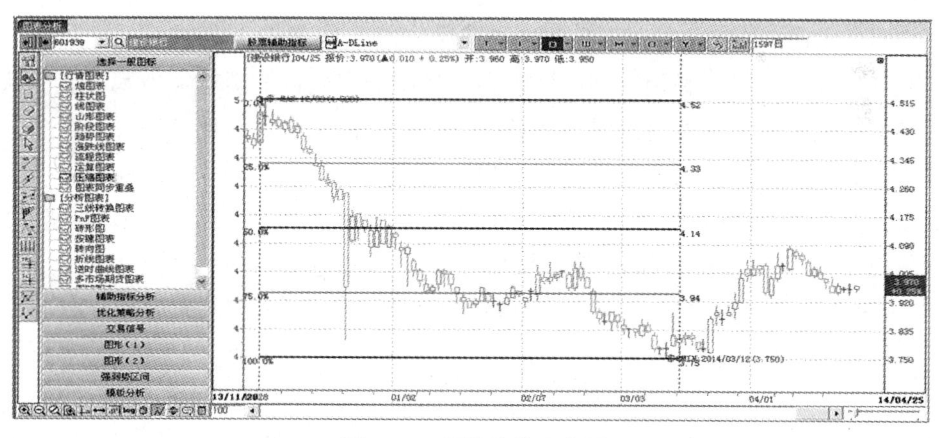

图2-77 百分比线示意图

五、扇形线、速度线和甘氏线

1. 扇形原理（Fan Principle）

扇形线丰富了趋势线的内容，明确给出了趋势反转（不是局部短暂的反弹和回落）的信号。扇形原理是依据三次突破趋势和反转的原则来判断股价变动趋势的理论。

扇形线的画法：在上升趋势中，先以两个低点画出上升趋势线后，如果价格向下回落，跌破刚画的上升趋势线，则以新出现的低点与原来的第一个低点相连接，画出第二条上升趋势线。再往下，如果第二条趋势线又向下突破，则与前面一样，用新的低点，与最初的低点相连接，画出第三条上升趋势线。这种分析方法的关键在于，它认为“当第三条趋势线被突破可能是有效的趋势反转信号”。依次变得越来越平缓的这三条直线形如张开的扇子，扇形线和扇形原理由此而得名。对于下降趋势也可以如法炮制，只是方向正好相反。如图 2-78 所示。

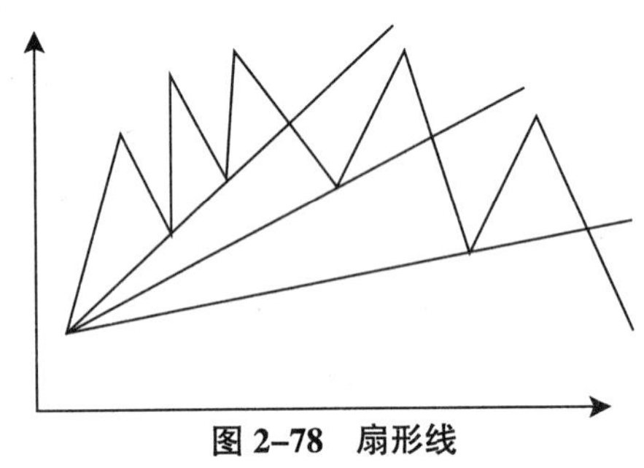

图 2-78 扇形线

趋势线在明确趋势反转方面有明显的不足，可操作性比较差。扇形线避免了趋势线的不足，初看起来，扇形线很像是趋势线在进行调整。从某种意义上讲，扇形线丰富了趋势线的内容，为我们提供了具体的投资操作指导。

要改变原来的趋势，必须突破层层阻力。稍微的突破或短暂的突破都不能被认为是反转的开始，必须消除所有的阻止反转的力量，才能确认反转的来临。有很多判断反转的方法，扇形原理只是从一个特殊的角度来考虑反转的问题。实际应用时，宜结合多种方法来判断反转是否来临，单纯一种方法是容易出现问题的。扇形原理依据三次突破的原理减少了出现误判的可能，使结论更加可靠。

图 2-79 为中国银行股票一段时间的市场走势图，在 2014 年 3 月 21 日，开盘价为 2.46 元，以此为低点，画出第一条线，此时市场在 4 月 15 日跌破第一条线后又产生了一个低点，画第二条线，市场突破第二条线后在 4 月 21 日形成低点，此时画第三条线，从图中可以看出，市场依旧突破了第三条线，所以可以推测股票处在持续下降中，后市将持续下降，为卖出信号。

2. 速度线（Speed Line）

与扇形原理考虑的问题一样，速度线是判断市场趋势是否将要反转的方法。但速度线与扇形线有区别，速度线给出的是固定的直线，而扇形线是随着股价的变动而变动的。速度线将每个上升或下降的幅度分成三等分，故而又把速度线称为三分法。

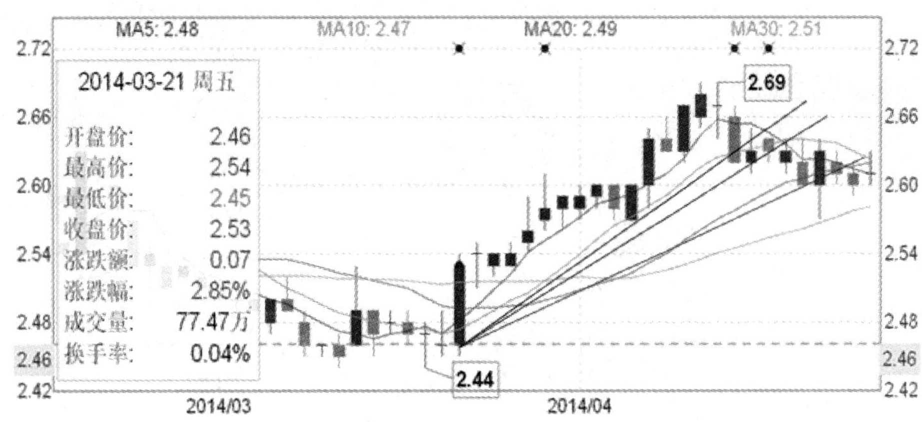

图 2-79　扇形线示意图

速度线的画法：①找到一个上升（或下降）过程的最高点和最低点（这一点与百分比线相同），算出两者之间的垂直差距，并将垂直距离三等分。②连接高点（在下降趋势中）与 1/3 分界点和 2/3 分界点［或低点（在上升趋势中）与 1/3 分界点和 2/3 分界点］，得到两条直线。这两条直线就是速度线。

速度线最为重要的功能是判断一个趋势是被暂时突破还是长久突破（转势）。速度线认为：

（1）在上升趋势的调整之中，如果向下折返的程度突破了位于上方 2/3 的速度线，则股价将试探下方的 1/3 速度线。如果 1/3 速度线被突破，则股价将一泻而下，预示这一轮上升的结束，也就是转势。

（2）在下降趋势的调整中，如果向上反弹的程度突破了位于下方的 2/3 速度线，则股价将试探上方的 1/3 速度线。如果 1/3 速度线被突破，则股价将一路上行，标志这一轮下降的结束，股价进入上升趋势。

与别的切线不同，速度线有可能随时变动，一旦有了新高或新低，则速度线将随之发生变动。

本部分以“市场通”自动的速度线画图来进行，图 2-80 为“市场通”“图表分析”模块的画图功能选项，选择 speedfan，以 2014 年 4 月 11 日 2.680 为最高点，4 月 24 日 2.610 为最低点，画出速度线，1/3 点为 2.65 元，2/3 点为 2.63 元，市场还没有突破下方的 2/3 线，说明短时间内（截图的时刻为 4 月 25 日）反转的可能性不大，市场继续下跌（可以通过市场分析预测结果）。

3. 甘氏线（Gann Line）

甘氏线（Gann Line）分上升甘氏线和下降甘氏线两种，是由 William D.Gann 创立的一套独特的理论。甘氏线就是他将百分比原理和几何角度原理结合起来的产物。甘氏线是从一个点出发，依一定的角度，向后画出的多条直线，所以甘氏线又称角度线。

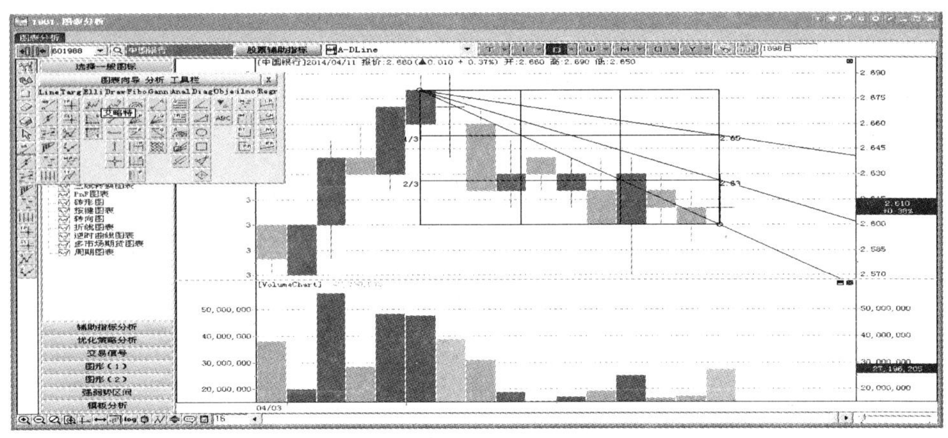

图 2-80　速度线画法示意图

甘氏线是由时间单位和价格单位定义价格的运行，每一角度线由时间和价格的关系所决定，分为上升角度线与下跌角度线，提供支撑阻力作用，其符号由“T × P”来表示，即“时间 × 价格”。我们以横轴表示时间，纵轴表示价格，为简单易懂，本部分采用时间为 8 个单位、价格也为 8 个单位来画甘氏线。

我们首先从甘氏线的基本概念谈起，如果时间=价格，即时间运动的比例等于价格运动的比例，即 1 时间单位=1 价格单位就形成了基本的正方单位（其实现实生活中，时间和价格单位不同，不可能相等，此处采用正方单位，是便于说明）。

图 2-81 中的每条直线都有一定的角度，这些角度的得到都与百分比线中的那些数字有关。每个角度的正切或余切分别等于百分比数中的某个分数（或者说是百分数）。图中的 8×1 表示股价变动的速度为 8 个时间单位乘 1 个价格单位，其他类似，从而得到一系列的角度：

（1）8 × 1，时间变动 8 个单位，价格变动 1 个单位，7.5°，最平缓；

（2）8 × 2，时间变动 8 个单位，价格变动 2 个单位，15°；

（3）3 × 1，时间变动 3 个单位，价格变动 1 个单位，18.25°；

（4）8 × 4，时间变动 4 个单位，价格变动 4 个单位，26.25°；

（5）8 × 8，时间变动 8 个单位，价格变动 8 个单位，45°，平衡线；

（6）4 × 8，时间变动 4 个单位，价格变动 8 个单位，63.75°；

（7）1 × 3，时间变动 1 个单位，价格变动 3 个单位，71.75°；

（8）2 × 8，时间变动 1 个单位，价格变动 4 个单位，75°；

（9）1 × 8，时间变动 1 个单位，价格变动 8 个单位，82.5°，最陡峭。

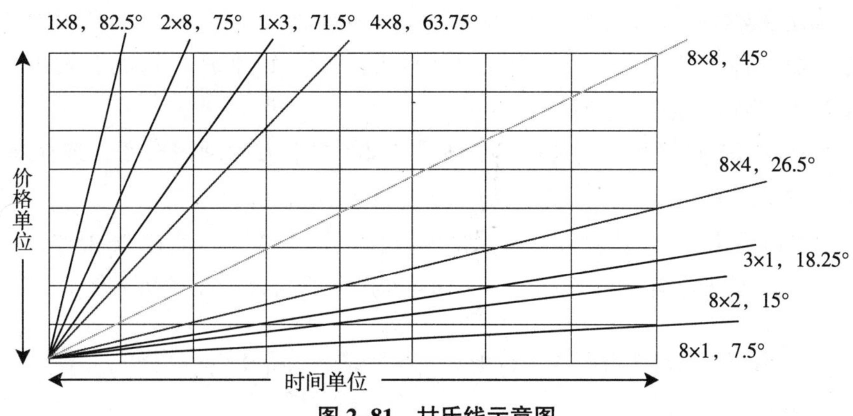

图 2-81 甘氏线示意图

表 2-6 百分比线与甘氏线的比较

价格	1/8	2/8	1/3	3/8	4/8	5/8	2/3	6/8	7/8	8/8
百分比	12.5%	25%	33.3%	37.5%	50%	62.5%	67%	75%	87.5%	100%
甘氏线	8×1	8×2	3×1	8×4	8×8	4×8	1×3	2×8	1×8	
几何角	7.5°	15°	18.25°	26.25°	45°	63.75°	71.5°	75°	82.5°	

甘氏线中的每条直线都有支撑和阻力的功能，但这里面最重要的是 45°线、63.75°线和 26.25°线。这三条直线分别对应百分比线中的 50%、62.5%和 37.5%。其余的角度线虽然在价格的波动中也能起一些支撑和阻力作用，但重要性都不大，都很容易被突破。

在 9 条角度线中，以 45°（8 × 8）线最重要，它是时间与价格的平衡线，因此被视为主趋势线。在强劲的多头市场中（上升趋势），股价通常位于主趋势线上方，若股价跌破 45°线，则被视为上涨趋势反转；在大空头市场中（下降趋势），股价通常位于主趋势线下方，若股价顺利向上突破 45°线，代表主要下跌趋势反转。因此它也说明：在牛市中，只要价格维持在 45°以上，则牛市持续有效；而在熊市中，只要价格维持在 45°以下，则熊市持续有效。

现在的股票分析软件都有画甘氏线的功能，本部分以“市场通”软件来介绍甘氏线的画法。进入“市场通”软件，选择“图表分析”功能，图 2-82 为中国银行近期股票走势图。步骤如下：

（1）先确定起始点，被选择的点与大多数选点方法一样，一定是显著的高点或低点，如果被选中的点马上被创新的高点或低点取代，则甘氏线的选择也随之而变更。如图 2-82 所示，我们选择 2014 年 4 月 11 日为起始点。

（2）确定起始点后，再找角度（即 45°线），如果起始点是高点，则应画下降甘氏线；反之，如果起始点是低点，则应画上升甘氏线。从 11 日后的市场表现来看，市场处于下降趋势，因此选择下降甘氏线。

（3）单击画图工具栏的甘氏线画法，如图 2–82 左上方的画图选项，选择 ，点击 4 月 11 日市场报价的收盘价，向下拖动，系统自动展示甘氏线。

从图中可以看出，中国银行市场走势已经突破了 45°线，目前在 26.25°线左右企稳，支撑明显，18.25°线起了压力线作用，未来市场可能出现反转，市场买入信号强烈。

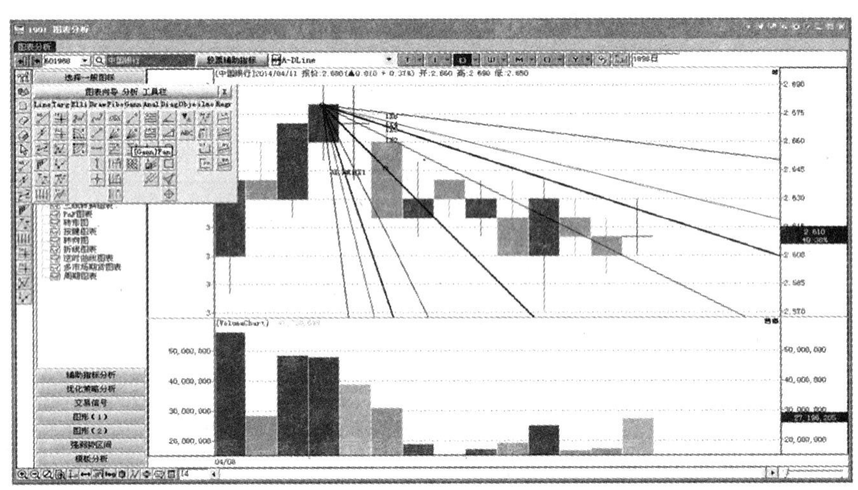

图 2–82　甘氏线示意图

甘氏线的画法是所有切线中最简单的，只需要一个点就可以了。但如果绘图时采用的刻度不同，则同样一些数字在不同刻度取法的图表中表现出来的图形就不同。然而甘氏线提供了很多条，而不只是一条直线，总有一条直线能起重要的作用。甘氏线与百分比线等切线结合使用，可以避免一些明显的错误，从而提高预测的精度。

项目三 移动平均线

第一节 移动平均线的含义和制作方法

一、移动平均线的含义

移动平均线（Moving Average，MA）是道氏理论的形象化表述，原本的意思是移动平均，由于我们将其制作成线形，所以一般称之为移动平均线，简称均线。移动平均线是将某一段时间股指或股价的平均值画在坐标图上所连成的曲线，用它可以研判股价未来的运行趋势。

二、移动平均线的绘制

移动平均线依算法分为算术移动平均线、线性加权移动平均线、阶梯形移动平均线、平滑移动平均线等多种，最为常用和常见的为算术移动平均线。

要计算移动平均线，需先了解算术平均数。算术平均数，又称均值，是统计学中最基本、最常用的一种平均指标，分为简单算术平均数、加权算术平均数，它主要适用于数值型数据计算。加权算术平均数计算方法为：设有 c_1，c_2，c_3，…，c_n N 个数，它们的权数为 p_1，p_2，p_3，…，p_n，且 $p_1 + p_2 + p_3 + \cdots + p_n = 1$，则加权平均数为（$c_1 \times p_1 + c_2 \times p_2 + c_3 \times p_3 + \cdots + c_n \times p_n$）/N，如果权数相等，就为通常所说的算术平均数，即（$c_1 + c_2 + c_3 + \cdots + c_n$）/N。

移动平均线（MA），是用统计的分析方法，将一定时期内的证券价格（指数）加以平均，并把不同时期的平均值连接起来，形成一根 MA，是用以观察证券价格变动趋势的一种技术指标。计算公式为：

$$EMA_t(N) = C_t \times \frac{1}{N} + EMA_{t-1} \times \frac{N-1}{N}$$

式中，C_t 为计算期中的第 t 日的收盘价，EMA_{t-1} 为第 t－1 日的指数平滑移动平均数，天数 N 是 MA 的参数，如 10 日的 MA 简称为 10 日线。

下面以中国银行股票近期收盘价进行 MA5 计算。通过市场股票软件，了解近期中国银行股票收盘价，数据如表 2–7 所示。

表 2–7　移动平均线 5 日线（MA5）计算表

日期	4–14	4–15	4–16	4–17	4–18	4–21	4–22	4–23	4–24	4–25
价格（元）	2.67	2.62	2.63	2.63	2.63	2.60	2.63	2.61	2.60	2.61
MA5					2.636	2.629	2.624	2.62	2.614	2.61

MA5 计算结果如表 2–7 所示，如计算 4 月 18 日的 MA 值为：（2.67 + 2.62 + 2.63 + 2.63 + 2.63）÷ 5 = 2.636，计算 4 月 21 日的 MA 值为（2.636 × 4 + 2.60）÷ 5 = 2.629，依次类推。计算出 MA5 数据后，绘制 MA5 图，以横坐标表示交易日、纵坐标表示价格，建立平面直角坐标系，如图 2–83 所示。分别作横坐标和纵坐标的垂线：在横坐标 4 月 18 日处作横坐标的垂线和纵坐标 2.636 处作纵坐标的垂线，两线交于一点，这一点就是 MA5 的一个点。依次作图，得到 6 个交易日的点数，用线段连接起来，得到 4 月 18~25 日的 MA5 图。

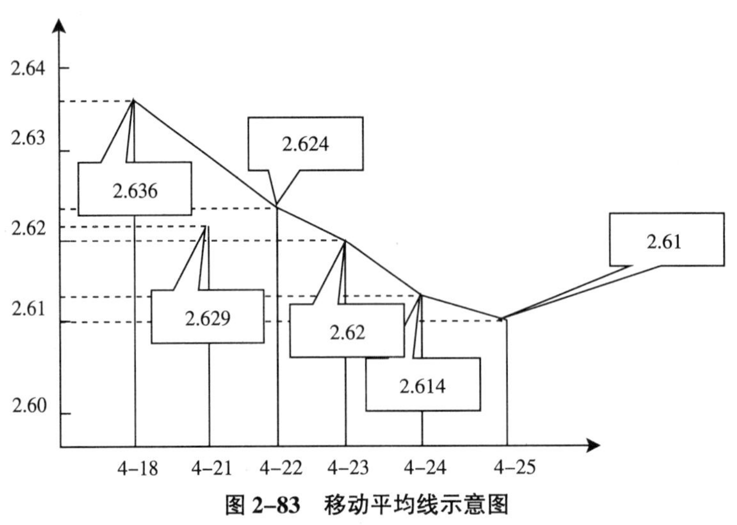

图 2–83　移动平均线示意图

当我们将每日不同大小的移动平均数标于图表上连接起来，便得到一条上下起伏的曲线，这便是著名的移动平均线。

三、移动平均线的分类

移动平均线的种类很多，按时间的长短，可分为短期、中期、长期三种。

1. 短期移动平均线

短期移动平均线主要是5日和10日的移动平均线。MA5是将5天数字之和除以5，求出一个平均数，标于图表上，然后类推计算后面的，再将平均数逐日连起来，得到的便是5日平均线。由于上交所通常每周5个交易日，因而5日线亦称周线。

由于5日平均线起伏较大，震荡行情时该线形象极不规则，无轨迹可循，因而诞生了MA10平均线，此线取10日为样本，简单易算，为投资大众参考与使用最广泛的移动平均线。它能较为正确地反映短期内股价平均成本的变动情形与趋势，可作为短线进出的依据。

2. 中期移动平均线

中期移动平均线分为月线和季线。月线，采用的日期不同，有20日、30日等，国内常用的有MA20、MA30。该线能让使用者了解股价一个月的平均变动成本，对于中期投资而言有效性较高，尤其在股市尚未十分明朗前，能预先显示股价未来变动方向。季线采样为60日、72日、73日或75日。由于其波动幅度较短期移动平均线平滑且有轨迹可循，较长期移动平均线敏感度高，因而优点明显，国内常用的为MA60线。

3. 长期移动平均线

长期移动平均线有不同的类型，如半年线、年线等。半年线采样120日、146日或150日，称为MA120、MA146等，国内较常用的为MA120线。MA200移动平均线，是葛南维（Granvile）专心研究与试验移动平均线系统后，着重推出的，但在国内运用不甚普遍。年线MA255，取样255日左右，是超级大户、炒手们操作股票时参考的依据。

当然，移动平均线还有其他分类，如按计算法则的不同，移动平均线又可分为简单移动平均线（SMA）、指数移动平均线（EMA）、通畅移动平均线（SMMA）、线性权数移动平均线（LWMA），有兴趣的投资者可以查看相关资料，了解它们的计算方法。

四、移动平均线的作用

移动平均线是反映市场股票价格变化的重要指标，反映股票市场一段时间内的股票价格平均数，对投资者具有重要的作用。

1. 反映市场的平均成本

移动平均线是采用一段时间内股票或股指收盘价的平均值，从而反映股票或股指一段时间内的平均收盘价，也代表买入者买入股票的平均价格，如MA5表示5日内购买者的平均成本，而MA20表示20日内的平均成本。

2. 揭示市场走势

移动平均线在反映一段时间内的股票或股指平均收盘价的同时，也反映股票或股指市场的整体走势，即股票或股指是上升趋势还是下降趋势。当移动平均线向下延伸，则表示股票市场价格下降；当移动平均线向上，则表示股票价格趋势上升。移动平均线的不同，反映不同时期的股票市场走势，短期移动平均线反映短期趋势、中期移动平均线反映中期趋势，而长期移动平均线反映长期趋势。

3. 助涨助跌性质

移动平均线由于是一段时间的股票或股指价格的平均数，因而短期的股票或股指价格改变对移动平均线的影响较小，移动平均线通常会持续几个星期或几个月之后才会发生反转。因此，在股价的上升趋势中，可以将移动平均线看作多头的防线，具有助涨作用，这时应视为买进时机。而在股价的下降趋势中，可以将移动平均线看作空头的防线，具有助跌作用，这时应视为卖出时机。

第二节　移动平均线的运用原则与分析方法

一、格兰威尔八大法则

在利用移动平均线预测股价变动中，美国格兰威尔（Jogepsb Ganvle）的八大法则可谓精华，历来的移动平均线使用者无不视其为技术分析中的至宝。八大法则中四条法则涉及研判买进时机，四条研判卖出时机。格兰威尔法则总体认为：移动平均线在股价之下，而且又呈上升趋势时是买进时机；平均线在股价之上，又呈下降趋势时则是卖出时机。

1. 买进时机

（1）移动平均线从下降逐渐走平且略向上方抬头，而股价从移动平均线下方向上方突破，为买进信号。

（2）股价位于移动平均线之上运行，回档时未跌破移动平均线后又再度上升时为买进时机。

（3）股价位于移动平均线之上运行，回档时跌破移动平均线，但短期移动平均线继续呈上升趋势，此时为买进时机。

（4）股价位于移动平均线以下运行，突然暴跌，距离移动平均线太远，极有可能向移动平均线靠近（物极必反，下跌反弹），此时为买进时机。

2. 卖出时机

（1）股价位于移动平均线之上运行，连续数日大涨，离移动平均线越来越远，说明购买股票者获利丰厚，随时都会产生获利回吐的卖压，应暂时卖出所持股票。

（2）移动平均线从上升逐渐走平，而股价从移动平均线上方向下跌破移动平均线时说明卖压渐重，应卖出所持股票。

（3）股价位于移动平均线下方运行，反弹时未突破移动平均线，且移动平均线跌势减缓，趋于水平后又出现下跌趋势，此时为卖出时机。

（4）股价反弹后在移动平均线上方徘徊，而移动平均线却继续下跌，宜卖出所持股票。

股票买卖时机如图 2-84 所示，格兰威尔八大法则如图 2-85 所示，格兰威尔法则市场如图 2-86 所示。

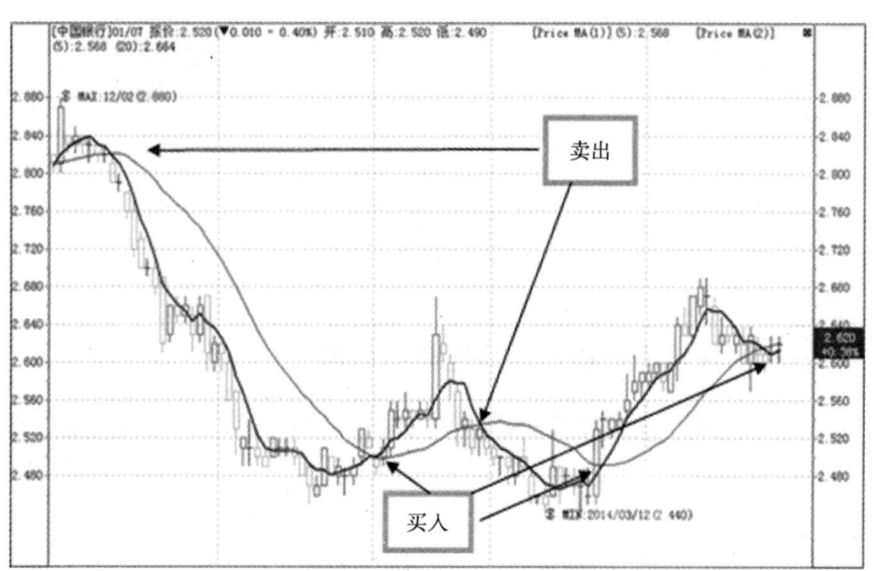

图 2-84 股票买卖时机示意图

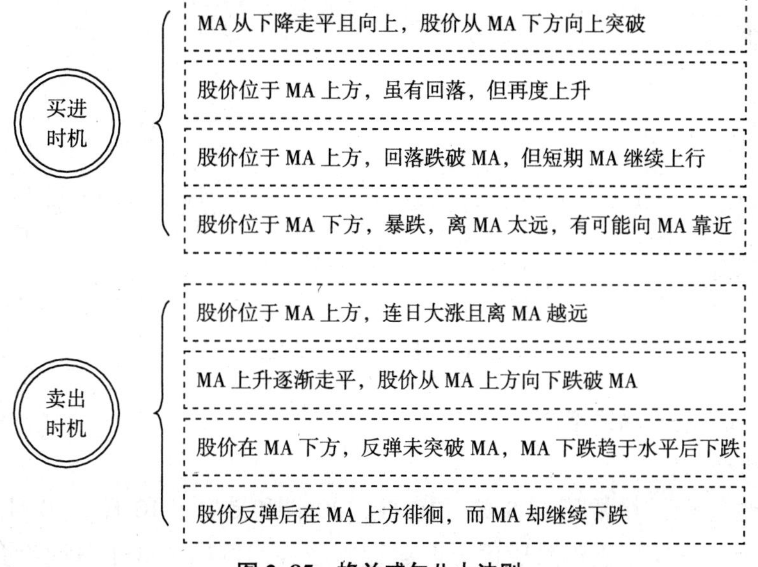

图 2-85 格兰威尔八大法则

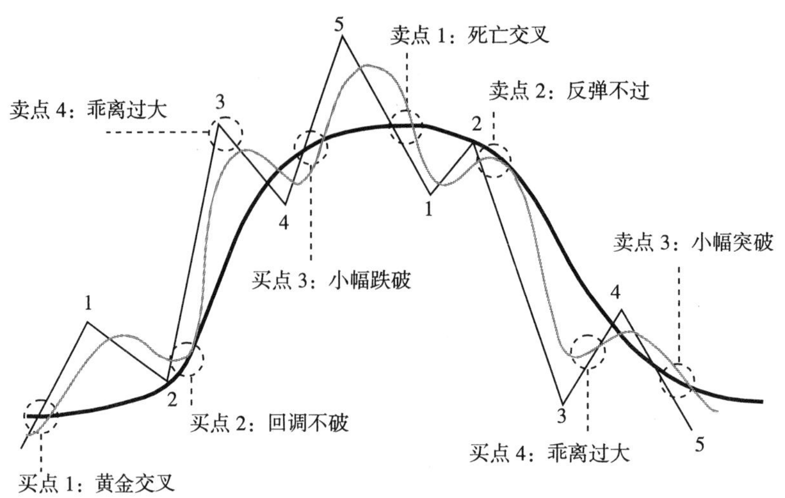

图 2-86 格兰威尔法则市场示意图

资料来源：http：//www.net767.com/gupiao/junxian/200903/13474.html.

二、移动平均线组合与股价走势组合的效用

移动平均线有短期、中期和长期移动平均线，因而，移动平均线的组合有多种。如图 2-87 所示。

图 2-87 移动平均线示意图

(一) 基本移动平均线组合

1. 短期均线组合

短期均线组合，最常见有 5 日、10 日、20 日和 5 日、10 日、30 日两种组合。短期均线组合，主要用于观察股价短期运行的趋势，例如 1~3 个月股价会发生的变

化趋势。

一般来说，在上升趋势中，5 日均线应为多方护盘中枢，10 日均线则是多头的重要支撑线，10 日均线被有效击破，市场就可能转弱。

在空头市场中，人气低迷时，弱势反弹阻力位应是 10 日均线。20 日（30 日）均线是衡量市场短、中期趋势强弱的重要标志。20 日（30 日）均线向上倾斜时，可短期看多、做多，20 日（30 日）均线向下倾斜时，则要短期看空、做空。

2. 中期均线组合

中期均线组合，最常见的有 10 日、30 日、60 日和 20 日、40 日、60 日两种组合。中期均线组合，主要用于观察股价中期运行的趋势。例如 3~6 个月股价变化情况。

中期均线组合呈多头排列状态，说明股价中期趋势向好。这时投资者中期应看多、做多。中期均线组合呈空头排列状态时，说明股价中期趋势向淡。这时投资者中期应该看空、做空。

3. 长期均线组合

长期均线组合，最常见的有 30 日、60 日、120 日和 60 日、120 日、200 日两种组合。

长期均线组合，主要用于观察股价的中长期趋势。例如半年以上的股价走势会发生什么变化。当长期均线组合中的均线形成黄金交叉，成为多头排列时，说明股价中长期趋势看好。此时，投资者应保持长多短空的思维，遇到盘中震荡或回调，就要敢于逢低吸纳。

当长期均线组合中均线出现死亡交叉，成为空头排列时，说明股价中长期趋势看淡。此时，投资者应保持长空短多的思维，遇到盘中震荡或反弹，就要坚持逢高减磅。

（二）均线组合的简单形态

1. 多头排列效用

移动平均线多头排列是指短期均线在上、中期均线居中、长期均线在下，几根均线同时向上移动的一种排列方式。

在涨势中，尤其是上涨初期，当均线出现了多头排列后，这时股价往往会继续一段升势。个股均线出现多头排列，表明多头（买盘）力量较强，做多主力正在控制局势。这是一种比较典型的做多信号，投资者应积极筹措资金，持有股票。图 2-88 为中国银行股票市场走势，从图中右边方框中可以看出，市场呈现多头排列，多方占据市场优势，投资者在期初购入中国银行股票的，就能获得投资收益。

2. 空头排列效用

个股的几根均线同时以圆弧状向下滑落，且长期均线在上方、中期均线在中间、短期均线在下方的这种排列方式，称作均线空头排列。

当个股均线出现空头排列时，即意味着个股进入了空头市场，这时个股整体呈现弱势。尤其在个股有了一段涨幅后，均线出现空头排列，常会有一轮较大的跌势。

如图 2-88 所示的右边方框，5 日移动均线在下、20 日均线在中间、60 日均线在上方，呈现空头排列，股票价格持续下跌，应在此之前抛售持有的股票，减少损失。

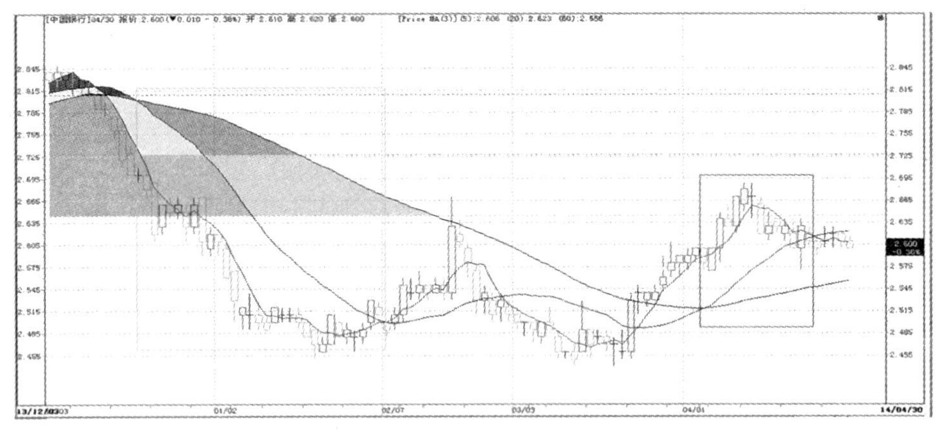

图 2-88　多头和空头排列示意图

3. 黄金交叉效用

黄金交叉指 1 根时间短的均线由下而上穿越 1 根时间长的均线，且 1 根时间长的均线正在向上移动。均线出现一个金叉是买进信号，但信号有强弱之分，可靠性也有高低之别。

一般来说，时间长的 2 根均线出现金叉要比时间短的 2 根均线出现金叉买进信号来得强，反映做多信号也相对比较可靠。如图 2-88 中的中国银行股票，在 2 月 7 日出现了 MA5 从下向上穿越了 MA10，但多头市场只持续了 9 天，在 3 月 21 日又出现了 MA5 从下向上穿越了 MA10 的多头市场，但此过程中，MA20 从下向上穿越了 MA60，多头市场持续了 17 天。

4. 均线死叉的效用

均线死叉指 1 根时间短的均线由上而下穿过 1 根时间长的均线，且 1 根时间长的均线正在向下移动。均线出现死叉是卖出信号，但信号有强弱之分，可靠性程度也有高低之别。

一般来说，时间长的 2 根均线出现死叉要比时间短的 2 根均线出现死叉卖出信号来得强，反映做空信号也相对比较可靠。从图 2-88 中国银行股票市场走势看，2013 年 12 月 9 日左右，MA5 从上向下穿越了 MA10、MA20、MA60、MA120、MA200，且 MA10、MA60 从上向下穿越了 MA60、MA120、MA200，这说明了空头市场来临，果然市场经历了长期的跌势。

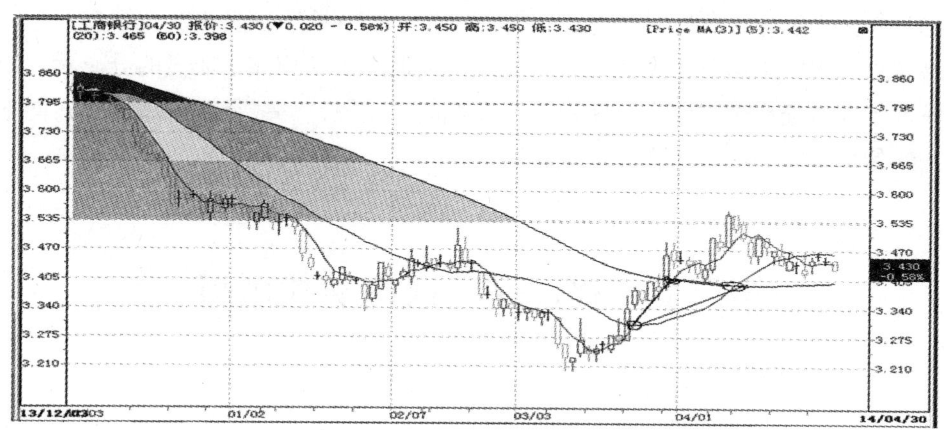

图 2–89 银山谷示意图

5. 移动平均线的其他组合

（1）均线银山谷（金山谷）。均线银山谷指短中线都穿过长线时形成的图形，下边有一个三角形或是四边形，这里就像个山谷，长期下跌后出现的山谷，叫银山谷。图 2–89 为中国工商银行银山谷，在 3 月 21 日，5 日均线从下向上穿越 20 日均线，3 月 31 日穿过 60 日均线，20 日均线在 4 月 11 日穿过 60 日均线，构成了一个山谷，称为银山谷。

金山谷是在银山谷后出现的一个山谷，金山谷的不规则三角形构成方式与银山谷的三角形构成方式相同，金山谷既可能处于银山谷相近的位置，也可能高于银山谷。

（2）均线死亡谷。均线死亡谷出现在下跌初期，由 3 根均线交叉组成一个尖头向下的不规则三角形，是见顶信号，后市看跌，如图 2–90 所示。

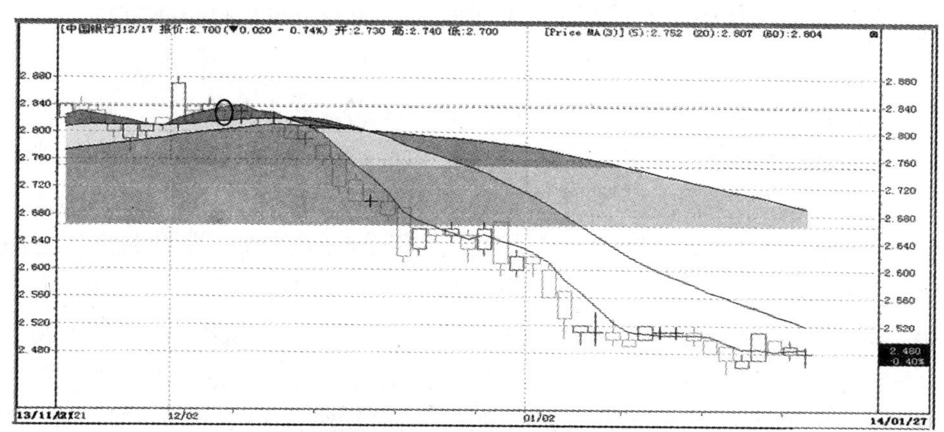

图 2–90 均线死亡谷示意图

（3）首次黏合向上或向下。指某一段时间前，短中长期均线相互交织在一起。之后，在某种原因的作用下，突然发散，短期、中期、长期均线呈明显的分离状。向上和向下的不同之处在于：向上是几根均线突然向上发散，均线呈现多头排列；向下是几根均线黏合后向下发散，呈现空头排列。

第三节　移动平均线的实战运用

一、移动平均线研判大势与个股走势

移动平均线是根据一段时间内证券市场收盘价计算的平均数而绘制的曲线，因此移动平均线是证券市场价格的历史走势趋势图，该趋势对证券价格有着参考和指导意义。

（1）黄金交叉预示股价将上涨，死亡交叉预示股票价格下跌。但是，不是所有的黄金交叉和死亡交叉都是进货点和出货点。原因是庄家有时会进行骗线。尤其是在上升途中或者下跌途中，庄家可能会进行震荡洗盘或震荡出货。此时，黄金交叉和死亡交叉所指示的买卖点是非常不可靠的，这种情况下，投资者应该小心。

（2）多头排列下，预示股价将上涨；空头排列下，预示股价将下跌。但要注意的是，当股价上涨时与均线过分偏离，依格兰威尔法则，会出现短期回落，此时再逢低买进，既可回避短期风险，又能增加盈利机会（图 2-86 卖点 4）；反之，如均线空头排列，表明市场股价将下跌，这时投资者应以做空为主。但当股价下跌时与均线过分偏离，依格兰威尔法则，会出现短期反弹机会，此时也可提供短期盈利（图 2-86 买点 4）。

（3）应以 5 日、10 日移动平均线为主预测短期走势。在上升趋势中，股价（指数）下跌一般不会跌破 5 日均线，更不会跌破 10 日均线。若跌破 5 日均线，尤其是跌破 10 日均线，市场可能发生逆转。在下降趋势中，股价（指数）反弹一般不会冲破 5 日均线，更不会冲破 10 日均线，若冲破 5 日均线，尤其是 10 日均线，市场可能发生逆转。

（4）应以 30 日、60 日移动平均线预测中期走势。从沪深股市几年来市场行情来看，30 日均线一直是衡量市场中期强弱的重要标志。在股价（指数）下跌时，30 日均线被有效跌穿，中期趋势将继续下跌；在股价（指数）上升时，30 日均线被有效突破，中期趋势看好。就中期买卖信号的可靠性来看，60 日均线比 30 日均线更胜一筹（因为 60 日均线比 30 日均线骗线要少），60 日均线对中短期股价走势有明显的助涨及助跌作用，当 60 日均线走强或股价（指数）站在 60 日均线之上，则上升的趋势一目了然。

（5）预测中长期走势应以120日均线的研判为主。从沪深股市的历史走势来看，属于中长期移动平均线的120日均线在股价（指数）变动中具有特殊的意义，股价（指数）走势明显受到120日均线的支撑或阻击。120日均线在中国股市中应属半年线，因而在研究沪深股市中长期走势方面有着相当的准确性。当120日均线被有效跌穿，中长期趋势看淡时，中长线买家应该清仓离场。当120日均线被有效向上冲破，中长期趋势看好，中长线买家应该追加买进。

（6）预测长期走势应以250日移动平均线研判为主。250日移动平均线是一年的移动平均线。250日均线失守，意味着一年来参与股市的投资者悉数被套（这是从平均持股成本上说的，其中也有少数赢的，并非个个都是输家）；250日均线被向上有效突破，意味着人气恢复，多头终于在年均线上占据上风。因此，很多人将250日均线视为牛熊的分界线。但是，从实际情况来看，决定股市的长期趋势是基本面而不是技术面。如果基本面趋好，250日均线失守很可能是主力有意打压制造的一个空头陷阱；反之，基本面趋淡，250日均线向上突破也很可能是主力拉高出货制造的一个多头陷阱。因而，投资者在分析股市的长期趋势时，250日均线只能作为一个参考，究竟如何，只有对基本面进行全面的分析研判后才能作出正确判断。

（7）要根据市场需要和个股特性，适时修正、设计均线时间参数。例如，针对一些主力做多时常常利用击穿30日均线骗取筹码这一特点，投资者在依据均线操作时，可将30日均线改成40日、45日、50日均线，等等。又如，对一些股性特别活跃的个股，觉得用5日、10日、20日，或5日、10日、30日这两种短期均线组合仍较难把握其走势时，也可自行设计一种更为合适的短期或者中长期均线组合。

二、运用移动平均线应注意的问题

移动平均线的优点很多，但也有明显的不足之处。

（1）移动平均线是一段时间的历史收盘价的平均值，因此对市场反应有滞后性，均线中常常会出现一些骗线现象，导致对市场评价的失误。

（2）移动平均线要发挥正确的作用，还需要与其他技术分析方法，如K线分析法、趋势线分析法等有机结合起来，提高对股票价格趋稳的正确判断。

项目四　技术指标

第一节　技术指标分析的含义与运用法则

一、技术指标分析的含义

技术指标分析是指按事先规定好的固定方法对原始数据进行处理，将处理之后的结果制成图表，并用制成的图表对股市行情研判的分析方法。如图 2-91、表 2-8 所示。

原始数据指的是开盘价、最高价、最低价、收盘价、成交量和成交金额等。

对原始数据进行处理，指的是将这些数据的部分或全部进行变形，整理加工，使之成为人们希望得到的东西。不同的处理方法就产生不同的技术指标。产生了技术指标之后，最终都会在图表上得到体现。

提示：技术指标仅仅是一种买卖时的辅助工具，使投资者能在市场上认清方向，不至于在买卖时作出太主观的决定。需要投资者牢记的是，技术指标仅仅是一种信号，并不能直接对金融产品价格产生影响。值得投资者注意的是，它只是在有限数据的基础上运算分析得出的结果，所得出的结论是相对的结论，不能加以无限放大地使用。

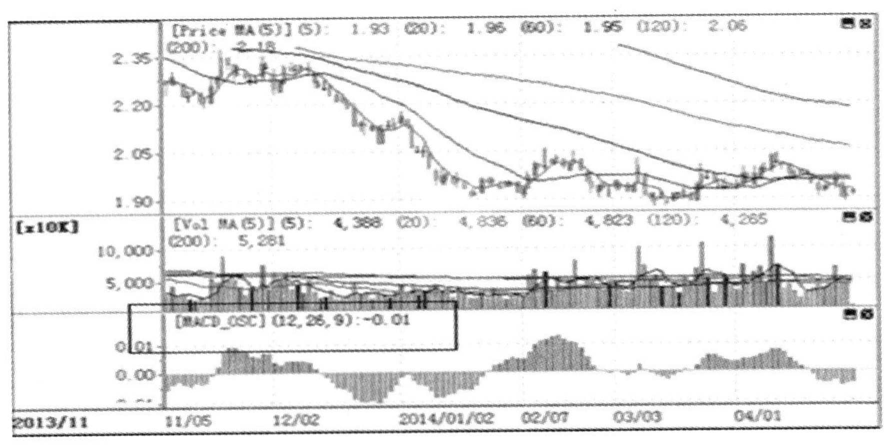

图 2-91　技术指标示意图

表 2-8 技术指标类型划分

类型	类别
超买超卖型指标	相对强弱指标（RSI）、随机指标（KDJ）、威廉指标（W&R）、乖离率指标（BIAS）
大势型指标	腾落指标（ADL）、涨跌比指标（ADR）、超买超卖指标（OBOS）
趋势指标	指数平滑异动曲线（MACD）
路径指标	布林线指标（BOLL）
能量指标	人气指标（AR）、买卖意愿指标（BR）、中间意愿指标（CR）、心理线指标（PSY）
成交量型指标	成交量净额（OBV）
其他	动力指标（MTM）

二、技术指标的运用法则

（1）指标值的大小或高位、低位。技术指标值的大小或高位、低位可反映市场所处的状态，指出市场是处于超买区或超卖区，以此向投资者发出买卖信号。如图 2-92 所示。

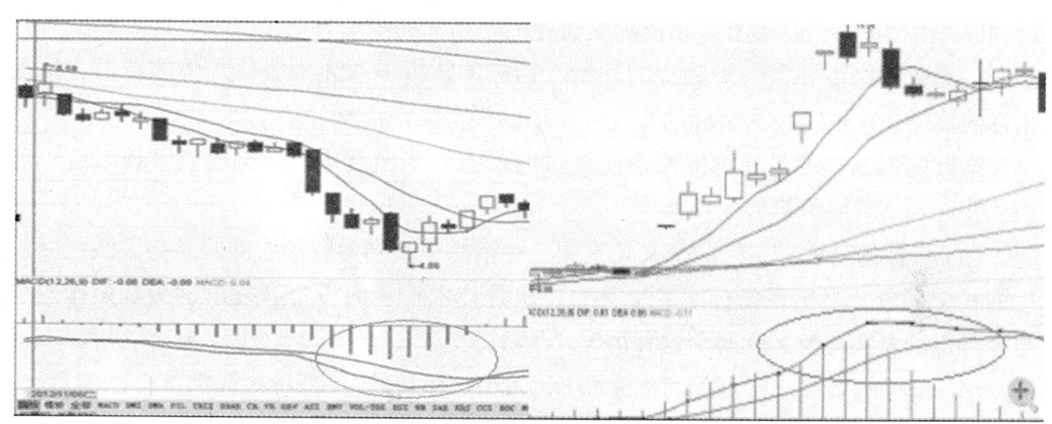

图 2-92 指标值低位和高位示意图

（2）指标值的徘徊。指标值的徘徊，即指标值处于进退两可的状态。如果技术指标值在一段时间内处于徘徊状态，则表明对市场未来方向没有明确的判断，以此向投资者发出的是不宜进行买卖操作的信号。如图 2-93 所示。

（3）指标与股价走向的背离。指标与股价走向的背离是指由指标值绘出的曲线的走向与股价的走向不一致。当出现指标与股价走向背离时，往往是技术指标向投资者发出的较强烈的买卖操作信号。指标背离有两种，即顶背离与底背离。

顶背离通常出现在价格上升一段时间之后的高档位置，当股价的高点比前一次高，而指标的高点却比前一次高点低，也就是指标处于高位，并形成一峰比一峰低的两个峰，而此时股价却对应的是一峰比一峰高，表示该指标怀疑目前的上涨是外强中干，

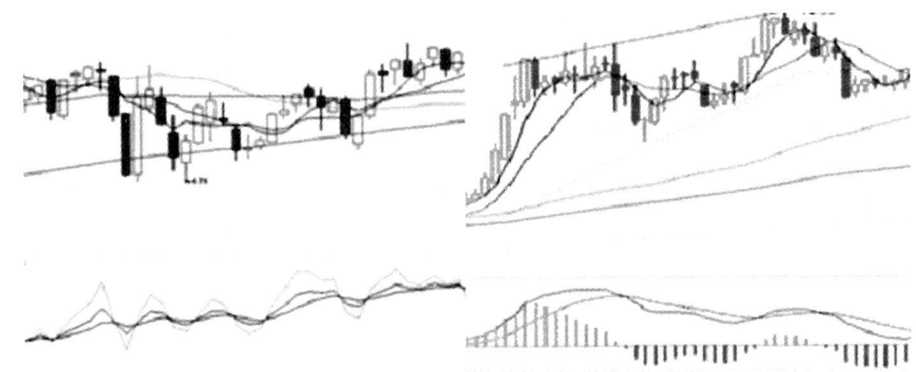

图 2-93　指标值的徘徊和顶背离示意图

暗示股价可能很快就会反转下跌，这就是所谓的顶背离，是比较强烈的卖出提示信号。

反之，底背离一般出现在股价的低档位置，当股价的低点比前一次的低点低，而指标的低点却比前一次的高，也就是说指标不支持股价继续下跌，暗示股价会反转上涨，这就是底背离，是可以买进的提示信号。

(4) 指标的转折与形态。指标的转折指的是指标的图形发生了调头，这种调头有时是一种趋势的结束和另一种趋势的开始。指标的转折一般先于股价走势的转折，出现指标的转折往往也是技术指标向投资者发出的买卖操作信号。

指标的形态指的是指标的图形所走过的形态。当出现头肩形态或双重顶（底）形态，往往预示着股价走势的反转。

(5) 指标的交叉。指标的交叉是指同一种指标中不同参数形成的两条指标线之间发生的相交现象。当出现指标线的交叉时，也是技术指标向投资者发出的买卖操作的信号。常说的金叉与死叉就属于这种情况。

(6) 指标的盲点。指标的盲点是指标无能为力的时候。每种指标都有自己的盲点，也就是指标失效的时候，当一个技术指标失效时，应考虑其他技术指标。

三、技术指标分析运用应注意的问题

技术指标运用的注意事项如下：

(1) 任何技术指标都有自己的适应范围和应用条件，得出的结论也都有成立的前提和可能发生的意外。因此，不问这些结论成立的条件，盲目、绝对地相信技术指标，会出错的。

(2) 在实际应用时，应将多种技术指标结合起来进行组合分析。应用一种指标容易出现错误，但使用多个具有互补性的指标时，可以极大地提高预测的精度。因此，实际应用时，常常以四五个互补性的指标为主，辅以其他的技术指标，用以提高预测的精度，提高决策水平。

（3）技术指标只是判断股价走势的辅助工具。技术指标绝对不是决定股票涨跌的主要因素，决定股票涨跌的主要因素是庄家。大部分情况下技术指标只能作为判断股价走势的参考。单纯以技术指标预测股价涨跌，就成了千里走单骑。另外，也不能完全依赖技术指标选股，更不能完全根据技术指标炒股。有的股民听别人介绍一点经验或者看了书本上介绍的一两个“绝招”，自以为很有道理，就以技术指标来选股、炒股，这样不是大牛市就很容易赔钱。

（4）技术指标相互间的功能和使用方法不一样。注意区别各种技术指标的特点，弄清各自的优点、缺陷，特别要注意总结实盘经验，找出如何避免这些缺陷的办法。

（5）技术指标的判断容易受到心理因素影响。例如，在吸货阶段因为庄家凶狠洗盘引起技术指标超卖和钝化，以及在出货阶段因为庄家猛烈拉升引起技术指标超买和钝化，面对这两种情况如果不能克服恐惧心理，判断就不可能正确；在盘整阶段庄家主要以消耗时间为主来消磨投资者的斗志，如果耐心和信心不足，判断不可能正确。

（6）技术指标因人、因股、因势、因时而异。技术指标说到底是一种工具，每种工具都有自己的适用范围和环境。技术指标在使用时，可能因个人不同而不同、个股不同而不同、势道不同而不同、时间不同而不同。如同样的金叉和死叉，你使用起来得心应手，他使用起来却十分别扭；在这只股票中使用十分奏效，在那只股票中使用无效甚至出现相反的走势；在上涨的势道中用得很好，在下跌的势道中一无是处；有时候用得很好，有时候用得很差。因此，应具体问题具体分析，不能机械地照搬结论。

第二节 相对强弱指标和随机动量指标

一、相对强弱指标（RSI）

1. RSI 含义

相对强弱指标是指根据一定时期内股价与指数涨跌的幅度及波动来显示市场的强弱，从而判断未来股价运行的方向。

“市场通”软件提供了 RSI 指标进行个股分析，依次单击【图表分析】→【辅助指标分析】，在辅助指标分析列表下选择【RSI】指标，双击进入 RSI 指标个股分析页面，如图 2-94 所示（界面右下方方框标示处）。

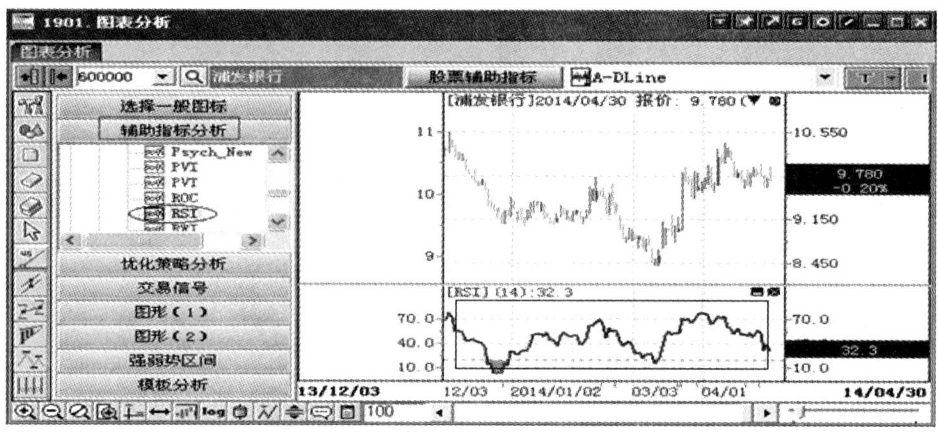

图 2-94 RSI 指标基本图形示意图

2. RSI 计算

下面以 14 日为例具体介绍 RSI14 的计算方法，其余参数的计算方法与此相同。先找到包括当天在内的连续 14 天的收盘价，用每一天的收盘价减去上一天的收盘价，会得到 14 个数字，这 14 个数字中有正（比上一天高）有负（比上一天低）。

RSI 的计算公式为：

$$RSI=\frac{100RS}{1+RS} \text{或} RSI=100-\frac{100}{1+RS}$$

式中，

$$RS=\frac{\text{14 日内收市价上涨数之和的平均值}}{\text{14 日内收市价下跌数之和的平均值}}$$

RSI 实际上是表示向上波动的幅度占总的波动的百分比，如果占的比例大就是强市，否则就是弱市。

RSI 计算

如果最近 14 天涨跌情形是：第 1 天上升 2 元，第 2 天下跌 2 元，第 3~5 天各上升 3 元，第 6 天下跌 4 元，第 7 天上升 2 元，第 8 天下跌 5 元，第 9 天下跌 6 元，第 10~12 天各上升 1 元，第 13~14 天各下跌 3 元，计算 RSI：

①将 14 天上升的数目相加（精确到小数点后三位）；

②将 14 天下跌的数目相加（精确到小数点后三位），除以 14，案例中总共上升 16 元，除以 14，得 1.143，总共下跌 23 元，除以 14，得 1.643；

③求出相对强度 RS，即 RS = 1.143/1.643 = 0.696（精确到小数点后三位）；

④1 + RS = 1 + 0.696 = 1.696；

⑤以 100 除以 1 + RS，即 100/1.696 = 58.962；

⑥100 − 58.962 = 41.038。

得出 14 天的强弱指标 RSI = 41.038。

3. 应用法则

（1）RSI 数值发出信号。一般短期 RSI 设 N=6，长期 RSI 设 N=12。RSI 值永远在 0~100 变动。根据 RSI 的取值落入的区域进行操作。80~100 为极强卖出，50~80 为强买入，20~50 为弱观望，0~20 为极弱买入。

RSI1——6 日相对强弱指标；
RSI2——12 日相对强弱指标；
RSI3——13 日相对强弱指标。

表 2-9 RSI 值及其对应市场特征

RSI 值	市场特征	操作建议
80~100	极强	卖出
50~80	强	买入
20~50	弱	观望
0~20	极弱	买入

“市场通”提供 RSI 指标参数修改，在图 2-95 中，选中 RSI 指标曲线，右击选择【设置图标属性】，在参数处输入参数值即可。

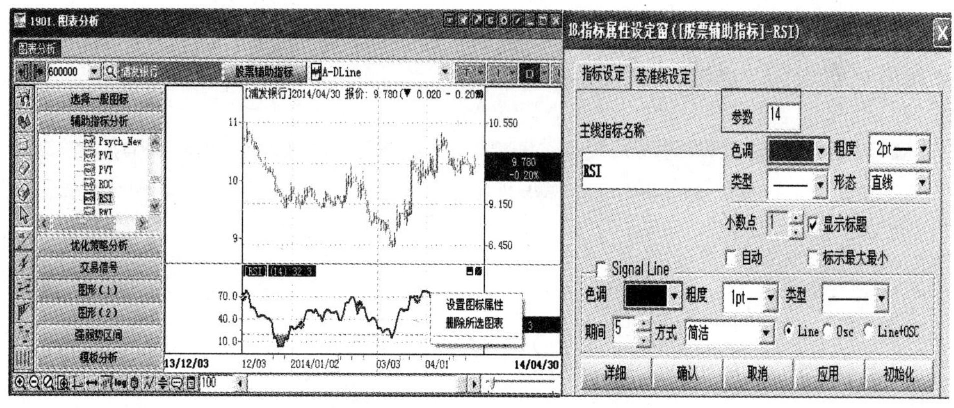

图 2-95 RSI 参数设置示意图

（2）两条或多条 RSI 曲线的交叉信号。参数小的 RSI 为短期 RSI，参数大的 RSI 为长期 RSI。若短期 RSI 上穿长期 RSI，属于多头市场；如短期 RSI 下穿长期 RSI，则属空头市场。如图 2-96 所示。

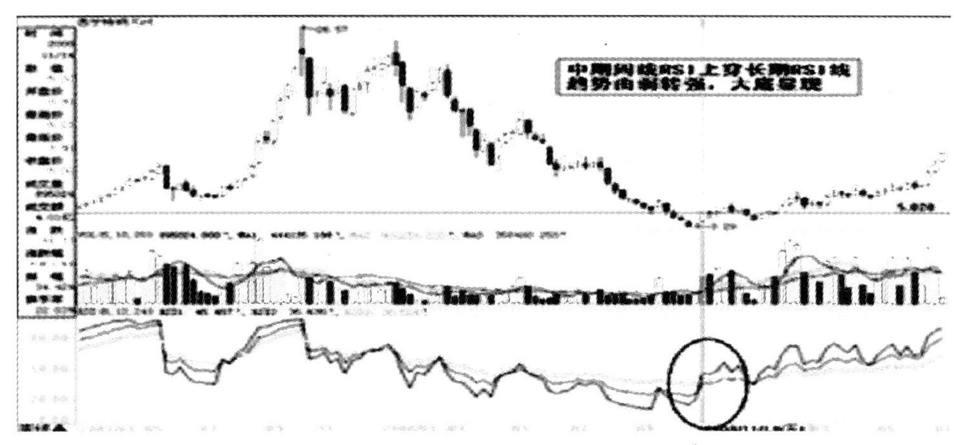

图 2-96 RSI 交叉示意图

(3) 背离信号。RSI 发出的“背离”信号一般发生在超买或超卖区。当出现“顶背离”现象时，是比较强烈的卖出信号。相反，出现“底背离”现象时，则是比较强烈的买入信号。

(4) RSI 曲线的形态信号。当 RSI 在较高的位置形成头肩顶、M 头时，是卖出的信号；当 RSI 在较低的位置形成头肩底、W 底时，是买入的信号。这些形态一定要出现在较高位置和较低位置，一般来说，离 50 越远，结论越可靠。

4. 实训

本部分以振华科技股票（000733）为例，选择相关指标进行分析。

在“市场通”软件中，依次单击【图表分析】→【优化策略分析】，该模块提供“RSI 超买超卖指标”选项，如图 2-97 所示。

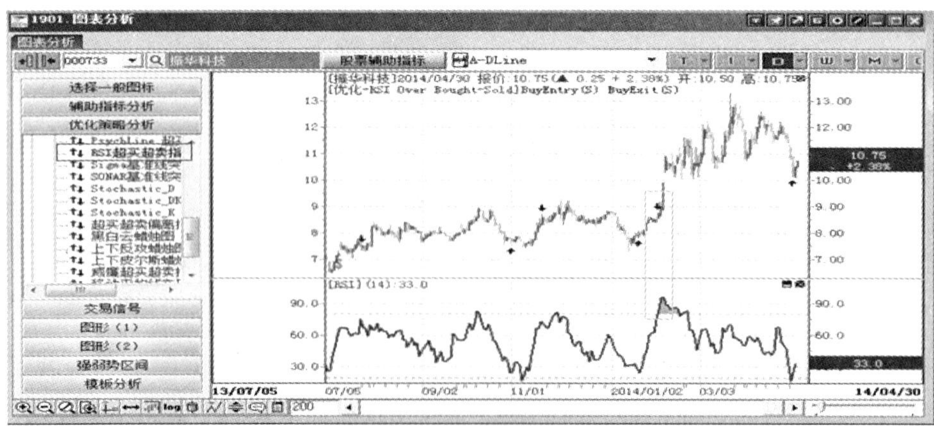

图 2-97 RSI 超买超卖示意图

图 2–98 中，黑色箭头为超买超卖提示：黑色朝下箭头所对应的 RSI 指标值处于高位，即超买状态，股价一般趋向下跌；相反，黑色朝上箭头所对应的 RSI 指标值处于低位，即超卖状态，股价一般趋向上涨。

依次单击【图表分析】→【交易信号】，该模块提供“RSI 超买卖出信号”、“RSI 超卖买入信号”、“RSI 交叉买入信号”、“RSI 交叉卖出信号”等选项，如图 2–98 所示。

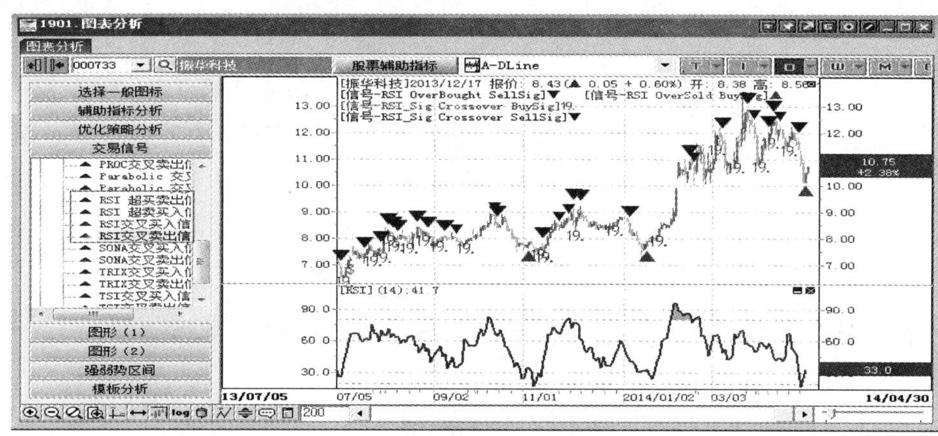

图 2–98 RSI 指标买卖信号示意图（一）

图 2–98 中，向下的小倒三角形箭头▼为超买卖出提示、向上的箭头▲为超卖买入信号、数字19交叉买入信号、大倒三角形▼为交叉卖出信号。根据 RSI 图形，我们可以了解买入卖出信号。

依次单击【图表分析】→【强弱势区间】，该模块提供“RSI 超买区域”、“RSI 超卖区域”、“RSI 看涨信号区域”、“RSI 看跌信号区域”四个选项。如图 2–99 所示。

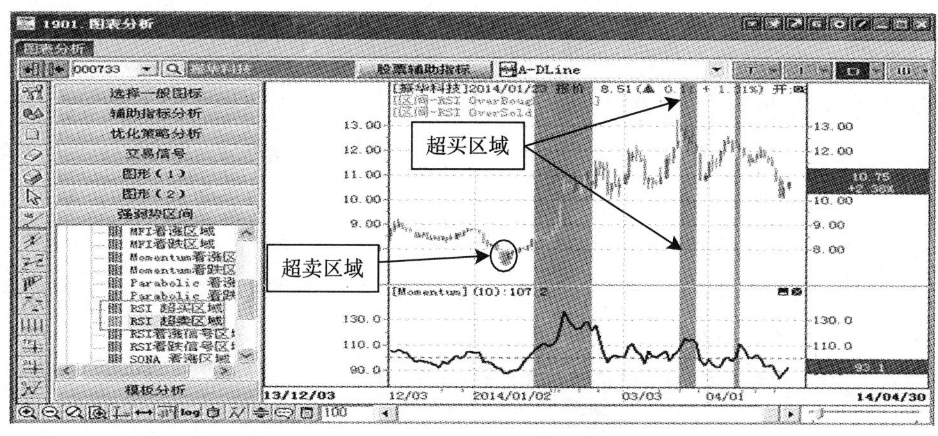

图 2–99 RSI 指标买卖信号示意图（二）

超卖区域表示股价连续上涨处在高位时，指标区域处于超买状态，股价趋向下跌；股价连续下跌之后处于低位时，指标区域处于超卖状态，股价趋向上升。

二、随机动量指标（KDJ）

1. KDJ 含义

随机动量指标综合了动量观念、强弱指标及移动平均线的优点，用来度量股价脱离价格正常范围的变异程度。KDJ 是通过计算一定时间内的最高价、最低价和收市价之间的波幅，反映股价走势的随机指标。通常可作为短线投资者的参考。

“市场通”提供 KDJ 指标进行个股报价分析，单击【报价】，在报价页面底端选择【KDJ】指标，单击转换至 KDJ 指标个股分析页面，如图 2-100 所示（界面下方方框标示处）。KDJ 指标同样可以进行参数修改，与上述 RSI 指标参数修改方式相同。

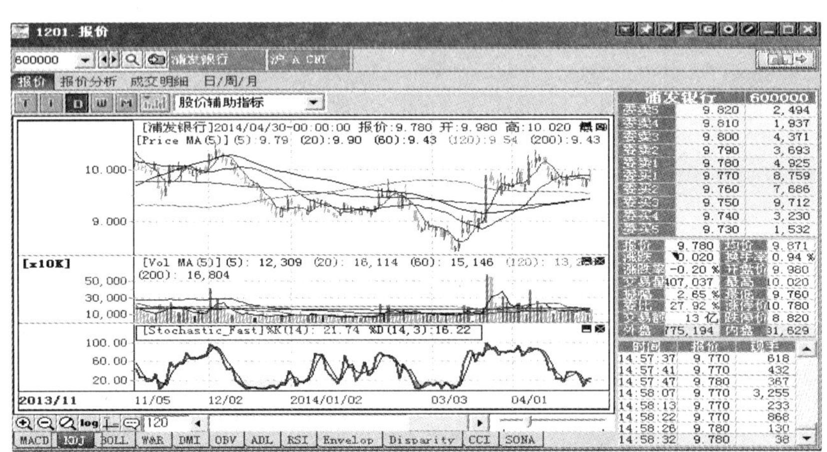

图 2-100 KDJ 指标个股报价分析示意图

2. KDJ 计算公式

指标 KDJ 的计算比较复杂，首先要计算周期（N 日、N 周等）的 RSV 值，即未成熟随机指标值，然后计算 K 值、D 值和 J 值等。以日 KDJ 数值的计算为例，其计算公式为：

今日 $RSV = (C_N - L_N) \div (H_N - L_N) \times 100$

式中，C_N 为第 N 日的收盘价，L_N 为第 N 日内的最低价，H_N 为第 N 日内的最高价。RSV 值始终在 1~100 波动。

当日 K 值 = 2/3 × 前一日 K 值 + 1/3×当日 RSV 值

当日 D 值 = 2/3 × 前一日 D 值 + 1/3 × 当日 K 值

若无前一日 K 值与 D 值，则可以分别用 50 来代替。

J 指标的计算公式为：J = 3D − 2K

3. 应用法则

（1）从 KDJ 指标的交叉方面考虑。随机指标在图表上共有三根线，即 K 线、D 线和 J 线。K 为快速指标，D 为慢速指标，当 K 线向上突破 D 线时（如图 2-101 左侧所示），是金叉，表示上升趋势，可以买进；当 K 线向下突破 D 线时，是死叉，可以卖出。KD 值上升到 90 以上时，表示偏高；跌到 20 以下时，表示偏低。

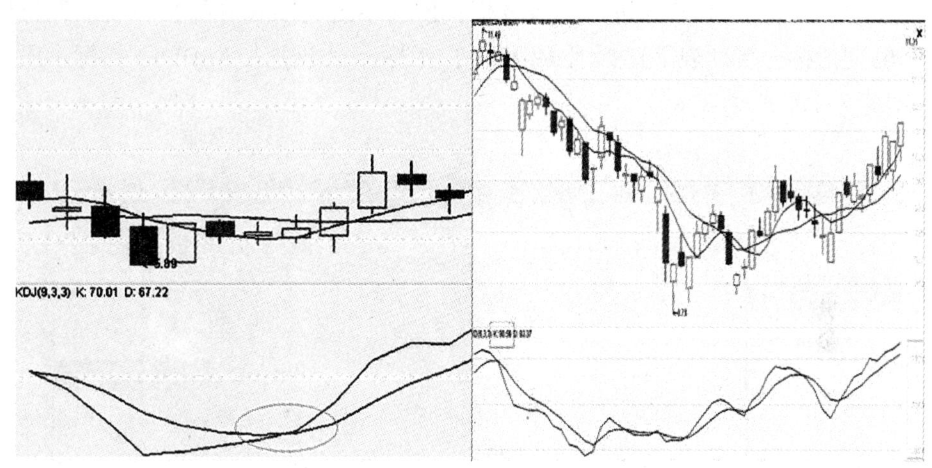

图 2-101 K 线向上（左）和向下（右）突破 D 线示意图

（2）从 KD 的取值方面考虑。80 以上为超买区，20 以下为超卖区，KD 超过 80 应该考虑卖出，低于 20 考虑买入。

（3）从 KD 指标的背离方面应考虑以下两点：①当 KD 处在高位，并形成两个依次向下的峰，而此时股价还在一个劲儿地上涨，构成顶背离，是卖出的信号。②当 KD 处在低位，并形成一底比一底高，而股价还继续下跌，构成底背离，是买入信号。

（4）J 值是进行 KD 分析的辅助指标，取值可以超过 100 和（或）低于 0，都属于价格的非正常区域，大于 100 为超买，小于 0 为超卖。

第三节 ADL、ADR 和 OBOS

一、腾落指标（ADL）

1. 腾落指标含义

腾落即上升下降的意思。ADL 指标是以股票每天上涨或下跌的家数作为观察的对象，通过算术加减来比较每日上涨股票和下跌股票家数的累积情况，形成升跌曲线，并与综合指数相互对比，对大势的未来进行预测。

腾落指标反映了在市场上升的趋势中，价格上涨的股票是增加还是减少，反映了公众参与的程度，需求是否压倒了供给。上涨的股票数量越少，意味着股指上涨的时间越长、越脆弱，市场出现反向趋势可能性越大。而在下跌趋势中，价格上涨的股票增加时情况正好相反。

“市场通”提供 ADL 指标进行个股分析，依次单击【图表分析】→【辅助指标分析】，在辅助指标分析列表下选择【A-DLine】指标，双击进入 A-DLine 指标个股分析页面，如图 2-102 所示。

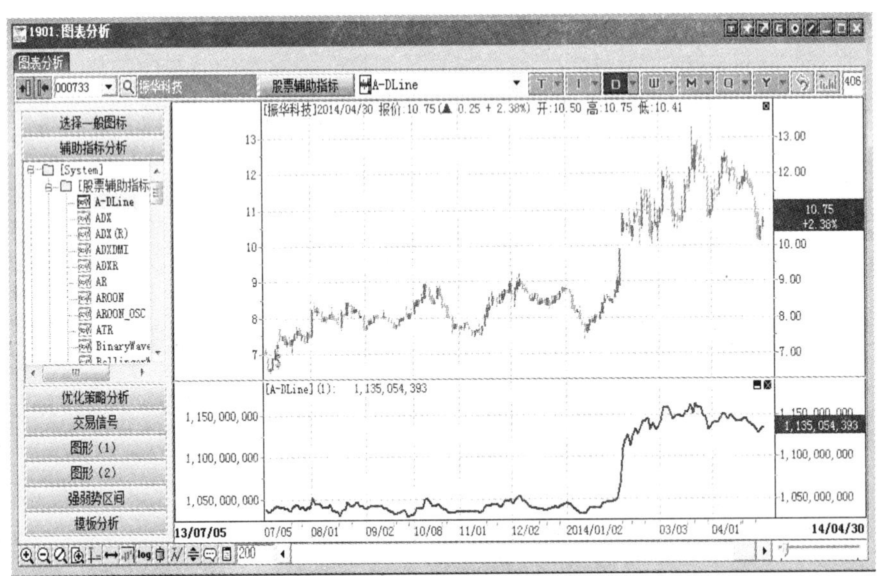

图 2-102 腾落指标示意图

从图中的 ADL 曲线可以看出，振华科技股票从 2013 年 7 月以来，市场总体表现是上涨趋势，并创新高，而同时 ADL 也持续上涨，这说明振华科技股票整体处于股价持续上升趋势，短期内反转的可能性不大，投资者可以买进该股票。

2. ADL 的计算公式

假设已经知道了上一个交易日的 ADL 取值，则今天的 ADL 为：

$$ADL_t = ADL_{t-1} + (N_A - N_D)$$

式中，N_A 为今天所有股票中上涨的家数，N_D 为当天下跌的股票家数。涨跌的判断标准是以今日收盘价与上一日收盘价相比较（无涨跌者不计）。第一次计算时，前一日 ADL 取 0。

3. ADL 的应用法则

（1）一致信号。当 ADL 与股价同步上升（下降），创新高（低），则可以验证大势的上升（下降）趋势，短期内反转的可能性不大，这就是一致的信号（如图 2-103 左图箭头所示）。

（2）背离信号。①ADL 连续上涨（下跌）了很长时间（一般是 3 天），而指数却向相反方向下跌（上升）了很长时间。这是买进（卖出）信号，至少有反弹存在，是背离的一种现象。②在指数进入高位（低位）时，ADL 并没有同步行动，而是开始走平或下降（上升），这是趋势进入尾声的信号。这也是背离现象。③ADL 保持上升（下降）趋势，指数却在中途发生转折，但很快又恢复原有的趋势。并创新高（低），这是买进（卖出）信号，是后市多方（空方）力量强盛的标志（如图 2-103 右图箭头所示）。

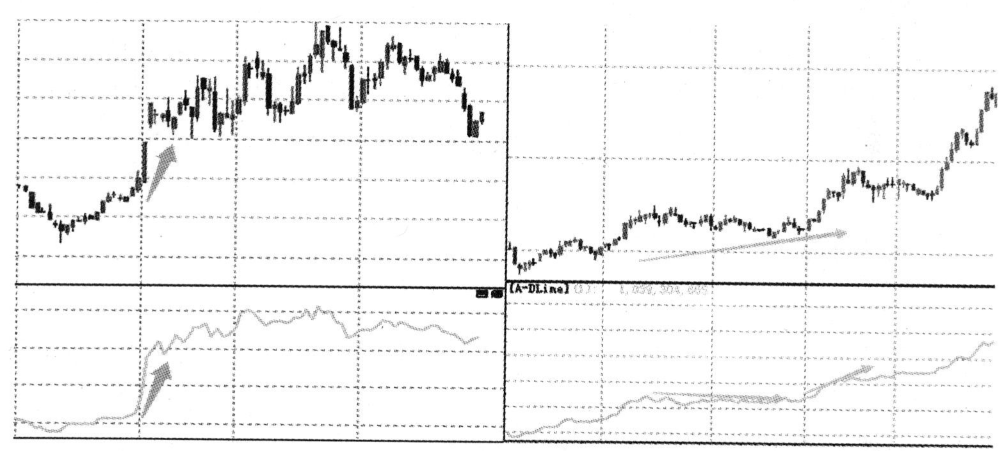

图 2-103 ADL 应用示意图

二、涨跌比指标（ADR）

1. ADR 的含义

ADR 是指涨跌比，即上升下降比。它是由股票的上涨家数和下跌家数的比值推断证券市场多空双方力量的对比，进而判断出证券市场走势的指标。

2. ADR 的计算公式

$$ADR(N)=\frac{N\text{日内上涨股票家数累计}}{N\text{日内下跌股票家数累计}}$$

式中，N 为 ADR 的参数，目前比较常用的参数为 10。ADR 的取值不小于 0。

3. ADR 的应用法则

一般来说，ADR 值在 1 附近变化，当 ADR=1 时，表明 N 内多空双方的总力量相当，未分胜负；当 ADR 大于 1 表明多方力量大于空方；ADR 小于 1 时表明空方强势，多方弱势。

计算周期 N 的选择是求 ADR 的关键之一。N 过小会引起 ADR 变化过快，震荡幅度加大，频繁穿入超买超卖区；而 N 过大又使得 ADR 太平缓，常在 1 附近漫游，无买卖信号。适合的天数 N 应使一定时期内大多数 ADR 值分布在 0.5~2，这样 ADR 在实际运用中具有较好的可靠性和敏感性。

（1）ADR 在 0.5~1.5 属常态区，在 0.5 以下或 1.5 以上为非常态区。

（2）ADR > 1.5 时，表明市场超买，行情有可能止涨回跌。

（3）ADR < 0.5 时，表明市场超卖，行情有可能止跌反弹。

（4）ADR 随大盘指数一起上升，短期内大盘指数仍会上涨。

（5）ADR 随大盘指数一起下跌，短期内大盘指数仍会下跌。

（6）大盘指数下跌，而 ADR 上升，两者出现背离，则大盘指数可能止跌反弹。

（7）大盘指数上涨，而 ADR 下跌，两者出现背离，则大盘指数可能止涨回跌。

（8）当 ADR 大于 2 或小于 0.3 时，表示股市处于大多头市场或大空头市场末期，超买、超卖非常严重，应坚决卖出或买入股票。

（9）在多头市场，ADR 极少低于 0.5，若出现这种情况，是极佳的买点。

三、超买超卖指标（OBOS）

1. OBOS 的含义

超买超卖指标，是运用上涨和下跌的股票家数的差距对大势进行分析的技术指标。与 ADR 相比，其含义更直观，计算更简便，其主要用途是衡量大势涨跌趋势。

2. OBOS 的计算公式

OBOS 是用一段时间内上涨和下跌股票家数的差距来反映当前股市多空双方力量的对比和强弱。其计算公式为：

OBOS=N 日内上涨股票家数之和-N 日内下跌股票家数之和

天数 N 是 OBOS 的参数，一般选 N = 10。

OBOS 的多空平衡位置是 0，也就是“N 日内上涨股票家数之和=N 日内下跌股票家数之和”的时候。当 OBOS 大于 0 时，多方占优势；当 OBOS 小于 0 时，则空方占优势。

3. OBOS 的应用法则

（1）OBOS 的数值信号。当 OBOS 的取值在 0 附近变化时，市场处于盘整时期；当 OBOS 为正数时，市场处于上涨行情；当 OBOS 为负数时，市场处于下跌行情。

当 OBOS 达到一定正数值时，大势处于超买阶段，OBOS 发出卖出信号，可择机卖出；当 OBOS 达到一定负数值时，大势超卖，OBOS 发出买入信号，可伺机买进。至于 OBOS 超买超卖的区域划分，受上市股票总的家数、参数选择的直接影响。其中，参数选择可以确定，参数选择得越大，OBOS 一般越平稳；但上市股票的总家数则是不能确定的因素。这是 OBOS 的不足之处。

（2）背离信号。当 OBOS 的走势与指数背离时，是采取行动的信号，大势可能反转。

（3）OBOS 曲线形态信号。如果 OBOS 在高位（低位）形成 M 头（W 底）则是卖出（买入）的信号。

第四节 常用指标

一、指数平滑异同曲线（MACD）

1. 含义

指数平滑异同移动平均线是利用快速移动平均线和慢速移动平均线，在一段上涨或下跌行情中，两线之间的差距拉大，而在涨势或跌势趋缓时，两线又相互接近或交叉，通过计算快速移动平均线和慢速移动平均线之间的离差值，以及离差值与离差平均值的交叉信号研判买卖时机的方法。它是一种中长线技术指标。

“市场通”提供 MACD 指标进行个股分析，依次单击【图表分析】→【辅助指标分析】，在辅助指标分析列表下选择【MACD】指标，双击进入 MACD 指标个股分析页面，如图 2–104 所示。

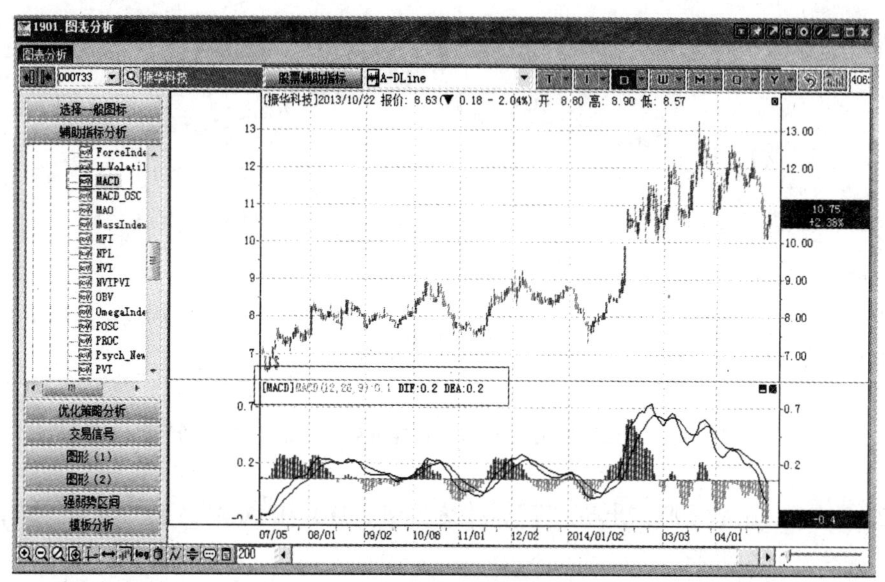

图 2–104 MACD 指标示意图

2. MACD 的计算

MACD 由正负差（DIF）和离差平均值［也称异同平均数（DEA）］两部分组成，如 2-104 图所示（上方曲线为 DIF 曲线、下方曲线表示 DEA 曲线）。DIF 是快速移动平均线（一般取值 12）与慢速移动平均线（一般取值 26）的差。DEA 是 DIF 的移动平均，也就是连续 n 日（一般 n 取值 9）的 DIF 的算术平均。其计算步骤为：

（1）快速、慢速移动平均线计算：

$$EMA(N) = \frac{2}{N+1} \times 今日收盘价+(1-\frac{2}{N+1}) \times 昨日\ EMA(N)$$

式中，$\frac{2}{N+1}$为平滑系数，N 一般取 12 和 26。

（2）差离值（DIF）：DIF=EMA（12）-EMA（26）

（3）DIF 的 M 日 EMA（即 MACD 值）：

$$DEA(M) = \frac{2}{M+1} \times 今日\ DIF_1(1-\frac{2}{M+1}) \times 昨日\ DIF$$

式中，$\frac{2}{M+1}$为平滑系数，M 一般取 9，首日 DEA 取 DIF 的 M 日算术平均数，DEA 又称 MACD 线。

3. MACD 的应用法则

（1）当 DIF 和 DEA 在 0 轴以上时，为多头市场；当 DIF 和 DEA 在 0 轴以下时，为空头市场，如图 2-105 所示。

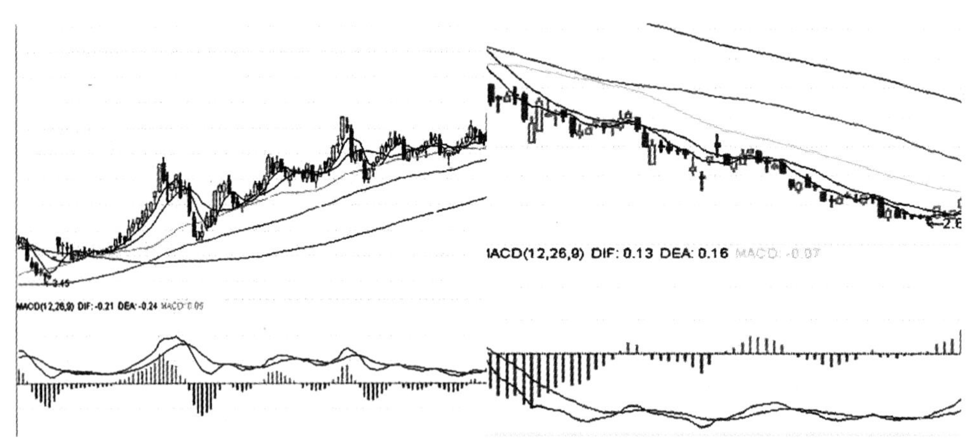

图 2-105　DIF 和 DEA 线（左边在 0 轴上、右边在 0 轴下）

（2）DIF 在 DEA 之上，出现"▯"，代表升势；DIF 在 DEA 之下，出现"▮"，代表跌势，如图 2-106 所示。

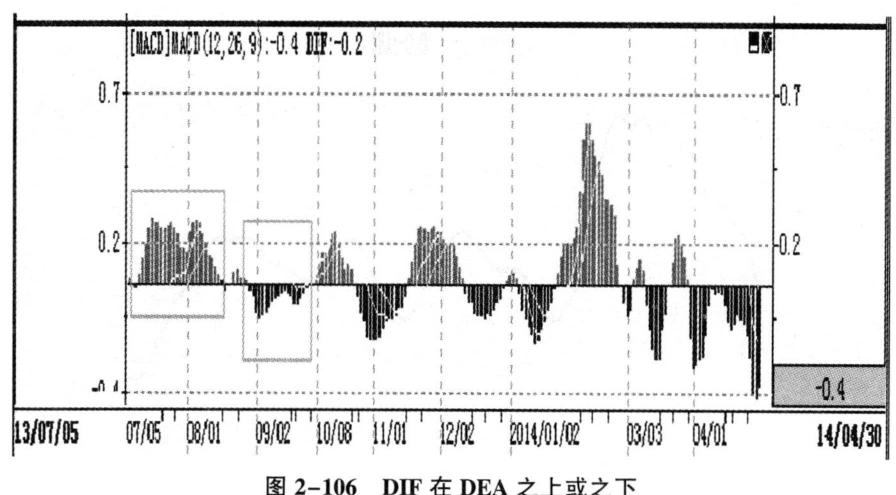

图 2-106 DIF 在 DEA 之上或之下

（3）DIF 向上突破 0 轴时，为买入信号；DIF 向下跌破 0 轴时，为卖出信号，如图 2-107 所示。

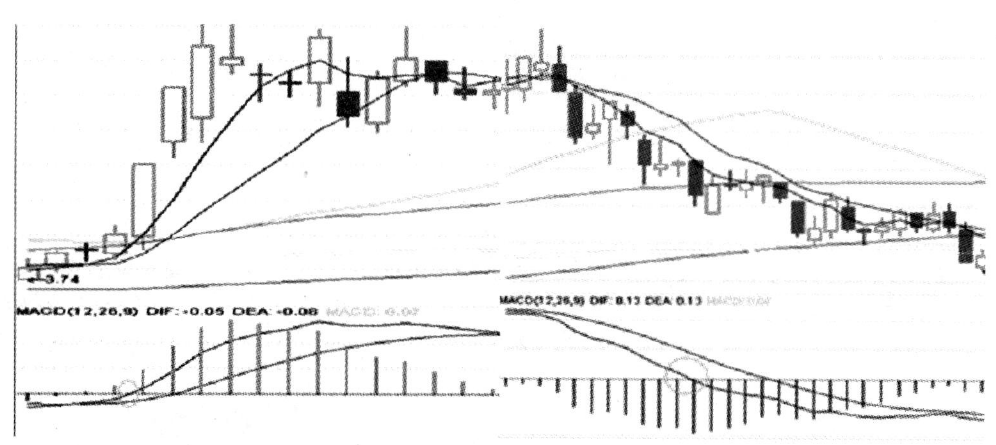

图 2-107 DIF 向上突破 0 轴（左）、向下突破 0 轴（右）示意图

（4）当"▮"由长变短时，为买入信号；当"中"由长变短时，为卖出信号，如图 2-108 所示。

（5）DIF 在 0 轴以上上穿 DEA 形成金叉，为买入时机；若在 0 轴以下形成金叉，属空头走势中的反弹，适合短线买入，如图 2-109 所示。

（6）DIF 在 0 轴以下下穿 DEA 形成死叉，为卖出时机；若在 0 轴以上形成死叉，很可能属于回档，不能视作空头行情的开始，如图 2-110 所示。

（7）当股价一波比一波高，而 DIF 和 DEA 却一波比一波低，形成顶背离时，为卖出信号，如图 2-111 所示。

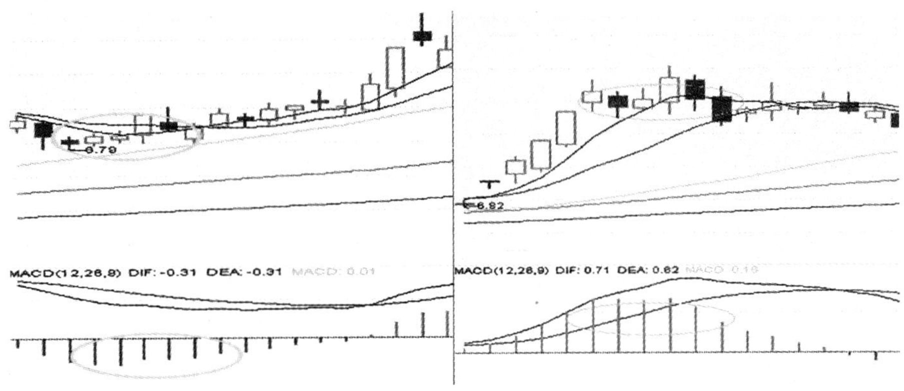

图 2-108 “▮”由长变短（左）、“▯”由长变短（右）示意图

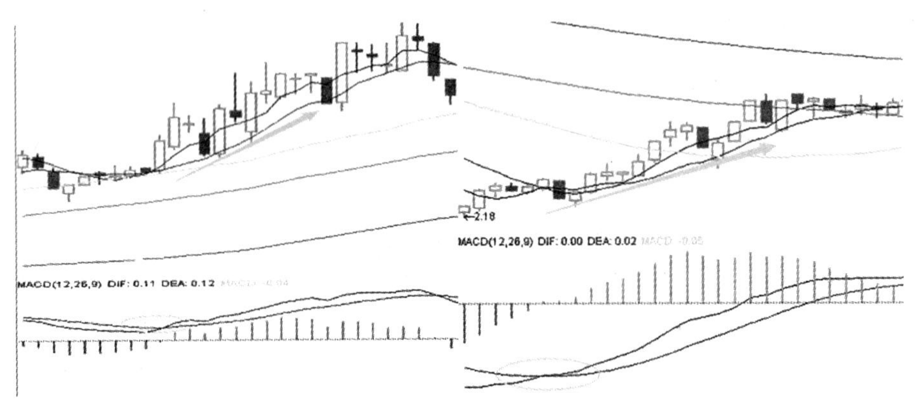

图 2-109 DIF 在 0 轴以上上穿 DEA（左）、DIF 在 0 轴以下上穿 DEA（右）示意图

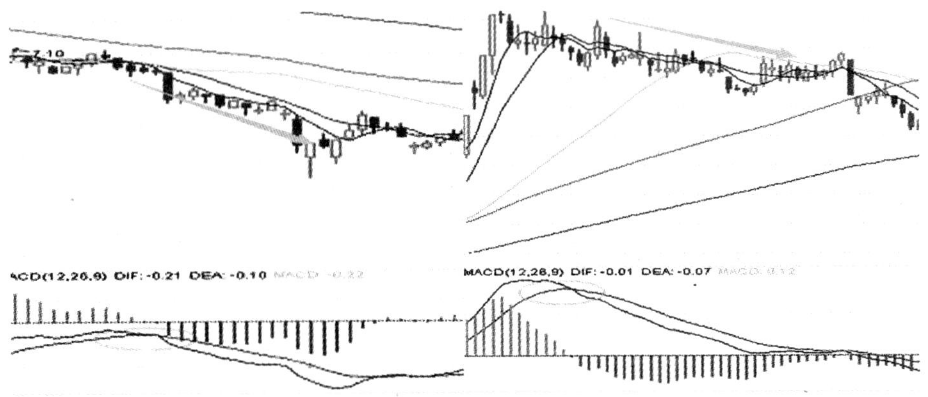

图 2-110 DIF 在 0 轴以下下穿 DEA（左）、DIF 在 0 轴以上下穿 DEA（右）示意图

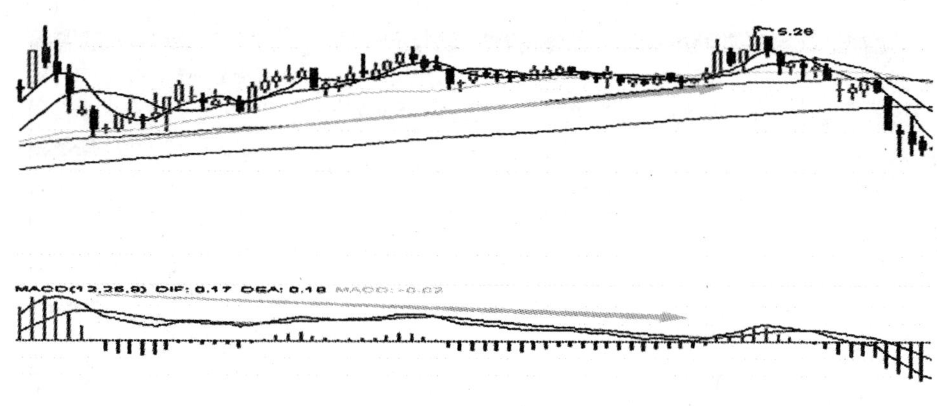

图 2-111 股价与 DIF 和 DEA 形成顶背离示意图

（8）当股价一波比一波低，而 DIF 和 DEA 却一波比一波高，形成底背离时，为买入信号，如图 2-112 所示。

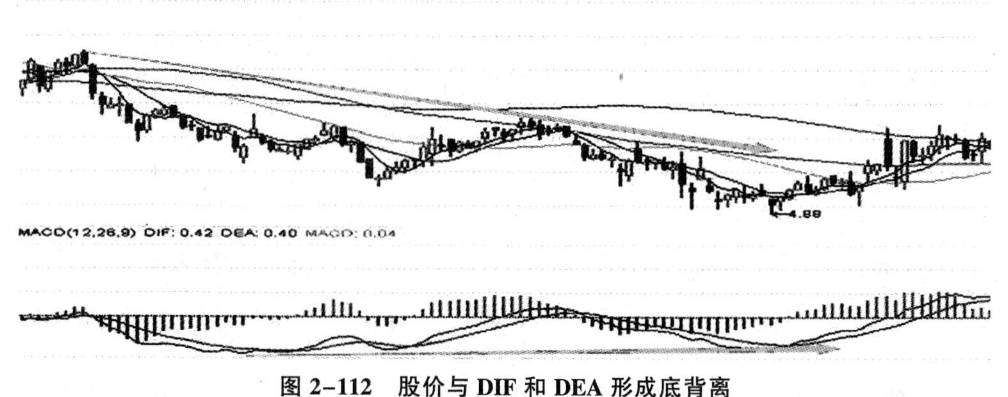

图 2-112 股价与 DIF 和 DEA 形成底背离

4. 实训

在“市场通”软件中，依次单击【图表分析】→【交易信号】，该模块提供“MACD 交叉买入信号”、“MACD 交叉卖出信号”、“MACD 向上突破买入信号”、“MACD 向下突破卖出信号”四个选项，如图 2-113 所示。

依次单击【分析图表】→【强弱势区间】，该模块提供“MACD 看涨区间”、“MACD 看跌区间”。

图 2-113 分别给出了 DIF 与 DEA 数值，MACD 中，DIF 值为 0.4，DEA 值为 0.5，正三角形“▲”为 MACD 交叉买入信号，倒三角形“▼”为 MACD 基准线突破，最下方的柱状线为 BAR。

图中显示了买入、卖出股票的最佳时机信息，从中可以看出，2014 年 3 月 3 日可

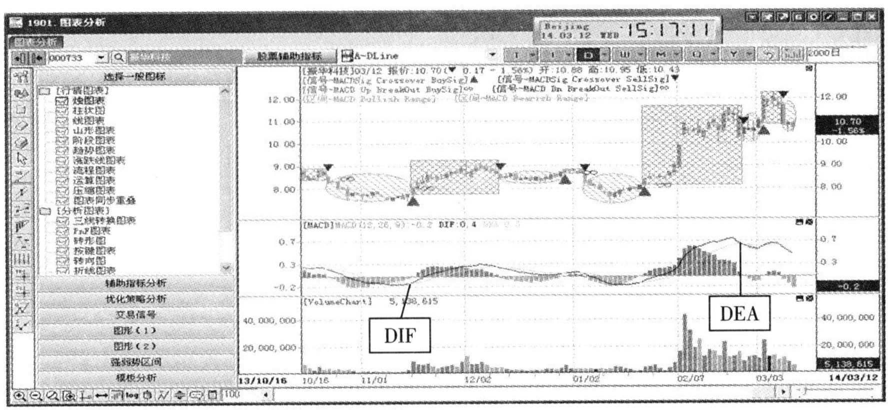

图 2–113 MACD 相关信息示意图

以买入振华科技股票，而 3 月 10 日应该卖出股票。同时给出了振华科技股票上涨区间和下跌区间，从中可以推测到股票市场多空双方的力量，预测股票买卖情况。

二、威廉指标（WMS）

1. WMS 含义

威廉指标是利用股市的摆动点来研判股市的超买、超卖现象，预测股价周期变化的高点或低点，从而提出有效的买卖信号。它主要用于短期行情的分析。

“市场通”中提供 WMS 指标进行个股分析，依次单击【图表分析】→【辅助指标分析】，在辅助指标分析列表下选择【Williams%R】指标，双击进入 Williams%R 指标个股分析页面，以振华科技（000733）2012 年 12 月至 2014 年 3 月为例，如图 2–114 所示。

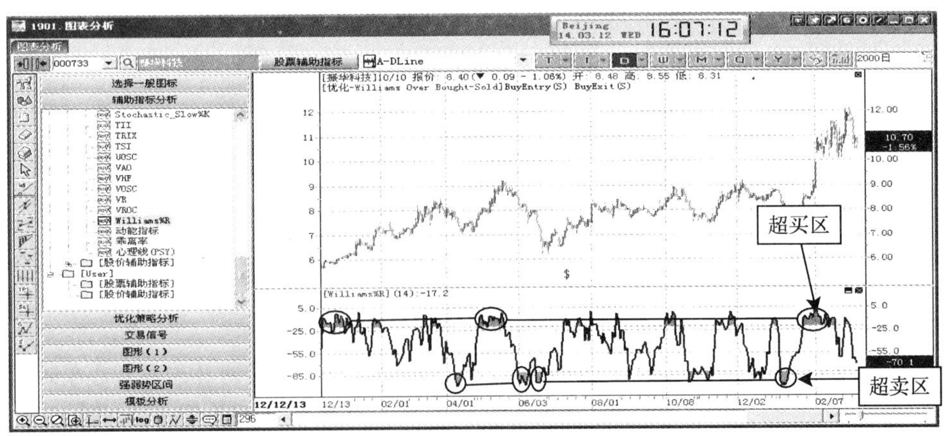

图 2–114 威廉指标示意图

如图 2-114 所示，超卖区的 WMS 高于 80，行情即将见底，应当考虑买进。超买区的 WMS 低于 20，行情即将见顶，应当考虑卖出。

2. WMS 计算

WMS 计算公式如下：

$$WMS(n)=\frac{H_n-C_t}{H_n-L_n}\times 100$$

式中，C_t 为当天的收盘价，n 为选定的时间参数，一般为 14 日或 20 日，H_n 和 L_n 分别为最近 n 日内（包括当天）出现的最高价和最低价。

如果 WMS 的值比较小，说明当天的价格处在相对高的位置，要提防回落；如果 WMS 的值较大，则说明当天的价格处在相对低的位置，有可能反弹。WMS 的取值范围为 0~100。

3. WMS 应用法则

（1）数值信号。①当 WMS 大于 80 时，处于超卖状态，行情即将见底，是该指标发出的买入信号，80 这一横线称为“买入线”。②当 WMS 小于 20 时，处于超买状态，行情即将见顶，是该指标发出的卖出信号。20 这一横线称为“卖出线”。

这里 80 和 20 只是一个经验数字，并不是绝对的。

（2）背离信号。①在 WMS 进入低数值区位后（此时为超买），一般要回头，如果这时股价还继续上升，就产生背离，是卖出的信号。②在 WMS 进入高数值区位后（此时为超卖），一般要反弹，如果这时股价还继续下降，就产生背离，是买进的信号。

（3）形态信号。形态信号是指由 WMS 曲线的形态发出的买卖信号。①当 WMS 连续几次撞顶，局部形成双重或多重顶，则是卖出的信号，如图 2-115 所示。②WMS 连续几次撞底，局部形成双重或多重底，则是买进的信号，如图 2-116 所示。

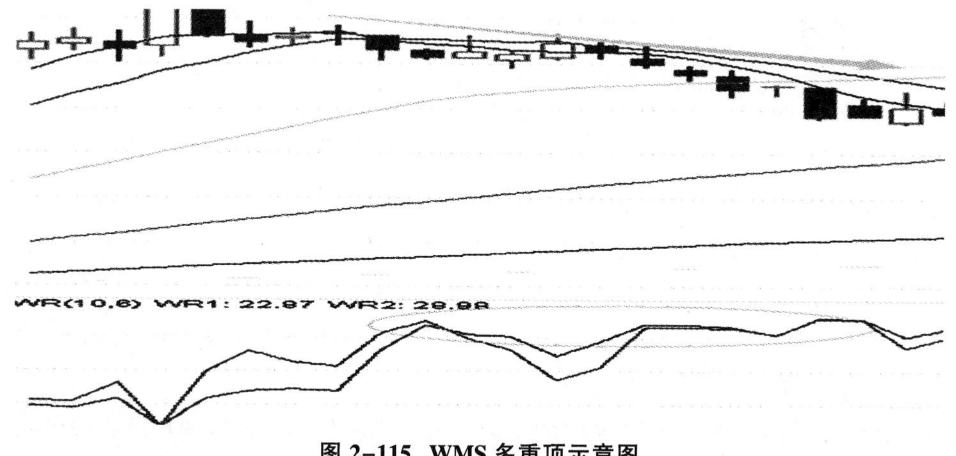

图 2-115 WMS 多重顶示意图

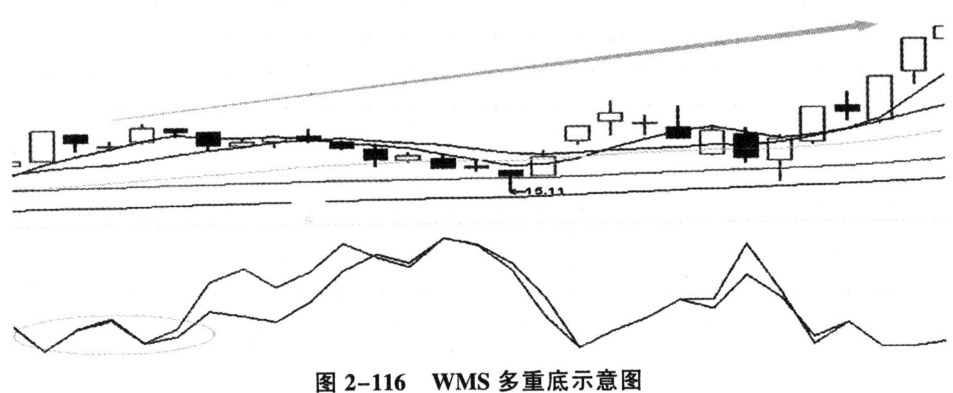

图 2-116 WMS 多重底示意图

三、布林线（BOLL）

1. BOLL 的含义

布林线指标运用了统计学原理计算收盘价的标准差，并求得价格在运行中可以信赖的波动区间，从而确定股价的波动范围及未来走势，利用波带显示股价的安全高低价位，因而也被称为布林带。

2. BOLL 的计算

BOLL 指标是通过 3 条线表示价格范围的，这 3 条线分别是中轨线（MB）、上轨线（UP）和下轨线（DN）。计算公式为：

MB=N 日的移动平均线=（T-1）日的 MA，其中，MA=最近 n 日内 n 个收盘价之和/n

UP = 中轨线 +2 × 标准差

DN = 中轨线 - 2 × 标准差

式中，$\text{标准差}=\sqrt{\text{最近 n 日累计}(\text{收盘价}-\text{MA})\times\frac{\text{收盘价}-\text{MA}}{n}}$

3. BOLL 的应用法则

（1）当布林线呈水平方向移动时，属“常态区域”，投资者可遵循下轨买、上轨卖的原则操作，如图 2-117 所示。

（2）布林线的上、中、下轨同时向上运行时，属强势市场，表明短期内股价将继续走强，投资者可逢低介入，如图 2-118 所示。

（3）布林线的上、中、下轨同时向下运行时，属弱势市场，表明短期内股价将继续走弱，投资者应持观望态度，如图 2-119 所示。

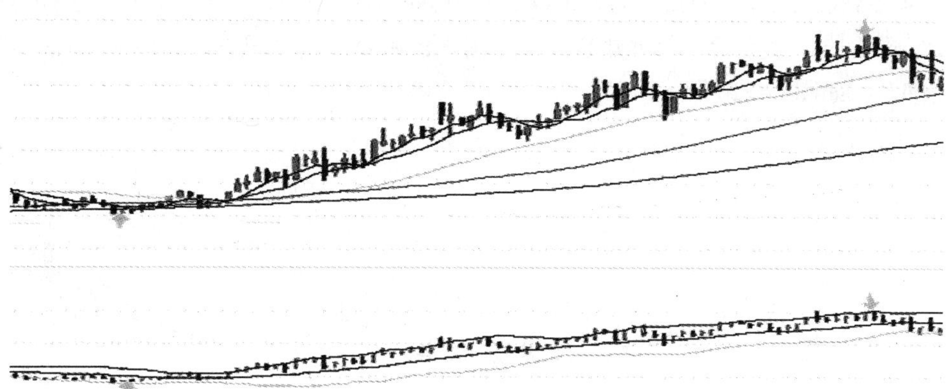

图 2–117　布林线呈水平方向移动示意图

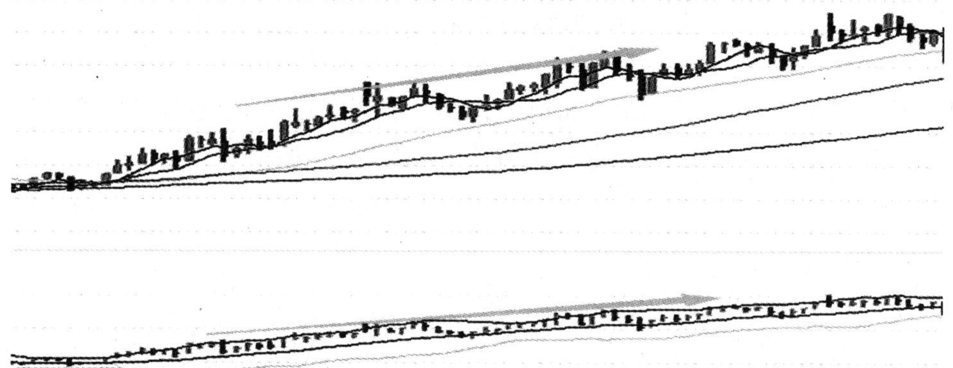

图 2–118　布林线的上、中、下轨同时向上运行示意图

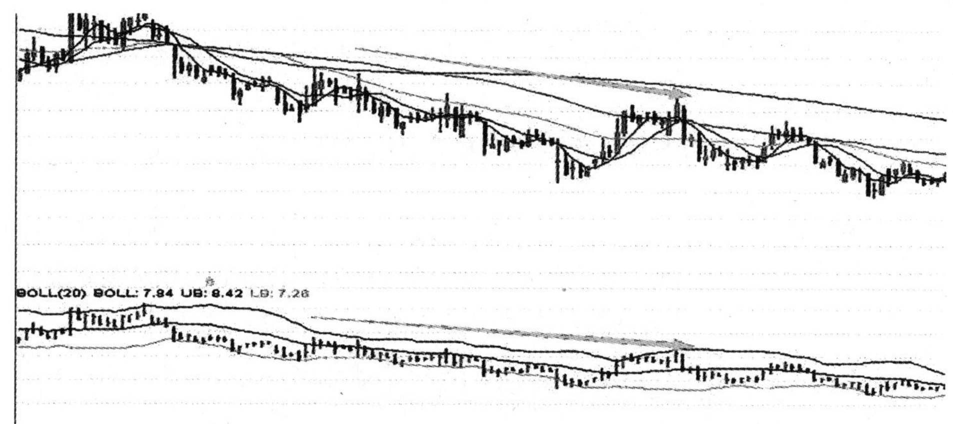

图 2–119　布林线的上、中、下轨同时向下运行示意图

(4) 当股价经过前期长时间的下跌后，布林线开口缩小且呈横向移动，表明股价正处于筑底阶段，投资者可分批建仓。一旦出现价涨量增的情况且布林线开口向上扩大，则可加仓，如图 2-120 所示。

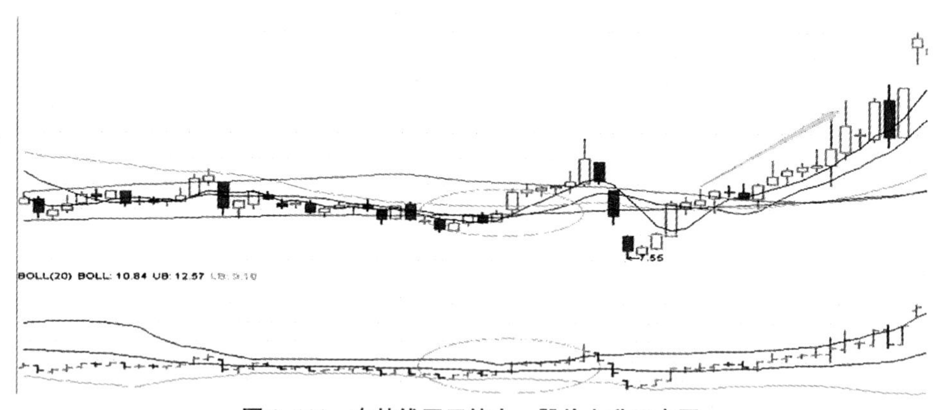

图 2-120　布林线开口缩小、股价上升示意图

(5) 当股价经过一轮大涨后，布林线呈开口缩小之势，一旦股价跌破下轨，布林线开口放大，一轮跌势即将展开，是卖出信号，如图 2-121 所示。

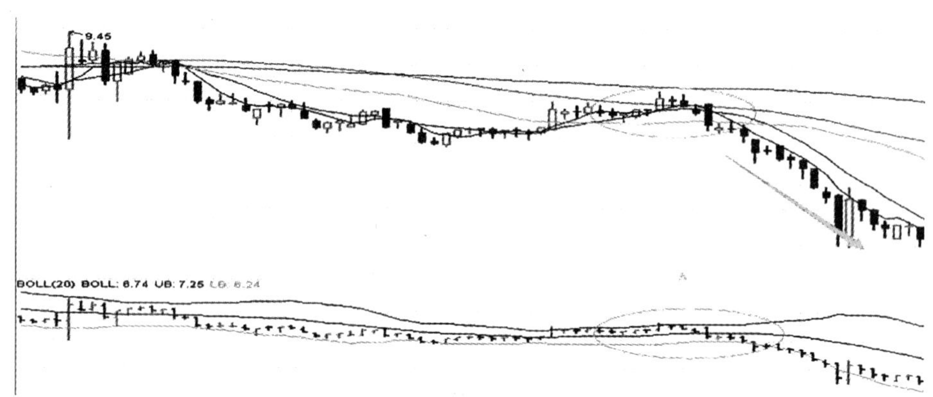

图 2-121　布林线开口放大、股价下跌示意图

(6) 当布林线的上轨向下运行，而中轨、下轨还在向上运行时，表明股价处于整理态势中。如果股价处于长期上涨趋势时，投资者可以持股或逢低短线买入；如果股价处于长期下跌趋势时，投资者应持币观望或逢高减仓，如图 2-122 所示。

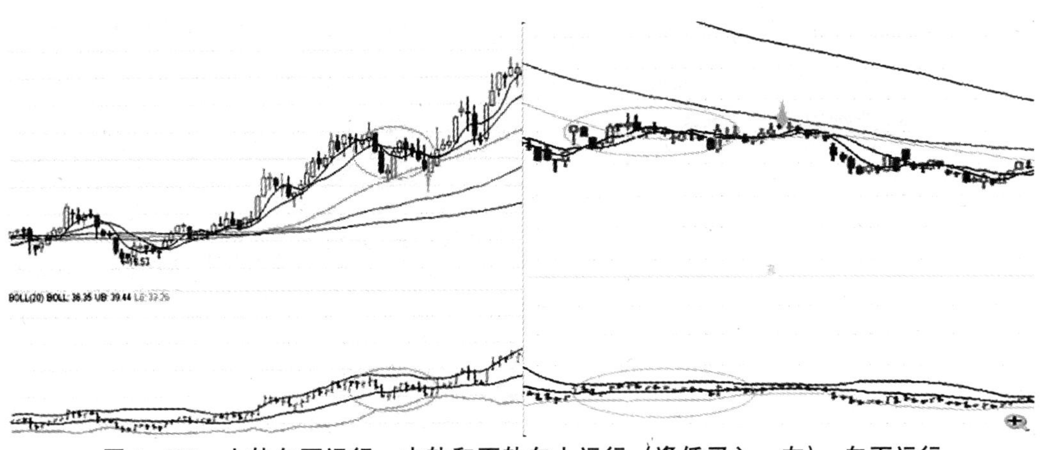

图 2-122 上轨向下运行，中轨和下轨向上运行（逢低买入，左）、向下运行（逢高减仓，右）示意图

四、人气、买卖意愿指标（AR、BR、CR）

AR、BR、CR 都是以分析历史股价资料为手段的技术指标，用以反映市场人气聚散程度。其中，人气指标较重视开盘价格，意愿指标则重视收盘价格，中间意愿指标较重视多空双方均衡的中间价格。三项指标分别从不同角度对证券价格的波动进行分析，达到揭示价格未来动向的目的。

（一）人气指标（AR）

1. AR 的含义

AR 选择的基点水平（市场均衡价值）是每一个交易日的开盘价。以最高价到开盘价的距离描述多方向上的力量，以开盘价到最低价的距离描述空方向下的力量。这样，多空双方在当日的强弱程度可以很容易地被描述出来。

2. AR 的计算

AR 计算公式如下：

$$AR(n)=\frac{\sum(H-0)}{\sum(L-0)}\times 100$$

式中，H-0 为多方强度，L-0 为空方强度，H 为当日最高价，L 为当日最低价，0 为当日开盘价，n 为 AR 指数的参数，n 一般取值为 26。

3. AR 的应用法则

（1）AR 值在 80~120 波动时，属盘整行情，价格走势比较平稳。

（2）AR 值走高表示行情活跃，人气旺盛；过高则表示股价已进入高价区，应择机退出。AR 值的高度无具体标准，一般情况下，AR 值大于 150 时，股价随时可能回档下调。

（3）AR 值走低表示人气涣散；过低则暗示股价可能跌入底部，可择机进场。当 AR 值小于 70 时，股价有可能随时反弹上升。

（二）买卖意愿指标（BR）

1. BR 含义

与 AR 指标不同的是，BR 指标选择的是以前一天的收盘价作为基点水平，比 AR 指标更能全面地反映股市中的暴涨暴跌，而 AR 指标损失了开盘后跳空的信息。

2. BR 的计算

BR 计算公式如下：

$$BR(n) = \frac{\sum(H - YC)}{\sum(YC - L)} \times 100$$

式中，H 为当日最高价，L 为当日最低价，YC 为昨日收盘价，n 为 BR 参数，一般设定为 26 日。

BR 指标也反映多空双方 n 日以来总的强度的比值。BR 越大，则多方力量越强；BR 越小，空方力量越大。双方的分界线是 100，100 以上是多方优势，100 以下是空方优势。

3. BR 的应用法则

BR 值的波动一般比 AR 值敏感。当 BR 值在 70~150 波动时，属盘整行情，应持观望态度。当 BR 值高于 300 时，股价可能随时回档下跌，应择机抛出；BR 值低于 40 以下时，股价可能随时反弹上升，应逢低买入。

4. AR、BR 综合运用法则

（1）AR、BR 同时急速下跌时，表明股价已接近底部，投资者应等待明确的买入信号出现后再介入，如图 2-123 所示。

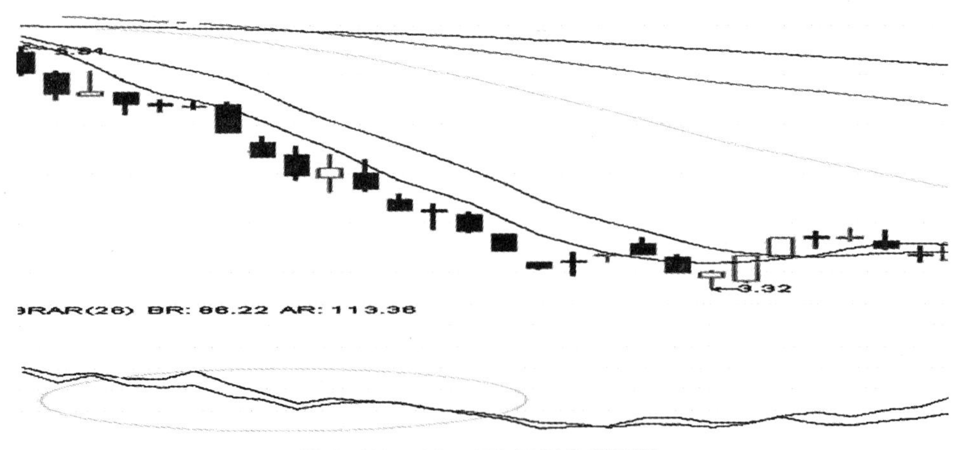

图 2-123　AR、BR 同时急速下跌

（2）AR、BR 同时急速上升时，表明股价已接近顶部，持股者应考虑获利出场，如图 2–124 所示。

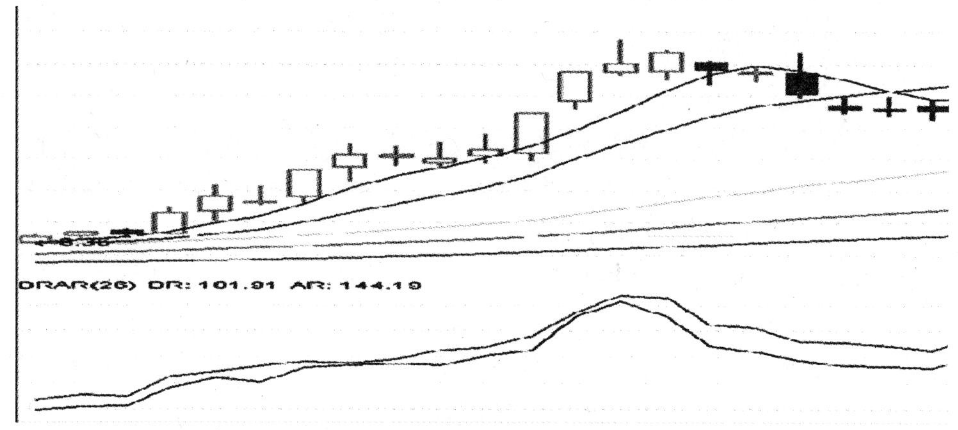

图 2–124 AR、BR 同时急速上升

（3）BR 远大于 AR 时，入市风险较大，不宜追涨。

（4）BR 小于 AR，且指标值均在 100 以下时，后市反弹概率较大，可逢低少量建仓，如图 2–125 所示。

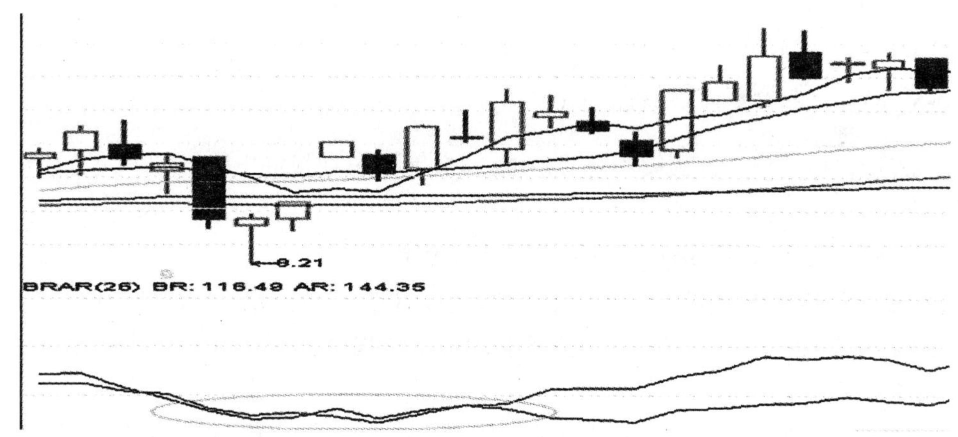

图 2–125 BR 小于 AR，且指标值均在 100 以下

（三）中间意愿指标（CR）

1. 含义

CR 指标与 AR、BR 指标在构造原理、计算方法和应用法则方面相似，所不同的是选取多空双方的均衡点不同。CR 选取的多空双方均衡点是昨日的中间价。

2. CR 的计算

CR 指标是以 n 日内前一日中间价比较当日最高价、最低价，计算出一段时期内的“弱中之强”指标，从而分析判断买卖气势。CR 的计算公式如下：

$$CR(n)=\frac{\sum(H-PM)}{\sum(PM-L)}\times 100$$

式中，n 为采样天数，一般采用 26 天作为参数，H 为当日最高价，PM 为前一日（上一个交易日）的中间价，L 为当日最低价，$\sum(H-PM)$ 表示 n 日内多方力量的总和，$\sum(PM-L)$ 表示 n 日内空方力量的总和。

由公式我们可以看出，CR 指标越大，多方力量越强，CR 指标越小，空方力量越强。

CR 的应用法则与 AR、BR 基本相同。CR 的特征介于 AR 与 BR 之间。一般比较接近 BR。当 CR 低于 90 时，一般情况下买进的风险不大。

五、心理线指标（PSY）

1. PSY 含义

心理线 PSY 指标，是在研究投资者心理趋向的基础上，将一段时间内投资者倾向于买方或卖方的心理与事实转化为数值，来研判股价变动趋势的一种技术指标。

2. PSY 的计算

PSY 计算公式如下：

$$PSY(N)=\frac{N\text{ 日内上涨的天数}}{N}\times 100$$

一般取 N=12 作为短期投资指标，取 N=24 作为中长期投资指标。

3. PSY 应用法则

（1）PSY > 50 为多头市场，PSY < 50 为空头市场。

（2）在 25~75 是 PSY 的合理变动范围，此时以观望为主。

（3）PSY < 25 属超卖，且 PSY 值越小，后市出现反弹或上涨的机会越大（圆圈内），如图 2–126 所示。

（4）PSY>75 属超买，且 PSY 值越大，后市出现回档或下跌的机会越大（圆圈内），如图 2–127 所示。

（5）PSY 的曲线如果在低位出现大的 W 底时，是买入的信号。

（6）PSY 的曲线如果在高位出现大的 M 头时，是卖出的信号。

4. 实训

进入“市场通”，依次单击【图表分析】→【辅助指标分析】，在辅助指标分析列表下选择【心理线（PSY）】指标，双击进入心理线指标个股分析页面，如图 2–128 所示。

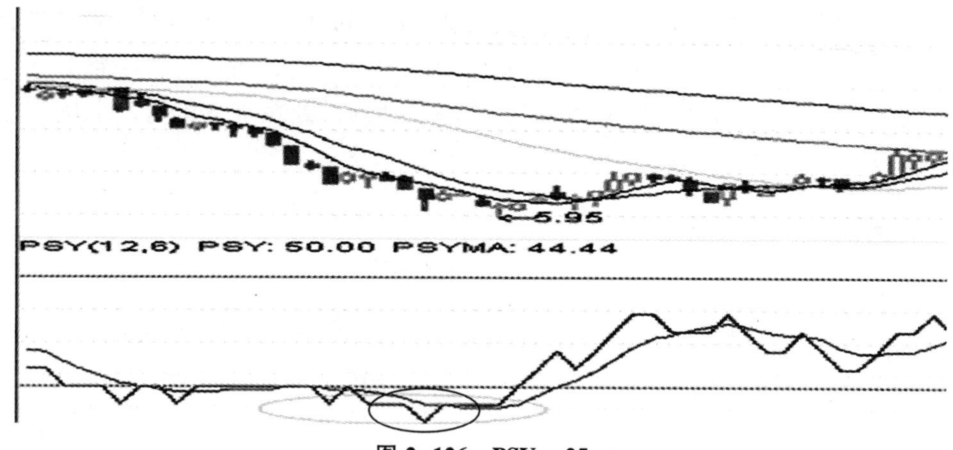

图 2-126 PSY < 25

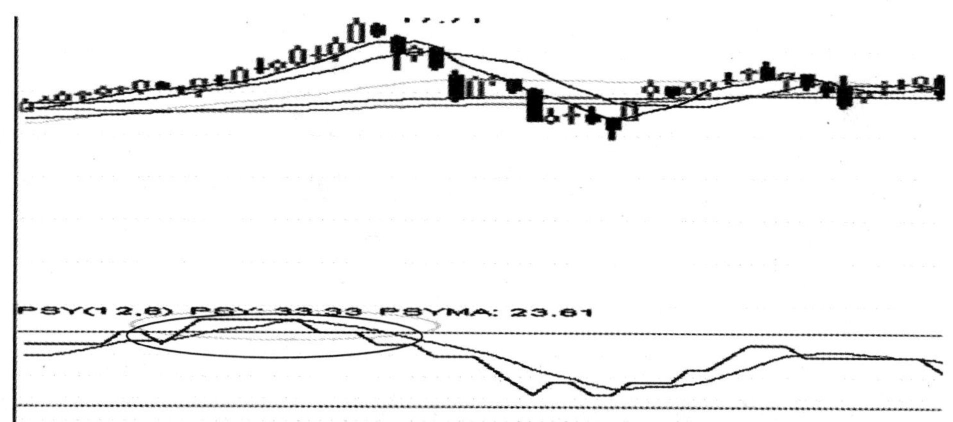

图 2-127 PSY>75

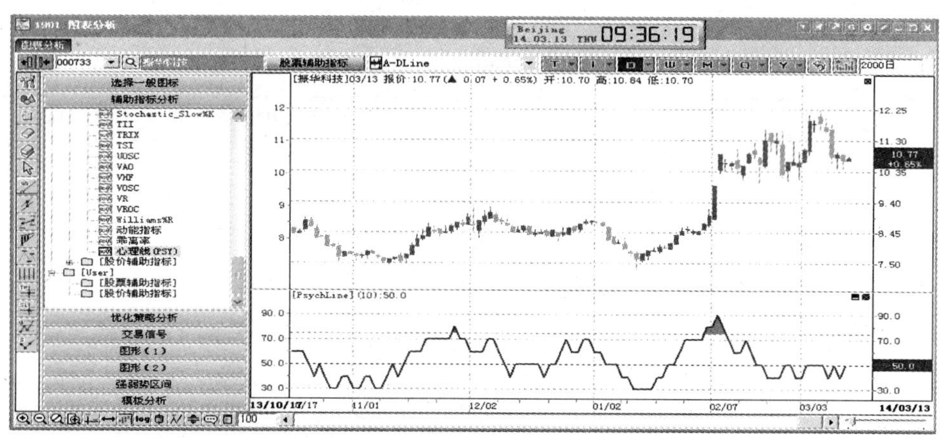

图 2-128 心理线指标（PSY）示意图

从图 2-128 中可以看出，2 月 10 日，PSY 值为 90.0，投资者应卖出股票，2 月 11 日市场股价也走低，1 月 16 日至 2 月 20 日为多方市场，市场价格一路上涨，多方信心充足。2 月 20 日后，PSY 持续在 50 以下徘徊，处在空方市场，市场信心下降，价格下跌。

六、乖离率（BIAS）

1. BIAS 的含义

乖离率 BIAS 是由移动平均线原理衍生出来的，用于测定当日股价水平与移动平均线偏离程度的一项技术指标。利用乖离率数值大小能较准确地判断出股价波动的顶部与底部。

2. BIAS 的计算

BIAS 计算公式如下：

$$BIAS = \frac{C - MA(N)}{MA(N)} \times 100\%$$

式中，C 为当日指数或收盘价，MA 为 N 日移动平均价，N 可按投资者选用的 MA 周期天数设定。一般设定为 6 日、12 日、24 日，也可以设定为 10 日、30 日、75 日。

3. BIAS 的应用法则

（1）乖离率有正负之分。若股价在移动平均线之上，为正乖离；股价在移动平均线之下，为负乖离。当股价与平均线相交时，乖离率为零。

（2）一般而言，正乖离率越大，表示短期内多头的获利越大，则获利回吐的可能性也越高；负乖离率越大，则空头回补的可能性也越高。

（3）乖离率究竟达到何种程度为最佳买卖时机，并无统一规则。一般而言，国外股市建议的乖离率经验数据如表 2-10 所示。

表 2-10　国外乖离率数据

	6BIAS	12BIAS	24BIAS	72BIAS
买入时机	-3%以下	-4.5%以下	-7%以下	-11%以下
卖出时机	+3.5%以上	+5%以上	+8%以上	+11%以上

由于国内股市周转率较高，其参考的乖离率经验数据有所不同，如表 2-11 所示。

表 2-11　国内乖离率数据

	5BIAS	10BIAS	30BIAS	65BIAS
买入时机	-6%以下	-9%以下	-14%以下	-30%以下
卖出时机	+7%以上	+10%以上	+16%以上	+30%以上

（4）在基本趋势为上升态势时，乖离率出现负数，此时入市风险较小，可以逢低吸纳；反之，下降趋势时，乖离率出现正数，可以逢高抛售，如图 2–129 所示。

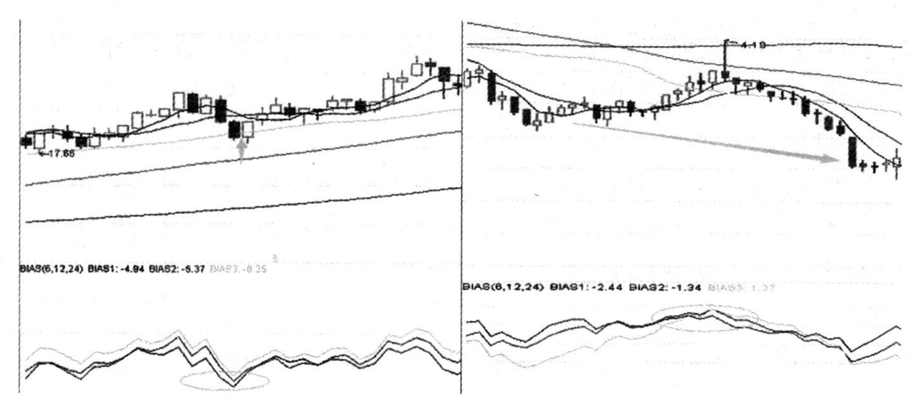

图 2–129　乖离率出现负数（左）、乖离率出现正数（右）示意图

4. 实训

“市场通”中提供 BIAS 指标进行个股分析，依次单击【图表分析】→【辅助指标分析】，在辅助指标分析列表下选择【乖离率】指标，双击进入乖离率指标个股分析页面，如图 2–130 所示。

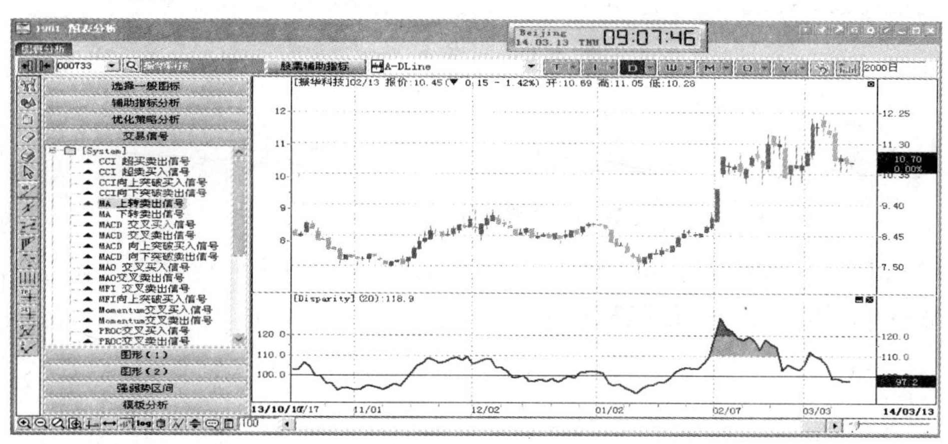

图 2–130　振华科技乖离率示意图

从图 2–130 可以看出，振华科技股票在 2014 年 2 月 10 日左右 BIAS 偏离值太多（预设值为 100，图中的水平线、曲线部分内容偏离预设值很多，最高 126.4），股票价格下跌的可能性大，投资者应该考虑卖出股票。BIAS 偏离预设值太低，投资者应该考虑购进股票。

七、成交量净额（OBV）

1. OBV 的含义

成交量净额 OBV 又称能量潮指标，是通过统计成交量的累计数来分析股市的人气兴衰，进而推测股价后市的发展趋势，研判买卖时机的一种技术指标。

2. OBV 的计算

（1）当今日收盘价 > 昨日收盘价时：今日 OBV = 昨日 OBV + 今日成交量。

（2）当今日收盘价 < 昨日收盘价时：今日 OBV = 昨日 OBV − 今日成交量。

（3）当今日收盘价 = 昨日收盘价时：今日 OBV = 昨日 OBV。

3. OBV 的应用法则

（1）OBV 与股价同步上升时，表明场外资金持续流入，股价可能继续沿着上升趋势走，投资者可适当建仓，如图 2–131 所示。

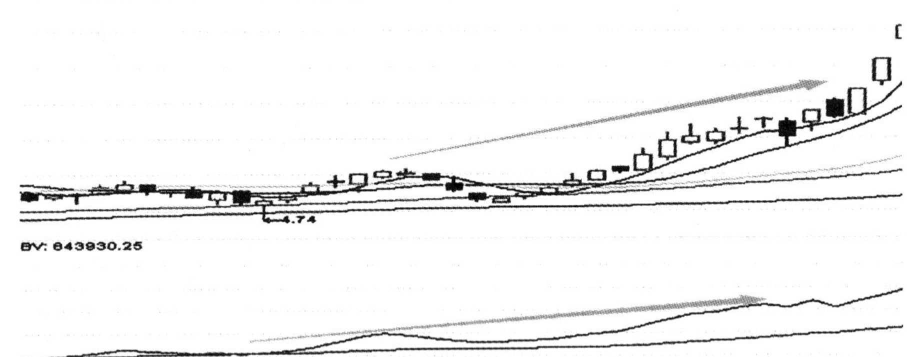

图 2–131　OBV 与股价同步上升

（2）OBV 与股价同步下降时，表明场内资金持续流出，股价将继续沿下降趋势走，投资者不可贸然进场，如图 2–132 所示。

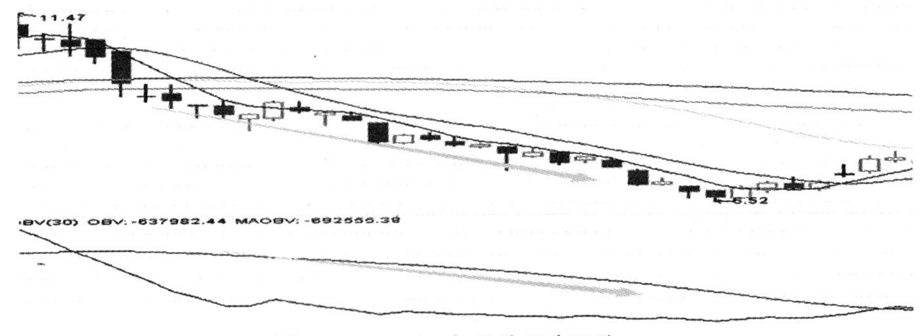

图 2–132　OBV 与股价同步下降

（3）股价下跌而 OBV 上升时，表示买盘较强，是买入信号。

（4）股价上涨而 OBV 下降时，表示买盘无力，是卖出信号。

（5）股价创新低，OBV 未同步创新低，形成底背离时，是较明确的买入信号。

（6）股价创新高，OBV 未同步创新高，形成顶背离时，是较明确的卖出信号，如图 2-133 所示。

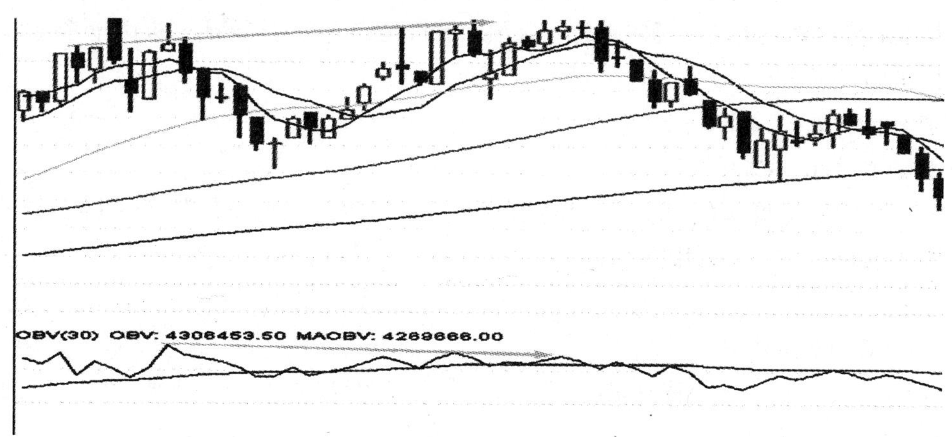

图 2-133　OBV 与股价形成顶背离

（7）股价在盘整行情中，OBV 率先向上突破创出新高，为买入信号，如图 2-134 所示。

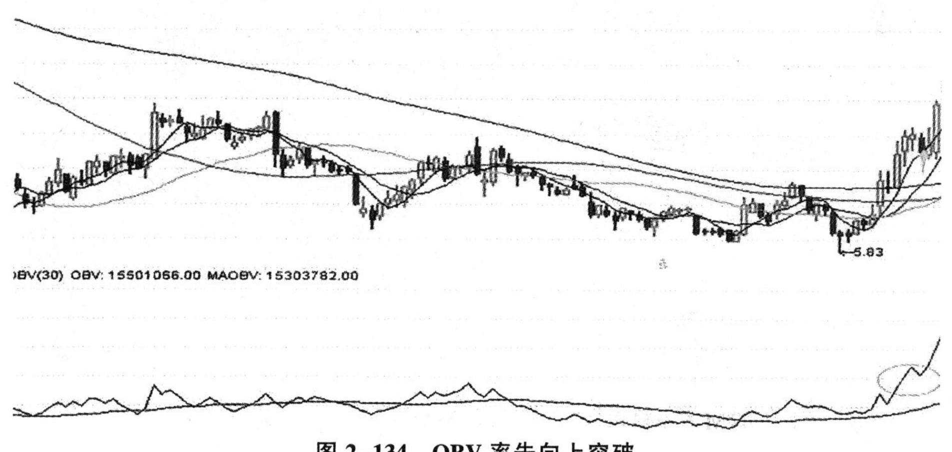

图 2-134　OBV 率先向上突破

(8) 股价在盘整行情中，OBV 率先向下跌破创出新低，为卖出信号。

八、动力指标（MTM）

1. MTM 的含义

动力指标 MTM，也叫动量指标，是一种专门研究股价波动的中短期技术分析工具。它以分析股价波动的速度为目的，研究股价在波动过程中各种加速、减速、惯性作用以及股价由静到动或由动转静的现象，来预示股价是进入强势高峰还是弱势低谷。

2. MTM 的计算

MTM 的计算公式如下：

$MTM(N) = C - C_N$

C 为当日收盘价，C_N 为 N 日前收盘价，N 为时间参数，可以在 6~14 日选择，一般取 10 日。另外，运用时还需计算 MTM 的 N 日移动平均值 MAMTM，作为买卖参考。

3. MTM 的应用法则

(1) MTM 由下向上突破 0 轴时，为买入信号；MTM 由上向下跌破 0 轴时，为卖出信号。

(2) 当 MTM 在 0 轴以下，向上突破 MAMTM 时为买入信号；当 MTM 在 0 轴以上，向下跌穿 MAMTM 时为卖出信号，如图 2-135 所示。

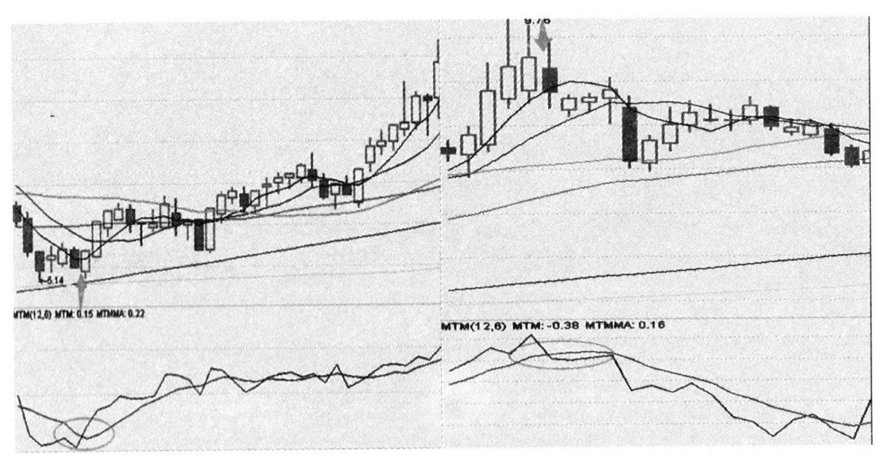

图 2-135　MTM 在 0 轴以下，向上突破 MAMTM（左）;MTM 在 0 轴以上，向下跌穿 MAMTM（右）

(3) 股价创新低，MTM 未同时创新低，称为底背离，为买入信号；股价创新高，MTM 未同时创新高，称为顶背离，为卖出信号。

（4）若股价与 MTM 在低位同步上升，则显示短期将有反弹行情；若股价与 MTM 在高位同步下降，则显示短期股价可能出现回落。

（5）可以在 MTM 指标线的高点与高点，或是低点与低点之间，画出趋势线，并运用趋势线买卖原则，作为进出的参考，如图 2-136 所示。

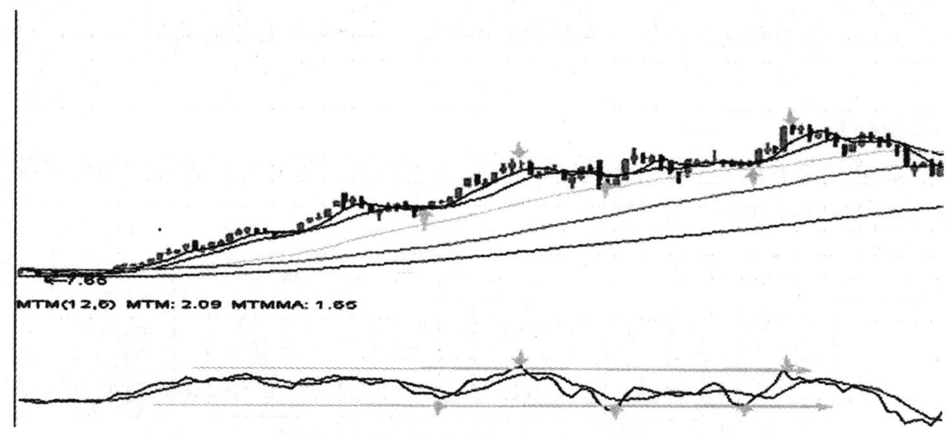

图 2-136 高点与高点、低点与低点之间趋势线的构建示意图

项目五　证券投资策略与技巧

证券投资活动是一项十分复杂且风险较大的经济活动，作为一个投资者来说，除了了解前面的相关理论知识外，还应了解和掌握证券投资的策略和技巧。

知识补充

在进行证券投资之前，我们应先拟订一个投资计划。拟订投资计划的步骤如下，如图 2–137 所示。

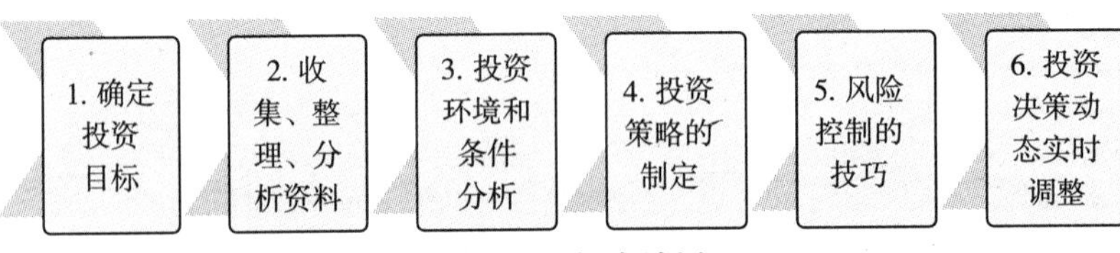

图 2–137　投资计划

1. 确定投资目标

在现实中，不同的投资者有不同的投资目标，主要概括有以下几种：

(1) 追求证券收益最大化。

(2) 对原有资产进行套期保值的需要。

(3) 期望掌握上市公司的经营权。

(4) 着眼于上市公司的特有资产如专利、技术、商标等。

2. 收集、整理、分析资料

在投资者确立投资目标之后，进行证券信息的收集、整理、分析工作是非常重要的。投资者所需要的信息资料通常来源于以下几个方面。

(1) 上市公司的公开资料，如招股说明书、财务报表等。

(2) 证券监督管理委员会的资料，如统计年鉴、统计月报、公告白皮书等。

(3) 沪、深交易所的公告、交易信息披露等资料。

(4) 大众传媒的信息，如新闻报道、公告、报纸、杂志等。

(5) 证券分析专家的评论。投资者收集到的资料纷繁复杂，需要进行甄别处理并加以分析。

3. 投资环境和条件分析

投资者在制订证券投资计划时，最重要的是客观地评判自身的风险承受能力和预期的收益要求。投资者据此确定投资对象，选择恰当的投资策略和风险控制技巧，实现投资目标。在实践中，需要考虑以下投资环境，如图 2–138 所示。

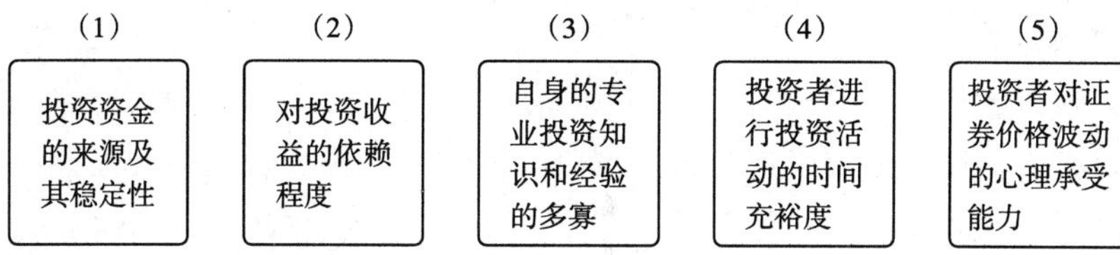

图 2–138 投资环境

4. 投资策略的制定

由于不同投资者有不同的投资目标和风险承受能力，因此，在投资计划中要根据具体的情况选择适合的投资策略。

5. 风险控制的技巧

在证券投资活动中，收益与风险一般表现为正相关关系，因此风险和收益的权衡就显得尤为重要。证券的风险既有系统性风险，又有非系统性风险。投资者在自身风险厌恶的约束下，选择恰当的风险控制技巧使得在一定的风险范围内收益最大或一定的收益下风险最小，最终达到投资效益最大化。

6. 投资决策动态实时调整

由于投资环境是动态变化的，影响证券价格波动的因素也实时变化，致使当前环境下作出的最优决策在未来某一时间变成次优决策甚至变成可能导致损失的投资决策。因此，投资者在确定了投资目标，选择了恰当的投资策略和风险控制技巧之后，还应该根据证券实时行情的变化进行投资决策的动态调整。

第一节 证券投资的决策过程

众所周知，投资的目的是盈利，但是无论哪种投资，都伴着不赚钱甚至血本无归的风险。因为投资本身就是建立在对不确定的未来进行收益预期基础之上的，而且证券投资中的收益与风险是存在着正相关关系的，投资收益率越高，投资的风险也就越大。为了使投资者在证券投资中尽量地减少损失，增加投资收益，避免投资的盲目性等错误，投资者应有一个完美的投资决策，做到心中有数。

一、证券投资的原则

为了更好地进行证券投资活动，一般投资者应遵循的原则主要有以下几点。

1. 量力而为原则

首先，投资者运用自有的资金进行投资，要量力而为，不能为贪图厚利而孤注一掷，或者以扩张信用、借钱来进行证券投资。因为万一投资者购买的证券被高位套牢，以自有资金进行投资，则可以被迫作长期投资，等行情上涨以后，或在低位补进摊低成本以后获利出售。而如以借入资金进行投资，万一债权人追着要收回资金，则投资者将面临债务的催讨压力，不得不在低位赔本卖出证券。

其次，投资者应运用自有的闲置资金进行投资。因为证券价格随时会变化，而股票价格的波动更大，如果投资者把短期内急用的资金也用来购买证券，就必须看准行情，在短期买进卖出，来回做差价，获取投机差价收益；万一行情看错，短期内买进又亏本卖出，则会遭受很大的投资风险。

2. 长期投资原则

在股票投资过程中，投资者要看长远些，而不要让投资的目光放在短时间内的股价日常变动上。由于我国目前的股市还很小，因而容易被投机者利用，进行投机操纵，形成短时间内的股价巨幅波动。对于广大中小投资者而言，由于不可能在第一时间内获得准确的内幕信息和其他各种消息，因而在投资操作过程中处于不利地位，等到各种信息公开发布时，广大中小散户往往在高位被套牢。

表 2-12　我国上海证券交易所和深圳证券交易所的市场总貌

	上海	深圳
上市公司（家）	959	1578
上市证券（只）	3023	2377
上市股票（只）	1003	1618
总市值（亿元）	148217.08	89530.98
总流通市值（亿元）	133492.69	64127.13
平均市盈率（倍）	10.69	24.44

资料来源：上海、深圳证券交易所官方网站。

随着我国股市的不断扩容，到 2014 年 4 月 25 日，沪深股市上市公司总数已超过 2537 家，而上市公司还在不断地增加，这使得投机操作变得越来越难；而且，证券管理机构各种调控股市的政策和法规不断出台，意图是打击股市投机行为，保护广大投资者的投资利益，这就增强了广大中小投资者的投资观念，有利于他们进行长期投资。

3. 独立思考原则

证券投资市场上的证券品种繁多，各公司的股票也有各自的特点，而且证券市场因受到各方面隐私的影响处在不断的变化之中，这就需要投资者在证券投资时应进行证券种类的分析、比较后，审慎、果断地投资。与此同时，投资者应能够控制自己的感情，具有足够的耐心，保持理智地看待问题的心态，不要过多地受各种传言影响，要能够独立思考，并善于控制自己的情绪，否则，在情绪冲动下进行投资是极易导致失败的。

4. 超然出市原则

投资股票其实就是在考验人的思维，考验人的心态和心理素质。若股市再次火爆，让股民朋友们心情愉快。不过也有不少人投入过度，整日患得患失，手中的股票像一块烫手的山芋，因此加重了心理负担，甚至出现了心理疾病。这样的散户投资者并不少见，可以把这种群体性心理疾病叫作“股市症候群”。因此，进入股市，一定要有超然的心态，才能经得住波澜迭起的股市的“考验”。

二、投资对象

1. 证券投资对象选择的要素

证券投资市场上种类繁多，如何选择合适的投资对象，首先应考虑以下四个要素：

（1）安全性因素。安全性因素包含两层意思：一是风险与收益的相当程度。在证券市场上，各种证券的风险和收益有四种组合：即高风险高收益、低风险低收益、高风险低收益和低风险高收益，其中前两种常见。高风险低收益是最不可取的选择，而低风险高收益是最理想的选择对象。二是风险性与投资者的适合程度。在证券市场上，不同的投资者由于其财力、能力的不同，风险承担能力也不一样。财力微薄、初涉市场的投资者不能期望获得巨额收益而选择高风险的证券；资本雄厚、富于经验的投资者选择低风险证券进行投资则过于保守。如图 2–139 所示。

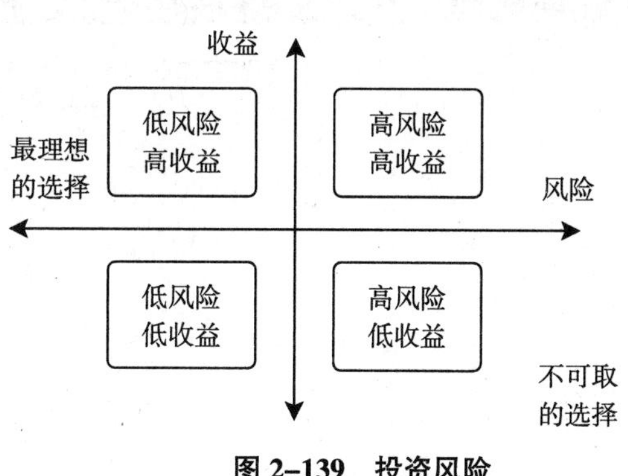

图 2–139 投资风险

（2）收益性因素。收益性因素涉及四个方面：①收益率。证券投资收益率是指投资收益占投入本金的比率。在风险程度相当的情况下，收益率越高越好。②证券价格。

考虑这一因素主要看证券发行公司已上市债券和股票的价格变动情况。如果债券是低价发行的，购买这种债券会获得偿还收益；如果已上市股票的价格是看涨的，投资者除股息外还能获得资本利得。③手续费。投资者委托经纪人购买证券需要支付一定的佣金，佣金的比率在有些国家是由政府或证券行业协会确定的，有些国家是自由确定的。我国手续费等详见本章附录 7、附录 8。④税金。在证券市场上，各种证券的发行人不同，政府所规定的税率标准不同，如政府债券的收益通常是免税的。

（3）证券的流动性。它是指证券的变现能力。在没有二级市场的情况下，证券的流动性取决于证券的偿还期限，期限越短，流动性越强。如果存在二级市场，证券的流动性则取决于二级市场的发达程度和某种证券的热度。二级市场越发达，证券的转让越方便，流动性越强，热门股一上市便会成为投资者抢购的对象，因而随时都能出手；冷门股由于很少有人问津，一旦需要现金，出手就很困难。

（4）证券投资的便利性。它是指购买证券所需要的时间、交割的期限、认购手续等是否迅速方便，是否符合投资者的偏好等。总的来说，证券投资的便利性与证券市场的发达程度是相对应的。在国际证券投资中，投资者往往需要考虑这一因素。

2. 选择股票作为投资对象应考虑的问题

目前我国证券市场上有 2621 只股票，如何在这么多只股票中进行选择呢？我们应该注意以下几个问题：

（1）考察公司所处行业的情况。不同的行业有着不同的经营管理内容，也有不同的特征。有些行业对经济周期的变动较敏感，有些行业所受的影响则少一些。因此，根据不同的投资目标选择不同的行业进行投资，如图 2–140 所示（进入“市场通”→【板块分析】→【板块图表叠加】，选择行业进行比较）。

1407. 板块图表叠加

行业 日 = 2014. 04. 29

指数行情 综合下单现况 行业比重总额 综合柱状图 综合饼图 板块图表分析 板块图表叠加 个股所属板块 板块期间分析

S	概念地区行业分类	最新指数	涨跌	%	交易额	分类
□	保险行业	591, 334. 38	▲ 4, 332. 19	0. 74	2, 515 万	行业
□	电子行业	285, 622. 94	▲ 1, 369. 16	0. 48	4 亿	行业
□	化工行业	521, 362. 84	▲ 1, 097. 63	0. 21	3 亿	行业
□	社会服务业	406, 833. 50	▲ 1, 061. 56	0. 26	2 亿	行业
□	交运设备	130, 263. 16	▲ 927. 63	0. 72	2 亿	行业
□	信息技术业	-1, 023, 628. 38	▲ 623. 25	-0. 06	4 亿	行业
□	批发零售	69, 381. 38	▲ 273. 34	0. 40	3 亿	行业
□	汽车制造业	1, 825. 41	▲ 87. 08	5. 01	929 万	行业
□	医药制造业	1, 670. 01	▲ 56. 86	3. 52	278 万	行业
□	纺织服装业	9, 693. 99	▲ 44. 38	0. 46	1 亿	行业

图 2–140 行业涨跌幅对比

(2) 考察公司在行业中的地位。投资者可根据三个方面来判断，如图 2–141 所示。除通过这三个方面来看该公司的情况外，还应该结合该公司股票在该行业的情况一起考察，例如：进入“市场通”→【综合行情】→【沪深板块】→【行业】，选择房地产业，如图 2–142 所示。

公司规模
- 固定资产额
- 公司注册资本
- 公司商誉
- 公司控制的其他公司数
- 公司职工人数
- 分公司分布地域等

公司历史
- 社会影响大
- 知名度高
- 资本雄厚
- 技术水平较高
- 占有的市场份额大
- 股票的股利收入稳定优厚
- 但一般股价较高

产品开发能力
- 对新技术的感受力
- 对产品的研制与开发
- 新的市场形式的开拓能力
- 吸纳新技术的能力

图 2–141　公司行业位置

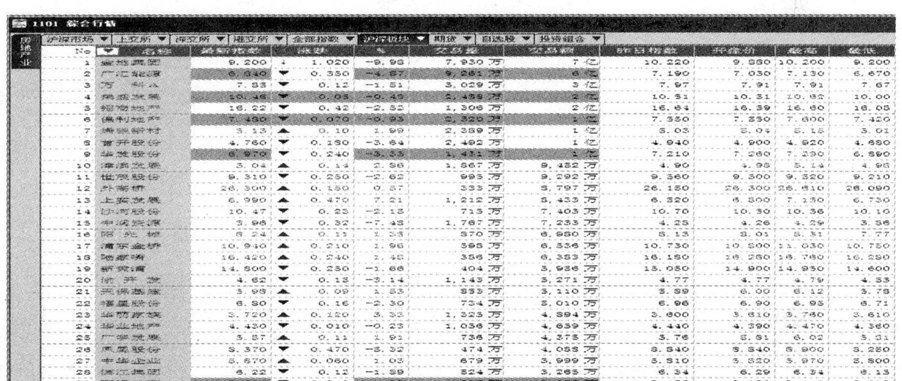

1101 综合行情

房地产业

沪深市场 ▼ | 上交所 ▼ | 深交所 ▼ | [illegible] ▼ | 全部指数 ▼ | 沪深板块 ▼ | 期货 ▼ | 自选股 ▼ | 投资组合 ▼

No	名称	[illegible]	涨跌	%	[illegible]	[illegible]	[illegible]	[illegible]	最高	最低
1	[illegible]	9.200	1.020	−9.98	7,930 万	7 亿	10.220	9.880	10.200	9.200
2	[illegible]	[illegible]	▼ 0.350	[illegible]	[illegible]	[illegible]	7.190	7.030	7.130	6.670
3	万 科A	7.83	▼ 0.12	−1.51	3,029 万	3 亿	7.97	7.91	7.91	7.67
4	[illegible]	[illegible]	▼ [illegible]	[illegible]	[illegible]	2 亿	10.51	10.31	10.62	10.00
5	[illegible]	16.22	▼ 0.42	−2.52	1,306 万	2 亿	16.64	16.39	16.60	16.05
6	[illegible]	[illegible]	▼ [illegible]	[illegible]	[illegible]	[illegible]	7.550	7.550	7.600	7.420
7	[illegible]	5.13	▲ 0.10	1.99	2,389 万	1 亿	5.03	5.04	5.15	5.01
8	[illegible]	4.760	▼ 0.180	−3.64	2,492 万	1 亿	4.940	4.900	4.920	4.680
9	[illegible]	[illegible]	▼ 0.240	[illegible]	[illegible]	[illegible]	7.210	7.260	7.290	6.890
10	[illegible]	5.04	▲ 0.14	2.86	1,867 万	9,452 万	4.90	4.98	5.14	4.98
11	[illegible]	9.310	▼ 0.250	−2.62	995 万	9,292 万	9.560	9.300	9.520	9.210
12	[illegible]	26.300	▲ 0.150	0.57	333 万	8,797 万	26.150	26.300	26.610	26.090
13	[illegible]	6.990	▲ 0.470	7.21	1,212 万	8,433 万	6.520	6.800	7.150	6.730
14	[illegible]	10.47	▼ 0.23	−2.15	715 万	7,403 万	10.70	10.50	10.56	10.10
15	[illegible]	3.96	▼ 0.32	−7.48	1,767 万	7,233 万	4.28	4.26	4.29	3.86
16	[illegible]	8.24	▲ 0.11	1.35	370 万	6,980 万	8.13	8.01	8.31	7.77
17	[illegible]	10.940	▲ 0.210	1.96	598 万	6,536 万	10.730	10.800	11.030	10.750
18	[illegible]	16.420	▲ 0.240	1.48	356 万	6,383 万	16.180	16.280	16.780	16.280
19	[illegible]	14.800	▼ 0.250	−1.66	404 万	5,926 万	15.050	14.900	14.950	14.600
20	[illegible]	4.62	▼ 0.15	−3.14	1,143 万	5,271 万	4.77	4.77	4.79	4.53
21	[illegible]	5.98	▲ 0.09	1.53	853 万	5,110 万	5.89	6.00	6.12	5.78
22	[illegible]	6.80	▼ 0.16	−2.30	734 万	5,010 万	6.96	6.90	6.95	6.71
23	[illegible]	3.720	▲ 0.120	3.33	1,323 万	4,894 万	3.600	3.610	3.760	3.610
24	[illegible]	4.430	▼ 0.010	−0.23	1,036 万	4,639 万	4.440	4.390	4.470	4.360
25	[illegible]	3.87	▲ 0.11	1.91	738 万	4,375 万	3.76	3.81	[illegible]	[illegible]
26	[illegible]	8.370	▼ 0.470	−5.32	474 万	4,088 万	8.840	8.840	8.900	8.250
27	[illegible]	5.870	▲ 0.060	1.03	679 万	3,999 万	5.810	5.820	5.970	5.800
28	[illegible]	6.22	▼ 0.12	−1.89	524 万	3,285 万	6.34	6.29	6.34	6.13
29	[illegible]	[illegible]	▼ 0.040	[illegible]	[illegible]	[illegible]	3.120	3.120	3.140	3.010
30	[illegible]	12.32	▼ 0.30	−2.38	234 万	2,911 万	12.62	12.63	12.64	12.29

图 2–142　房地产行业股票交易额前 30 名排行

(3) 分析公司的状况。分析公司状况主要看公司的经营管理水平、公司的内部环境。衡量公司经营管理水平主要通过公司的财务状况分析进行。如图 2–143 所示。

总之，投资者在进行股票投资时，必须考虑发行公司的状况，也就是说通过对发行公司的效益、经营管理能力、营运能力、资本结构等因素的评价与分析，对证券发行公司的情况仔细研究，深入了解，并且通过对社会上其他证券发行公司状况的分析。在此基础上，投资者还需根据投资动机和资金实力，明确自己对风险的态度，同时兼顾安全性、流动性和盈利性原则，对证券发行公司的每一种股票都加以详尽地考虑。

(4) 发行公司的盈利能力。一般讲，发行公司盈利能力强，预示着发行公司兴旺发达，有发展前途，投资者的信心增强，股息增加，股价上升，投资兴趣浓厚；反之，发行公司盈利能力弱，甚至连股息都不能派发，预示着发行公司股价下跌，投资者信

公司资信的状况	投资者可以依据公司股票的信用评级从侧面了解公司的状况
经营管理者的能力及职工素质	了解董事会成员和经理人员的工作能力、事业心、道德品质及年龄结构、健康状况等
科技开发及其被重视程度	公司拥有的科技能力，在一程度上代表着公司未来的发展潜力和竞争力
工艺设备及技术水平	一般来说，公司拥有的设备越先进、工艺流程越合理、技术水平越高，则公司的生产力水平越高，创造的产值越大，获得的利润越丰厚
公司成本控制	股票投资者，一定要挑那些经营管理完善、成本控制好的公司进行投资
公司经营方式	一般来说，购买经营单一产品公司的股票比买多种经营公司的股票风险更大些，但是公司经营过于多样化，也会带来管理上和决策上的困难，因此，多种经营并非经营种类越多越好

图 2–143　公司状况

心不足，为此，投资者就应了解发行公司的财务状况，通过对各种财务比率的比较和分析，把握发行公司的盈利状况。

（5）股票价格，特别是股票的市场价格。股票投资收益的多少，在很大程度上取决于股票市场价格的买卖差价。因此，投资者应时刻地关注股票市场价格的变动趋势。而这种变动趋势的大小，主要通过市场利率水平的变化来体现。一般来说，当股票收益一定时，市场利率高，股票价格低；市场利率低，股票价格高。投资者可对影响股价的基本因素进行分析，结合技术分析和市场利率的变化情况，把握股票价格的变动趋势。

任务

请同学们进入国泰安“市场通”查看万科 A（股票代码：000002）最近一个星期的开盘价。

（6）投资者的投资心理。股票价格受供求关系的影响，而供求关系在股票投资中，在很大程度上取决于人们的投资心理。不同的投资者，其投资心理不同，决定了股票的买卖方式不同。常见的心理因素主要有盲从心理、赌博心理和贪欲心理，如图 2–144 所示。

盲从心理
- 一些投资者对股市不作客观的分析，仅凭感觉盲目地买卖股票的心理

赌博心理
- 某些投资者赌股市的一时涨落的心理。赌博心理可以对股市起推波助澜的作用，使股价大起大落

贪欲心理
- 主要表现在某些投资者追求卖最高价或买最低价

图 2-144 投资者的心理

应指出的是，心理上的预期、判断、感觉，有时虽不太符合实际，但总是事出有因，因此，投资者在股票投资选择时，不可忽视心理因素对供求和股价的影响。

三、投资时机

投资者确定了证券投资的品种之后，最重要的问题就是选择证券买卖的有利时机。因为高质量的证券并不一定也意味着高收益，证券投资收益率随证券价格的变动而变化。

1. 确定证券买卖时机的方法

证券买卖的时机如此重要，那么可以通过哪些方法来确定证券买卖时机呢？在证券买卖时机选择时最常用的方法有以下几点：

（1）目标价格法。目标价格法是投资者根据自己对各种证券内在价值的估计确定买进的目标价格，当证券价格跌到这个事先确定的价格水平时就买进该证券。买进证券后，再确定卖出的目标价格，当证券价格上升到这个卖出价格时就卖出该价格。

例如：进入“市场通”→【综合行情】，选择招商地产个股。倘若我们预选择购买该只股票，且购买了 1000 股。若预计该股票价格跌到 15.78 元时买进该股票，如图 2-145 所示，买进该股票后，再确定卖出的目标价格，如 19.56 元，当股票价格上升到该价格时，就卖出该股票。那么，我们购买股票的收益则为 1000 × 19.56 − 1000 × 15.78 = 3780（元）。

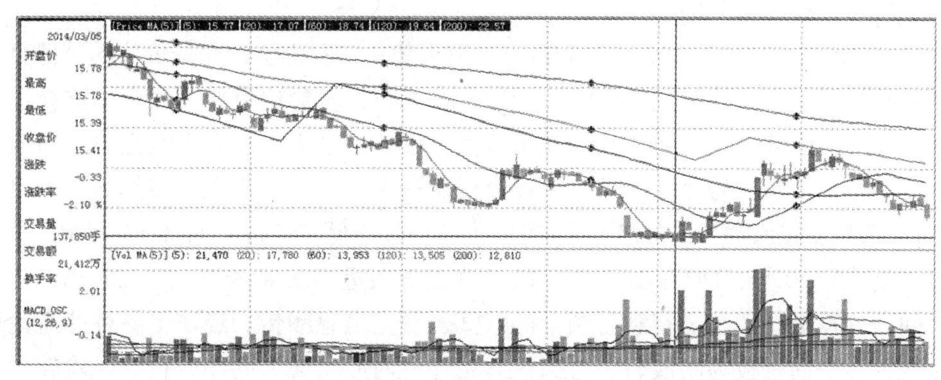

图 2-145 招商地产 K 线图（一）

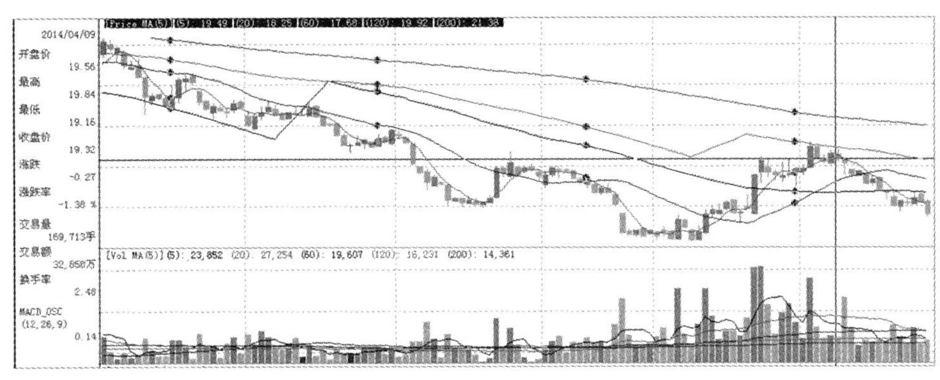

图 2-146　招商地产 K 线图（二）

采用目标价格法来选择股票，对投资者的要求较高。具体要求为：

目标价格法的要求
- ·投资者必须进行全面的基本分析
- ·投资者需耐心地等待市场供求关系变化
- ·投资者必须根据情况的变化不断地调整目标价格

（2）分次购买法。分次购买法就是通过多次购买同一种证券来消除一次购买时价格过高的风险。分次购买法主要是在长期投资时使用，如图 2-147 所示。

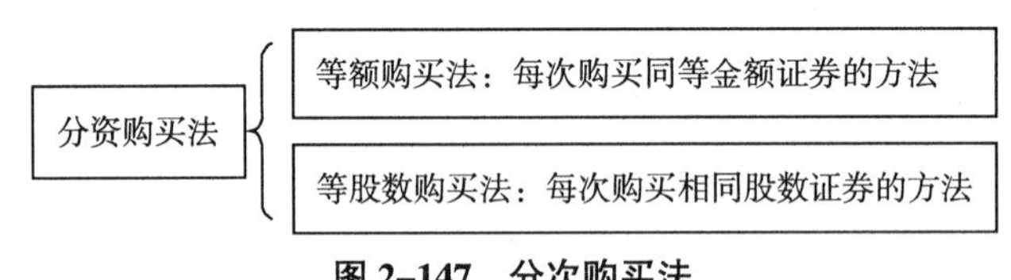

图 2-147　分次购买法

分次购买法的优点是投资者不必花时间研究股价变动趋势，且不会因判断失误而造成风险。但分次购买的成本较高，因此不适合小额投资者使用。

2. 买入时机和卖出时机的选择

（1）买入时机的选择。买入的时机，一看大势，二看价位，而且价位的高低直接影响到获利的多少，但从时机和价位二者比较看，时机较价位重要。时机的选择可参考如下：①股市下跌一段时间，长期处于低潮阶段，但已无大幅度下跌之势，而成交量却突然增加，此为“做底”阶段，可以逢低买进了。例如：进入“市场通”→【综合行情】，选择冀东水泥（000401），该股股价长期处于低潮阶段，而 2014 年 3 月 11 日，该股成交量突然增加（如图 2-148 所示），则此时买进，从 K 线图也可以看出，此后一段时间内，投资者还是“有利可图”的。②当利空消息频传，经济上各种悲观论调全部出笼，经济前景极为暗淡时，可买入。由于此时股票无人问津，投资风险较大，投资人望而却步，持有者慌忙抛出，这是买入的时机。如果股市中尚有一部分人持乐观态度，说明时机不够好，低价之下还有低价可循，投资者可以积蓄力量。当股市人人都持悲观态度时，就买进第一批股票。当股市处于整理阶段时，就可买入第二批股票。分批购入进可攻而退可守。③股价或股价指数的技术形态甚佳时，可配合成交量向上突破之际积极购进。成交量与股价相配合时，成交量增加，股价必上涨，如能在低档时先人一步介入，获利必厚。虽偶有大户从事“骗线”操作，但一般少见，且有止损点使自己亏损有限。

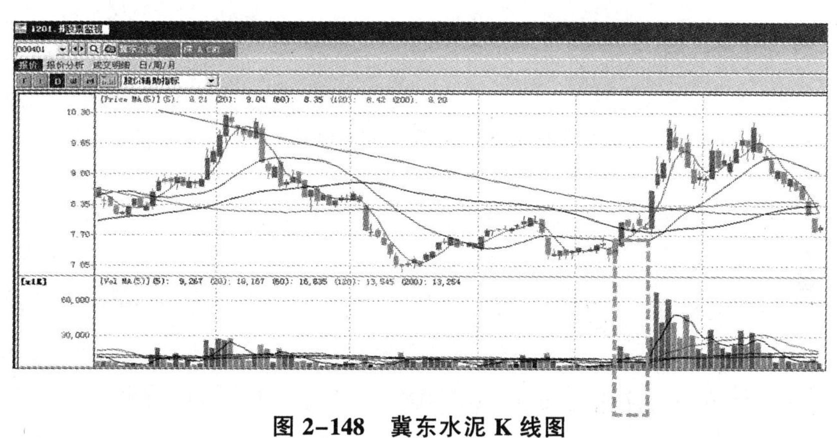

图 2-148 冀东水泥 K 线图

（2）卖出时机的选择。选择适当的时机出售证券是证券成功的重要条件，选择证券出售时机可依据下列原则进行：①当某种证券不再符合投资者的投资目标时，就可以卖掉证券。②当市场股价上升到历史最高水平时，就卖出股票，买低卖高。但实际执行中，投资者在股价上涨时信心增强，不知适可而止；而在股价下跌时，更不知在股价跌至谷底买进。例如：进入“市场通”→【综合行情】，选择中粮地产（股票代码：000031），当市场股价涨到最高水平，即 2013 年 2 月 6 日的开盘价为 5.0 元时（如图 2-149 所示），投资者应适可而止，卖出手中持有的股票。③当投资者预期某种证券不能再提供令人满意的收益率时，就卖出该证券。④如果有更好的机会可供选择，可卖出手中的证券。也就是，在市场有其他收益较好的股票可以选择时，可以放弃手中稍次的股票。

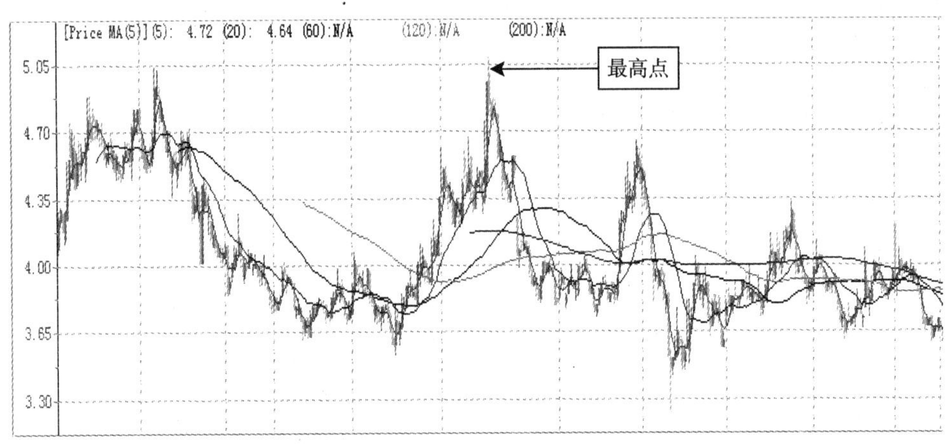

图 2-149 中粮地产 K 线图

除了以上情况外，还有很多现象出现后，投资者可以卖掉股票，即从整个股市行情来看，有以下两种：

第一，“高位双大量，卖出要赶忙”。股价运行到高位后，连续出现两天放出大量，表明多方投入过急，所以第二天放量时应是卖出时机，后市多有一跌。例如：进入“市场通”→【综合行情】，选择中信证券（600030），查看其 K 线图，如图 2-150 所示。

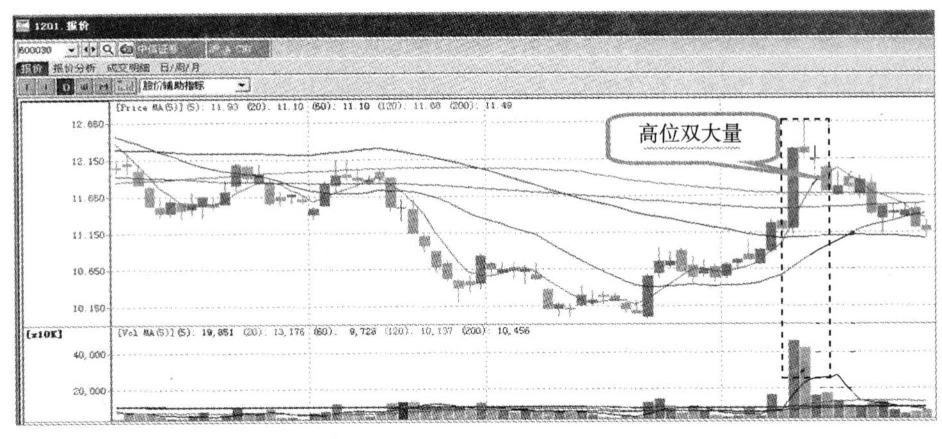

图 2-150 中信证券 K 线图

第二，“长箭射天，跌在眼前”。“长箭射天”指股价在高位出现一根长上影线小实体的 K 线。这种 K 线在任何位置都可出现，但只有在高位才是卖出信号。判断股价是否在高位，要用到其他的方法，但如果成交量放得很大，一般而言，“长箭射天”成立。例如：进入“市场通”→【综合行情】，选择华电国际（600027）2013 年 10 月 30 日的 K 线图，如图 2-151 所示。

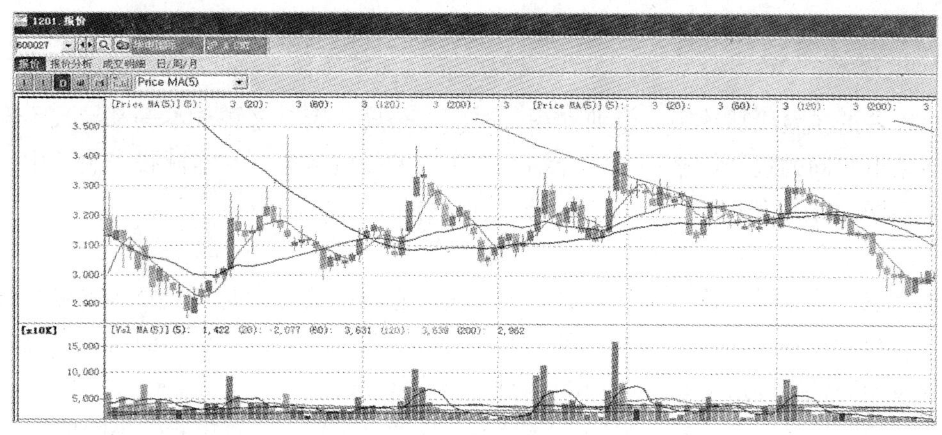

图 2-151 华电国际 K 线图

3. 股票买卖时机的选择技巧

选择买卖时机的基本技巧包括：根据基本面分析结论确定买卖时机，根据技术分析结论确定买卖时机，根据市场属性确定买卖时机，根据公司类型确定买卖时机等。

（1）根据基本面分析结论确定买卖时机。对短期投资者而言，利多消息一经确认迅速买进，利空消息一经确认立即卖出。但是，对于中长期投资者来说，只有确实影响公司前景和公司利润增长的利空因素出现才可卖出。即中长期投资者可不理睬那些仅在短期内引起股市变动的基本因素。

（2）根据技术分析结论确定买卖时机。每种技术分析方法都能指示买卖时机。投资者可以选择几种自己运用起来得心应手的分析方法，用它们的分析结论相互印证，从而作出自己的决策。比如，投资者技术分析时可采用趋势法，来确认股价趋势的形成和识别股价趋势的尾声，并在实际投资中，可随行就市，在趋势上升时买进，在趋势下降时卖出。趋势法又常利用移动平均线来分析。一般而言，当移动平均线正在上升，而股价跌到平均线下时，是股价趋势将要下跌的信号；反之，当移动平均线正在下降，而股价突破平均线向上提升时，是股价趋势将要上升的信号。因此，利用移动平均线与股价的变化情况，可以大致地决定证券的买卖时机。

（3）根据市场属性确定买卖时机。波浪理论说，股市就像大海，有浪峰，亦有波谷。中短期投资者只有根据股价与成交量的波浪起伏，才能决定买卖时机。通常股市萧条时应该买进，股市过热时应该卖出；股价上升初期应该大胆买进；股价上升量价同步时应该买进，量价背离时应该卖出；下跌股市反弹后应该卖出。

（4）根据公司类型确定买卖时机。股市中存在不同类型的公司，决定了买卖时机的不同。处在股市中的股份公司其经营行为和经营业绩的变化，只是投资者确定各种类型公司股票买卖时机的依据。如稳健适中的公司股票，投资者尽量不要选择该类股票，如果遇上主力着手炒作该股票且价格较低时可买入，但须在主力着手抛盘之前卖出。

四、投资策略

投资者的风险厌恶等级、专业知识、时间充裕度、资金来源成本等都导致不同的投资者采取不同的投资策略。以下介绍一些主要的投资策略，在实际投资决策中，投资者可根据自身的情况和投资理念的不同加以选择。

1. 投资三分法

投资三分法是最普遍、最流行的一种方法，它的主要思想是将投资者的资金分为三部分，分别投资于高、中、低三种风险的投资对象上，从而使资产组合的风险和投资者的风险厌恶等级相匹配，使风险和收益达到最优权衡。

一般的做法是：把 1/3 的资金存入银行；1/3 的资金用来投资风险较小的债券；1/3 的资金投资于风险相对较大、收益较高的股票。而在股票上也可同样采用三分法：把 1/3 的资金投资于风险相对较低的优先股股票；1/3 的资金投资于有发展前景的成长性股票；1/3 的资金投资于收益较高的普通股股票。

采用投资三分法，既考虑了降低风险的要求，又考虑了收益增长的需要，是一种稳健的投资方式。

2. 顺势投资法

顺势投资法是指投资者顺着股价走势买卖股票，根据股价变动特点采取相应行动。

一方面，投资者可根据股价的周期性变动进行投资。股价变动具有周期性，可以分为三种趋势：长期趋势、中期趋势和短期趋势。

(1) 长期趋势可持续一年以上，一个长期趋势包括上涨趋势的多头市场和下降趋势的空头市场。图 2–152 为中国农业银行一年以上的 K 线图。

(2) 中期趋势是长期趋势的中间性离心变化，是上升的多头市场股价跌落，下跌的空头市场股价上升，一般持续两周到三个月。在图 2–152 中，中期趋势则为其中一小截。

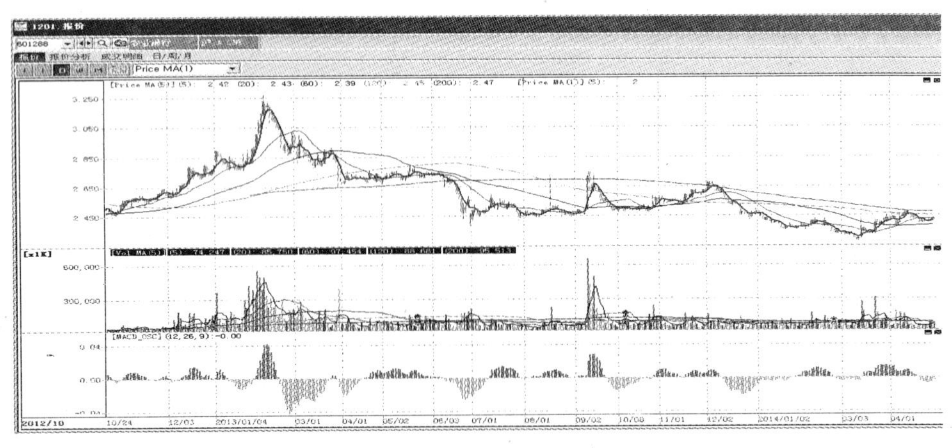

图 2–152　中国农业银行（601288）一年以上的 K 线图

(3) 短期趋势是指股价两周以内的变动。

投资者进行长期投资时，可在长期趋势的底段和中期买入，持有到高段卖出。若进行中期投资，可在估价中期趋势的底段买入，于股价上涨一段后卖出。

另一方面，投资者可根据股价变动的阶段性进行投资。在股价变动的一个周期内，可分为上升阶段、下跌阶段和盘整阶段。投资者可根据具体时机适时买入卖出，而在股价盘整阶段需要谨慎投资，等待趋势明朗后再做决策。

3. 保本投资法

首先明确证券投资中的“保本”，不是指保住投资者投入的总金额，而是投资者在投资决策之前主观预期的不能被亏损的那部分资金，它只占投资总金额的一部分。保本投资法是投资者避免资金“血本无归”的一种策略，适用于经济前景不明朗，投资者对未来股价走势不能作出明确判断的情形。保本投资法主要强调的是卖出决策的选择，包括对获利卖出点和止损点的选定。

止损点，即股价下跌以致资产缩减到投资者主观预期的“本”的时候，坚决卖出的点。止损点是为了避免过分亏损而制定的。

获利卖出点，是投资者的资产获得一定的收益率的时候，果断卖出的那一点。注意：只是卖出投资者保本的那一部分，并不是卖空所有头寸。

需要强调的是，在确定好获利卖出点和止损点后，要坚决予以执行。不能抱有侥幸心理认为股价会继续涨停或变跌为涨而放弃原则，其目的是锁定既得收益或避免损失的进一步扩大。

第二节 证券投资策略

一、选股策略

1. 选择成长股

所谓成长股，是指迅速发展中的上市公司所发行的预期利润会持续增长的股票。这种公司一般隶属于新兴产业，公司规模不大，产品的技术含量较高，产品的附加值大，公司规模扩张快，市场拓展迅速，尤其是利润的增长显著。公司成长率越大，股价上扬的可能性也就越大。

选择成长股应考虑以下因素：

(1) 上市公司所在行业的成长性较好，如国家政策重点扶持的行业，包括产业发展链上的薄弱行业、经济发展中的龙头行业和支柱行业以及国家重点开发地区的主导产业；朝阳产业，主要是一些高新技术、知识密集型产业，如微电子及计算机、激光、新材料、生物工程、邮电通信等。

（2）企业要有成长动因。这种动因包括产品、技术、管理及企业领导人等重大生产要素的更新以及企业特有的某种重大优势等。

（3）企业规模较小。较小规模企业发展的空间大，因而成长条件较为优越。

（4）利润总额的增长较快。

例如：进入“市场通”→【综合行情】→【沪深板块】，选择计算机、通信和其他电子设备制造业，我们查看东方网力近期的市场行情，总体呈上升趋势，如图 2-153 所示。

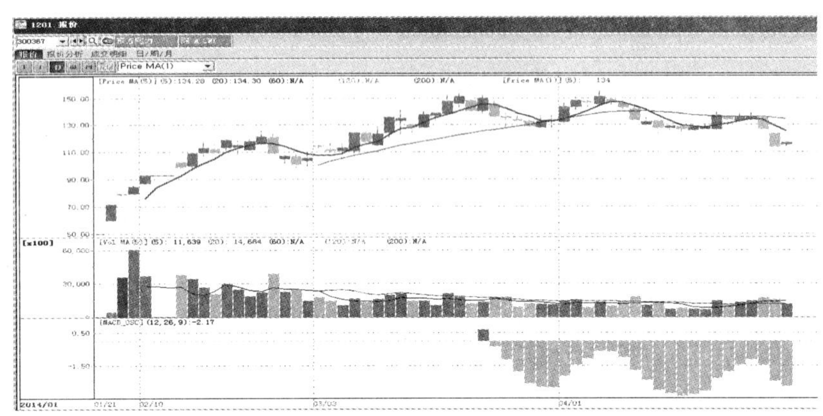

图 2-153　东方网力（300367）K 线图

“东方网力”公司概况

东方网力成立于 2000 年 9 月，是一家专注视频处理核心技术的高科技企业，为用户提供全面的视频监控解决方案和全方位的高品质视频存储产品。该公司 2014 年 1 月 21 日发行新股（A 股）631 万股，发行价格为 49.9 元。该公司 2014 年第一季度，实现营业收入 6728.93 万元，比上年同期增加 2507.83 万元，同比增长 59.41%，公司销售业务持续增长。

2. 挖掘题材股

题材股也称为概念股，是指具有可供市场炒作之用的题材的股票。题材是指一些比较抽象、朦胧，具有经济意义和时效性的消息。而正是这些抽象、朦胧的消息，才为投资者提供了丰富的想象和广阔的炒作空间。

课程练习

中国股市的概念股有很多，例如金融股、地产股、资产重组股、券商股、奥运题材股、保险股、期货概念、低碳经济、保障房等，这些都称为概念股。简单来说概念股就是对股票所在的行业经营业绩增长的提前炒作。

同学们可以进入“市场通”查看我国证券市场上概念股有哪些。

进入“市场通”→【综合行情】→【沪深板块】，点击“右三角”，如图 2-154 所示。

投资者在参与炒作一些题材股时，一定要认真分析，一般情况下不要过深地介入。因为一方面有些题材的来源并不可靠，有可能是一些子虚乌有的虚假信息；另一方面，即使是一些真实的题材，也往往并没有多大的实际价值。如股权转让，股东的变化并不一定意味着公司主营业务和公司业绩也发生变化，对股价也并不会产生根本性的影响。

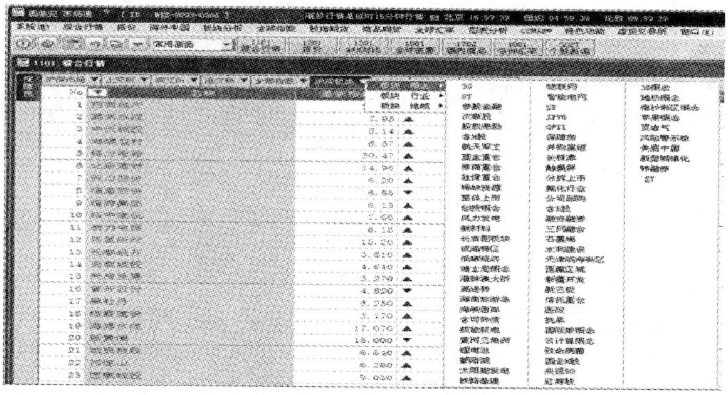

图 2-154 市场通概念股的查找示意图

3. 捕捉热门股

所谓热门股，是指交易量大、股票换手率高、股价涨跌幅度也较大的股票。热门股的形成往往是由于国家经济政策的变化、市场环境的变化或者投资者投资理念的变化等原因，使某些股票的投资价值得到了投资者广泛认同的结果。比如 2002 年下半年到 2003 年上半年一年的时间里，我国的汽车板块持续走强，成为当时最大的热门股。

表 2-13 为 2014 年 4 月 28 日中财网公布的关注度最高的十大热门股。

表 2-13 关注度最高的十大热门股（名单）

股票名称	股票代码	关注度	关注度变化值	关注度变化幅度（%）	最新价格（元）
广汇能源	600256	57968	53831↑	1300.9%↑	7.64
金地集团	600383	45674	6743↓	12.9%↓	9.35

续表

股票名称	股票代码	关注度	关注度变化值	关注度变化幅度（%）	最新价格（元）
贵州茅台	600519	31014	18561↑	149.1↑	175.76
浦发银行	600000	26175	3538↑	15.6↑	9.87
平安银行	000001	25199	3113↑	14.1↑	11.23
招商银行	600036	25067	9612↑	62.2↑	9.99
华夏银行	600015	20623	15537↑	305.4↑	8.39
营口港	600317	20437	19333↑	1751.8↑	3.85
中兴通讯	000063	20006	5590↑	38.8↑	13.15
中信银行	601998	19288	13424↑	228.9↑	4.84

资料来源：中财网，时间：2014年4月28日。

要想捕捉到热门股，必须能够较为准确地预测出股市上热门股的兴衰，并及时果断地购进。判别一只股票是否属于最近热门股的主要指标是换手率，若在较长的一段时间内该股票能够保持较高的换手率，说明有大量的资金进出该股，投资者已对其有所重视，这只股票也就可以热起来了。另外还应该从价位高低、走势形态上来判断。如果换手率一直保持较高的水平，而均线呈空头排列，说明主力资金是在底部，此时且不可贸然介入，在捕捉热门股时，投资者要树立随机应变的投资观念。因为热门股受多重因素的影响，每一种因素的变化都可能会改变投资者的认同度。同时，热门股与冷门股是相对而言的，冷门股也可能转化成为潜力股、热门股，热门股也绝非永远热，投资者即使捕捉到了热门股，也切莫死抱不放，要适可而止。

4. 咬定绩优股

绩优股又称蓝筹股，是指业绩优良、效益丰厚且稳定的公司所发行的股票。绩优股的投资报酬率相当优厚且稳定，股价的波动幅度不大。在牛市行情中，绩优股一般是在其他股票上涨一定幅度以后，才会缓慢上涨；但当熊市行情到来，其他股票大幅滑落时，绩优股常常成为市场追捧的对象，购入此类股票，不失成为稳定获利的一种选择。一旦在合适的价位购入绩优股后，不宜再频繁买卖，而应该将其作为中长期投资的对象。虽然其股价波动幅度不大，但是仅分红送配就可以给投资者带来比较可观的收益，特别适合作为上班族投资者长线投资的首选品种。

二、选时策略

“选股不如选时”，选择有利的建仓时机对提升投资收益水平有决定意义，甚至比选择哪种股票更为重要。再好的股票也有下跌的时候，导致投资者出现亏损；再差的股票也有上涨的时候，使投资者获利。对于同一只股票，有的投资者在它身上获利丰厚，赚得盆满钵满；也有的投资者在它身上损失惨重，赔得身无分文。从这个意义上来讲，股市上没有股票的好坏之分，只有赚钱和赔钱的区别，而区别就在于买入与卖出的时机选择是否恰当。

1. 走势投资时机的选择

股市是国民经济的“晴雨表”，因此要正确地判断证券市场的总体走势，就必须要正确地判断国民经济的发展规律。经济的发展是具有一定的周期性的。经济周期是由经济运行内在矛盾引发的经济波动，是一种不以人们意志为转移的客观规律。与经济状况息息相关的股市也必然会呈现这种周期性的波动。当国民经济处于衰退、萧条时期，上市公司经营状况恶化，百业不振，失业人口增加，国民收入减少，投资热情下降，股市行情必然随之疲软下跌；当国民经济处于复苏、繁荣时期，上市公司经营状况好转，国民信心增强，投资者的投资热情得以恢复，股价也会呈上涨走势。

例如：2013 年第一季度到 2014 年第一季度我国的国内生产总值的分布如图 2-155 所示，则我国上证指数从 2013 年 1 月 1 日到 2014 年 4 月 1 日的总体情况如 2-156 所示，从总体趋势来看，股市确实已成为国民经济的“晴雨表”。

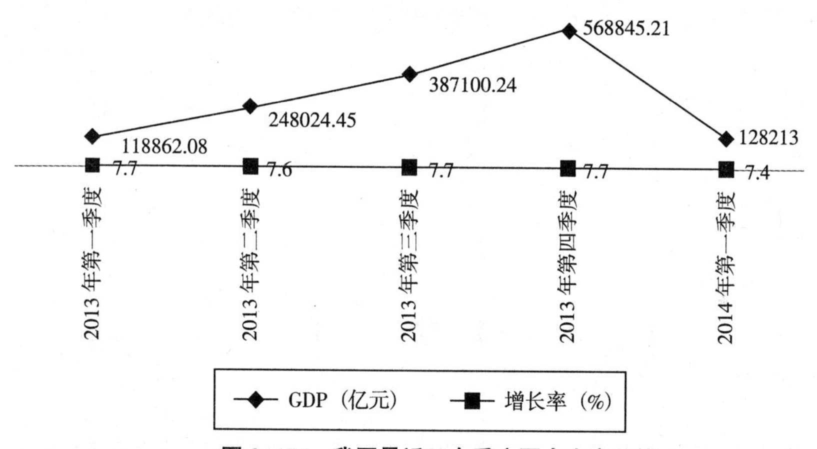

图 2-155　我国最近五个季度国内生产总值

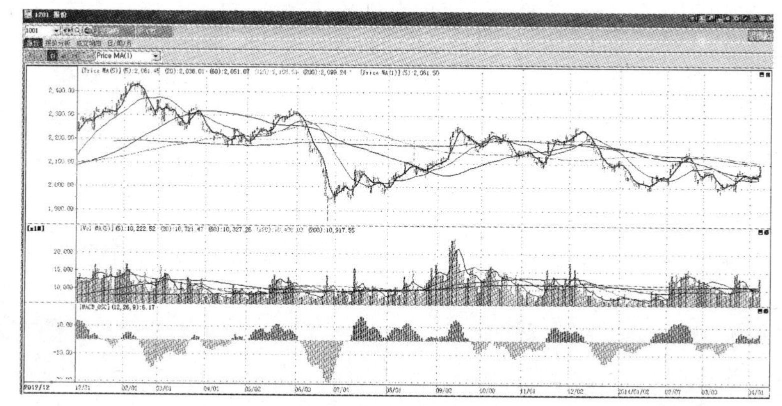

图 2-156　2013 年 1 月 1 日至 2014 年 4 月 1 日上证指数 K 线图

因此，可以说国民经济处于萧条阶段的尾声，并开始出现复苏迹象时，这时政策与市场的要求和利益趋向一致，证券市场必定会有较好的表现，正是投资者买入股票的最佳时机；当国民经济处于繁荣阶段的末期，并开始出现衰退迹象时，股票价格在迭创新高之后已成强弩之末，这时投资者就应当将手中的股票择机售出。

另外，国家的财政政策、金融环境、国际收支状况、国家汇率的调整等也都对投资者投资时机的选择产生重要的影响。

2. 行业投资时机选择

行业是一个企业群体，在这个企业群体里，由于其产品的同质性以及原材料、市场的相关性而使各企业处于一种彼此紧密联系的状态。因此，同一个行业的上司公司具有较显著的板块效应。

（1）成长性行业投资时机的选择。成长性行业的运行状态与经济活动总水平的波动变化一般并没有直接的关系，这一行业中企业的销售收入、利润的增长主要依赖于通过技术进步不断推出新产品、通过技术创新降低产品成本等手段，其资本扩张速度和利润增长速度都非常快，经营状况受宏观经济的周期性波动的影响很小，而且可以长期地保持稳定、高速增长，如我国深圳证券交易所上市的创业板，即生物工程、电子技术等高科技企业，新能源、新材料企业等。因此，对这些行业投资时机的选择比较简单，只要该行业处于成长阶段且该行业内多数公司的股价还没有严重透支其业绩及其成长速度，可以说每一次回调都是买入的良好时机。

例如：我们查看两个我国深圳证券交易所创业板上市的公司大富科技（300134）和东方财富（300059）。进入“市场通”→【综合行情】→【深交所】→【创业板】，点击“大富科技”，查看K线图，如图2-157所示；再点击“东方财富”，查看其K线图，如图2-158所示。

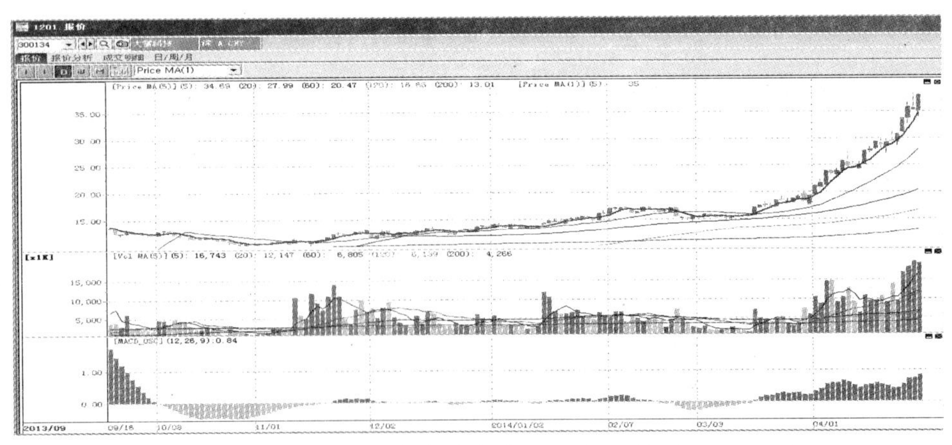

图2-157　大富科技（300134）K线图

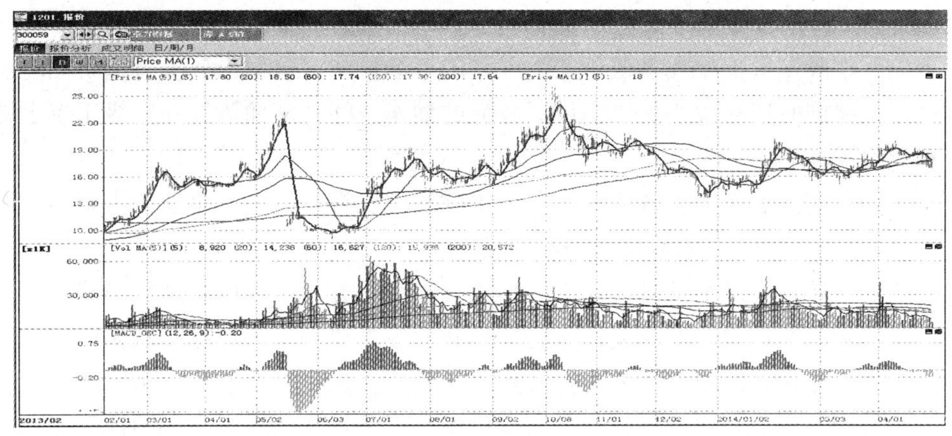

图 2-158 东方财富（300059）K 线图

（2）周期性行业投资时机的选择。周期性行业内企业的产品一般具有较高的收入弹性，它们的运行状态与宏观经济的周期性变化息息相关，如钢铁企业、煤炭企业、电力企业、房地产企业等。当宏观经济处于复苏、繁荣阶段时，这些企业也会紧随其扩张，销售收入及利润的增长都十分迅速；当宏观经济处于衰退、萧条阶段时，这些企业也会随其败落而步入衰退阶段。因此，当宏观经济处于复苏阶段初期时，是买入周期性行业上市公司股票的最佳时机；当宏观经济处于繁荣阶段末期，即将进入衰退阶段时，投资者应该抓紧时间抛出周期性行业上市公司的股票。

（3）防御性行业投资时机的选择。防御性行业的运行状态与宏观经济活动的周期性变化没有直接的联系，不论宏观经济处于其经济周期的哪个阶段，这些企业一般都呈现出稳定或缓慢增长的态势。同样，这些公司的股票一般不会像上两种类型的企业那样有大幅度的波动。投资时机的选择也较为困难，一般只是做一些高抛低吸。由于防御性行业上市公司股价变化的特性，决定了对此类上市公司较好的选择是做收入型投资，而非资本利得型投资。

3. 个股投资时机的选择

投资者对证券市场的投资时机进行分析，对行业的投资时机进行分析，最终还是要落实到对个股的投资上来。因此，选择好的个股投资时机才会对投资者的投资收益产生直接的影响，因而也就显得更为重要。

（1）新股发行是投资时机的选择。新股发行一级市场与二级市场是相互影响的，由于投入交易市场的资金总量基本确定，新股成批上市发行时，二级市场上必定抽走一部分资金进入一级市场去申购新股。如果同时公开发行股票的企业很多，较多的资金转入一级市场，会使一级市场的供求状况发生变化，股价会有向下波动的趋势，此时入市容易获得较合适的价格。当然这一影响也会随着新股发行方式的改变而发生变化。

（2）新股上市投资时机的选择。新股往往是机会众多、生命力强大的投资对象，主要表现为：

首先，新股发行价位大多低于同类股票的市场价位，从而形成发行差价利益。较低的发行价格同时还为股票上市提供了较大的炒作空间，从而为其在二级市场上的优良表现提供了基础。

其次，就新股票而言，各股份公司为了顺利地发行新股票，迅速获得资金，往往利多消息频传，后市行情看涨的潜力相对较大。

最后，承销商为了维护自己的市场形象，也会想方设法开辟通道，筹集资金，打响新股上市后的第一炮。有些大户也会抓住新股在上市第一天没有涨跌幅限制、无套牢筹码压力、炒作时散户容易跟风等特点入场坐庄。投资者在此时入市，可能是在跟进一个小高潮，易于较快获得收益，立定脚跟。但是炒作新股时也必须慎重考虑其风险，鉴别选择其真实获利的机会。

例如：进入“市场通”→【综合行情】，查看贵人鸟（603555）K线图，如图2-159所示。若投资者在2014年2月7日入手该股，则可以说是一个好的投资时机，但是紧跟着会有小幅下跌，所以投资者在购买时还是应慎重。

（3）股票分红送配前后投资时机的选择。在股份公司分红送配前，未来股票价格的变数很大，炒作的题材也会增多，容易产生较多的投资机会。因此对这类股票的走势，投资者应当予以特别关注。应该考虑以下几方面的因素：①一些成长性好、业绩优良的股票，在公司有大比例配送分配方案公布后，一般会走出抢权或填权行情，特别是这些公司未进行或很少进行大比例送配时，这种可能性更大。例如，特变电工（600089），该股票于2014年2月12日配股53035.31万股。该股在配股后几天股票一路上扬。如图2-160所示。可进入“市场通”查看该股票的K线图。②有些上市公司尽管在成长性以及业绩方面都有较好的表现，但是在除权前的抢权行情将股价拉得过高，已透支其业绩。如果没有实质性的利好，其股票除权后再走出填权行情的可能性就很小了，这时投资者应当尽快离场观望为好。③有些股票在除息除权前并不被投资者看好，并相应走出了填权行情。但是如果股票在除权前跌幅较大，已显现出较高的投资价值，除权以后走出填权行情的可能性就比较大，这时投资者介入的风险相应较小。④对股票价位高低的判断不能简单地以目前价位为依据。因为一些股票在经过多次除权以后，虽然目前价位并不高，但是当复权以后，它的实际价位可能就已经相当惊人了。因此在对股票价位进行分析时，应当将目前价位与复权以后的实际价位综合起来分析。

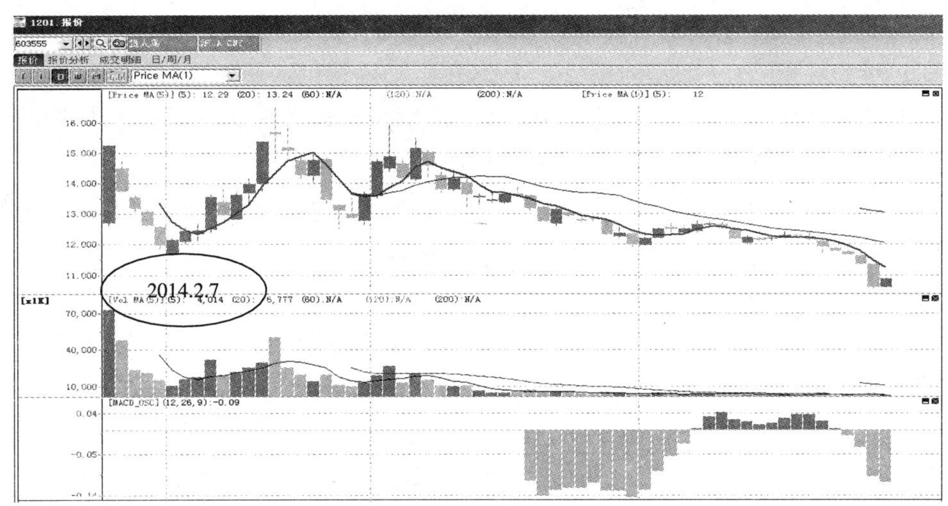

图 2–159 贵人鸟（603555）K 线图

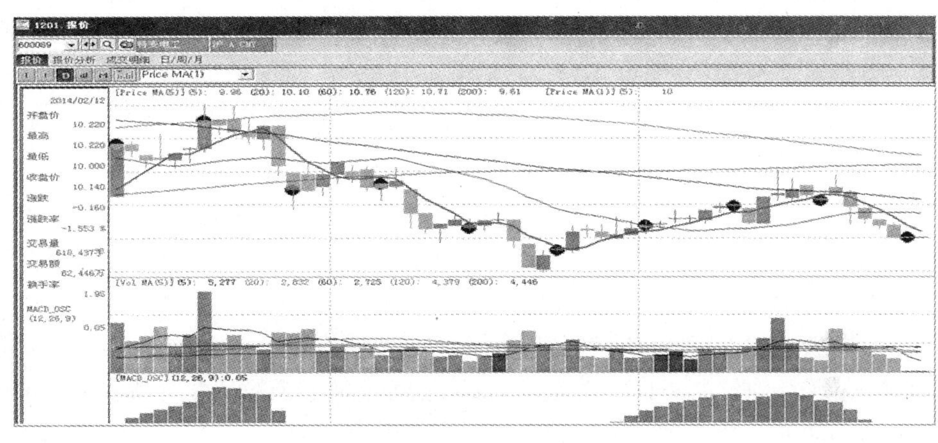

图 2–160 特变电工（600089）K 线图

三、止盈与止损策略

除了上述的一些选择合适的股票适时入市投资策略之外，掌握必要的风险控制技巧，同样是投资者进行投资决策不可或缺的。

止盈、止损点的选择是最常见的风险控制技巧，投资者可以根据自身的风险厌恶等级进行具体的选择。

1. 止损点的选择

投资者投资于证券市场，最重要的是控制风险，保护投入资金的安全，在此基础上才考虑怎样获得收益。投资者应根据自身风险厌恶等级，结合基本分析和技术分析的结论，设立恰当的止损点。止损点的设立一般有以下三种方式：

（1）设立止损比例。例如，买入某只股票后股价下跌超过10%，则卖出该股票，避免更大的损失。

（2）设立止损价位。例如：某人以10元价格买入某只股票，当股价跌破9元时，果断卖出，防止股价进一步下跌造成更大的损失。

（3）设立止损时间。当买入某只股票后，根据该股票的基本分析和技术分析的结论，预期在买入后的某一特定的时点卖出，无论此时股价是涨是跌。

2. 止盈点的选择

止盈点的选择在牛市尤为重要。投资者买进某只股票后，应根据收益预期、股票的支撑价位、未来前景等综合考虑设立止盈点，从而避免由于判断失误或过于乐观而丧失已经获得的潜在收益。止盈的方式有静态止盈和动态止盈两种方式。

（1）静态止盈。投资者买入某只股票后，当股价达到预定的目标价位时，坚决卖出，锁定收益，避免股票由涨入跌，投资受损。

（2）动态止盈。当买入某只股票盈利时，若股票的基本面完好，股价上升趋势依旧，题材未尽等原因导致股票上涨空间较大，此时应继续持有，并且根据市场行情的变化不断调整止盈点的位置，从而使收益最大化。

四、操作心态

证券投资的心态十分重要，很多投资者初入股市，没有调整好心态，既害怕股价下跌又害怕股价上升，心情经常处于焦急状态，理不清投资的思路，胡乱跟风买进卖出。

其实，在股市中真正的敌人就是投资者自己的心魔。然而，要战胜自己，就必须不断地培养和锻炼自己的心理素质，养成良好的心态。只有这样，才能在证券市场的风云变幻中稳如泰山，适时作出明智的选择。

1. 股市不是赌场

股市虽说变化无常，但是只要肯分析、研究，股价的预测是有规律可循的，而这与赌场中的碰运气不同。有经验的投资者在理性地权衡风险与收益之后，往往会牺牲眼前的利益以期望获得更大的收益；而没有耐心、感情用事的投资者则是凭一时的冲动去买卖股票，还有那些抱着赌博心态的投资者，贪心很重，赚钱了还想更赚，赔了不甘心，不知何时该进、何时该出，结果是赔得一塌糊涂。

2. 证券投资有“三要”、“三不要”

（1）要“有信心”。信心是成功的基础。投资股票信心尤为重要，若缺乏信心，就会显得犹豫不决而痛失良机，患得患失的人是不适合做股票的。

投资者的信心来自以下两个方面：

①投资者要对自己的判断与决策有信心，要相信自己的分析能力，一旦作出决策，

就坚定不移地按照自己既定的目标去做，绝不动摇。②投资者要对证券市场的发展有信心。市场上经常会出现一些反常现象，那是正常的。没有哪个投资者在市场中常胜不败，就是投资大师巴菲特也有犯错误的时候，但千万不要因为暂时的挫折而丧失斗志。

投资者的信心，是建立在一定投资交易经验和个人的能力基础之上的。只有当投资者在操作实践中积累了经验，对市场运作有了深刻的理解，能够掌握充分的市场资料，并且具备较高的分析判断能力时，自信心才是有意义的。

炒股最常做的事就是后悔，如建仓早了，后悔没买到最低价；出货早了，后悔没卖到最高价；跌了，后悔没有及时清仓；涨了，后悔没有马上跟进。

（2）要“有耐心”。证券投资，难免会后悔，只有靠耐心和智慧，才可能把后悔降低到最低程度。

股票投资的报酬，很大程度上就是忍耐等待的报酬。市场行情的升降起落，并不是一朝一夕就能完成的。多头市场的形成是这样，空头市场的形成也是如此。因此，在一个市场的主要趋势没有形成之前，投资者不可轻举妄动，也不可为一点点的利润而动心，以避免在杀进杀出中作出冲动性的操作。聪明的投资者应耐心、冷静地审视股市的发展变化，适时采取行动。

（3）要“有平常心”。浮躁是炒股之大忌。凡亏损严重的股民，都是由浮躁心态导致的。炒股票也要讲究“涨跌不动，亏盈不惊”的平常心的修养。

只有保持愉快的心态，大脑才能有效地工作，决策时才不会被过去的不愉快所困扰。常常见到有些亏本的股民心有不甘，一心想把本钱挣回来，结果反而造成更大的亏损；抛了的股票又涨了，抛卖者嫌赚少了，懊悔不已，于是不论目前价位高低，又追买，结果连本带利都赔了。因此，股民要以平常心面对过去，始终保持愉快心情，不要因为过去的阴影影响将来的操盘行为。急功近利想到股市来发横财者常常空手而归，而那些把做股票当成一种娱乐、学习、休闲的人却往往有较好的收益。所以说平常心是股战中最有效的武器之一。

（4）忌“盲目跟风”。盲目跟风是一种很常见的股民心态，许多新股民因为自己没有经验，对行情无法把握，就会盲目跟从他人。这种投资者往往是一方面对股价的狂涨暴跌起了推波助澜的作用，另一方面也易上那些在股市中兴风作浪的人的当，而给自己造成损失。

在股票市场上，许多投资者喜欢扎堆凑热闹，这样更有安全感，觉得这么多人都买的股票是不会下跌的。当然，他们没有想到，股票涨到一定价位时，早晚是要跌下来的，而且涨得越高，跌得越狠。如果投资者对行情不明，不了解上市公司的情况和股市行情，只凭热情盲目跟进，有朝一日会摔得爬不起来。

股市之中时常有风云突变，还会有虚实参半、令人无所适从的消息，股民一定要有自主判断、自主决策的能力，避免“人买亦买，人亏亦亏”。股市中，真理不会因为人们的蜂拥而上就掌握在多数人的手中，因此一定不要盲目跟风。

（5）忌“贪婪”。股市中流行的一句话概括得好：“多头空头都能赚钱，唯有贪心不能赚钱。”投资者的目的都是赚钱，但是一定要克服贪婪，否则会因为贪婪造成“扭赢为亏”的局面。

股市中贪婪的本质就是：在多头市场，总想以更低的价格买入；在空头市场，总想以更高的价格卖出。但是这样往往会坐失良机。无数事例证明，要想在股市立足并取得成功，不克服贪婪是不可能的，贪婪是股市获利最大的“拦路虎”。

在股市中，高价之后会有更高价，低价之后会有更低价。因此，新股民要克服贪婪，在该介入的时候就勇敢地介入，该退出的时候就果断地退出。见好就收，知足常乐，才能在股市中赢得胜利，贪得无厌只会适得其反。

（6）忌“恐惧”。在股市中，多数股民一向容易涨时贪婪、跌时恐惧。在充满竞争的股市中没有常胜将军，许多人又总是敢赢而不敢输。如何面对输的事实并尽力把损失减到最小，就是要在投资过程中注意的问题。

“输”这个事实不是不面对就会自动消失的，相反，越是不敢正视它，后果就会越严重。所以应当克服对输的恐惧，主动出击，当断则断，把无望回升的股票趁早抛掉。大势已去的股票不会因为投资者一厢情愿地等下去而反弹，这种自欺欺人的做法只会造成更大的损失。

第三节　证券投资操作技巧

一、渔翁撒网操作法

渔翁撒网法又称风险分散法，实际上就是一种简单的投资组合，只不过组合的比例在不断地调整。具体操作方法是，投资者在上升行情后进行短线操作时，当难以确定投资于何种股票时，为了减少损失，可以像渔翁撒网那样同时购买多种股票，当其中的某种或某些股票上涨到一定比率时就卖掉它。当出现牛市行情时，各种股票可能会轮番上涨，获利的可能会比较大；如果意外出现跌势，因为资金是分散在多种股票上，也可以避免某一种或两种股票投资所带来的风险。

投资者使用渔翁撒网操作法应注意以下两点：

(1) 必须坚持只有在某种股票价格跌幅达到自己确定的额度时才考虑卖出或者是买进，这样不仅能够保证一定的投资收益，而且也能够保证整个投资组合灵活机动。

(2) 投资者要极力避免冷门股进网中，但更多的是买进不易、卖出更难，买进后只能占用有限资金，尤其是对那些广撒大网的中小投资者来说，要尽力避免。

案例实操

进入“市场通”→【综合行情】→【投资组合】，按右键，构建组合，选择所要进行组合的股票，如图 2-161 所示。

图 2-161 构建投资组合

组合构建成功之后，关闭已组建的组合，在【自选股】中查看已选组合的情况，如图 2-162 所示。

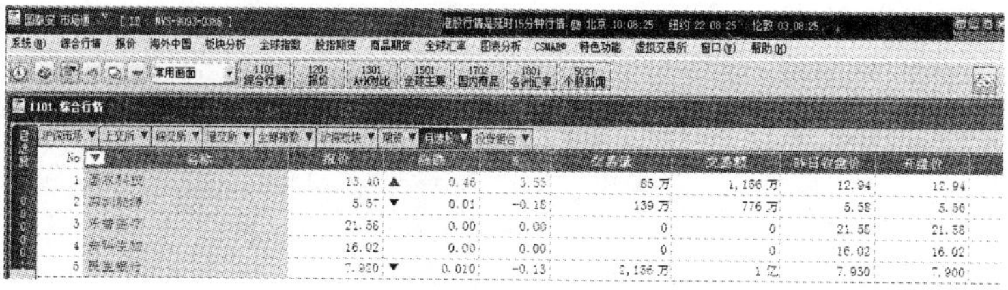

图 2-162 自选股查看

渔翁撒网操作法就是每天关注所持有的股票组合，当其中一种或某几种股票上涨到一定幅度后就卖掉它，以获得部分投资收益。

二、摊平操作法

摊平操作法是指在投资者买进股票后，由于股价下降，手中持有股票形成亏损状态，当股价再跌一段以后，投资者再低价加码购进一些股票以降低成本的操作方法，摊平操作法可分为逐次等数买进摊平法、倍数买进摊平法、加倍卖出摊平法。

1. 逐次等数买进摊平法

当第一次买进后被套，等股价下跌到一定程度时，分次买进与第一次数额相等的股票。利用这种操作方法，要注意必须把资金分为几部分投入，不能一次性投入。利用这种方法时，可能遇到股市行情变化及获利的机会有以下几种情况：第一次买进后股价下跌，第二次买进等量的股票后，股价仍然继续下跌，就再作相等数量的买进，之后，如果股价回到第一次买进的价位，即可获利；买进第一次、第二次、第三次之后，行情继续下跌，不过行情不会永远只跌不涨，只要有机会拉回到第二次买进时的价位，就可保本，超过则可盈利。

举例说明

假设你在2014年2月11日（图2-163A点）购买了民生银行（600016）1000股，成交价为7.37元。2014年2月26日（图2-163B点），该股股价下跌到7.21元，你又购进了1000股，该股并没有继续下跌，于第二日又开始回升，若你2014年3月7日（图2-163C点）卖出所有股票（成交价7.72元）。不计算佣金和其他税费的情况下，你的获利为：7.72×2000-（7.37×1000+7.21×1000）=860（元）。

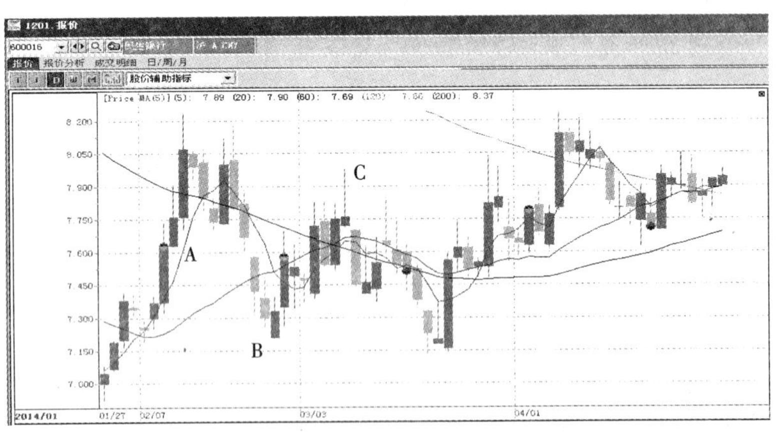

图2-163 民生银行K线图

2. 倍数买进摊平法

这一操作方式要在第一次买进之后，如果行情下跌，则第二次买进第一次倍数的股票，以便摊平。倍数买进摊平法可以做到两次或者三次，分别称为两次加倍买进摊平和三次加倍买进摊平。

3. 加倍卖出摊平法

加倍卖出摊平法是指在买进股票后，发现跌势已经形成，就卖出倍数的股票，以便摊平成本，加速获利机会。采取这种方法时，第一次买进股票后，行情下跌，加倍卖出后继续下跌，只要跌到第一次与第二次差价的1/3，就能够保本，若继续下跌就可获利。

三、博傻操作法

“博傻主义”投资法是一种典型的投资方法，也是散户跟庄的惯用方法。投资者预计股价上涨的趋势还将持续一段时间而追高买进，伺机在价格更高时出售获得差价。由于是在高位时买进，投资者形象地自喻为“傻瓜”，但可能会有人比自己更傻，因此就可能“傻瓜赢傻瓜”。采用该操作法若想获得成功，需要做到以下几点：

（1）选择具有良好的展望且获利率高，股价可能会在人们普通看好这种进一步上涨的股票。

（2）高价买进只能在行情普遍看涨、人们对股市普遍乐观时，股价才能连连上涨，博傻才能成功，而不是盲目的自信。

（3）选择业绩优良的公司股票，这类股票在业绩稳定上升的时候，不断上涨，一般不会意外下跌。

四、拔档操作法

这是多头降低成本、保持实力的操作方法之一。所谓“拔档子”就是投资者抛出自己持有的股票，等股票价位下降后再补进。投资者“拔档子”并非对股市前景看坏，也并非真正有意获利了结，只是通过价位高时先卖出，使自己赚回自己的一部分差价。通常“拔档子”卖出与购进之间不会间隔太久，最短时可能只有一两天，最长也不过一两个月。具体有两种操作方法：

（1）行情上涨一段后卖出，回落后再补进的“挺升行进间拔档”，这是多头在推动股价上升时，认为涨幅已可观，或者遇到空方的打压股价难以继续上行，就抛出股票。

（2）在行情下跌过程中，价位高时卖出，等到跌势减缓后或处于低价位时再买回的“滑降再拔档子”，这是套牢的多买或多头自知实力弱于空头时，在股价还未跌到低点前抛出，等股价再回落时购进反攻。

五、顺势操作法

对于小额股票投资者来说，由于投资能力有限，无法控制股市行情，最基本的投资方法就是顺势投资法，即跟随股价走，顺着股价的走势进行买卖。

进行顺势投资很可能因看错趋势或落后于趋势而遭受损失。因此，采用这种方法时，必须注意满足两个前提条件：一是看涨看跌趋势必须明确；二是必须能够及时确认趋势。通常只有在判断涨跌形成中期趋势或长期趋势时，才可做顺势投资操作，而在只是存在短期趋势时不易跟进。

一般情况下，投资者可以根据股市的这些征兆来进行科学准确的判断，多头市场上会有以下征兆：

（1）有利消息见报时，价格上涨。

（2）不利消息出现时，价格下跌。

（3）除息除权股，很快作填息反应。

（4）投资者开始重视纯益、股利。

（5）行情上升，成交量趋于活跃。

（6）各种股票轮流跳动，形成向上比价的情形。

六、跟庄操作法

跟庄操作法是指跟踪庄家动向进行操作的方法。要跟庄操作，首先要了解什么是庄家以及庄家操作的流程。

1. 什么是庄家

庄家就是指持有巨额资金，掌握着某种股票较多的流通筹码，在一定时期内对该种股票进行集中操作，以从中牟取利润的机构投资者或大户。

2. 庄家的操作流程

庄家的操作通常要经历五个阶段，即调研策划、吸货、洗盘、拉升和派发。

（1）调研策划。庄家坐庄的第一步必须从调研策划开始。其主要内容有：①要对当前的市场环境、经济形势、政策导向等进行分析。②要筹措资金，资金的来源对于庄家坐庄时间的长短、坐庄的方式等都将产生重大影响。③要精心选择炒作对象，通常庄家要全面评估目标公司的经营业绩、行业地位、发展潜力、综合实力、股本结构、流通股本、历史股性、有无旧庄、潜在题材等各个方面。④要根据大盘情况确定入市时机。

（2）吸货。吸货即收集筹码的过程。坐庄必须吸货，只有掌握了足够的筹码，仓位达到了一定比例，通常为10%~30%，才能有货用来砸盘、震仓，才能操纵股价。庄家吸货的手法主要有以下几种：

1）大幅度打压吸货，庄家借助某些利空消息或其他不利因素，先打穿某一重要的技术支撑位，形成股价破位下行的态势，动摇持股者信心，引出恐慌性抛盘，然后低价顺势吸纳。

2）低位横盘吸货，庄家利用市场人气低迷，造成股价长期在低位徘徊，投资者对其价格走势丧失信心，持股心态不稳，耐心伺机吸货。

3）大幅拉高股价，庄家大幅拉高股价，引出大批获利或解套筹码，从而实现快速建仓。这一般是在大市反转，或即将有利好消息兑现，庄家不得不快速介入时采用。

（3）洗盘。洗盘是中长线庄家在将股价由底部拉升一段后进行的中间整理活动。洗盘的主要目的有：①清洗出获利筹码，抬高散户成本，以减轻日后拉抬时的压力；②赚取阶段性差价，以降低成本，并为进一步的拉升准备资金，同时继续逢低吸货；③将不坚定的跟庄者清理出局，并通过打压与反复拉升结合运用，培植坚定的跟庄者，为将来顺利派发预埋伏笔。

洗盘时常用的手法，包括震荡式、拔档式、大幅跳水式、平台整理式、边拉边洗式等多种。对于中长线庄家来说，洗盘往往要进行多次；但短线庄家有时可能不洗盘。洗盘过程中，股价或是横盘滞胀，或是反身向下，常给人以庄家派发的错觉，因而是一种空头陷阱，也是庄家刻意折磨跟庄者的阶段。

（4）拉升。庄家完成洗盘任务后，会迅速进入第四步拉升阶段。拉升的初期成交量温和放大，股价依托 5 日、10 日均线缓慢攀升，均线系统向上发散，呈多头排列，这一阶段阳线多阴线少。随着股价的进一步上扬，日上涨幅度也越来越大，上升角度也越来越陡，换手率也越来越高，成交量也往往放出天量，当个股交易过热时，拉升阶段也即将结束。拉升成功与否，直接关系到庄家能否获利以及获利水平的高低，因而是非常重要的阶段。庄家拉升主要有高举高打式、平台推进式和慢牛盘上式等手法。借助短期利好消息，且庄家实力又较强时，常采用第一种手法；业绩优良、有长期利好题材，庄家坐庄时间较长者，多采用第二种和第三种手法。

（5）派发。庄家坐庄的第五步是派发即出货。庄家出货的方式也很多，常见的方式包括震荡出货、跳水出货、拉高出货等。出货顺利与否，对庄家是生死攸关的问题。庄家此前炒作得再成功，纸面上的盈利再大，如果不能出货兑现，也就毫无意义。

庄家在实际的操作中基本上都要经历以上五个步骤，但很多时候是以复合的形式出现的，如吸货与洗盘同时进行、拉升与洗盘同时进行、拉升与出货同时进行等。

3. 跟庄操作法——建仓跟庄法

跟庄操作中有很多方法，如建仓跟庄法、玫瑰跟庄发、试盘买卖法、洗盘买卖法、周期共振跟庄法、追涨停板法、新庄跟庄法、老庄跟庄法、上市公司跟庄法等。在本书中主要介绍建仓跟庄法。

建仓跟庄法主要是指在庄家建仓结束时进行跟庄。散户跟庄炒股若能准确判断庄家的持仓情况，盯牢一只建仓完毕的庄股，在其即将拉升时介入，必将收获一份财富增值裂变的惊喜。这里面的关键是如何发现庄家已筹码锁定。具体来说，某一庄股吸货时所耗的时间与盘子大小、庄家的操作风格、大盘整体走势有密切的关系，投资者对不同的个股可以根据不同的方法判断。

一般来说，具备以下特征之一的可以初步判断庄家建仓已进入尾声：

（1）K 线不理会大盘而走出独立行情。投资者通过仔细观察可以发现，有的股票，大盘涨它不涨，而大盘跌的时候它不跌，这种情况通常说明大部分筹码已落入庄家囊中。如图 2–164、图 2–165 所示，大盘走势在后期已下跌，而方大集团股票价格却反而上涨。如果此时介入，其后可能有所收益。

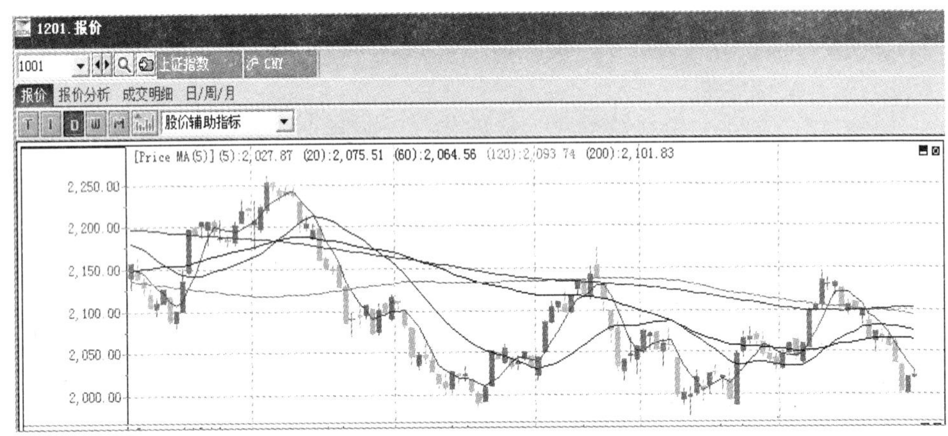

图 2–164　同期大盘走势 K 线图

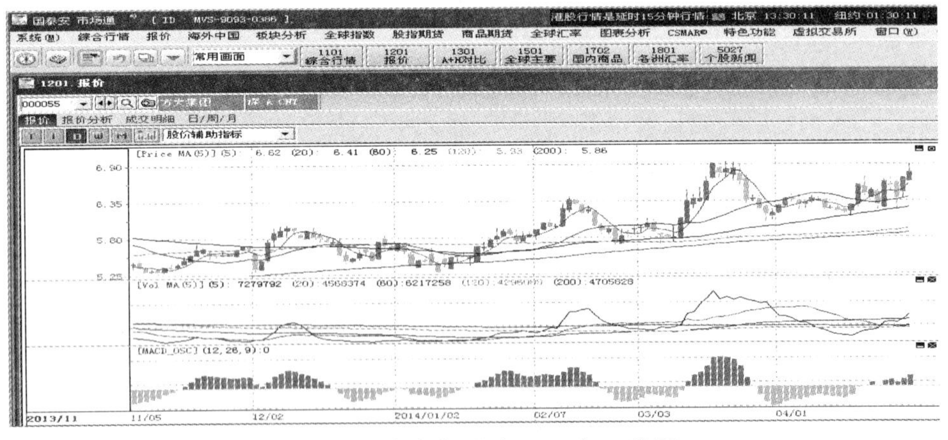

图 2–165　方大集团（000055）K 线图

（2）放很小的量就能拉出长阳或封死涨停。相中新股的庄家进场吸货，经过一段时间收集，如果庄家用很少的资金就能轻松地拉出涨停，那就说明庄家筹码收集工作已近尾声，具备了控盘能力，可以随心所欲地控制盘面。

（3）K线走势起伏不定，而分时走势图剧烈震荡，成交量极度萎缩。庄家到了收集末期，为了洗掉短线获利盘，消磨散户持股信心，便用少量筹码作图。从日K线上看，股价起伏不定，一会儿到了浪尖，一会儿又到了谷底，但股价总是冲不破箱顶也跌不破箱底。而当日分时走势图上更是大幅震荡，委买与委卖之间价格差距也非常大。此外，成交量也极不规则，有时十几分钟才成交一笔，分时走势图画出横线或竖线，显示上档抛压极轻而下档支撑有力，浮动筹码极少。

（4）遇利空打击股价不跌反涨，或当天虽有小幅无量回调但第二天便收出大阳，股价迅速恢复到原来的价位。由于突发性利空袭来，庄家措手不及，散户筹码可以抛了就跑，而庄家却只能兜着。于是盘面可以看到利空袭来当日，开盘后抛盘很多而接盘更多，不久抛盘减少，股价稳定，由于害怕散户捡到便宜的筹码，第二日股价又被庄家早早地拉升到原来的水平。

七、保本投资操作法

当行情变化难以捉摸时，投资者应该“先求保本后讲赚钱”，即用保本投资法来避免自己的本金遭受损失。保本投资法的主要特点是确保投资本金的亏损不超过某一限度。但这种保本是相对亏损过多或耗尽全部投资本金而言的，并非完全保本，因为没有一位投资者能够在投资结果出现之前保证自己免遭损失。

保本投资法一般适用于行情不太明朗，不知股价会涨跌到什么程度的时候。当行情上涨时，先保其本，行情下跌时则断然停止损失。

举例说明

1. 行情上涨时的保本投资操作法

例如，某投资者用10000元购买A股票1000股后，遇其上涨。投资者要保本80%，当该股升至12元时，投资者卖出1000股获取既得利润。所余900股，总价值实质仍有10000元左右（12×900）。此后，该股盘再升10%，即股价推到13.2元时，又卖出100股，使持股账面仍保持在10000元左右，这种持股数量不断递减，其市价总值一直保持在10000元附近，账户的现金利润在不断增加，这便是行情上涨时应采取的保本投资法。

2. 行情下跌时的保本投资操作法

例如，当某投资者以10000元买入1000股某股为例，仍设定要保本为80%，那么可取两种方法：股价一跌过10%即跌穿9元时，卖出一半，约收回现金4500元，如再跌10%，全部卖出，再收回近4000元现金。另一种方法是跌去10%不管它，再观察一段时间，一旦发现跌去20%，忍不住剧痛全部清仓，收回现金约8000元，以待出现新机会后再战。

八、金字塔投资法

金字塔投资法是股票投资的一种操作方法，是分批买卖法的变种。此法是针对股价价位的高低，以简单的三角形（即金字塔形）作为买卖的准则，来适当调整和决定股票买卖数量的一种方法。

根据实战情况，可以分为三种类型，如图 2-166 所示。

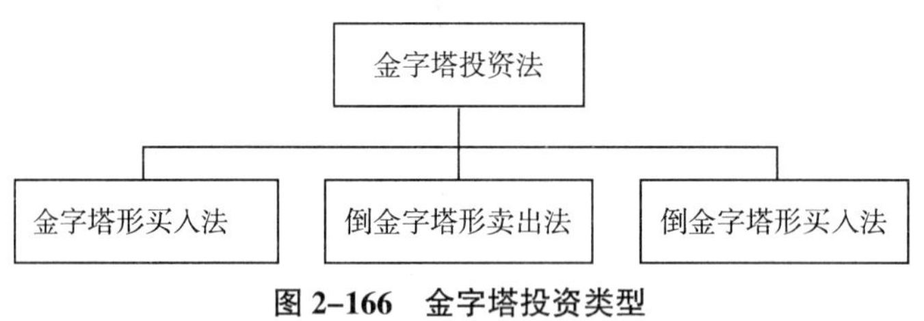

图 2-166　金字塔投资类型

1. 金字塔形买入法

金字塔形买入法，是指当基金净值或股票股价逐渐上升时，买进的数量应逐渐减少，从而降低投资风险。正金字塔形（即正三角形）的下方基底较宽广且越往上越小，宽广的部分显示股价价位低时，买进数量较大，当股票股价逐渐上升时，买进的数量应逐渐减少，从而降低投资风险。

例如，某投资者预计某种股票价格看涨，他以每股 20 元的价格购进 1000 股。当价格涨到 22 元时，他又买进 500 股，若股价再涨到 25 元时，投资者仍看好股价，再买进 100 股。投资者可依据资金的多少、股票的优劣程度、股市人气状况等决定何时终止购买行为。

2. 倒金字塔形卖出法

该方法与正金字塔相反，当股票价位不断升高时，卖出的数量应效仿倒三角的形状逐渐扩大，以赚取更多的差价收益。

例如，某投资者为了减小未来股价下跌的风险，以每股 20 元的价格购进 1000 股。当价格涨到 22 元时，卖出 200 股，若股价涨到 25 元时，投资者为担心后续价格下跌，再卖出 300 股，当价格上升到 30 元时，投资者卖出全部 500 股。

3. 倒金字塔形买入法

该方法适合震荡股市行情，在实战中，股市波动在所难免，但只要经济长期向好，市场的重心必慢慢提高，如果手上资金充足，可随着股市的下跌加量买入股票。如当大盘在 2100 点时，可先买入 10%的股票，随后大盘下跌 100 点，依次提高买入量。如果中途大盘回升，又可以用金字塔形买入法买入。

九、反向操作法

反向操作法是指买卖股票的投资人在大家都看涨的情况下卖出股票，在大家都看跌的情况下买入股票，这种方法如果操作得当是最获利的方法。

反向操作法的基本思想是：在正常情况下，当大多数人对股市看好时，则应该卖出；当大多数人对股市看淡时，则应该买入。这样才能获得较好的收益。

例如，当某股票距离近期高点下跌 10%以上、成交量缩小至近期天量的 1/5 以下或为近期新低、换手率不足 20%的时候，买入该股既安全又有获利空间，即可看作买入信号。当某个股票上升 10%以上、成交量放大至近期地量的 5 倍以上或为局部新高、换手率不足 20%时，为卖出信号。

十、分段投资法

分段投资法是投资者在所购股票出现新的高价行情时，将所持股票的一部分卖掉以赚取股价差额，并将余下的股票保存下来，以待日后在股价出现新高点时再予卖出的证券投资方法。其优点是：既有机会赚取利润，又不至于冒过大风险。

举例说明

某投资者计划购入约 40000 元的 A 股票，该股票的价格为 40 元，该股一直上升，已上升到 50 元。此时该股已上升了一段时间，上升幅度较大，因此该股也有下跌的风险，所以，该投资者可以采用分段投资的方式购入该股。

当该股下跌到 45 元时，股票购入 100 股，待股价又跌回 40 元时，买入 200 股，当股价跌到 35 元时，买入 800 股。

同学们可计算此时该股票获得收益为多少，若股价上升到 50 元时，又有多少收益呢？

第四节　巴菲特、索罗斯投资法

一、巴菲特的股票投资策略

巴菲特的股票投资策略主要由以下六大原则构成：

1. 选股原则——选股如选妻

选择超级明星企业。这个原则很简单，就是告诉投资者要找一个经营有方、可以信赖的公司。

经典数据

巴菲特在1966~2006年这40年里，他的业绩是美国股市同期涨幅的55倍。1977~2004年，巴菲特共精选了22只股票，其中只有7只是重仓股，投资了40多亿美元，赚了280多亿美元，平均每只股票都能赚7倍。

为什么巴菲特的投资业绩这么好，而大部分投资者的投资业绩这么糟糕呢？关键在于选股不同。

2. 估值原则——现金为王

华尔街有一条永恒的信念——"现金为王"。自由现金流是否持续充沛，在一定程度上决定了公司的未来成长及长期的发展前景的良好与否。2007年伯克希尔公司没有太大的并购活动，手中持有的现金流高达443.3亿美元，其中仅出售中石油H股就回流40亿美元现金。在众多公司的股价大幅下滑之时，巴菲特以雄厚的现金实力，从容抄底，捡了个大便宜。

伯克希尔·哈撒韦公司（Berkshire Hathaway Cooperation）由沃伦·巴菲特创建于1956年，是美国一家世界著名的保险和多元化投资集团，总部在美国。该公司主要通过国民保障公司和GEICO以及再保险巨头通用科隆再保险公司等附属机构从事财产保险、伤亡保险、再保险业务。伯克希尔·哈撒韦公司持有美国运通、可口可乐、吉列、华盛顿邮报、富国银行以及中美洲能源公司的部分股权。

3. 市场原则——投资者要学会做市场的主人

古典经济学理论认为，市场和经济是平衡的系统，这意味着市场和经济在其自然的状态下处于平衡状态。尽管供求关系的反向作用力或价格与数量的反向作用力是存在的，但股市与经济总是能够达到一种平衡的状态。在这个世界上，市场是有效的、机械的且理智的。

巴菲特说："我们有执掌几十亿美元的职业投资家，他们对多数市场波动感激不已。他们不是将注意力集中于企业在未来的几年将做什么，相反，许多著名的券商现在集中精力预测其他券商在未来的几天将会做什么。"

市场的波动是造成投资者恐慌的罪魁祸首，因此，投资者要成为市场的主人，而不是被市场所利用。

巴菲特如何利用市场——用 20 万美元换得 120 万美元?

巴菲特通过对市场的调查研究，发现美国艾伦化妆品公司的股票正处于高峰时期，但这种局面不会是长期的。主要原因在于，美国人口日益老龄化。巴菲特再次分析了国家人口的状况，确认了化妆品企业会衰落的这一事实。可是，这时候的艾伦公司依然得到银行业和其他企业界的大力扶持，并大力扩大规模，加大投资。股价的上扬使公司本身都没有意识到这种危机的来临，大量的投资者还在疯狂地购买他们心中的"绩优股"，把股价继续推高。巴菲特由此判断，在未来的几年，艾伦公司的股价必将下跌，而他也在考虑怎样让自己在其中做出一篇好文章。巴菲特采取了行动——他在股价的最高峰——每股 120 美元的时候，向艾伦化妆品公司借了 1 万股股票，随后，他就在市场上卖掉了这 1 万股股票。两年之后，艾伦公司的股票果然一路下跌，降到每股 20 美元的时候，巴菲特仅仅花了 20 万美元就回购了 1 万股艾伦公司的股票。

4. 买价原则——安全边际

安全边际就是价值和价格相比被低估的程度和幅度。根据定义，只有当价值被低估的时候才存在安全边际或安全边际为正。当价值等于价格的时候，安全边际为零，而当价值大于价格时，不存在安全边际或安全边际为负。

巴菲特指出："我们的股票投资策略持续有效的前提是，我们可以以具有吸引力的价格买到有吸引力的股票。对投资人来说，买入一家优秀公司的股票时支付过高的价格，将抵消这家绩优企业未来十年所创造的价值。"这就是说，忽视安全边际，即使买入优秀企业的股票，也会因买价过高而难以盈利。

5. 组合原则——把所有鸡蛋放在一个篮子里

多年以来，在投资界都流传着两种截然不同的投资方法，即分散投资和集中投资。

两种投资理念，仁者见仁，智者见智。

格雷厄姆的投资策略要求投资组合必须由百种以上的股票构成，巴菲特也一度采纳了格雷厄姆的观点，但后来巴菲特发现，他就像是拥有一座动物园，而不是股票的多样化组合，更谈不上对手中的股票进行行之有效的管理。因此，巴菲特开始采纳费雪和凯恩斯的几种投资理论，即把鸡蛋放在一个篮子里。

巴菲特手中掌握着数千亿美元的资产，但是他却仅持有 50 只以下的股票，而且在这些投资组合中，投资总额的 90%都集中在不到 10 只股票上，如可口可乐、吉列等，但也是这几只股票为巴菲特创造出了巨大的财富。

盲目的分散风险，风险也许会更大。

印加帝国首都的秘密

印加帝国的首都库斯科建在海拔 2000 米的安第斯山山顶上。之所以到这么高的地方居住，是因为印第安人原本是住在河边的，但是一场大洪水使得他们知道住在河边的风险太大，于是就搬到树上去住。结果大火又侵袭了他们，他们再吸取教训搬到山谷里住，结果又遇上了地震，最后搬到山顶，以为这下没有天灾了，结果人祸来了，比天灾还要可怕 1 万倍：西班牙的冒险家皮萨罗率领 40 个骑兵攻破库斯科并屠城，使拥有 8 万名战士的印加帝国彻底崩溃。

因此，面对风险，找出解决办法要比逃避该风险重要得多。

6. 持股原则——长期持有优秀企业的股票

巴菲特有过这样一个说法：短于 5 年的投资是傻子的投资，因为企业的价值通常不会在这么短的时间内充分体现。

在巴菲特看来，做一个成功的投资者，耐心是极为重要的素质。传统的投资策略讲究多元化与高周转率。由许多只股票组成的投资组合可以每天都发生变化，频繁地买进卖出。作为一个集中投资者，巴菲特非常反对这种不断变化的投资组合，因为集中投资者只有耐心持股，才有机会在长时间里获得超出一般指数的成绩。

二、索罗斯对股票市场的观点

20 世纪 90 年代，华尔街曾经有过这样的一种传言：在美国总统雕像山对面的那座山将属于世界上最伟大的投资家，而山顶上的位置则会留给至今仍在世的两位投资大师。一位是以价值投资站在世界财富之巅的巴菲特，另一位是投机界的奇才索罗斯。但巴菲特和索罗斯是性格截然不同的两个人。

乔治·索罗斯，1930 年 8 月 12 日出生于匈牙利布达佩斯的一个普通的犹太人家庭。著名的货币投机家，股票投资者，慈善家和政治行动主义分子，量子基金的创始人。

在很多人的印象里，索罗斯只是一个在国际汇市里翻江倒海的金融杀手。但我们可以看到，索罗斯其实还是一位股市投资大师。特别在他开始起步的时间里，股市一直是他的主要战场。有人把索罗斯的投资理念和技巧归纳为“24 条秘诀”，这些秘诀在很大程度上是适应于股市投资的。

下面就是索罗斯的 24 条投资秘诀：

秘诀 1：突破被扭曲的观念。人类的认识存在缺陷，金融投资的核心就是要围绕那些存在的缺陷和扭曲的认识做文章。

秘诀 2：市场预期。索罗斯不相信传统经济学理论建立的完全自由竞争模式，他认为市场的走势操纵着需求和供给关系的发展，并由此导致价格波动。当投资者观察金融市场时，预期的作用举足轻重。

秘诀 3：无效市场。索罗斯认为所有人的认识都是有缺陷或者被歪曲的，是通过一系列扭曲的镜片来观察金融市场的，市场是无理性的，根据有效市场理论预测市场的走势，判断股价的涨跌是靠不住的。

案例说明

1972 年，索罗斯瞄准了银行，当时银行的信誉非常糟糕，管理非常落后，投资人很少有人会光顾银行的股票。然而，索罗斯经过观察研究，发现从高等学府毕业的专业人才正成为新一代的银行家，他们正着手实行一系列的改革，银行盈利还在逐步上升，此时，银行股票的价值显然被市场大大低估了，于是索罗斯果断地大量介入银行股票，一段时间之后，银行股票开始大幅上涨，索罗斯获得了 50%的利润。

秘诀 4：寻找差距。市场的动作毫无理性和逻辑，市场参与者的看法和实际情况存在差距。当这种差距可以忽略不计时，则无须考虑，当差距变大，即须成为考虑因素，因为市场参与者的看法将受到影响。

秘诀 5：发现联系。索罗斯认为，市场参与者存在偏见与现实事态的进程存在反作用联系，从而导致二者之间必然缺乏一致性。

案例说明

1973 年，当埃及和叙利亚大举入侵以色列时，以色列因武器装备技术已经过时而遭到重创。索罗斯从这场战争中联想到美国的武器装备也可能过时，美国国防部有可能会花费巨资用于新武器研制，重新装备军队。于是罗杰斯开始和国防部官员及美国军工企业的承包商进行会谈，会谈结果使索罗斯和罗杰斯更加确信这是一个绝好的投资良机。索罗斯开始投资于握有大量国防订货合同的公司股票，这些投资为索罗斯基金带来了巨额利润。

秘诀 6：揭示偏见。投资者付出价格不仅仅是股票价值的被动反映，而且更是创造股票价值的积极因素。但误解或偏差永远存在于参与者的想法与实际情况之间。

秘诀 7：投资于不稳定状态。当感觉与现实差距太大，事态就会出现控制，出现金融市场比较典型的"盛衰"现象。索罗斯认为，"盛衰"给市场的发展提供了机遇。

秘诀 8：确认混乱。金融市场动荡不定，混乱无序，游戏的关键是把握这种无序，这才是生财之道。索罗斯说："我沉迷于混乱，那正是我挣钱的良方，理解金融市场中的革命性进程。"

秘诀 9：发掘过度反应的市场。投资成功的关键就是，认清市场开始对自身的发展势头产生了推动力的一刻。

秘诀 10：善于研用。索罗斯认为，只有在市场价格找到了影响到经济基本面的途径时，"盛衰"现象才会发生。

秘诀 11：投资在先，调查在后。索罗斯的投资风格独树一帜，他爱说的一句话是"先投资，后考察"。

秘诀 12：预测趋势。索罗斯总是在寻找市场里的行情突变，寻找可能出现的自我推进的效应，一旦自我推进的机制开始生效，市场价格就会出现戏剧性的上扬。索罗斯往往独具慧眼，先知先觉，往往比其他投资者提早半年以上开始行动。

秘诀 13：走出瓶颈。一个投资者最容易犯的错误并不是过于大胆鲁莽，而是过于小心翼翼。索罗斯曾说："对和错并不重要，最重要的是你在正确时收获了多少和你在错误时损失了多少。"

秘诀 14：耳听八方。索罗斯承认，凭借知识进行分析并不是全部，直觉的作用很重要。

秘诀 15：自保能力。作为一个投资者，自保能力在投资战略中都是举足轻重的，使用投资杠杆可以在运用方向正确时产生极佳的效果，但当事与愿违、预测失败时，它会将你淘汰出局。

秘诀 16：接受错误。有人觉得在金融世界中办错了事令人羞耻，但索罗斯不这么认为，犯错误当然不应该引以为荣，但既然这也是游戏的组成部分，那就不必引以为耻。

秘诀 17：不做孤注一掷。承担风险无可指责，但永远不能做孤注一掷的冒险。"我决不会冒险，冒那种能把我毁掉的风险，但也永远不会在有利可图时游手好闲地站在一旁。"

秘诀 18：学习、暂停、反省。他说："要想成功，你需要从容不迫，你需要承受沉闷。"

秘诀 19：忍受痛苦。投资者每天都面对风险，说不定有朝一日就会遭受巨额亏损。赔钱是一件令人痛心的事，因此，投资者必须懂得如何承受亏损，如何忍受痛苦，做到冷若冰霜，荣辱不惊，与别人谈论亏损时面不改色。

秘诀 20：索罗斯赖以成功的最大秘诀就是他的心理素质。他能掌握牧羊人的本领。当他决策正确时，他愿意大胆行事，充分利用机会的赐予。当他决策失误时，他能及时止损。

秘诀 21：两面下注。索罗斯的成功之道是他选择了正确的场合，这个场合就是对冲基金，其盈利是众多投资工具中最高的。

秘诀 22：保持低姿态。索罗斯是对冲基金的代言人，对自己的投资策略总是讳莫如深，很少将自己的秘密公布于众。

秘诀 23：杠杆作用。对冲基金采用各种各样的技巧，其中最使人眩晕的是使用借款进行投资，这种做法叫杠杆法。利用杠杆法投资不仅需要胆量和坚韧，而且还要有保证在杠杆上保持平衡的技巧和信心。

案例说明

量子基金早在 1997 年 3 月，大量买入看跌期权，以掉期的方式借入大量泰铢，卖出泰铢期货和远期，因料定交易对手要抛出泰铢现货为衍生合同保值，轻而易举地借他人之手制造泰铢贬值压力。索罗斯从美国政府接进泰铢，然后大量抛售手中的泰铢，于是很多在泰国的外资企业受到影响也开始跟着抛售，卖泰铢的人多了，根据供求原理，泰铢急剧贬值，然后，索罗斯趁泰铢贬值再大量买入泰铢，还美国政府的钱，从中大赚一笔。

秘诀 24：选取最佳与最差。索罗斯从事宏观分析，研究国际政治、全球各国货币政策和通货膨胀、货币以及利率的变化等重大因素，他的助手则研究受金融新形势影响的行业，并找出其中最优秀的一家和最差的一家进行投资，根本不要考虑在该行业中进行其他投资。

实训部分小结

本实训部分从K线分析开始，了解K线的类型、形态、组合形态等，了解市场多空双方的力量对比，简单了解市场走势。

在K线分析的基础上，了解了形态分析、趋势分析，并了解了几种主要的分析线，即黄金分割线、扇形线、速度线、甘氏线、移动平均线，从而了解市场趋势，分析股票市场行情。在此基础上，了解市场计算指标，分析市场股票走势，了解股票投资策略和投资技巧。

练习

1. 分析沙河股份最近几天的K线图，了解沙河股份的K线形态，并研判市场走势，后一个交易日验证自己的推测。

2. 通过股票分析软件，查询万科A股市场行情，通过画图软件，尝试画出滑盖机分割线、百分比线、扇形线、速度线和甘氏线，了解万科A股票的市场行情，研判市场走势，预测未来股票市场行情。

3. 通过股票分析软件，了解胜利股份市场行情，了解市场情况，通过分析软件上的移动平均线，了解短、中、长期移动平均线的走势，查找多头排列、空头排列、黄金交叉、死亡交叉、银山谷等形态，判断股票市场走势，并验证自己的推测。

4. 了解技术指标，通过股票分析软件，分析RSI、KDJ、ADL、OBOS、MACD、PSV、OBV等技术指标的含义，并通过它们预测市场股票行情走势，并验证自己的判断。

5. 通过股票分析软件，以沈阳机床为例，分析沈阳机床的投资策略。

附录1：首次公开发行股票并上市管理办法

第一章　总则

第一条　为了规范首次公开发行股票并上市的行为，保护投资者的合法权益和社会公共利益，根据《证券法》、《公司法》，制定本办法。

第二条　在中华人民共和国境内首次公开发行股票并上市，适用本办法。

境内公司股票以外币认购和交易的，不适用本办法。

第三条　首次公开发行股票并上市，应当符合《证券法》、《公司法》和本办法规定的发行条件。

第四条　发行人依法披露的信息，必须真实、准确、完整，不得有虚假记载、误导性陈述或者重大遗漏。

第五条　保荐人及其保荐代表人应当遵循勤勉尽责、诚实守信的原则，认真履行审慎核查和辅导义务，并对其所出具的发行保荐书的真实性、准确性、完整性负责。

第六条　为证券发行出具有关文件的证券服务机构和人员，应当按照本行业公认的业务标准和道德规范，严格履行法定职责，并对其所出具文件的真实性、准确性和完整性负责。

第七条　中国证券监督管理委员会（以下简称“中国证监会”）对发行人首次公开发行股票的核准，不表明其对该股票的投资价值或者投资者的收益作出实质性判断或者保证。股票依法发行后，因发行人经营与收益的变化引致的投资风险，由投资者自行负责。

第二章　发行条件

第一节　主体资格

第八条　发行人应当是依法设立且合法存续的股份有限公司。

经国务院批准，有限责任公司在依法变更为股份有限公司时，可以采取募集设立方式公开发行股票。

第九条　发行人自股份有限公司成立后，持续经营时间应当在3年以上，但经国务院批准的除外。

有限责任公司按原账面净资产值折股整体变更为股份有限公司的，持续经营时间可以从有限责任公司成立之日起计算。

第十条　发行人的注册资本已足额缴纳，发起人或者股东用作出资的资产的财产权转移手续已办理完毕，发行人的主要资产不存在重大权属纠纷。

第十一条　发行人的生产经营符合法律、行政法规和公司章程的规定，符合国家产业政策。

第十二条　发行人最近3年内主营业务和董事、高级管理人员没有发生重大变化，实际控制人没有发生变更。

第十三条　发行人的股权清晰，控股股东和受控股股东、实际控制人支配的股东持有的发行人股份不存在重大权属纠纷。

第二节 独立性

第十四条 发行人应当具有完整的业务体系和直接面向市场独立经营的能力。

第十五条 发行人的资产完整。生产型企业应当具备与生产经营有关的生产系统、辅助生产系统和配套设施，合法拥有与生产经营有关的土地、厂房、机器设备以及商标、专利、非专利技术的所有权或者使用权，具有独立的原料采购和产品销售系统；非生产型企业应当具备与经营有关的业务体系及相关资产。

第十六条 发行人的人员独立。发行人的总经理、副总经理、财务负责人和董事会秘书等高级管理人员不得在控股股东、实际控制人及其控制的其他企业中担任除董事、监事以外的其他职务，不得在控股股东、实际控制人及其控制的其他企业领薪；发行人的财务人员不得在控股股东、实际控制人及其控制的其他企业中兼职。

第十七条 发行人的财务独立。发行人应当建立独立的财务核算体系，能够独立作出财务决策，具有规范的财务会计制度和对分公司、子公司的财务管理制度；发行人不得与控股股东、实际控制人及其控制的其他企业共用银行账户。

第十八条 发行人的机构独立。发行人应当建立健全内部经营管理机构，独立行使经营管理职权，与控股股东、实际控制人及其控制的其他企业间不得有机构混同的情形。

第十九条 发行人的业务独立。发行人的业务应当独立于控股股东、实际控制人及其控制的其他企业，与控股股东、实际控制人及其控制的其他企业间不得有同业竞争或者显失公平的关联交易。

第二十条 发行人在独立性方面不得有其他严重缺陷。

第三节 规范运行

第二十一条 发行人已经依法建立健全股东大会、董事会、监事会、独立董事、董事会秘书制度，相关机构和人员能够依法履行职责。

第二十二条 发行人的董事、监事和高级管理人员已经了解与股票发行上市有关的法律法规，知悉上市公司及其董事、监事和高级管理人员的法定义务和责任。

第二十三条 发行人的董事、监事和高级管理人员符合法律、行政法规和规章规定的任职资格，且不得有下列情形：

（一）被中国证监会采取证券市场禁入措施尚在禁入期的；

（二）最近 36 个月内受到中国证监会行政处罚，或者最近 12 个月内受到证券交易所公开谴责；

（三）因涉嫌犯罪被司法机关立案侦查或者涉嫌违法违规被中国证监会立案调查，尚未有明确结论意见。

第二十四条 发行人的内部控制制度健全且被有效执行，能够合理保证财务报告的可靠性、生产经营的合法性、营运的效率与效果。

第二十五条　发行人不得有下列情形：

（一）最近36个月内未经法定机关核准，擅自公开或者变相公开发行过证券；或者有关违法行为虽然发生在36个月前，但目前仍处于持续状态；

（二）最近36个月内违反工商、税收、土地、环保、海关以及其他法律、行政法规，受到行政处罚，且情节严重；

（三）最近36个月内曾向中国证监会提出发行申请，但报送的发行申请文件有虚假记载、误导性陈述或重大遗漏；或者不符合发行条件以欺骗手段骗取发行核准；或者以不正当手段干扰中国证监会及其发行审核委员会审核工作；或者伪造、变造发行人或其董事、监事、高级管理人员的签字、盖章；

（四）本次报送的发行申请文件有虚假记载、误导性陈述或者重大遗漏；

（五）涉嫌犯罪被司法机关立案侦查，尚未有明确结论意见；

（六）严重损害投资者合法权益和社会公共利益的其他情形。

第二十六条　发行人的公司章程中已明确对外担保的审批权限和审议程序，不存在为控股股东、实际控制人及其控制的其他企业进行违规担保的情形。

第二十七条　发行人有严格的资金管理制度，不得有资金被控股股东、实际控制人及其控制的其他企业以借款、代偿债务、代垫款项或者其他方式占用的情形。

第四节　财务与会计

第二十八条　发行人资产质量良好，资产负债结构合理，盈利能力较强，现金流量正常。

第二十九条　发行人的内部控制在所有重大方面是有效的，并由注册会计师出具了无保留结论的内部控制鉴证报告。

第三十条　发行人会计基础工作规范，财务报表的编制符合企业会计准则和相关会计制度的规定，在所有重大方面公允地反映了发行人的财务状况、经营成果和现金流量，并由注册会计师出具了无保留意见的审计报告。

第三十一条　发行人编制财务报表应以实际发生的交易或者事项为依据；在进行会计确认、计量和报告时应当保持应有的谨慎；对相同或者相似的经济业务，应选用一致的会计政策，不得随意变更。

第三十二条　发行人应完整披露关联方关系并按重要性原则恰当披露关联交易。关联交易价格公允，不存在通过关联交易操纵利润的情形。

第三十三条　发行人应当符合下列条件：

（一）最近3个会计年度净利润均为正数且累计超过人民币3000万元，净利润以扣除非经常性损益前后较低者为计算依据；

（二）最近3个会计年度经营活动产生的现金流量净额累计超过人民币5000万元；或者最近3个会计年度营业收入累计超过人民币3亿元；

（三）发行前股本总额不少于人民币 3000 万元；

（四）最近一期末无形资产（扣除土地使用权、水面养殖权和采矿权等后）占净资产的比例不高于 20%；

（五）最近一期末不存在未弥补亏损。

第三十四条 发行人依法纳税，各项税收优惠符合相关法律法规的规定。发行人的经营成果对税收优惠不存在严重依赖。

第三十五条 发行人不存在重大偿债风险，不存在影响持续经营的担保、诉讼以及仲裁等重大或有事项。

第三十六条 发行人申报文件中不得有下列情形：

（一）故意遗漏或虚构交易、事项或者其他重要信息；

（二）滥用会计政策或者会计估计；

（三）操纵、伪造或篡改编制财务报表所依据的会计记录或者相关凭证。

第三十七条 发行人不得有下列影响持续盈利能力的情形：

（一）发行人的经营模式、产品或服务的品种结构已经或者将发生重大变化，并对发行人的持续盈利能力构成重大不利影响；

（二）发行人的行业地位或发行人所处行业的经营环境已经或者将发生重大变化，并对发行人的持续盈利能力构成重大不利影响；

（三）发行人最近 1 个会计年度的营业收入或净利润对关联方或者存在重大不确定性的客户存在重大依赖；

（四）发行人最近 1 个会计年度的净利润主要来自合并财务报表范围以外的投资收益；

（五）发行人在用的商标、专利、专有技术以及特许经营权等重要资产或技术的取得或者使用存在重大不利变化的风险；

（六）其他可能对发行人持续盈利能力构成重大不利影响的情形。

第五节 募集资金运用

第三十八条 募集资金应当有明确的使用方向，原则上应当用于主营业务。

除金融类企业外，募集资金使用项目不得为持有交易性金融资产和可供出售的金融资产、借与他人、委托理财等财务性投资，不得直接或者间接投资于以买卖有价证券为主要业务的公司。

第三十九条 募集资金数额和投资项目应当与发行人现有生产经营规模、财务状况、技术水平和管理能力等相适应。

第四十条 募集资金投资项目应当符合国家产业政策、投资管理、环境保护、土地管理以及其他法律、法规和规章的规定。

第四十一条 发行人董事会应当对募集资金投资项目的可行性进行认真分析，确信投资项目具有较好的市场前景和盈利能力，有效防范投资风险，提高募集资金使用效益。

第四十二条 募集资金投资项目实施后，不会产生同业竞争或者对发行人的独立性产生不利影响。

第四十三条 发行人应当建立募集资金专项存储制度，募集资金应当存放于董事会决定的专项账户。

第三章 发行程序

第四十四条 发行人董事会应当依法就本次股票发行的具体方案、本次募集资金使用的可行性及其他必须明确的事项作出决议，并提请股东大会批准。

第四十五条 发行人股东大会就本次发行股票作出的决议，至少应当包括下列事项：

（一）本次发行股票的种类和数量；

（二）发行对象；

（三）价格区间或者定价方式；

（四）募集资金用途；

（五）发行前滚存利润的分配方案；

（六）决议的有效期；

（七）对董事会办理本次发行具体事宜的授权；

（八）其他必须明确的事项。

第四十六条 发行人应当按照中国证监会的有关规定制作申请文件，由保荐人保荐并向中国证监会申报。

特定行业的发行人应当提供管理部门的相关意见。

第四十七条 中国证监会收到申请文件后，在5个工作日内作出是否受理的决定。

第四十八条 中国证监会受理申请文件后，由相关职能部门对发行人的申请文件进行初审，并由发行审核委员会审核。

第四十九条 中国证监会在初审过程中，将征求发行人注册地省级人民政府是否同意发行人发行股票的意见，并就发行人的募集资金投资项目是否符合国家产业政策和投资管理的规定征求国家发展和改革委员会的意见。

第五十条 中国证监会依照法定条件对发行人的发行申请作出予以核准或者不予核准的决定，并出具相关文件。

自中国证监会核准发行之日起，发行人应在6个月内发行股票；超过6个月未发行的，核准文件失效，须重新经中国证监会核准后方可发行。

第五十一条 发行申请核准后、股票发行结束前，发行人发生重大事项的，应当暂缓或者暂停发行，并及时报告中国证监会，同时履行信息披露义务。影响发行条件的，应当重新履行核准程序。

第五十二条 股票发行申请未获核准的，自中国证监会作出不予核准决定之日起6个月后，发行人可再次提出股票发行申请。

第四章 信息披露

第五十三条 发行人应当按照中国证监会的有关规定编制和披露招股说明书。

第五十四条 招股说明书内容与格式准则是信息披露的最低要求。不论准则是否有明确规定，凡是对投资者作出投资决策有重大影响的信息，均应当予以披露。

第五十五条 发行人及其全体董事、监事和高级管理人员应当在招股说明书上签字、盖章，保证招股说明书的内容真实、准确、完整。保荐人及其保荐代表人应当对招股说明书的真实性、准确性、完整性进行核查，并在核查意见上签字、盖章。

第五十六条 招股说明书中引用的财务报表在其最近一期截止日后6个月内有效。特别情况下发行人可申请适当延长，但至多不超过1个月。财务报表应当以年度末、半年度末或者季度末为截止日。

第五十七条 招股说明书的有效期为6个月，自中国证监会核准发行申请前招股说明书最后一次签署之日起计算。

第五十八条 申请文件受理后、发行审核委员会审核前，发行人应当将招股说明书（申报稿）在中国证监会网站（www.csrc.gov.cn）预先披露。发行人可以将招股说明书（申报稿）刊登于其企业网站，但披露内容应当完全一致，且不得早于在中国证监会网站的披露时间。

第五十九条 发行人及其全体董事、监事和高级管理人员应当保证预先披露的招股说明书（申报稿）的内容真实、准确、完整。

第六十条 预先披露的招股说明书（申报稿）不是发行人发行股票的正式文件，不能含有价格信息，发行人不得据此发行股票。

发行人应当在预先披露的招股说明书（申报稿）的显要位置声明："本公司的发行申请尚未得到中国证监会核准。本招股说明书（申报稿）不具有据以发行股票的法律效力，仅供预先披露之用。投资者应当以正式公告的招股说明书全文作为作出投资决定的依据。"

第六十一条 发行人应当在发行前将招股说明书摘要刊登于至少一种中国证监会指定的报刊，同时将招股说明书全文刊登于中国证监会指定的网站，并将招股说明书全文置备于发行人住所、拟上市证券交易所、保荐人、主承销商和其他承销机构的住所，以备公众查阅。

第六十二条 保荐人出具的发行保荐书、证券服务机构出具的有关文件应当作为招股说明书的备查文件，在中国证监会指定的网站上披露，并置备于发行人住所、拟上市证券交易所、保荐人、主承销商和其他承销机构的住所，以备公众查阅。

第六十三条 发行人可以将招股说明书摘要、招股说明书全文、有关备查文件刊登于其他报刊和网站，但披露内容应当完全一致，且不得早于在中国证监会指定报刊和网站的披露时间。

第五章 监管和处罚

第六十四条 发行人向中国证监会报送的发行申请文件有虚假记载、误导性陈述或者重大遗漏的，发行人不符合发行条件以欺骗手段骗取发行核准的，发行人以不正当手段干扰中国证监会及其发行审核委员会审核工作的，发行人或其董事、监事、高级管理人员的签字、盖章系伪造或者变造的，除依照《证券法》的有关规定处罚外，中国证监会将采取终止审核并在36个月内不受理发行人的股票发行申请的监管措施。

第六十五条 保荐人出具有虚假记载、误导性陈述或者重大遗漏的发行保荐书，保荐人以不正当手段干扰中国证监会及其发行审核委员会审核工作的，保荐人或其相关签字人员的签字、盖章系伪造或变造的，或者不履行其他法定职责的，依照《证券法》和保荐制度的有关规定处理。

第六十六条 证券服务机构未勤勉尽责，所制作、出具的文件有虚假记载、误导性陈述或者重大遗漏的，除依照《证券法》及其他相关法律、行政法规和规章的规定处罚外，中国证监会将采取12个月内不接受相关机构出具的证券发行专项文件，36个月内不接受相关签字人员出具的证券发行专项文件的监管措施。

第六十七条 发行人、保荐人或证券服务机构制作或者出具的文件不符合要求，擅自改动已提交的文件，或者拒绝答复中国证监会审核中提出的相关问题的，中国证监会将视情节轻重，对相关机构和责任人员采取监管谈话、责令改正等监管措施，记入诚信档案并公布；情节特别严重的，给予警告。

第六十八条 发行人披露盈利预测的，利润实现数如未达到盈利预测的80%，除因不可抗力外，其法定代表人、盈利预测审核报告签字注册会计师应当在股东大会及中国证监会指定报刊上公开作出解释并道歉；中国证监会可以对法定代表人处以警告。

利润实现数未达到盈利预测的50%的，除因不可抗力外，中国证监会在36个月内不受理该公司的公开发行证券申请。

第六章 附则

第六十九条 在中华人民共和国境内，首次公开发行股票且不上市的管理办法，由中国证监会另行规定。

第七十条 本办法自2006年5月18日起施行。《关于股票发行工作若干规定的通知》（证监［1996］12号）、《关于做好1997年股票发行工作的通知》（证监［1997］13

号)、《关于股票发行工作若干问题的补充通知》(证监〔1998〕8号)、《关于对拟发行上市企业改制情况进行调查的通知》(证监发字〔1998〕259号)、《关于对拟公开发行股票公司改制运行情况进行调查的通知》(证监发〔1999〕4号)、《关于拟发行股票公司聘请审计机构等问题的通知》(证监发行字〔2000〕131号)和《关于进一步规范股票首次发行上市有关工作的通知》(证监发行字〔2003〕116号)同时废止。

附录2:在创业板上市的公司首次公开发行股票的条件

1. 基本条件

(1)发行人是依法设立且持续经营3年以上的股份有限公司;有限责任公司按原账面净资产值折股整体变更为股份有限公司的,持续经营时间可从有限责任公司成立之日起计算。

(2)最近两年连续盈利,最近两年净利润累计不少于1000万元,且持续增长;或最近1年盈利且净利润不少于500万元,最近两年营业收入增长率不低于30%。

(3)最近1期末净资产不少于2000万元,且不存在未弥补亏损。

(4)发行后股本总额不少于3000万元。

2. 发行人持续盈利的要求不存在以下情况

(1)经营模式、产品或服务的品种结构已经或将发生重大变化→对持续盈利重大不利影响。

(2)行业地位或所处行业的经营环境已经或将发生重大变化。

(3)在用的商标、专利、专有技术、特许经营权等重要资产或技术的取得或者使用存在重大不利变化的风险。

(4)最近1年的营业收入或净利润对关联方或者有重大不确定性的客户存在重大依赖。

(5)最近1年的净利润主要来自合并财务报表范围以外的投资收益。

(6)其他可能对发行人持续盈利能力构成重大不利影响的情形。

3. 对董事、监事和高管的要求

不存在下列情形:

(1)被中国证监会采取证券市场禁入措施尚在禁入期。

(2)最近3年内受到证监会处罚或最近1年内受到证券交易所公开谴责的。

(3)因涉嫌犯罪被司法机关立案侦查或违法违规被中国证监会立案调查尚未有明确结论。

4. 其他条件

发行人具有完善的公司治理结构，依法建立健全股东大会、董事会、监事会以及独立董事、董事会秘书、审计委员会制度，相关机构和人员能够依法履行职责。

发行人、控股股东、实际控制人最近3年内不存在损害投资者合法权益和社会公共利益的重大违法行为；不存在未经法定机关核准，擅自公开或变相公开发行证券，或有关违法行为虽然发生在3年前，但目前仍处于持续状态的情形。

附录3：上市公司公开发行新股的条件

上市公司公开发行新股具备的条件：

（一）基本条件

根据《证券法》第十三条的有关规定，上市公司公开发行新股，必须具备下列条件：

1. 具备健全且运行良好的组织机构。

2. 具有持续盈利能力，财务状况良好。

3. 公司在最近3年内财务会计文件无虚假记载，无其他重大违法行为。

4. 经国务院批准的国务院证券监督管理机构规定的其他条件。

根据《证券法》第十五条的规定，上市公司发行新股还必须满足下列要求："公司对公开发行股票所募集资金，必须按照招股说明书所列资金用途使用。改变招股说明书所列资金用途，必须经股东大会作出决议。擅自改变用途而未作纠正的，或者未经股东大会认可的，不得公开发行新股。"

（二）一般规定

根据中国证监会2006年5月6日发布的《上市公司证券发行管理办法》，上市公司申请发行新股，还应当符合以下具体要求：

1. 上市公司的组织机构健全、运行良好，符合下列规定：

（1）公司章程合法有效，股东大会、董事会、监事会和独立董事制度健全，能够依法有效履行职责。

（2）公司内部控制制度健全，能够有效保证公司运行的效率、合法合规性和财务报告的可靠性；内部控制制度的完整性、合理性、有效性不存在重大缺陷。

（3）现任董事、监事和高级管理人员具备任职资格，能够忠实和勤勉地履行职务，不存在违反《公司法》第一百四十八条、第一百四十九条规定的行为，且最近36个月内未受到过中国证监会的行政处罚、最近12个月内未受到过证券交易所的公开谴责。

（4）上市公司与控股股东或实际控制人的人员、资产、财务分开，机构、业务独立，能够自主经营管理。

（5）最近12个月内不存在违规对外提供担保的行为。

2. 上市公司的盈利能力具有可持续性，符合下列规定：

（1）最近3个会计年度连续盈利，扣除非经常性损益后的净利润与扣除前的净利润相比，以低者作为计算依据；

（2）业务和盈利来源相对稳定，不存在严重依赖于控股股东、实际控制人的情形；

（3）现有主营业务或投资方向能够可持续发展，经营模式和投资计划稳健，主要产品或服务的市场前景良好，行业经营环境和市场需求不存在现实或可预见的重大不利变化；

（4）高级管理人员和核心技术人员稳定，最近12个月内未发生重大不利变化；

（5）公司重要资产、核心技术或其他重大权益的取得合法，能够持续使用，不存在现实或可预见的重大不利变化；

（6）不存在可能严重影响公司持续经营的担保、诉讼、仲裁或其他重大事项；

（7）最近24个月内曾公开发行证券的，不存在发行当年营业利润比上年下降50%以上的情形。

3. 上市公司的财务状况良好，符合下列规定：

（1）会计基础工作规范，严格遵循国家统一会计制度的规定；

（2）最近3年财务报表未被注册会计师出具保留意见、否定意见或无法表示意见的审计报告；被注册会计师出具带强调事项段的无保留意见审计报告的，所涉及的事项对发行人无重大不利影响或者在发行前重大不利影响已经消除；

（3）资产质量良好，不良资产不足以对公司财务状况造成重大不利影响；

（4）经营成果真实。现金流量正常，营业收入和成本费用的确认严格遵循国家有关企业会计准则的规定，最近3年资产减值准备计提充分合理，不存在操纵经营业绩的情形；

（5）最近3年以现金或股票方式累计分配的利润不少于最近3年实现的年均可分配利润的20%。

4. 上市公司最近36个月内财务会计文件无虚假记载，且不存在下列重大违法行为：

（1）违反证券法律、行政法规或规章，受到中国证监会的行政处罚，或者受到刑事处罚；

（2）违反工商、税收、土地、环保、海关法律、行政法规或规章，受到行政处罚且情节严重，或者受到刑事处罚；

（3）违反国家其他法律、行政法规且情节严重的行为。

5. 上市公司募集资金的数额和使用应当符合下列规定：

（1）募集资金数额不超过项目需要量；

（2）募集资金用途符合国家产业政策和有关环境保护、土地管理等法律和行政法规的规定；

（3）除金融类企业外，本次募集资金使用项目不得为持有交易性金融资产和可供出售的金融资产、借与他人、委托理财等财务性投资，不得直接或间接投资于以买卖有价证券为主要业务的公司；

（4）投资项目实施后，不会与控股股东或实际控制人产生同业竞争或影响公司生产经营的独立性；

（5）建立募集资金专项存储制度，募集资金必须存放于公司董事会决定的专项账户。

6. 上市公司存在下列情形之一的，不得公开发行证券：

（1）本次发行申请文件有虚假记载、误导性陈述或重大遗漏；

（2）擅自改变前次公开发行证券募集资金的用途而未作纠正；

（3）上市公司最近 12 个月内受到过证券交易所的公开谴责；

（4）上市公司及其控股股东或实际控制人最近 12 个月内存在未履行向投资者作出公开承诺的行为；

（5）上市公司或其现任董事、高级管理人员因涉嫌犯罪被司法机关立案侦查或涉嫌违法违规被中国证监会立案调查；

（6）严重损害投资者的合法权益和社会公共利益的其他情形。

附录 4：上市公司增股特别规定

上市公司增股特别规定：

1. 拟配股数量不超过本次配股前股本总额的 30%。

2. 控股股东应当在股东大会召开前公开承诺认配股份的数量。

3. 采用《证券法》规定的代销方式发行。

控股股东不履行认配股份的承诺，或者代销期限届满，原股东认购股票的数量未达到拟配售数量 70%的，发行人应当按照发行价并加算银行同期存款利息返还已经认购的股东。

公开增发的特别规定。向不特定对象公开募集股份，除符合上述一般规定外，还应当符合下列规定：

1. 最近 3 个会计年度加权平均净资产收益率平均不低于 6%。扣除非经常性损益后的净利润与扣除前的净利润相比，以低者作为加权平均净资产收益率的计算依据。

2. 除金融类企业外，最近 1 期末不存在持有金额较大的交易性金融资产和可供出售的金融资产、借与他人款项、委托理财等财务性投资的情形。

3. 发行价格应不低于公告招股意向书前 20 个交易日公司股票均价或前 1 个交易日的均价。

附录 5：上市公司发行非公开上市股票规定

非公开发行股票的特定对象应当符合的规定：

1. 特定对象符合股东大会决议规定的条件。

2. 发行对象不超过 10 名。发行对象为境外战略投资者的，应当经国务院相关部门事先批准。

上市公司非公开发行股票的规定：

1. 发行价格不低于定价基准日前 20 个交易日公司股票均价的 90%。《上市公司证券发行管理办法》所称“定价基准日”是指计算发行底价的基准日。

2. 关于发行股份的限售期规定。发行对象属于下列情形之一的，具体发行对象及其认购价格或者定价原则应当由上市公司董事会的非公开发行股票决议确定，并经股东大会批准；认购的股份自发行结束之日起 36 个月内不得转让：

（1）上市公司的控股股东、实际控制人或其控制的关联人；

（2）通过认购本次发行的股份取得上市公司实际控制权的投资者；

（3）董事会拟引入的境内外战略投资者。

发行对象属于以上规定以外的情形的，上市公司应当在取得发行核准批文后，按照有关规定以竞价方式确定发行价格和发行对象；发行对象认购的股份自发行结束之日起 12 个月内不得转让。

3. 募集资金使用符合《上市公司证券发行管理办法》第十条的规定。

4. 本次发行将导致上市公司控制权发生变化的，还应当符合中国证监会的其他规定。

上市公司不得非公开发行股票的情形。上市公司存在下列情形之一的，不得非公开发行股票：

1. 本次发行申请文件有虚假记载、误导性陈述或重大遗漏。

2. 上市公司的权益被控股股东或实际控制人严重损害且尚未消除。

3. 上市公司及其附属公司违规对外提供担保且尚未解除。

4. 现任董事、高级管理人员最近 36 个月内受到过中国证监会的行政处罚，或者最近 12 个月内受到过证券交易所的公开谴责。

5. 上市公司或其现任董事、高级管理人员因涉嫌犯罪正被司法机关立案侦查，或涉嫌违法违规正被中国证监会立案调查。

6. 最近 1 年及 1 期财务报表被注册会计师出具保留意见、否定意见或无法表示意见的审计报告。保留意见、否定意见或无法表示意见所涉及事项的重大影响已经消除或者本次发行涉及重大重组的除外。

7. 严重损害投资者合法权益和社会公共利益的其他情形。

附录 6：股票的估值方法

对拟发行股票的合理估值是定价的基础。通常的估值方法有两大类：一类是相对估值法；另一类是绝对估值法。

一、相对估值法

相对估值法亦称可比公司法，是指对股票进行估值时，对可比较的或者代表性的公司进行分析，尤其注意有着相似业务的公司的新近发行以及相似规模的其他新近的首次公开发行，以获得估值基础。主承销商审查可比的发行公司的初次定价和它们的二级市场表现，然后根据发行公司的性质进行价格调整，为新股发行进行估价。在运用可比公司法时，可以用比率指标进行比较，比率指标包括 P/E（市盈率）、P/B（市净率）、EV/EBITDA（企业价值与利息、所得税、折旧、摊销前收益的比率）等。其中最常用的比率指标是市盈率和市净率。

1. 市盈率法

（1）市盈率的计算公式。市盈率（Price to Earnings Ratio，P/E），是指股票市场价格与每股收益的比率，计算公式为：

$$市盈率=\frac{股票市场价格}{每股收益}$$

（2）每股净利润的确定方法。①全面摊薄法。全面摊薄法就是用全年净利润除以发行后总股本，直接得出每股净利润。②加权平均法。在加权平均法下，每股净利润的计算公式为：

$$每股净利润=\frac{全年净利润}{发行前总股本数+本次公开发行股本数\times(12-发行月份)\div 12}$$

基本每股收益可参照如下公式计算：

$$基本每股收益 = \frac{P_0}{S}$$

$$S = S_0 + S_1 + S_i \times M_i \div M_0 - S_j \times M_j \div M_0 - S_k$$

式中，P_0 为归属于公司普通股股东的净利润或扣除非经常性损益后归属于普通股股东的净利润；S 为发行在外的普通股加权平均数；S_0 为期初股份总数；S_1 为报告期因公积金转增股本或股票股利分配等增加股份数；S_i 为报告期因发行新股或债转股等增加股份数；S_j 为报告期因回购等减少股份数；S_k 为报告期缩股数；M_0 为报告期月份数；M_i 为增加股份下一月份起至报告期期末的月份数；M_j 为减少股份下一月份起至报告期期末的月份数。

公司存在稀释性潜在普通股的，应当分别调整归属于普通股股东的报告期净利润和发行在外普通股加权平均数，并据以计算稀释每股收益。

在发行可转换债券、股份期权、认股权证等稀释性潜在普通股情况下，稀释每股收益可参照如下公式计算：

稀释每股收益 = $P_1 \div (S_0 + S_1 + S_i \times M_i \div M_0 - S_j \times M_j \div M_0 - S_k$ + 认股权证、股份期权、可转换债券等增加的普通股加权平均数)

式中，P_1 为归属于公司普通股股东的净利润或扣除非经常性损益后归属于公司普通股股东的净利润。公司在计算稀释每股收益时，应考虑所有稀释性潜在普通股的影响，直至稀释每股收益达到最小。

（3）估值。通过市盈率法估值时，首先应计算出发行人的每股收益；然后根据二级市场的平均市盈率、发行人的行业情况（同类行业公司股票的市盈率）、发行人的经营状况及其成长性等拟定估值市盈率；最后，依据估值市盈率与每股收益的乘积决定估值。

2. 市净率法

（1）市净率的计算公式。市净率（Price to Book Value Ratio，P/B），是指股票市场价格与每股净资产的比率，计算公式为：

市净率=股票市场价格÷每股净资产

（2）估值。通过市净率定价法估值时，首先应根据审核后的净资产计算出发行人的每股净资产；然后，根据二级市场的平均市净率、发行人的行业情况（同类行业公司股票的市净率）、发行人的经营状况及其净资产收益率等拟定估值市净率；最后，依据估值市净率与每股净资产的乘积决定估值。

相对估值法简单易用，可以迅速获得被评估资产的价值，尤其是当金融市场上有大量“可比”资产在进行交易且市场对这些资产的定价相对稳定的时候。但用该方法估值时容易产生偏见，主要原因是“可比公司”的选择是个主观概念，世界上没有在风险和成长性方面完全相同的两个公司；同时，该方法通常忽略了决定资产最终价值的内在因素和假设前提；另外，该方法容易将市场对“可比公司”偏离价值的定价（高估或低估）引入对目标股票的估值中。

二、绝对估值法

绝对估值法亦称贴现法，主要包括公司贴现现金流量法（DCF）、现金分红折现法（DDM）。

相对估值法反映的是市场供求决定股票价格，绝对估值法体现的是内在价值决定价格，即通过对企业估值，而后计算每股价值，从而估算股票的价值。

以下以贴现现金流量法为例介绍绝对估值法。

贴现现金流量法是通过预测公司未来的现金流量，按照一定的贴现率计算公司的整体价值，从而进行股票估值的一种方法。运用贴现现金流量的计算步骤如下：

1. 预测公司未来的自由现金流量

预测的前提是本次发行成功地筹集到必要的现金并运用于相关项目投资。公司自由现金流量，指公司在持续经营的基础上除了在库存、厂房、设备、长期股权等类似资产上所需投入外，能够产生的额外现金流量。现金流量的预测期一般为5~10年，预测期越长，预测的准确性越差。

2. 预测公司的永续价值

永续价值是公司预测时期末的市场价值，可以参照公司的账面残值和当时的收益情况，选取适当的行业平均市盈率倍数或者市净率进行估算。

3. 计算加权平均资本成本

$$WACC = \sum K_i \cdot b_i$$

式中，WACC为加权平均资本成本；K_i为各单项资本成本；b_i为各单项资本所占的比重。

4. 计算公司的整体价值

$$公司整体价值 = \sum_{i=1}^{n} \frac{FCF_i}{(1 + WACC)^t} + \frac{V_n}{(1 + WACC)_n}$$

式中，FCF_i为企业自由现金流量；V_n为n时刻目标企业的终值。

5. 公司股权价值

公司股权价值 = 公司整体价值 − 净债务值

6. 公司每股股票价值

公司每股股票价值 = 公司股权价值/发行后总股本

贴现现金流量法需要比较可靠地估计未来现金流量（通常为正），同时根据现金流量的风险特性又能确定出恰当的贴现率。但实际操作中，情况往往与模型的假设条件相去甚远，影响了该方法的正确使用。在以下情况下，使用贴现现金流量法进行估值时将遇到较大困难。

第一，陷入财务危机的公司。通常这些公司没有正的现金流量，或难以准确地估计现金流量。

第二，收益呈周期性分布的公司。这类公司对未来现金流的估计容易产生较大偏差。

第三，正在进行重组的公司。这类公司可能面临资产结构、资本结构以及红利政策等方面的较大变化，既影响未来现金流，又通过公司风险特性的变化影响贴现率，从而影响估值结果。

第四，拥有某些特殊资产的公司。主要指拥有较大数量的未被利用的资产、专利或选择权资产的公司。这些资产的价值不能完全体现在公司的现金流中。

股票发行的估值和定价既有理性的计算，更有对市场供求的感性判断。如果仅仅依赖公式计算认为所计算的结果才是公司的合理价值，就过于武断。事实上，股票的价格是随着股票市场景气程度不断变化的，定价的艺术体现在定价的过程之中。主承销商在定价之前，首先要确定恰当的市场时机，因为在不恰当的情况下发行，估值结论和定价结果难以体现真正的价值，既可能影响发行人的利益，也可能损害投资者的利益。我国的发行市场中，首次公开发行的承销风险相对较小，因此主承销商往往重在制作材料而轻视了定价过程。但是随着市场的规范化发展，定价将越来越重要。定价之前的路演推介是定价过程中非常重要的环节。定价之前的路演推介，是首次公开发行股票公司的主承销商为了合理地确定股票价值而与专业机构投资者进行的直接沟通。通过这种沟通，主承销商可以探知专业投资者关注的问题、购买意向等，以便确定更为准确、贴近市场需求的定价。

附录 7：上海证券交易所交易费用（该表更新于 2012 年）

业务类别			收费项目	收费标准		最终收费对象
交易	A 股		经手费	成交金额的 0.00696%（双向）		会员等交上证所
			证管费	成交金额的 0.002%（双向）		会员等交中国证监会（上证所代收）
			印花税	成交金额的 0.1%（单向）		投资者交税务机关（上证所代收）
	B 股		经手费	成交金额的 0.026%（双向）		会员等交上证所
			证管费	成交金额的 0.002%（双向）		会员等交中国证监会（上证所代收）
	证券投资基金（封闭式基金、ETF）		经手费	成交金额的 0.0045%（双向）		会员等交上证所
			证管费	免收		
	权证		经手费	成交金额的 0.0045%（双向）		会员等交上证所
			证管费	免收		
	债券现券（国债、企业债、公司债、可转换公司债券、分离交易的可转换公司债券、可转债回售等）		经手费	成交金额的 0.0001%（双向）（固定收益平台现券交易，最高不超过 100 元/笔）		会员等交上证所
			证管费	免收		
	质押式回购	1 天	经手费	成交金额的 0.00005%（双向）	暂免	会员等交上证所
		2 天	经手费	成交金额的 0.00010%（双向）		会员等交上证所
		3 天	经手费	成交金额的 0.00015%（双向）		会员等交上证所
		4 天	经手费	成交金额的 0.00020%（双向）		会员等交上证所
		7 天	经手费	成交金额的 0.00025%（双向）		会员等交上证所
		14 天	经手费	成交金额的 0.00050%（双向）		会员等交上证所
		28 天	经手费	成交金额的 0.00100%（双向）		会员等交上证所
		28 天以上	经手费	成交金额的 0.00150%（双向）		会员等交上证所
	国债买断式回购	7 天	经手费	成交金额的 0.000625%（双向）	（同上）	会员等交上证所
		28 天	经手费	成交金额的 0.0025%（双向）		会员等交上证所
		91 天	经手费	成交金额的 0.00375%（双向）		会员等交上证所

续表

业务类别			收费项目	收费标准	最终收费对象
交易	大宗交易	A、B 股，证券投资基金	经手费	相对于竞价市场同品种费率下浮 30 %	会员等交上证所
			证管费	与同品种竞价交易	会员等交中国证监会（上证所代收）
		债券现券（国债、企业债、公司债、可转换公司债券、分离交易的可转换公司债券等）	经手费	成交金额的百万分之一的 90%，最高不超过 100 元/笔（双向）	会员等交上证所
			证管费	与同品种竞价交易	会员等交中国证监会（上证所代收）
		质押式回购、国债买断式回购	经手费	暂免	会员等交上证所
	ETF 申购、赎回		经手费	暂免	会员等交上证所
	专项资产管理计划转让		经手费	转让金额的 0.00009%	会员等交上证所
发行	新股认购		经手费	成交金额的 0.012%，暂免	会员等交上证所
	可转换公司债券认购		经手费	成交金额的 0.01%，暂免	会员等交上证所
	投资基金认购		经手费	成交金额的 0.0085%	会员等交上证所
	配股、转配股、职工股配股、国家股配售、股票配可转换公司债		经手费	成交金额的 0.012%（双向），暂免	会员等交上证所
	投资基金配售		经手费	成交金额的 0.0085%（双向）	会员等交上证所
上市	股票		上市初费	A、B 股总股本 2 亿股（含）以下的 30 万元 2 亿股至 4 亿股（含）的 45 万元 4 亿股至 6 亿股（含）的 55 万元 6 亿股至 8 亿股（含）的 60 万元 8 亿股以上的 65 万元	上市公司交上证所
			上市年费	上年末 A、B 股总股本 2 亿股（含）以下的 5 万元/年 2 亿股至 4 亿股（含）的 8 万元/年 4 亿股至 6 亿股（含）的 10 万元/年 6 亿股至 8 亿股（含）的 12 万元/年 8 亿股以上的 15 万元/年 上市不足 1 年的，按实际上市月份计算，上市当月为 1 个月	上市公司交上证所
	证券投资基金		上市初费	上市首日基金总份额的 0.01%，起点 1 万元，不超过 3 万元	基金管理人交上证所
			上市年费	60000 元 / 年	基金管理人交上证所
	权证		上市初费	20 万元	发行人交上证所
	企业债券		上市初费	上市总额的 0.01%，起点 8000 元，不超过 4 万元（暂免）	发行人交上证所
			上市年费	上市总额的 0.0096%，起点 4800 元，不超过 24000 元（暂免）	发行人交上证所

续表

业务类别		收费项目	收费标准	最终收费对象
上市	可转换公司债券	上市初费	上市总额的 0.01%，起点 1 万元，不超过 3 万元（暂免）	发行人交上证所
		上市年费	6000 元 / 年（暂免）	发行人交上证所
席位	非 B 股席位	初费	60 万元 / 个	会员等交上证所
	B 股席位	初费	7.5 万美元 / 个	会员等交上证所
交易单元		交易单元使用费	会员等机构拥有的每个席位可抵免一个交易单元的使用费。对超出其席位数量的部分，本所收取每个交易单元每年 5 万元的交易单元使用费（2010 年 12 月 1 日起，暂免收取债券现券及回购交易专用的交易单元使用费）	会员等交上证所
		流速费	会员等机构接入交易系统流速之和超出其免费流速额度时，超出部分每年按每个标准流速计收 1 万元的流速费（2010 年 12 月 1 日起，暂免收取债券现券及回购交易专用的交易单元流速费）	
		流量费	1. 计费期间为上年 12 月 1 日至当年 11 月 30 日。 2. 流量费=（该机构所用交易单元的年交易类申报笔数总和– 3 万笔 / 年×持有席位数）× 0.10 元+（该机构所用交易单元的年非交易类申报笔数总和– 3 万笔 / 年×持有席位数）× 0.01 元。 3. 详见 《关于调整本所席位年费收费模式有关问题的通知》 和《关于收取 2010 年交易单元年费的通知》。 4. 2010 年 12 月 1 日起，暂免收取各交易参与人参与债券现券及回购交易的流量费	
其他业务		费用项目、标准、收取方式按照相关业务规定执行		

附录 8：深圳证券交易所收费标准（该表更新于 2013 年 11 月 14 日）

收费对象	收费项目	收费标的	收费标准	备注
投资者	佣金	A 股	不得高于成交金额的 0.3%，也不得低于代收的证券交易监管费和证券交易经手费，起点 5 元（要约收购费用参照 A 股收费标准）	投资者交证券公司
		B 股	不得高于成交金额的 0.3%，也不得低于代收的证券交易监管费和证券交易经手费，起点 5 港元（要约收购费用参照 B 股收费标准）	
		基金	不得高于成交金额的 0.3%，也不得低于代收的证券交易监管费和证券交易经手费	
		权证	不得高于成交金额的 0.3%，也不得低于代收的证券交易监管费和证券交易经手费，起点 5 元	
		国债现货	不超过成交金额的 0.02%	
		企业债/公司债现货	不超过成交金额的 0.02%	
		国债回购	1 天不超过成交金额的 0.001% 2 天不超过成交金额的 0.002% 3 天不超过成交金额的 0.003% 4 天不超过成交金额的 0.004% 7 天不超过成交金额的 0.005% 14 天不超过成交金额的 0.01% 28 天不超过成交金额的 0.02% 28 天以上不超过成交金额的 0.03%	
		其他债券回购	1 天不超过成交金额的 0.001% 2 天不超过成交金额的 0.002% 3 天不超过成交金额的 0.003% 7 天不超过成交金额的 0.005%	
		可转债	不超过成交金额的 0.1%	
		专项资产管理计划	不超过转让金额的 0.02%	
		中小企业私募债券	不超过转让金额的 0.02%	

续表

<table>
<tr><th>收费对象</th><th>收费项目</th><th>收费标的</th><th>收费标准</th><th>备注</th></tr>
<tr><td rowspan="26">投资者</td><td rowspan="15">佣金</td><td>A 股</td><td>按成交额双边收取 0.0696‰</td><td rowspan="26">1. 由深交所收取（证券交易所风险基金由交易所自行计提，不另外收取）。
2. 大宗交易收费：A 股大宗交易按标准费率下浮 30%收取；B 股、基金大宗交易按标准费率下浮 50%收取；债券 ETF 免收证券交易经手费；债券、债券回购大宗交易费率标准维持不变。
3. 此项费用包含在佣金之中。
4. 约定购回式证券交易参照相应品种大宗交易收费标准执行</td></tr>
<tr><td>B 股</td><td>按成交额双边收取 0.301‰</td></tr>
<tr><td>基金</td><td>按成交额双边收取 0.0975‰</td></tr>
<tr><td>权证</td><td>按成交额双边收取 0.045‰</td></tr>
<tr><td rowspan="2">国债现货</td><td>成交金额在 100 万元以下（含）
每笔收 0.1 元</td></tr>
<tr><td>成交金额在 100 万元以上
每笔收 10 元</td></tr>
<tr><td rowspan="2">企业债/公司债现货</td><td>成交金额在 100 万元以下（含）
每笔收 0.1 元</td></tr>
<tr><td>成交金额在 100 万元以上
每笔收 10 元</td></tr>
<tr><td rowspan="2">国债回购</td><td>成交金额在 100 万元以下（含）
每笔收 0.1 元，反向交易不再收取</td></tr>
<tr><td>成交金额在 100 万元以上
每笔收 1 元，反向交易不再收取</td></tr>
<tr><td rowspan="2">其他债券回购</td><td>成交金额在 100 万元以下（含）
每笔收 0.1 元，反向交易不再收取</td></tr>
<tr><td>成交金额在 100 万元以上
每笔收 1 元，反向交易不再收取</td></tr>
<tr><td>可转债</td><td>不超过成交金额的 0.1%</td></tr>
<tr><td>专项资产管理计划</td><td>不超过转让金额的 0.02%</td></tr>
<tr><td>中小企业私募债券</td><td>不超过转让金额的 0.02%</td></tr>
<tr><td rowspan="11">证券交易经手费</td><td>A 股</td><td>按成交额双边收取 0.0696‰</td></tr>
<tr><td>B 股</td><td>按成交额双边收取 0.301‰</td></tr>
<tr><td>基金</td><td>按成交额双边收取 0.0975‰</td></tr>
<tr><td>权证</td><td>按成交额双边收取 0.045‰</td></tr>
<tr><td rowspan="2">国债现货</td><td>成交金额在 100 万元以下（含）
每笔收 0.1 元</td></tr>
<tr><td>成交金额在 100 万元以上
每笔收 10 元</td></tr>
<tr><td rowspan="2">企业债/公司债现货</td><td>成交金额在 100 万元以下（含）
每笔收 0.1 元</td></tr>
<tr><td>成交金额在 100 万元以上
每笔收 10 元</td></tr>
<tr><td rowspan="2">国债回购</td><td>成交金额在 100 万元以下（含）
每笔收 0.1 元，反向交易不再收取</td></tr>
<tr><td>成交金额在 100 万元以上
每笔收 1 元，反向交易不再收取</td></tr>
<tr><td>其他债券回购</td><td>成交金额在 100 万元以下（含）
每笔收 0.1 元，反向交易不再收取</td></tr>
</table>

续表

收费对象	收费项目	收费标的	收费标准	备注
投资者	证券交易经手费	股票质押式回购	按笔收取，每笔 100 元	
		可转债	按成交金额双边收取 0.04‰	
		专项资产管理计划	成交金额在 100 万元以下（含）每笔收 0.1 元	
			成交金额在 100 万元以上每笔收 10 元	
		中小企业私募债券	成交金额在 100 万元以下（含）每笔收 0.1 元	
			成交金额在 100 万元以上每笔收 10 元	
	证券交易监管费	A 股	按成交额双边收取 0.02‰	1. 代中国证监会收取； 2. 此项费用包含在佣金之中
		B 股		
		基金	免收	
		权证	免收	
		企业债/公司债现货	免收	
		可转债		
		专项资产管理计划	免收	
		中小企业私募债券	免收	
		国债现货	免收	
	证券交易印花税	A 股	对出让方按成交金额的 1‰征收，对受让方不再征税	代国家税务局扣缴
		B 股		
发行人	上市初费	A 股、B 股	总股本 2 亿以下（含），30 万元； 总股本 2 亿至 4 亿（含），45 万元； 总股本 4 亿至 6 亿（含），55 万元； 总股本 6 亿至 8 亿（含），60 万元； 总股本 8 亿以上，65 万元	创业板减半征收。总股本为 A、B 股合计
		国债	免收	
		企业债/公司债	暂免收取	
		可转债	上市债券总额 0.01%，最高不超过 3 万元	
		基金	3 万元	
		权证	20 万元	
		专项资产管理计划	暂免收取	
		中小企业私募债券	暂免收取	

续表

收费对象	收费项目	收费标的	收费标准	备注
发行人	上市年费	A股、B股	总股本2亿以下（含），5万元； 总股本2亿至4亿（含），8万元； 总股本4亿至6亿（含），10万元； 总股本6亿至8亿（含），12万元； 总股本8亿以上，15万元	创业板减半征收。总股本为A、B股合计
		债券	暂免收取	
		可转债	以1亿元为基数，每年缴纳6000元；超过1亿元的，每增加2000万元，年费增加1200元，最高不超过24000元	按年收取
		基金	6万元	按年收取
		专项资产管理计划	暂免收取	
		中小企业私募债券	暂免收取	
	会员	席位费	席位	60万元/个
	交易单元费用	交易单元	1.交易单元使用费：对会员使用超出交费席位（指已交席位初费的席位）数量以外的交易单元，每年收取30000元/个的交易单元使用费	
			2.流速费：对会员使用超出交费席位（指已交席位初费的席位）数量以外的流速，每年收取9600元/份的流速费。每份流速为25笔/秒	
			3.流量费：每笔交易类申报（指买入、卖出、撤单申报）收取0.1元，每笔非交易类申报（指除买入、卖出、撤单以外的申报）收取0.01元	债券ETF免收交易单元流量费

附录9：K线组合介绍

序号	K线组合	内容
1	冉冉上升形	(1) 在盘整后期出现 (2) 由若干小K线组成（一般不少于8根），其中以小阳线居多，中间也可夹着小阴线、十字线 (3) 整个K线排列呈略微向上倾斜状，是见底信号，后市看涨。该K线组合犹如冉冉升起的旭日，升幅虽不大，但它往往是股价大涨的前兆，如成交量能同步放大，这种可能性就很大
2	徐缓上升形	(1) 多数出现在涨势初期 (2) 先接连出现几个小阳线，然后才拉出中大阳线，是见底信号，后市看涨

续表

序号	K线组合	内容
3	稳步上涨形	(1) 出现在上涨行情中 (2) 众多阳线中夹着较少的小阴线。整个K线排列呈向上倾斜状，是见底信号，后市看涨，后面的阳线对插入的阴线覆盖的速度越快越有力，上升的潜力就越大
4	上升抵抗形	(1) 在上涨途中出现 (2) 由若干K线组成 (3) 连续跳高开盘，即使中间收出阴线，但收盘价要比前一根K线的收盘价高，是见底信号，后市看涨
5	弧形线	(1) 在涨势初期出现 (2) 由若干K线组成 (3) 股价走势是一个向上的抛物线，是见底信号，后市看涨，一旦弧形线为市场认可，上涨周期就很长
6	下探上涨形	在上涨途中，突然跳低开盘（甚至以跌停板开盘），当日以涨势收盘，收出一根大阳线（甚至以涨停板收盘），是见底信号，后市看涨，多数为控盘庄家利用消息洗盘，一般后市将有一段较大升势
7	上涨二颗星	(1) 在涨势初期、中期内出现 (2) 由一大二小3根K线组成 (3) 在上涨时先出现一根大阳线或中阳线，随后就在这根阳线的上方出现2根小K线（既可以是小十字线，也可以是实体很小的阳线、阴线），继续看涨，少数情况下会在一根大阳线上方出现3根小K线，这时就称为上涨三颗星。上涨三颗星技术含义与上涨二颗星相同
8	跳空上扬形	又称升势鹤鸦缺口 (1) 出现在涨势中 (2) 由2根一阳一阴的K线组成 (3) 先是拉出一根跳空上扬的阳线，留下一个缺口，第二天又出现一根低收的阴线，但它收在前一根阳线缺口上方附近，继续看涨
9	高位并排阳线	(1) 出现在涨势中 (2) 由2根阳线组成 (3) 第一根阳线跳空向上，其收盘时在前一根K线上方留下一个缺口。第二根阳线与之并排，开盘价与第一根阳线的开盘价基本相同，继续看涨。这个向上跳空的缺口对日后股价走势有较强支撑作用，但如发现日后股价跌破这个缺口，股价走势就会转弱
10	跳空下跌三颗星	(1) 出现在连续下跌途中 (2) 由3根小阴线组成 (3) 3根小阴线有一个明显的空白区域，也即通常说的缺口，是见底信号。如果在3根小阴线后出现一根大阳线，上涨的可能性就更大
11	上升三部曲	(1) 出现在上涨途中 (2) 由大小不等的5根K线组成 (3) 先拉出一根大阳线或中阳线，接着连续出现3根小阴线，但都没有跌破前面阳线的开盘价，随后出现了一根大阳线或中阳线，其走势有点类似英文字母“N”，继续看涨
12	多方尖兵	(1) 出现在上涨行情中 (2) 由若干根K线组成 (3) 在拉出一根中阳线或大阳线时，留下一根较长的上影线，然后股价回落，但不久股价又涨至上影线的上方继续看涨。走势图上出现这种K线形态，实际上是多方主力发动全面进攻前的一次试盘
13	两红夹一黑	(1) 既可出现在涨势中，也可出现在跌势中 (2) 由2根较长的阳线和1根较短的阴线组成，阴线夹在阳线之中，在涨势中出现，继续看涨；在跌势中出现，是见底信号

续表

序号	K线组合	内容
14	淡友反攻	(1) 出现在涨势中 (2) 由一阳一阴2根K线组成 (3) 先是出现一根大阳线接着跳高开盘，结果拉出一根中阴线或大阴线，收在前一根K线收盘价相同或相近的位置上，是见底信号，后市看跌，转势信号不如乌云盖顶强
15	乌云盖顶	(1) 出现在涨势中 (2) 由一根中阳线或大阳线和一根中阴线或大阴线组成 (3) 阴线已深入到阳线实体1/2以下处，是见顶信号，后市看跌。阴线深入阳线实体部分越多，转势信号越强
16	倾盆大雨	(1) 出现在上涨趋势中 (2) 由一阳一阴2根K线组成 (3) 先是一根大阳线或中阳线，接着出现一根低开的大阴线或中阴线，阴线的收盘价已低于前一根阳线的开盘价，是见顶信号，后市看跌 见顶信号强于乌云盖顶；阴线实体低于阳线实体部分越多，转势信号越强
17	射击之星，又称流星、扫帚星	(1) 出现在上涨趋势中 (2) 阳线（亦可以是阴线）实体很小，上影线大于或等于实体的两倍 (3) 一般无下影线，少数会略有一点下影线，是见顶信号，后市看跌。实体与上影线比例越悬殊，信号越有参考价值。如射击之星与黄昏之星同时出现，见顶信号就更加可靠
18	吊颈线	(1) 出现在涨势中 (2) 阳线（亦可以是阴线）实体很小，下影线大于或等于实体的两倍 (3) 一般无上影线，少数略有一点上影线，是见顶信号，后市看跌。实体与下影线比例越悬殊，越有参考价值。如吊颈线与黄昏之星同时出现，见顶信号就更加可靠
19	平顶	又称钳子顶： (1) 在上涨趋势中出现 (2) 由2根或2根以上的K线组成 (3) 最高价处在同一水平位置上，是见顶信号，后市看跌
20	塔形顶	(1) 出现在上涨趋势中 (2) 先是一根大阳线或中阳线，后为一连串的小阳小阴线，最后出现一根大阴线或中阴线，是见顶信号，后市看跌
21	圆顶	(1) 在上涨趋势中出现 (2) 股市形成一个圆弧顶 (3) 圆弧内的K线多为小阳小阴线，最后以向下跳空缺口来确认圆顶形态成立，是见顶信号，后市看跌。与技术图形的圆顶有一定区别
22	双飞乌鸦	(1) 出现在涨势中 (2) 由2根一大一小阴线组成 (3) 第一根阴线的收盘价高于前一根阳线的收盘价，且第二根阴线完全包容了第一根阴线，是见顶信号，后市看跌
23	三只乌鸦	又称暴跌三杰： (1) 出现在涨势中 (2) 由3根阴线组成，阴线多为大阴线或中阴线 (3) 每次均以跳高开盘，最后以下跌收盘，是见顶信号，后市看跌
24	高档五阴线	(1) 出现在涨势中 (2) 由5根阴线组成，但多为小阴线 (3) 先是拉出一根较有力度的阳线，接着连续出现5根并排阴线，是见顶信号，后市看跌。高档五阴线不一定都是5根阴线，有时也可能是6根、7根阴线

续表

序号	K线组合	内容
25	下降覆盖线	(1) 在上涨行情中出现 (2) 由4根K线组成。前2根K线构成一个穿头破脚形态，第三根K线是一根中阳线或小阳线，但阳线的实体通常比前一根阴线要短，之后又出现一根中阴线或小阴线，阴线实体已深入到前一根阳线实体之中。见顶信号，后市看跌。是见顶信号要强于穿头破脚
26	低档盘旋形	(1) 出现在下跌途中 (2) 由若干根小阴小阳线组成 (3) 先是小阴小阳线的横盘，后来出现一根跳空向下的阴线，是卖出信号，后市看跌
27	黑三兵	(1) 既可在涨势中出现，也可在跌势中出现 (2) 由3根小阴线组成，最低价一根比一根低，是卖出信号，后市看跌
28	绵绵阴跌形	(1) 在盘整后期出现 (2) 由若干根小K线组成（一般不少于8根），其中以小阴线居多，中间也可夹着一些小阳线、十字线 (3) 整个K线排列呈略微向下倾斜状，是卖出信号，后市看跌。绵绵阴跌，跌幅虽不大，但犹如黄梅天的阴雨下个不停，从而延长了下跌的时间和拓展了下跌的空间，股价很可能就此长期走弱了。因此对绵绵阴跌走势的个股，应及早作出停损离场的决断
29	徐缓下跌形	(1) 多数出现在跌势初期 (2) 先连接出现几根小阴线，然后拉出中大阴线，是卖出信号，后市看跌
30	下跌不止形	(1) 出现在下跌途中 (2) 众多阴线中夹着较少的小阳线。整个K线排列呈向下倾斜状，是卖出信号，后市看跌
31	下降抵抗形	(1) 出现在下跌途中 (2) 由若干根阴线和阳线组成，但阴线大大多于阳线 (3) 连续跳低开盘，即使中间收出阳线，但收盘价也要比前一根K线的收盘价低，是卖出信号，后市看跌
32	高开出逃形	突然跳高开盘（甚至以涨停板开盘），然后一路下跌，最后收出一根大阴线（甚至以跌停板收盘），是卖出信号，后市看跌。多数为被套庄家利用朦胧消息拉高出货所致，一般后市将有一段较大跌势
33	下跌三颗星	(1) 在下跌行情初期、中期出现 (2) 由一大三小4根K线组成 (3) 在下跌时，先出现一根大阴线或中阴线，随后就在这根阴线的下方出现了3根小K线（既可以是小十字线，也可以是实体很小的阳线、阴线），是卖出信号，后市看跌。在下跌途中出现下跌三颗星，表明市场买卖意愿不强，市场将以盘跌为主
34	下降三部曲	(1) 出现在下降趋势中 (2) 由5根大小不等的K线组成 (3) 先出现一根大阴线或中阴线，接着出现3根向上爬升的小阳线，但这3根小阳线都没有冲破第一根阳线开盘价，最后一根大阴线或中阴线又一下子全部或大部分吞吃了前面3根小阳线，是卖出信号，后市看跌
35	空方尖兵	(1) 出现在下跌行情中 (2) 由若干根K线组成 (3) 在拉出一根中阴线或大阴线时，留下了一根较长的下影线，然后股价反弹，但不久股价又跌至下影线下方，是卖出信号，后市看跌。走势图上出现这种K线形态，实际上是空方主力向多方进行全面扫荡前的一次试盘
36	倒三阳	(1) 出现在下跌初期 (2) 由3根阳线组成 (3) 每日都是低开高走，第一根K线以跌势收盘，后2根K线的收盘价低于或接近前一天的阳线开盘价，因此虽然连收3根阳线，但图形上却出现了类似连续3根阴线的跌势，是卖出信号，后市看跌。此种情况多数发生在庄家股上，出现这种K线图下跌概率极大，投资者要趁早果断斩仓离场

续表

序号	K线组合	内容
37	连续跳空三阳线	(1) 出现在上涨行情中 (2) 连续出现3根向上跳空高开的阳线，是滞涨信号，后市看淡
38	升势受阻	(1) 出现在涨势中 (2) 由3根阳线组成 (3) 3根阳线实体越来越小，最后一根阳线的上影线很长，是滞涨信号，后市看淡
39	阳线跛脚形	(1) 出现在涨势中 (2) 由3根以上（含3根）的阳线组成 (3) 最后2根阳线都是开，且最后一根阳线收盘价比前面阳线收盘价要低，是滞涨信号，后市看淡
40	两黑夹红	(1) 既可出现在涨势中，也可出现在跌势中 (2) 由2根较长的阴线和一根较短的阳线组成，阳线夹在阴线之中，在涨势中出现，是见顶信号；在跌势中出现，继续看跌
41	搓揉线	(1) 多出现在涨势中 (2) 由一正一反两根T字线组成，在上涨途中出现，继续看涨，在上涨末端出现，是见顶信号。在上涨途中出现的搓揉线以小T字线居多；在上涨末端出现的搓揉线以大T字线居多
42	尽头线	(1) 既可出现在涨势中，也可出现在跌势中 (2) 由2根一大一小K线组成 (3) 出现在涨势中，第一根K线为大阳线或中阳线，并留有一根上影线，第二根K线为小十字线或小阳小阴线，依附在第一根K线的上影线之内 (4) 出现在跌势中，第一根K线为大阴线或中阴线，并留有一根下影线，第二根K线为小十字线或小阳小阴线，依附在第一根K线的下影线之内。出现在涨势中，是见顶信号；出现在跌势中，是见底信号，尽头线的上影线或下影线的右方，带着的K线越小（如小十字星），则信号越强
43	穿头破脚	(1) 既可在上涨趋势中出现，也可在下跌趋势中出现 (2) 由大小不等，阴阳相反的2根K线组成 (3) 在上涨趋势中出现，前一根为阳线，后一根为阴线，后者将前者实体全部包容在内（不包括上下影线） (4) 在下跌趋势中出现，前一根为阴线。在上涨趋势中出现，是卖出信号；在下跌趋势中出现，为买进信号。2根K线的长短越悬殊，或一根长的K线包容前面的K线越多，信号的参考价值就越大
44	身怀六甲	(1) 既可在上涨趋势中出现，也可在下跌趋势中出现 (2) 由大小不一的2根K线组成，2根K线可一阴一阳，亦可同是两阳或两阴。在上涨趋势中出现，是卖出信号；在下跌趋势中出现，是买进信号。若第二组K线为十字线，俗称十字胎，在身怀六甲中，十字胎是力度最大的K线形态之一
45	镊子线	(1) 既可出现在涨势中，也可出现在跌势中 (2) 由3根二大一小的K线组成 (3) 3根K线的最高价几乎处在同一水平位置上（从图上看就像有人拿着镊子夹着一块小东西）。在上涨时出现为头部信号；在下跌时出现为底部信号
46	上档盘旋形	(1) 出现在上涨途中 (2) 由若干根或十几根K线组成 (3) 在上涨时拉出一根较有力度的阳线后，就出现了阴阳交错、上下波动范围很小的横盘走势。上档盘旋时间在5~14天内，多数看涨；超过14天，多数看跌；盘旋时间太久，说明多方上攻愿望不强，因而跌的可能性很大

续表

序号	K线组合	内容
47	加速度线	(1) 既可出现在涨势中，也可出现在跌势中 (2) 上涨时出现加速度线，表现为开始缓慢爬升，后来攀升速度越来越快，接着连续拉出中阴线或大阴线 (3) 下跌时出现加速度线，表现为开始缓慢下跌，后来下跌速度越来越快，接着连续拉出中阴线或大阴线。在上涨时出现为头部信号，在下跌时出现为底部信号
48	下跌三连阴	(1) 出现在跌势中 (2) 由3根阴线组成，阴线多为大阴线或中阴线 (3) 每根阴线都以最低价或次低价报收，最后一根往往是大阴线。在下跌初期出现，继续看跌；在下跌后期出现，是见底信号；在连续阴跌不止情况下，特别是在股价已有较大跌幅后出现三连阴，表明已经用尽，此时距底价或反弹点已不远了

第三章　其他投资工具

第一节　债券

一、债券的概念和特征

（一）债券的概念

债券是一种有价证券，是社会各类经济主体为筹集资金面向债券投资者出具的、承诺按一定利率定期支付利息并到期偿还本金的债权债务凭证。

（二）债券的特征

债券作为一种债权债务凭证，与其他有价证券一样，也是一种虚拟资本，而非真实资本，它是经济运行中实际运用的真实资本的证书。债券作为一种重要的融资手段和金融工具具有如下特征：偿还性、流通性、安全性、收益性。

1. 偿还性

债券有规定的偿还期限，债务人必须按期向债权人支付利息和偿还本金。债权债务人之间的借贷关系随着还本付息而结束，它与股票的永久关系有很大区别。当然，有些国家曾发行过无期公债或永久性公债，无固定的偿还期，持券人不能要求政府清偿，只能收取利息，这种债券品种较少，不能成为主流。

2. 流通性

债券的流通性指债券持有人可按需要和市场的实际情况，灵活地转让债券，以提前收回本金和实现投资收益。债券的流通性取决于市场转让的便利程度和交易成本。

3. 安全性

股票的股息和红利收入与企业的经营绩效有很大的关系。而债券通常规定有固定的利率，与企业经营绩效没有直接联系，因而债券收益比较稳定，风险较小。此外，在企业破产时，债券持有者享有优先于股票持有者对企业剩余资产的索取权。

4. 收益性

债券的收益性指债券能为持有者带来一定的收入，即投资回报。债券的收益主要表现为三种形式：

（1）利息收入。持有债券的投资者可以在持有债券期间按约定的条件分期、分次收取利息或到期一次取得利息。

（2）资本损益。债券持有人到期收回本金或中途卖出与买入债券之间的价差收入，如果市场利率保持不变，价差是买入债券或者自上次付息至卖出债券这段时间的利息收益表现形式。但市场利率变化，导致资本利得随市场而变化。

（3）再投资收益，即投资债券所获得的现金流量再投资的利息收入，这主要受市场收益率变化的影响。

（三）债券要素

通常债券具有以下四个要素：

1. 票面价值

票面价值是债券票面标明的货币价值，是债券发行人承诺在债券到期日偿还给债券持有人的金额。票面价值中，首先要规定债券的币种，即以何种货币作为债券价值计量标准，一般根据债券的发行地来确定。币种确定后，要确定票面金额，金额小，利于小额投资者参与，但债券本身的印刷费及发行工作成本大；金额大，有利于少数大额投资者参加，费用较小，但不利于小额投资者参加，票面金额应根据发行的对象、市场资金供给情况、发行成本等综合考虑。

2. 到期期限

到期期限指债券从发行之日起至偿清本息之日止的时间。各种不同的债券有不同的到期期限，短的几个月，长则几十年，习惯上称为短期债券、中期债券、长期债券。

3. 债券的票面利率

债券的票面利率也称名义利率，是债券年利息与债券票面金额的比率，通常用百分比来表示，利率有多种形式，如单利、复利和贴现利率等。债券利率受多种因素影响，主要有：①市场利率。市场利率高，债券票面利率相应高；市场利率低，债券票面利率相应低。②筹资者的资信。发行人的资信状况好，债券的信用等级高，投资风险小，债券的票面利率可以定得比其他条件相同的债券利率低一点；反之，债券票面利率就高一点。③债券期限长短。期限长的债券流动性差，风险相对较大，票面利率应该定得高一点；反之，可以定得低一点。

4. 债券的发行者名称

债券上应该有发行者的名称，指明了债券的债务主体，表明发行人应该履行对债权人偿还本息的义务，也为债权人到期追索本金和利息提供了依据。

上面的四个要素是债券的基本要素，并非一定要在债券的票面上印制出来，许多情况下，发行人是以公布条例或公告形式宣布债券的期限和利率的。

债券票面有时还包括其他要素，有的债券附有分期偿还时间表；有的债券附有赎回选择权、附有出售选择权条款、附有新股认购权条款等。

（四）债券与股票的比较

1. 相同点

（1）都是有价证券。债券和股票虽然有各自的特点，但都是有价证券，都是虚拟资本，本身无价值，持有债券或股票都可能获得一定的收益，并能行使各自的权利和流通转让。

（2）都是筹资的方式。债券和股票都是筹集资金的手段。与向银行间接融资相比，发行债券和股票筹资的数额大、时间长、成本低，且不受银行贷款的条款限制。

（3）股票和债券收益相互影响。从单个债券和股票来看，它们的收益经常会发生差异，甚至会有很大的差别。从总体来看，如果市场是有效的，债券的平均收益率和股票的平均收益率会大体保持相对稳定的关系，差异反映市场的风险程度。

2. 债券和股票的区别

债券和股票在权利、发行目的、期限、收益、风险等方面存在很大的差异，如表3-1所示。

表 3-1 债券与股票的比较

比较内容	债券	股票
权利	债权债务关系，无权参与经营决策	所有权关系，拥有表决权
发行目的	公司追加经营资金，属于负债	公司创立和增加资本金，自有资本
期限	有规定的偿还期，必须还本付息	无须偿还，公司不归还本金
收益	有固定的票面利率，获得固定利息	股息和红利视公司经营情况而定
风险	风险较小	风险较大

债券的利息是公司的固定支出，属于费用范围，股票的股息和红利属于公司利润范围，公司有盈利才能支付，支付的顺序还排在债券的利息支出和纳税之后。若公司破产，公司剩余资产的清偿顺序为债券偿付在前，股票偿付在后。而在次级市场上，债券由于利率稳定、期限固定，因而价格比较稳定。股票由于没有固定的期限和利率，受各种因素影响，市场价格波动较大，涨跌幅较大。

二、债券的种类

债券种类很多，在债券的发展历史中，出现了许多不同种类的债券，债券可以按不同的标准进行分类，如图3-1所示。

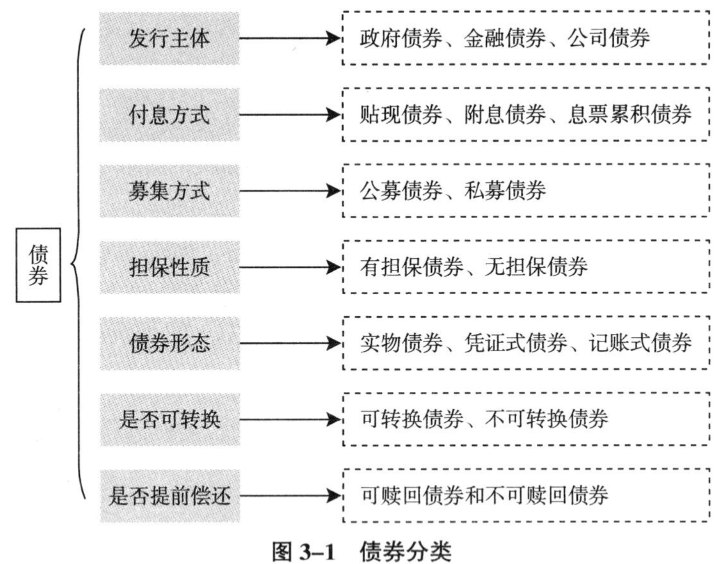

图 3-1　债券分类

1. 按不同发行主体，可以分为政府债券、金融债券、公司债券

（1）政府债券。政府债券是政府为筹集资金而发行的债券，政府债券的发行主体为政府。中央政府发行的债券被称为国债，地方政府发行的债券称为地方政府债券等，其中最主要的是国债。国债因信誉好、利率优、风险小又被称为“金边债券”。政府债券一般属于长期债券。中国发行的国债主要有国库券和国家债券，其中国库券自 1981 年后基本上每年都发行。主要对企业、个人等；国家债券曾经发行包括国家重点建设债券、国家建设债券、财政债券、特种债券、保值债券、基本建设债券，这些债券大多对银行、非银行金融机构、企业、基金等定向发行，部分也对个人投资者发行。

（2）金融债券。金融债券是由银行或非银行金融机构发行的债券。金融机构一般有雄厚的实力，信用度高，因此金融债券往往具有良好的信誉。金融债券的期限一般以中期债券居多。

（3）公司债券。公司债券是公司依照法定程序发行、约定在一定期限内还本付息的有价证券。公司债券的发行主体为股份公司，有些国家也允许非股份公司发行债券。因此将公司债券和企业发行的债券合称为“公司（企业）债券”。由于公司的情况千差万别，公司债券有中长期的，也有短期的。

在我国，企业债券是按照《企业债券管理条例》规定发行与交易、由国家发展和改革委员会监督管理的债券，在实际中，其发债主体为中央政府部门所属机构、国有独资企业或国有控股企业，因此，它在很大程度上体现了政府信用。公司债券管理机构为中国证券监督管理委员会，发债主体为按照《中华人民共和国公司法》设立的公司法人，在实践中，其发行主体为上市公司。

2. 按付息方式，可以分为贴现债券、附息债券、息票累积债券

（1）贴现债券。贴现债券又称“贴水债券”，是指债券票面上不规定利率，发行时按某一折扣率，以低于票面金额的价格发行，发行价与票面金额之间的差额相当于预先支付的利息，到期时按票面金额偿还本息的债券。贴现债券是期限比较短的债券。

（2）附息债券。附息债券规定，在合约存续期间，发行人对债券持有人定期支付利息（半年或者一年支付一次）。按照计息方式的不同，可以分为固定利率债券和浮动利率债券。固定利率债券是在债券存续期间票面利率不变的债券。浮动利率债券是在票面利率的基础上参照预先确定的某一基准利率予以定期调整的债券。有些债券可以根据合约条款推迟支付定期利率，故称为缓息债券。

（3）息票累积债券，这一类债券规定了票面利率，但债券持有人必须在债券到期时一次性获得本息，存续期间没有利息支付。

3. 按募集方式，可以分为公募债券和私募债券

（1）公募债券。公募债券是指发行人向不特定的社会公众投资者公开发行的债券，公募债券的发行量大，持有人数量众多，流动性好。

（2）私募债券。私募债券是指向特定的投资者发行的债券，私募债券的投资者一般为特定的机构投资者。

4. 按担保性质，可以分为有担保债券和无担保债券

（1）有担保债券。有担保债券指以抵押财产为担保发行的债券。按担保物的不同，分为抵押债券、质押债券和保证债券：①抵押债券，以不动产作为担保，又称为不动产抵押债券，是指以土地、房屋等不动产作抵押品而发行的一种债券。若债券到期不能偿还，持券人可依法处理抵押品受偿。②质押债券是以动产或权利作担保，通常以股票、债券或其他证券担保。发行主要为控股公司，用作质押的可以是它的子公司的股票或债券、其他公司的股票或债券，也可以是公司自身的股票或债券。保证债券是指未提供任何担保，而由第三者提供担保的债券。

（2）无担保债券。无担保债券又称为“信用债券”。信用债券是不以任何公司财产作为担保，完全凭信用发行的债券。由于无抵押担保，所以债券的发行主体须具有较好的声誉，并且必须遵守一系列的规定和限制，以提高债券的可靠性。政府债券属于此类债券。

5. 按债券形态，可以分为实物债券、凭证式债券和记账式债券

（1）实物债券（无记名债券）。实物债券是一种具有标准格式实物券面的债券。在其券面上，一般印制了债券面额、债券利率、债券期限、债券发行人全称、还本付息方式等各种债券票面要素。实物债券是一般意义上的债券，很多国家通过法律或者法规对实物债券的格式予以明确规定。无记名国债属于这种实物债券，它以实物券的形式记录债权、面值等，其不记名、不挂失、可上市流通。

（2）凭证式债券。凭证式国债是债权人认购债券的一种收款凭证，而不是债券发行人制定的标准格式的债券。我国从 1994 年开始发行凭证式国债。凭证式国债具有类似储蓄又优于储蓄的特点，通常被称为“储蓄式国债”。从购买之日起计息，可记名、可挂失，但不能上市流通。与储蓄类似，但利息比储蓄高。可提前兑取，除偿还本金外，利息按实际持有天数及相应的利率档次计算，经办机构收取 2‰的手续费。

（3）记账式债券。记账式债券指没有实物形态的票券，以电脑记账方式记录债权，通过证券交易所的交易系统发行、交易及兑付的全过程。我国 1994 年开始发行记账式国债。记账式国债购买后可以随时在证券市场上转让，流动性较强，就像买卖股票一样。记账式国债可以记名、挂失、安全性较高。记账式国债发行和交易均无纸化，所以交易效率高，成本低、交易安全。

6. 按是否可转换，可以分为可转换债券、不可转换债券

（1）可转换债券。可转换债券是指在特定时期内可以按某一固定的比例转换成普通股的债券，它具有债务与权益双重属性，属于一种混合性筹资方式。由于可转换债券赋予债券持有人将来成为公司股东的权利，因此其利率通常低于不可转换债券。若将来转换成功，在转换前发行企业达到了低成本筹资的目的，转换后又可节省股票的发行成本。根据《公司法》的规定，发行可转换债券应由国务院证券管理部门批准，发行公司应同时具备发行公司债券和发行股票的条件。

（2）不可转换债券。不可转换债券是指不能转换为普通股的债券，又称为普通债券。由于其没有赋予债券持有人将来成为公司股东的权利，所以其利率一般高于可转换债券。

7. 按是否提前偿还，可以分为可赎回债券和不可赎回债券

（1）可赎回债券。可赎回债券是指在债券到期前，发行人可以以事先约定的赎回价格收回的债券。公司发行可赎回债券主要是考虑到公司未来的投资机会和回避利率风险等问题，以增加公司资本结构调整的灵活性。

（2）不可赎回债券。不可赎回债券是指不能在债券到期前收回的债券。

8. 其他分类方法

债券分类除了上面的分类方法外，还有其他分类：

（1）如按计息方式，可分为单利、复利和累进利率债券。①单利债券。单利债券指在计息时，不论期限长短，仅按本金计息，所生利息不再加入本金计算下期利息的债券。②复利债券。复利债券与单利债券相对应，指计算利息时，按一定期限将所生利息加入本金再计算利息，逐期滚算的债券。③累进利率债券。累进利率债券指年利率以利率逐年累进方法计息的债券。累进利率债券的利率随着时间的推移，后期利率比前期利率更高，呈累进状态。

（2）按能否上市，可分为上市债券和非上市债券。可在证券交易所挂牌交易的债券

为上市债券；反之为非上市债券。上市债券信用度高，价值高，且变现速度快，故容易吸引投资者，但上市条件严格，并要承担上市费用。

三、债券的交易方式

债券的交易方式因债券的上市交易和非上市交易的不同而不同。

（一）上市债券交易方式

上市债券在证券交易所交易，因此需要开立证券账户，证券开户流程主要包含三个步骤，分别为开立证券账户、开立资金账户、办理第三方存管手续。债券开立证券账户和资金账户的流程与股票相同，后面就不再赘述。

1. 开立证券账户

证券账户是中国结算公司为申请人开出的记载其证券持有及变更的权利凭证。证券账户包含 A 股账户、B 股账户和证券投资基金账户及其他账户种类。个人与机构投资者需到中国结算公司或其开户代理机构开立证券账户，个人需提供本人有效身份证及复印件，委托他人代办的，还需提供委托人的身份证和复印件。机构投资者需提交营业执照副本原件、组织结构代码证原件、法人身份证原件或复印件、税务登记证原件、被授权人身份证原件、公章、法人名章等。

2. 开立资金账户

资金账户是用来记载和反映投资者买卖证券的货币收付和结存数额。

（1）个人投资者需提供身份证原件及复印件，深、沪证券账户卡原件及复印件；

（2）填写开户资料并签订《证券买卖委托合同》（或《证券委托交易协议书》），同时签订有关沪市或深市的《指定交易协议书》；

（3）证券营业部为投资者开设资金账户（设置账户密码和交易密码）；

（4）需开通证券营业部银证转账业务功能的投资者，注意查阅证券营业部有关此类业务功能的使用说明。

3. 办理第三方存管手续

投资者到证券公司指定银行，提交协议和出示证件（本人身份证原件、本人的银行卡、证券账户卡），经银行审核确认合格后，给予开通第三方存管业务。到银行开立第三方存管的目的是与证券公司开立的资金账户绑定起来，买债券的时候就先把钱存到银行，然后在交易软件上面把钱从银行转到资金账户，就可以开展债券的买卖交易了。

在此需要说明的是，开立账户时需注明开立账户的类型，如 A 股账户还是 B 股账户，开立 A 股账户可以用来买卖普通股股票、债券、上市基金、权证等各类证券。

4. 债券市场交易规则

（1）债券代码。上海证券交易所和深圳证券交易所的债券代码同样存在差异，可以进入上交所、深交所的官方网站进行详细的了解。

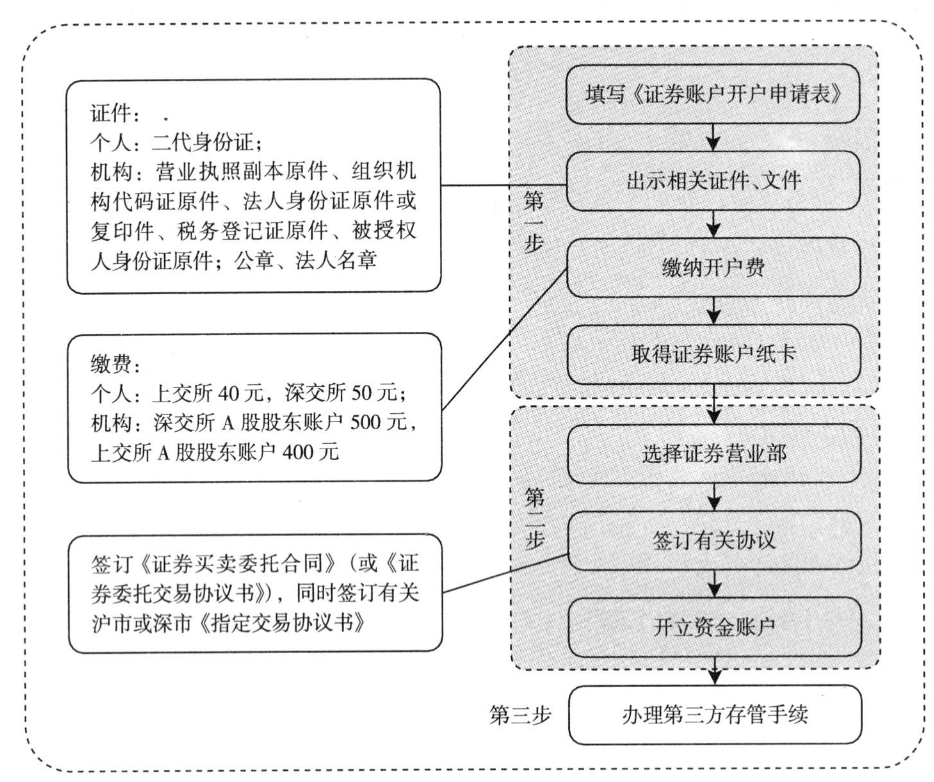

图 3–2　债券开户流程

（2）计价单位。上海证券交易所和深圳证券交易所规定，国债的价格为每 100 元面值的价格。

（3）申报数量与价格。上海证券交易所规定债券申报价格的最小变动单位为 0.01 元人民币，深圳证券交易所规定债券申报价格的最小变动单位为 0.001 元人民币。

（4）债券交易报价。对于债券的交易报价来说，投资者还应注意债券标价的内涵。从交易价格的组成看，债券交易有两种：全价交易和净价交易。全价交易是指在买卖证券时，以含有应计利息的价格申报并成交的交易。净价交易是指买卖证券时，不含有应计利息的价格申报且成交的交易。

从 2002 年 3 月 25 日开始，我国国债采用净价交易。目前，上交所和深交所公司债券的现货交易采用净价交易方式。根据其基本原理，应计利息额的计算公式为：

应计利息额 = 债券面值 × 票面利率 ÷ 365（天）× 已计息天数

表 3–2　沪深交易所申报数量

	上海证券交易所	深圳证券交易所
买入债券数量	1 手或其整数倍（1 手=10 张）	10 张或其整数倍
卖出债券数量	1 手或其整数倍	余额不足 10 张部分应一次性申报卖出
债券最大申报数量	不超过 1 万手	不超过 10 万张

（5）涨跌幅限制。上海证券交易所和深圳证券交易所对债券不设涨跌幅限制，但是对有限申报价格范围做了相关规定，如表 3-3 所示。

表 3-3 沪深交易所涨跌幅限制

交易类型	上海证券交易所	深圳证券交易所 发行价（x），最近成交价（y），前收盘价（z）
集合竞价	前收盘价的 70%≤申报价格≤150%	上市：x-30%x≤首日开盘集合竞价≤x+30%x；y-10%y≤集合竞价≤y+10%y 非上市：z-10%z≤首日开盘集合竞价≤z+10%z；y-10%y≤集合竞价≤y+10%y
连续竞价	及时揭示最高买入×90%≤申报价格≤及时揭示最低卖出×110%； （最高申报价+最低申报价）/2×70%≤申报价格≤（最高申报价+最低申报价）/2×130%	上市与非上市：最近成交价-10%≤连续竞价≤最近成交价+10%

（6）交易费用。国债现券、企业债券（含可转换债券）、国债回购以及以后出现的新的交易品种，其交易佣金标准由证券交易所指定并报中国证监会和国家发展和改革委员会备案，备案 15 天内无异议后实施。债券无过户费、印花税。

（7）交收方式。债券交易实行“T＋0”方式，国债现货交易允许实行回转交易。即当天买进的债券当天可以卖出，当天卖出的债券当天可以买进。

（8）交易时间。交易所债券交易时间和股票交易时间一致，周一至周五（法定节假日除外）交易时间为：9：15~9：25 为集合竞价、9：30~11：30 为前市连续竞价、13：00~15：00 为后市连续竞价（深交所 14:57~15:00 为收盘集合竞价）。

（二）非上市债券交易方式

（1）非公开上市的债券，需要投资者向债券的发行承销机构购买，在规定的期限内向发行者要求还本付息。

（2）凭证式国债。在纸质凭证式国债发行期间，投资者到各商业银行网点和邮政储蓄柜台填写“中华人民共和国凭证式国债收款凭证”凭现金购买，内容包括购买日期、购买人姓名、购买券种、购买金额、身份证件号码等。办理手续和银行定期存款办理手续类似。到期后，投资者前往承销机构网点办理兑付事宜，逾期不加计利息。

（3）储蓄国债（电子式），投资者购买储蓄国债（电子式），需到商业银行开设个人国债托管账户，并指定对应的资金账户后，购买储蓄国债（电子式）。储蓄国债（电子式）采用电子记账方式，由各承办银行总行和中国国债登记结算有限责任公司统一管理。储蓄国债（电子式）到期后，由承办银行自动将投资者应收的本金和利息转入其资金账户，本息作为居民存款，按活期存款计息。

第二节 基金

一、证券投资基金的概念及特点

1. 证券投资基金的概念

证券投资基金是指通过公开发售基金份额募集资金，由基金托管人托管，由基金管理人管理和运用资金，为基金份额持有人的利益，以资产组合方式进行证券投资的一种利益共存、风险共担的集合投资方式。人们平常所说的基金主要就是指证券投资基金。

各国对证券投资基金的称谓不尽相同，美国称为共同基金，英国和中国香港称为单位信托基金，日本和中国台湾地区则称为证券投资信托基金等。投资基金起源于1868年的英国，是在18世纪末、19世纪初产业革命的推动后产生的，而后兴盛于美国，现在已风靡全球。投资基金在西方国家早已成为一种重要的融资、投资手段，并在当代得到了进一步发展。20世纪60年代以来，一些发展中国家积极效仿，越来越运用投资基金这一形式吸收国内外资金，促进本国经济的发展。

在我国，随着改革中金融市场的发展，证券投资基金发展迅速，1997年11月国务院颁布《证券投资基金管理暂行办法》，1998年3月，两只封闭基金——基金金泰和基金开元设立。2004年6月1日，我国《证券投资基金法》正式实施，以法律的地位确认了证券投资基金的地位。截至2014年2月，我国共有证券投资基金1585只，沪深上市基金721只，交易所上市证券投资基金成交金额为691.50亿元。

基金也在20世纪80年代末出现了投资基金形式，并从90年代以后得到了较快的发展，这不仅支持了我国经济建设和改革开放事业，而且也为广大投资者提供了一种新型的金融投资工具，活跃了金融市场，丰富了金融市场的内容，促进了金融市场的发展和完善。

2. 证券投资基金的特点

基金作为一种现代化的投资工具，主要具有以下三个特点：

（1）集合投资。基金将零散的资金巧妙地汇集起来，交给专业机构投资于各种金融工具，以谋取资产的增值。基金对投资的最低限额要求不高，投资者可以根据自己的经济能力决定购买数量，有些基金甚至不限制投资额大小，完全按份额来计算分配收益。因此，基金可以最广泛地吸收社会闲散资金，集腋成裘，汇成规模巨大的投资资金。

（2）分散风险。以科学的投资组合降低市场风险、提高基金收益是另一大特点。在投资活动中，风险和收益总是并存的，因此，“不能将所有的鸡蛋都放在一个篮子里”，这是证券投资的箴言。但是，要实现投资资产的多样化，需要一定的资金实力，对小额投资者而言，由于资金有限，很难做到这一点，而基金则可以帮助中小投资者解决这个困难。基金可以凭借其雄厚的资金，在法律规定的投资范围内进行科学的组合，分散投资于多种证券，借助于庞大资金使每个投资者面临的投资风险变小，另外，又利用不同的投资对象之间的互补性，达到分散投资风险的目的。

（3）专业理财。分散的资金集中起来以信托投资的方式交给专业机构进行投资运作，是它的一个重要功能。基金实行专家管理制度，这些专业管理人员具有丰富的证券投资和其他项目投资经验，他们运用先进的技术手段分析各种信息资料，能对金融市场上各种品种的价格变动趋势作出比较正确的预测，最大限度地避免投资决策的失误，提高投资成功率。对于那些没有时间，或者对市场不太熟悉，没有能力专门研究投资决策的中小投资者来说，投资于基金，实际上就可以获得专家们在市场信息、投资经验、金融知识和操作技术等方面所拥有的优势，从而尽可能地避免盲目投资带来的失败。

二、证券投资基金的种类

1. 按基金的组织方式分类，可以分为契约型基金和公司型基金

（1）契约型基金。契约型基金又称单位信托基金，是指把投资者、管理人、托管人三者作为基金的当事人，通过签订基金契约的形式，发行受益凭证而设立的一种基金。契约型基金是基于契约原理而组织起来的代理投资行为，没有基金章程，也没有董事会，而是通过基金契约来规范三方当事人的行为。基金管理人负责基金的管理操作。基金托管人作为基金资产的名义持有人，负责基金资产的保管和处置，对基金管理人的运作实行监督。

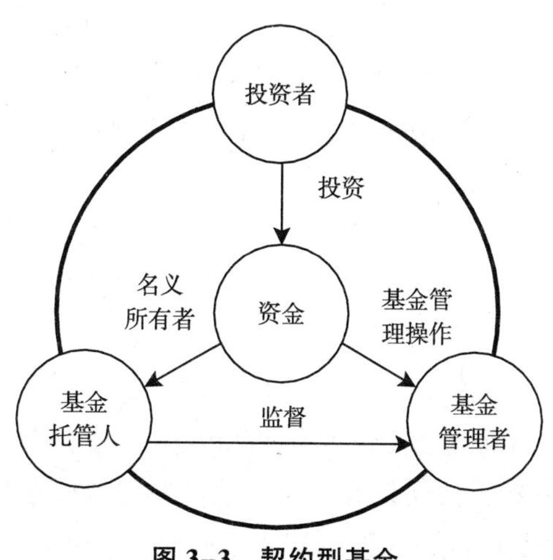

图 3-3　契约型基金

（2）公司型基金。公司型基金是按照《公司法》以公司形式组成的，该基金公司以发行股份的方式募集资金，一般投资者则为认购基金而购买该公司的股份，也就成为该公司的股东，凭其持有的股份依法享有投资收益。这种基金要设立董事会，由董事会选聘基金管理公司，基金管理公司负责管理基金投资业务。

2. 按基金运作方式分类，分为封闭式基金和开放式基金

（1）封闭式基金。封闭式基金又称固定型投资基金，是指基金的发起人在设立基金时，限定了基金单位的发行总额，筹集到这个总额后，基金即宣告成立，并进行封闭，在一定时期内不再接受新的投资。基金单位的流通采取在证券交易所上市的办法，投资者日后买卖基金单位都必须通过证券经纪商在二级市场上进行竞价交易。

封闭式基金的期限是指基金的存续期，即基金从成立起到终止之间的时间。基金期限届满即为基金终止，管理人应组织清算小组对基金资金进行清产核资，并将清产核资后的基金净资产按照投资者的出资比例进行公正合理的分配。

（2）开放式基金。开放式基金是指基金管理公司在设立基金时，发行基金单位的总份额不固定，可视投资者的需求追加发行。投资者也可根据市场状况和各自的投资决策，或者要求发行机构按现期净资产值扣除手续费后赎回股份或受益凭证，或者再买入股份或受益凭证，增持基金单位份额。为了应付投资者中途抽回资金、实现变现的要求，开放式基金一般都从所筹资金中拨出一定比例，以现金形式保持这部分资产。

3. 按基金投资标的分类，分为债券基金、股票基金、货币市场基金等

（1）债券基金。债券基金是一种以债券作为主要投资对象的证券投资基金。债券的票面利率一般固定，因此此类基金的风险较低，以稳健型投资者为主要投资对象。通常债券基金收益会受货币市场利率的影响，当市场利率下调时，其收益就会上升；反之，若市场利率上调，则基金收益率下降。除此以外，汇率也会影响基金的收益，管理人在购买国际债券时，往往还在外汇市场上做套期保值。

根据我国《证券投资基金管理办法》规定，基金80%以上投资于债券的，为债券基金。

（2）股票基金。股票基金是以上市公司股票为主要投资对象的证券投资基金，投资于股票的比例须在60%以上。

股票基金的投资目标侧重于追求资本利得和长期资本增值。基金管理人拟订投资组合，将资金投放到一个或几个国家，甚至是全球的股票市场，以达到分散投资、降低风险的目的。

（3）货币市场基金。货币市场基金是以货币市场工具为投资对象的一种基金。货币市场基金通常被认为是无风险或低风险的投资。基金投资对象一般期限在一年内，包括银行短期存款、国库券、公司债券、银行承兑票据及商业票据等。通常，货币基金的收益会随着市场利率的下跌而降低，与债券基金正好相反。

（4）衍生证券投资基金。衍生证券投资基金是一种以衍生证券为投资对象的基金，包括期货基金、期权基金、认股权证基金等，这一类基金风险较大。

4. 按投资理念分类，可分为主动型基金和被动型基金

（1）主动型基金。主动型基金是指力图取得超越基金组合表现的基金，一般主动型基金以寻求取得超越市场的业绩表现为目标。其基金管理者一般认为证券市场是无效的，存在着错误定价的股票。

（2）被动型基金。被动型基金是指一般选取特定指数作为跟踪对象，通常又称为指数型基金，一般选取特定的指数成份股作为投资的对象，收益随着即期的价格指数上下波动，因而收益不会太高，也不会太低。其投资管理者认为，市场是有效的，投资者不可能超越市场。

5. 按基金的资产配置划分，可分为偏股型基金、偏债型基金、股债平衡型基金、灵活配置基金

这一类基金通常同时投资于股票和债券，根据管理人的目标不同，将基金资产在股票和债券之间进行配比，统称为混合型基金。偏股型基金股票配置比例一般为50%~70%，债券的配置比例为20%~40%。偏债型基金对债券的配置比例较高，对股票的配置较低。股债平衡型基金对股票和债券的配置较为均衡，为40%~60%。灵活配置基金对股票和债券的比例会比较灵活，根据市场灵活调整。

表 3–4 基金的分类

序号	分类标准	具体内容
1	基金的组织方式	契约型基金、公司型基金
2	基金的运作方式	封闭式基金、开放式基金
3	基金的投资标的	债券基金、股票基金、货币市场基金、衍生证券投资基金
4	基金投资的理念	主动型基金、被动型基金
5	基金的资产配置	偏股型基金、偏债型基金、股债平衡型基金、灵活配置基金
6	基金的募集方式	公募基金、私募基金
7	特殊类型	ETF、LOF、保本基金、QDII、分级基金

6. 按基金的募集方式，分为公募基金和私募基金

（1）公募基金。公募基金是面向社会公众公开发售的基金，募集对象不固定，基金份额的投资金额要求较低，适合中小投资者，基金接受监管机构的监管并定期公开相关信息。

（2）私募基金。私募基金是向特定的投资者发售的基金，不能进行公开发售和宣传推广，只能采取非公开发行，投资金额较高，风险大，监管机构对投资者的资格和人数有限制。

7. 特殊类型的基金

（1）ETF（Exchange Trade Funds）。EIF又称交易所交易基金。上交所定义为交易型开放式指数基金，是一种在交易所上市交易的、基金份额可变的一种基金运作方式。它综合了封闭式基金和开放式基金的优点，投资者既可以向基金管理公司申购或赎回基金份额，同时，又可以像封闭式基金一样在证券市场上按市场价格买卖ETF份额，不过，申购赎回必须以一篮子股票换取基金份额或者以基金份额换回一篮子股票。由于同时存在证券市场交易和申购赎回机制，投资者可以在一级市场和二级市场之间进行套利交易。

（2）LOF（Listed Open-ended Funds）。LOF是投资者既可以在指定网点申购与赎回基金份额，也可以在交易所进行基金份额交易和基金份额申购或赎回，并通过份额转托管机制将场外市场与场内市场有机地联系在一起的开放式基金。投资者在指定网点申购的基金份额，要上网抛出，须办理一定的转托管手续；如果是在交易所网上买进的基金份额，想要在指定网点赎回，也要办理一定的转托管手续。根据深圳证券交易所已经开通的基金场内申购赎回业务，在场内认购的LOF不需办理转托管手续，可直接抛出。

（3）保本基金。保本基金是通过采用投资组合保险技术，保证投资者在投资到期时至少能够获得投资本金或一定回报的证券投资基金。保本基金可以投资于股票、债券、货币市场工具、权证、股指期货及中国证监会允许投资的其他金融工具。

（4）QDII。QDII（Qualified DomesticInstitutional Investors，QDII，合格境内机构投资者）指一国境内设立、经该国有关部门批准从事境外证券市场的股票、债券等有价证券投资的基金。

（5）分级基金。分级基金又称为结构型基金、可分离交易基金，是指在一只基金内部通过结构化的设计或安排，将普通基金份额拆分成具有不同预期收益和风险的两类或多类份额并可分离上市交易的一种基金产品。

三、证券投资基金的交易方式

证券投资基金分为不同的类型，但它们的交易方式无外乎两种，即交易所上市交易和场外交易。两种类型交易方式不同。

（一）交易所交易方式

1. 上市基金账户开户

上市基金买卖需要开立基金交易账户。基金交易账户的开立与债券交易账户一致，这里就不再赘述。

2. 基金交易时间

基金交易时间是指开放式基金接受申购、转换、赎回或其他交易的时间段。基金交易时间和股票的交易时间一致，上海交易所接受认购、申购、赎回和转托管申报基金的时间为 9：15~9：25、9：30~11：30 和 13：00~15：00。在非交易时间申请买卖的基金，都是以第二天的收盘价来成交的。普通基金的购买实行“T＋1”交易制度①，即一般会在 T+1 日（T 为购买基金的交易日，+1 就是在购买当天后的 1 个交易日）后，就可以看到自己购买的基金份额了。预约基金应该是在非交易日时间购买基金，一般会顺延到下一个交易日进行交易。

3. 计价单位和申报

上海证券交易所和深圳证券交易所都规定，基金交易单位为“份”。100 份=1 手，委托买入数量必须为 100 份或其整数倍；单笔申报数量不超过 100 万份。基金申报价格最小变动单位为人民币 0.001 元。

4. 涨跌幅限制

在一个交易日内，除首日上市证券外，每只基金的交易价格相对上一个交易日收市价的涨跌幅度不得超过 10%。

5. 基金购买

投资者开户之后就可以自行选择时机购买基金。投资者购买基金的方式主要有两种：一是到拥有基金代销资格的商业银行购买基金，二是到拥有基金代销资格的证券公司购买基金。基民需持身份证和开户时预留的银行卡到以上两个地方购买基金。当然，购买基金还会收取一定的认购费，如股票基金的认购费为 1%~2%，赎回费为 0.5%，如果所持基金超过两年则赎回费全免。

6. 基金赎回

基金赎回又称买回，它是针对开放式基金，投资者以自己的名义直接或通过代理机构向基金管理公司要求部分或全部退出基金的投资，并将买回款汇至该投资者的账户内。当投资者有意对手中的基金进行赎回，则可以携带开户行的借记卡和基金交易卡，同样在下午 3 点之前填写并提交交易申请单，在柜面受理后，投资者可以在 5 天后查询，赎回资金到账。

7. 基金撤销

交易投资者如果需要撤销交易，则可以在交易当天的 15 点之前，携带基金交易卡和银行借记卡，在柜面填写交易申请表格，注明撤销交易。如果在 15 点以后，部分银行则可以按照当天牌价进行预约交易，于第二个工作日进行交易。几乎所有的银行和基金管理公司都支持在网上交易基金。

（二）场外交易方式

开放式基金一般不在交易所挂牌交易，它通过基金管理公司及其指定的代销网点

①上海证券交易所规定，当日买入的债券 ETF 份额，当日可以卖出。

销售，银行是开放式基金最常用的代理销售渠道。投资者可以到这些网点办理开放式基金的申购和赎回，具体步骤如下：

投资者首先必须到基金管理公司指定的销售网点开立基金账户，基金账户用于记载投资者的基金持有及变更情况。在基金管理公司网点柜台提交身份证，并办理基金账户开户手续，填写开放式基金开户申请表，银行活期存折（不必带卡）首页复印件一张或银行借记卡正面复印件一张。

在基金公司开立基金账户后即可在通过现场委托、电话委托、网上委托进行认购、申购、赎回所开基金管理公司旗下所有基金品种。

每次申购赎回，投资者都必须到指定销售网点填写申购赎回申请表。由于开放式基金的交易价格是以当日的基金净值为准，所以客户在申购时只能填写购买多少金额的基金，等到申购次日早上前一天的基金净值公布后，才会知道实际买到了多少基金份额；而赎回时，投资者只要填写赎回份额就可以了。

办理完申购赎回手续的数个工作日内，投资者可以到销售点打印成交确认单或交割单。至此，整笔交易就全部完成了。也可在证券公司购买，证券公司有专业的理财师能给您定做基金投资方案，并提供一些银行没有的服务。也可以直接在基金公司购买，但要求购买数额较大，适合机构投资者。

第三节　金融衍生产品

一、金融衍生产品概述

（一）金融衍生产品的定义

金融衍生产品又称为金融衍生工具，是与基础金融产品相对应的一个概念，指建立在基础产品或基础变量之上，其价格取决于基础金融产品价格变动的派生金融产品。金融衍生产品的基础金融产品指货币、债券、股票等传统金融产品，作为金融衍生产品的基础的变量种类繁多，主要是各类资产的价格、价格指数、利率、汇率、费率、通货膨胀率以及信用等级等，近年来，某些自然现象，如气温、霜冻、飓风等，甚至人为因素，如选举、气体排放等都逐渐成为衍生工具的基础变量。

2001 年国际会计准则委员会发布的第 39 号会计准则《金融工具：确认和计量》和 2006 年 12 月我国财政部颁发的《企业会计准则第 22 号——金融工具确认和计量》定义了衍生产品：

(1) 独立衍生产品，衍生产品包括远期合同、期货合同、互换和期权，以及具有远期合同、期货合同、互换和期权中的一种或一种以上特征的产品。

（2）嵌入式衍生产品，嵌入到非衍生产品中，是混合产品的全部或部分现金流量随特定的利率、价格、商品价格、汇率、价格指数、信用等级、信用指数等变量的变动而变动的衍生产品。

（二）金融衍生产品的分类

金融衍生产品根据产品形态、自身交易方式、基础产品的种类以及交易场所的不同而有所不同。如图 3–4 所示。

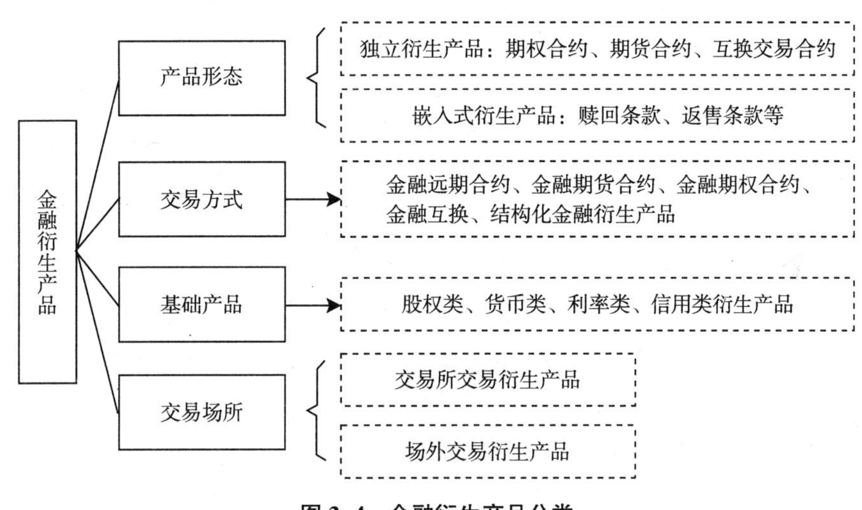

图 3–4 金融衍生产品分类

1. 按产品形态分类，可以分为独立衍生产品和嵌入式衍生产品

（1）独立衍生产品。独立衍生产品指本身就是独立存在的金融合约，如期权合约、期货合约、互换交易合约。

（2）嵌入式衍生产品。嵌入式衍生产品指嵌入到其他非衍生合同中的衍生产品。这一类的衍生产品使主合同的部分或全部现金流量将按照特定的利率、金融产品价格、汇率、价格或利率指数、信用等级或信用指数，或类似变量的变动而发生调整。

2. 按金融衍生产品的自身交易方式分类

按金融衍生产品的自身交易方式和特点分为金融远期合约、金融期货合约、金融期权合约、金融互换和结构化金融衍生产品。

（1）金融远期合约。金融远期合约指交易双方在场外交易市场上通过协商，按约定的价格（远期价格）在约定的未来日期（交割日）买卖某种标的金融资产（或金融变量）的合约。金融远期合约规定了将来交割的资产、交割日期、交割的价格、交割数量等。金融远期合约包括远期利率协议，远期外汇合约和远期股票合约。

（2）金融期货合约。金融期货合约指交易双方在集中的交易场所以公开竞价方式进行的标准化金融期货合约的交易。金融期货合约是以金融产品（或金融变量）为基础的期货交易，合约主要包括货币期货、利率期货、股票指数期货和股票期货等。近年来，很多交易所陆续推出更多的新型期货合约，如房地产价格指数期货等。

（3）金融期权合约。金融期权合约指合约买方向合约卖方支付一定的费用（期权费或期权价格），在约定日期内（或约定日期）享有按事先确定的价格向合约卖方买卖某种金融工具的权利的契约，包括现货期货和期货期权两大类。金融期权合约除了交易所标准化合约外，还有很多场外期权，称为奇异期权。

（4）金融互换。金融互换指两个或两个以上的当事人按共同商定的条件在约定的时间内定期交换现金流的金融交易，可分为货币互换、利率互换、股权互换、信用违约互换等。

（5）结构化金融衍生产品。前面四种为最简单和最基础的金融衍生产品。利用它们的结构化特点，通过相互结合或者与基础金融产品结合，能够开发出更多的具有复杂特性的金融产品，通常被称为结构化金融衍生产品。

3. 按基础产品种类分

从基础金融产品分，可以分为股权类、货币类、利率类、信用类衍生产品。

（1）股权类衍生产品。股权类衍生产品指以股票或股票指数为基础产品的金融衍生产品，包括股票期货、股票期权、股票指数期货、股票指数期权以及它们的混合交易合约。

（2）货币衍生产品。货币衍生产品指以各种货币作为基础工具的金融衍生产品，包括远期外汇合约、货币期货、货币期权、货币互换以及它们的混合交易合约。

（3）利率衍生产品。利率衍生产品指以利率或利率的载体为基础产品的金融衍生产品，包括远期利率协议、利率期货、利率期权、利率互换以及它们的混合交易合约。

（4）信用类衍生产品。信用类衍生产品指以基础产品所蕴含的信用风险或违约风险为基础变量的金融衍生产品，用于防范信用风险，包括信用互换、信用联结票据等。

（5）其他衍生产品。除了上面的四类衍生产品外，还有相当数量的金融衍生产品是在非金融变量基础上开发的，如用于管理气温变化风险的天气期货等。

4. 按交易场所分类

根据有无交易场所，分为交易所交易衍生产品和场外交易衍生产品。

（1）交易所交易衍生产品。交易所交易衍生产品又称场内交易衍生产品，指在有组织的交易所交易的衍生产品，交易所事先设计出标准化的金融合同，由投资者选择与自身需求最接近的合同和数量进行交易，如在交易所交易的股票期权产品、在期货交易所和专门的期权交易所交易的期货合约、期权合约等。

（2）场外交易衍生产品。场外交易衍生产品指通过各种通信方式，不通过集中交易，实行分散的、一对一交易的衍生工具，如金融机构之间、金融机构与大规模交易者之间进行的各类互换交易和信用衍生产品交易。目前，场外交易的衍生产品交易额已经超过场内交易的交易额。

金融衍生产品与原生态资产的关系如表 3–5 所示。

表 3–5　金融衍生产品与原生态资产关系

对象	原生态资产	金融衍生产品
利率	短期存款	利率期货、利率远期、利率期权、利率掉期合约等
债券	长期债券	债券期货、债券期权合约等
股票	股票	股票期货、股票期权合约等
	股票指数	股票指数期货、股票指数期权合约等
货币	各类现汇	货币远期、货币期、货币期权、货币掉期合约等
商品	各类实物商品	商品远期、商品期货、商品期权、商品掉期合约等

（三）金融衍生产品的特点

金融衍生产品具有以下特点：

1. 零和博弈

金融衍生产品交易是合约交易的双方盈亏完全负相关，同一交易中，多方的盈利是空方的损失，反之亦然，多空双方的净损益为零，因此称“零和”。

2. 跨期性

金融衍生产品是交易双方通过对利率、汇率、股价等因素变动的趋势的预测，约定在未来某一时间按一定的条件进行交易或选择是否交易的合约。无论是哪一种金融衍生产品，都会影响交易者在未来一段时间内或未来某时间上的现金流。金融衍生产品要求交易的双方对利率、汇率、股价等价格因素的未来变动趋势作出判断，而判断的准确与否直接决定了交易者的交易盈亏。

3. 联动性

这里指金融衍生产品的价值与基础产品或基础变量紧密联系，规则变动。通常，金融衍生产品与基础变量相联系的支付特征由衍生产品合约所规定，其联动关系既可以是简单的线性关系，也可以为非线性函数或者分段函数。

4. 不确定性和高风险性

金融衍生产品的交易后果取决于交易者对基础产品未来价格的预测和判断的准确程度。基础产品价格的变幻莫测决定了金融衍生产品交易盈亏的不稳定性，这是金融衍生产品高风险的重要诱因。主要有以下风险：违约而产生的信用风险、价格变动而产生的市场风险、流动性风险、结算风险等。

5. 高杠杆性

金融衍生产品的交易采用保证金制度，即交易所需的最低资金只需满足基础资产价值的某个百分比（如 10%，即以 10 元的资金可以买卖 100 元的金融衍生产品合约）。保证金可以分为初始保证金（Initial Margin）、维持保证金（Maintains Margin），并且在交易所交易时采取盯市（Marking to Market）制度，如果交易过程中的保证金比例低于维持保证金比例，那么将收到追加保证金通知（Margin Call），如果投资者没有及时追加保证金，其将被强行平仓，承担巨大的损失。可见，金融衍生产品交易具有高风险高收益性的特点。

6. 契约性

金融衍生产品交易是对基础产品在未来某种条件下的权利和义务的处理，从法律上理解是合同，是一种建立在高度发达的社会信用基础上的经济合同关系。

（四）金融衍生产品发展历程

金融衍生产品具有悠久的历史。早在 4000 多年前的古美索不达米亚时期，就已经有了远期交易的雏形。

公元 12 世纪以后，与远洋贸易相关的标准化合约交易在欧洲开始盛行，在荷兰的安特卫普、英国伦敦等地的远期交易一度非常活跃，并出现了场外期权交易。

1730 年日本德川幕府正式批准了大阪堂岛大米市场的运作，被公认为是期货交易所的雏形。1972 年芝加哥商业交易所（CME）创立国际货币市场（IMM），推出以金融资产为基础产品的金融衍生产品外汇期货合约。1973 年芝加哥期权交易所（CBOE）成立，并于同年 4 月 26 日推出股票看涨期权交易，于 1977 年推出股票看跌期权交易，1983 年首个推出股票指数期权交易（CBOE100 指数期权，后更名为现在的 S&P100 指数期权）。1981 年，经所罗门兄弟公司中介，IBM 与国际货币基金组织进行了第一笔货币互换，随后利率互换出现了，20 世纪 80 年代中后期，又发展了其他形式的互换产品，并出现了互换期权。1995 年 J.P.摩根开发出信用违约互换和债务抵押债券（CDOs）。

（五）我国金融衍生产品发展历史

1921 年，由上海金业交易所推出的标金期货已经具有外汇期货的性质。

1988 年全国外汇调剂中心在上海成立，1992 年 6 月 1 日推出人民币外汇期货，开展人民币与美元、日元、德国马克的期货交易。

1991 年 8 月 1 日，非上市公司海南新能源股份有限公司首次发行可转换债券。1992 年上市公司中国宝安企业股份有限公司发行 3 年期的可转换债券，并于 1993 年 3 月在深圳证券交易所上市交易，是中国第一家上市公司发行的可转换债券。

1992 年上交所和深交所按每股 30 元的价格发行了认股证，经摇号中奖后，有权购买 1000 股首次公开发行的股票，具备了期权的属性。1992 年 6 月，上海飞乐股份有限公司向其股东以无纸化方式发行了配股权证，并于上交所上市交易，是我国首个权证。同年10月30日，在深交所上市的深圳宝安股份有限公司向其股东发行了有效期为1年的认股权证。2006年5月，中国证监会颁布的《上市公司证券发行管理办法》中首次提出上市公司可以公开发行认股权和债券分离交易的可转换债券，自2006年11月，首只可分离债券及其权证上市，至2011年8月最后一只可分离债券及其权证到期，共发行了19只可分离交易的公司债券。内地已无权证交易。

1992年12月28日，上交所推出了面向证券公司的国债期货交易，并于1993年12月25日正式向社会公众开放，至1995年，挂牌的国债期货大约60多个品种，1995年5月17日，中国证监会终止国债期货交易。

1993年3月10日，海南证券交易中心推出股票指数期货交易，是中国第一张股票指数期货合约，2006年中国期货交易所成立，并于2010年4月16日正式上市交易沪深300指数。

2005年6月15日推出债券远期交易，2005年8月15日，开展银行间远期外汇交易，2006年2月9日开始人民币利率掉期交易，4月24日推出外汇掉期业务。2007年4月6日推出利率互换交易，2011年4月1日正式启动人民币对外汇期权交易。

二、金融期货和金融期权

（一）金融期货

1. 金融期货合约的定义

金融期货是期货交易的一种。期货交易是指交易双方在集中的交易市场以公开竞价的方式所进行的标准化期货合约的交易。金融期货合约则是由双方订立的，约定在未来某日按成交时约定的价格交割一定数量的某种商品的标准化协议。金融期货合约的基础产品是各种金融产品（或金融变量），如外汇、债券、股票、价格指数等。换言之，金融期货是以金融产品（或金融变量）为基础产品的期货交易。

2. 金融期货合约的发展历程

1972年5月，美国的芝加哥商业交易所设立国际货币市场分部，推出了外汇期货合约。当时推出的外汇期货合约均以美元报价，其货币标的共有7种，分别是英镑、加拿大元、西德马克、日元、瑞士法郎、墨西哥比索和意大利里拉。继国际货币市场成功推出外汇期货交易之后，美国和其他国家的交易所竞相仿效，纷纷推出各自的外汇期货合约，大大丰富了外汇期货的交易品种，并引发了其他金融期货品种的创新。1975年，芝加哥期货交易所推出了第一张抵押证券期货合约（Mortgagetacked Certifi Cates-GNMA），同年，开始交易美国政府国库券期货合约。此后，多伦多、伦敦等地也开展了金融期货交易。1982年堪萨斯交易所开展第一张股票价格指数期货合约（KC Value Line Index Futures），从而标志着金融期货三大类别的结构初步形成。

3. 金融期货合约的种类

金融期货主要有三种类型，即外汇期货、利率期货、股权类期货。

(1) 外汇期货。外汇期货又称为货币期货，是以外汇作为基础产品的期货合约。外汇期货是指协约双方同意在未来某一时期，根据约定汇率，买卖一定数量的某种外汇的标准化协议。外汇期货包括日元、英镑、德国马克、瑞士法郎、荷兰盾、法国法郎、加拿大元、美元等币种。2005 年芝加哥商业交易所推出了以美元、日元、欧元报价和现金结算的人民币期货及期权交易，由于人民币汇率没有完全实现市场化，交易并不活跃。

(2) 利率期货。利率期货其基础产品为一定数量的与利率相关的某种金融产品，主要是各类固定收益金融产品。利率期货是指协议双方同意在约定的将来某个日期按约定条件买卖一定数量的某种长短期信用产品的可转让的标准化协议。利率期货品种主要包括债券期货和主要参考利率期货，交易的对象有长期国库券、政府住宅抵押证券、中期国债、短期国债等。

(3) 股权类期货。股权类期货是以单只股票、股票组合或者股票价格指数为基础产品的期货：①股票价格指数期货，是指协议双方同意在将来某一时期按约定的价格买卖股票指数的可转让的标准化合约。最具代表性的股票指数有美国的道琼斯股票指数、标准普尔 500 种股票指数、英国富时 100 种股票价格指数期货系列、日经 225 指数期货、恒生指数期货、台湾股票指数期货。②单只股票期货，是以单只股票作为基础产品的期货，买卖双方约定，以约定的价格在合约到期日买卖规定数量的股票。股票期货均以现金交割，通常选择流通盘较大、交易比较活跃的股票推出相应的股票期货合约。③股票组合的期货合约，是以标准化的股票组合为基础资产的金融期货，2005 年起有三只交易所交易基金在芝加哥商业交易所交易上市，目前已经停止交易。

4. 金融期货合约的功能

金融期货合约具有套期保值、价格发现、投机和套利四种基本功能。

(1) 套期保值。套期保值是企业为规避外汇风险、利率风险、商品价格风险、股票价格风险等，指定一项或一项以上的套期工具，使套期工具的公允价值或现金流量变动，预期抵消被套期项目全部或部分公允价值或现金流量变动。套期保值的做法是在现货市场买进或卖出某种金融产品的同时，在期货市场做一笔与现货市场品种、数量、期限相当但方向相反的期货交易，以期在未来某一个时间通过期货合约的对冲，以一个市场的盈利来弥补另一个市场的亏损，从而规避现货价格变动带来的风险。套期保值有两种类型：多头套期保值和空头套期保值。多头套期保值，指持有现货空头（如要支付一笔外汇）的交易者担心将来现货价格上涨（如汇率升值）而给自己造成经济损失，于是买入期货合约（建立期货多头）。如未来现货价格真的上涨，则持有期货头寸所获得的盈利正好可以弥补现货头寸的损失。空头套期保值正好相反。

(2) 价格发现。期货市场将众多的影响供求关系的因素集中于交易所内，通过买卖双方公开竞价，集中转化为一个统一的交易价格，价格一旦形成，将会迅速传播，并影响供求关系，从而形成新的价格，如此往复，使价格不断趋于合理。

（3）投机功能。期货市场上的投资者利用对未来期货价格走势的预期进行投资交易。预计价格上涨的投资者会建立期货多头，持有期货，在价格上涨的时候抛出期货，从而赚取差价；预期价格下跌者，会持有期货空头。我国目前股票市场实行“T+1”交易，当天交易需第二天交易交割，期货市场实行“T+0”交易，可以进行日内投机；期货市场实行保证金交易，可以以较小的资金撬动巨额合约，盈亏放大，具有更高的风险性。

（4）套利功能。套利是指利用同一金融产品在不同市场上的可能存在的价格差进行买卖，赚取价差，被称为跨市场套利。行业内也可能存在不同品种、不同期限合约之间的比价关系进行双向操作，分别被称为跨品种套利和跨期限套利。当期货合约价格高于理论价格时，做空期货合约，反之，做多期货合约。

5. 金融期货合约与现货交易的不同

金融现货如债券、股票是对某些特别标的物具有产权，而金融期货是金融现货的衍生产品。现货交易的发展和完善为金融期货交易打下了基础。同时，金融期货交易也是现货交易的延伸和补充。二者的差异主要有以下几点，如表3–6所示。

表3–6 金融现货与金融期货合约比较

比较内容	金融现货	金融期货合约
交易对象	具体形态的金融产品，代表一定所有权或债权的股票、债券和其他金融产品	金融期货合约，是交易所设计的对一种特定金融产品的标准化合约
交易目的	筹资或投资	不能创造价值，风险管理工具
交易价格含义	公开竞价或协商议价形成	对金融现货未来价格的预期
交易方式	成交后的几个交易日内资金和金融产品结算	保证金和逐日盯市制度
结算方式	基础金融产品与货币的转手	对冲平仓
交易制度不同	可以长期持有 先买后卖 现金足额交易	有期限限制 买空卖空 保证金交易
交易组织	时间和地点没有严格规定	交易所内交易

6. 金融期货合约与金融远期合约的区别

金融期货合约是在金融远期合约的基础上发展起来的。金融远期合约是最基础的金融衍生产品，是交易双方在场外市场上通过协商，按约定价格（远期价格）在约定的未来日期（交割日）买卖某种标的金融资产的合约。两种合约之间的区别如表3–7所示。

表 3–7　金融远期合约与金融期货合约比较

比较内容	金融远期合约	金融期货合约
交易场所	场外市场	交易所
监管程度	无有效的监管	监管机构监管
标准化	交易双方协商解决	标准化合约①
违约风险	有	无（保证金和每日结算）
交割方式	现金或现货交割	对冲平仓

7. 金融期货合约交易制度

（1）交易时间。早开盘 20 分钟晚收盘 15 分钟。根据《沪深 300 股指期货合约》（见本章附录 2）中规定，交易时间为上午 9:10~11:30，下午 13:00~15:15（其中集合竞价时间为每个交易日的 9:10~9:15，其中 9:10~9:14 为指令申报时间，9:14~9:15 为指令撮合时间，其他时间为连续竞价），最后交易日时间为上午 9:15~11:30，下午 13:00~15:00。

（2）集中交易制度。金融期货合约在期货交易所或证券交易所进行集中交易。我国规定，金融期货合约集中在中国金融期货交易所集中交易。

（3）标准化合约。期货合约由交易所设计，经主管机关批准后向市场公开的标准合约。如本章附录 2 为《沪深 300 股指期货合约》。

（4）保证金制度。为控制风险和提高效率，期货交易所的会员经纪公司必须向交易所或结算所缴纳结算保证金，在成交后期货交易双方经纪人都要向交易所或结算所缴纳一定的保证金（沪深 300 指数规定保证金为合约价值的 12%），具有较高的杠杆作用。

（5）逐日盯市制度。结算所实行每日无负债制度，将每种期货合约在交易日收盘前规定的时间内的平均价格作为当日结算价，与每笔交易成交时的价格进行对比，计算每个结算所会员账户的浮动盈亏情况，进行随市清算。

（6）限仓制度。为防止市场风险过度集中和防范操纵市场的行为，对交易者的持仓数量进行限制。

（7）大户报告制度。当会员或客户的持仓量达到交易所规定的数量时，必须向交易所申报有关开户、交易、资金来源、交易动机等情况，便于交易所审查大户是否有过度投机和操纵市场行为。

---

①金融期货合约中所规定的基础资产的质量、合约时间、合约规模、交割安排、交易时间、报价方式、价格波动限制、持仓限额、保证金水平等内容都由交易所明确规定。

(8) 每日价格限制。为防止期货价格出现过大的非理性变动，交易所通常对每个交易时段允许的最大价格波动作出规定，一旦达到涨（跌）幅度限制，则委托买卖无效。股指期货合约涨跌幅为上一个交易日结算价的±10%。季月合约上市首日涨跌停幅度为挂盘基准价的±20%，上市首日有成交的，下一交易日恢复到合约规定的涨跌停板幅度；首日无成交的，下一个交易日继续执行前一交易日的涨跌停板幅度。

(9) 强制平仓。强制平仓，又称被斩仓或被砍仓。根据强制平仓原因的不同，可将强制平仓分为：①因未履行追加保证金义务而强行平仓。如果会员或客户未在被要求的时间内履行追加保证金的义务，交易所就有权对会员、经纪公司有权对客户所持有的仓位实施强行平仓。②因违规行为被强行平仓。会员或客户违反交易所交易规则，交易所有权依交易规则的规定，对其违规持仓部分实施强行平仓。③因政策或交易规则临时变化而强行平仓。

(10) 交割日。期货合约规定的最后到期日。根据《沪深300股指期货合约》中规定，最后交易日与交割日为合约到期月份的第三个周五，遇国家法定假日顺延。

(二) 金融期权

1. 金融期权概念

金融期权（Financial Option）是以期权为基础的金融衍生产品，指以金融商品或金融期货合约为标的物的期权交易。其购买者在向出售者支付一定费用后，就获得了能在规定期限内以某一特定价格向出售者买进或卖出一定数量的某种金融商品或金融期货合约的权利。金融期权是赋予其购买者在规定期限内按双方约定的价格（协议价格，Striking Price）或执行价格（Exercise Price）购买或出售一定数量某种金融资产（或标的资产）的权利的合约。

期权交易实际上是一种权利有偿转让：期权的买方以支付一定数量的期权费为代价而拥有权利，但不承担必须买进或卖出的义务；期权的卖方则在收取一定数量的期权费用后，在一定期限内必须无条件服从买方的选择并履行成交时的承诺。

2. 金融期权的发展

18世纪，英国南海公司的股票股价飞涨，股票期权市场也有了发展。南海“气泡”破灭后，股票期权曾一度因被视为投机、腐败、欺诈的象征而被禁止交易长达100多年。早期的期权合约于18世纪90年代被引入美国，当时美国纽约证券交易所刚刚成立。19世纪后期，被喻为“现代期权交易之父”的拉舍尔·赛奇（Russell Sage）在柜台交易市场组织了一个买权和卖权的交易系统，并引入了买权、卖权平价。

1973年4月26日，芝加哥期权交易所（CBOE）成立，开始了买权交易，标志着期权合约标准化、期权交易规范化的形成。20世纪70年代中期，美洲交易所（AMEX）、费城股票交易所（PHLX）和太平洋股票交易所等相继引入期权交易，使期权获得了空前的发展。1977年，卖权交易开始了。与此同时，芝加哥期权交易所开始了非股票期权交易的探索。

1982 年，芝加哥货币交易所（CME）开始进行 S&P 500 期权交易，它标志着股票指数期权的诞生。同年，由芝加哥期权交易所首次引入美国国库券期权交易，成为利率期权交易的开端。同在 1982 年，外汇期权也产生了，它首次出现在加拿大蒙特利尔交易所（ME）。该年 12 月，费城股票交易所也开始了外汇期权交易。1984 年，外汇期货期权在芝加哥商品交易所的国际货币市场（IMM）登台上演。随后，期货期权迅速扩展到欧洲美元存款、90 天短期及长期国库券、国内存款证等债务凭证期货，以及黄金期货和股票指数期货上，几乎所有的期货都有相应的期权交易。

3. 金融期权的种类

金融期权按不同的标准，分为不同的类型，如图 3-5 所示。

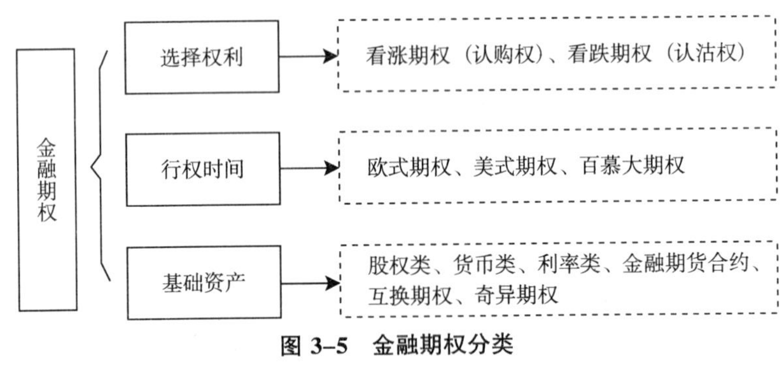

图 3-5　金融期权分类

（1）按选择权的性质划分，可以分为看涨期权和看跌期权。看涨期权也称为认购权，指期权的买方具有在约定时间期限内，按协定的价格（期权的敲定价格或行权价格）买入一定数量的基础金融产品的权利。交易者认为，在合约期限内，基础金融产品价格将会上涨。如果交易者判断正确，基础金融产品价格上涨，交易者行权，按协定价格买入该金融产品并以市价卖出，可赚取市价与协定价格之间的差价；如果失误，交易者放弃行权，损失为期权费。

看跌期权也称认沽权，指期权的买方具有在约定时间期限内，按协定的价格（期权的敲定价格或行权价格）卖出一定数量的基础金融产品的权利。交易者认为，在合约期限内，基础金融产品价格将会下跌。如果判断正确，基础金融产品价格下跌，交易者行权，从市场上以市价买入该项金融产品，再按协定的价格卖给期权的卖方，将赚取协定价格与市价之间的差价；如果失误，交易者放弃行权，损失为期权费。

（2）按合约所规定的履约时间的不同，金融期权可以分为欧式期权、美式期权和百慕大期权。欧式期权只能在期权到期日行权；美式期权可在期权到期日或到期日之前的任何一个营业日执行；百慕大期权也称为大西洋期权，可以在期权到日期之前的一系列规定日期行权。

（3）按金融期权基础资产的性质不同，分为股权类期权、利率类期权、货币类期权、金融期货合约期权、互换期权、奇异期权。

①股权类期权。指买方在支付了期权费用后，即取得在合约规定的到期日或到期日以前按协定的价格买入或卖出一定数量的相关股权的权利，分为单只股票期权、股票组合期权和股价指数期权。

②利率类期权。指买方在支付了期权费用后，即取得在合约有效期内或到期日以前按一定的利率买入或卖出一定面额的利率产品的权利。利率期权通常以政府短期、中期、长期债券，欧洲美元债券，大面额可转让存单等利率产品为基础资产。

③货币类期权又称外币期权、外汇期权。指买方在支付了期权费用后，即取得在合约有效期内或到期时以约定的汇率购买或出售一定数额某种外币资产的权利。货币期权合约主要以美元、欧元、日元、英镑、瑞士法郎、加拿大元以及澳大利亚元等为基础资产。

④金融期货合约期权。是一种以金融期货合约为交易对象的选择权，它赋予其持有者在规定时间内以协定价格买卖特定金融期货合约的权利。

⑤互换期权。金融互换期权是以互换合约为交易对象的选择权，它赋予其持有者在规定时间内以协定价格买卖特定金额期货合约的权利。

⑥奇异期权。奇异期权通常在选择权性质、基础资产以及期权的有效期等内容上与标准化的交易所交易期权存在差异，有的期权合约有两种资产、有的对行权设置了一定条件等。

4. 金融期权的功能

金融期权与金融期货有着相似的功能。从一定意义上说，金融期权是金融期货功能的延续和发展，具有与金融期货相同的套期保值和价格发现的功能，是一种行之有效的控制风险的工具。

（1）套期保值。套期保值是指企业为规避外汇风险、利率风险、商品价格风险、股票价格风险、信用风险等，制定一项或一项以上套期工具，使套期工具的公允价值或现金流量变动，与其抵消被套期项目的全部或部分公允价值或现金流量变动。

（2）价格发现。价格发现功能是指在一个公开、公平、高效、竞争的市场中，通过集中竞价形成期权价格的功能。

（3）套利功能。所谓套利是指同时买入协定价、金额和到期日都相同的看涨期权和看跌期权。这种套利的期权费有限（两倍的期权费用），无论基础金融产品价格朝哪个方向变动，期权买方的净收益一定是某种倾向的差价减去两倍的权利金。即是说，只要价格波动较大，即差价大于投资成本，期权买方即投资者均可受益。

（4）投机。期权的买方在支付了期权费后，就获得了期权合约所赋予的权利，即在期权合约规定的时间内，以事先确定的价格向期权的卖方买进或卖出某种金融产品的权利，当市场上基础金融产品价格出现大幅度的波动，有利于行权，买方行权从而获得收益，卖方产生无限亏损。

5. 金融期权与金融期货的区别

金融期权和金融期货虽然就差一个字，但两者之间存在很大的区别，如表 3-8 所示。

表 3-8　金融期权和金融期货的比较

比较内容	金融期货	金融期权
基础资产	期货资产可作为期权资产	期权资产多于期货资产，如金融期货期权
权利和义务	权利义务对称	买方只有权利、卖方只有义务
履约保证	双方开立保证金账户，必须履约	只有期权出售者需开立保证金账户，购买者无须开立保证金账户
现金流转	成交时不发生现金流转，成交后，逐日盯市制度，交易日发生现金流转	成交时购买者需支付一定的期权费，成交后不发生现金流转
盈亏	交易双方潜在盈亏无限	购买者亏损为期权费，盈利无限； 出售者收益为期权费，亏损无限
套期保值	在避免价格不利变动所造成的损失的同时，必须放弃若价格有利变动可能获得的收益	若价格发生不利变动，套期保值者可以执行期权来避免损失；若价格发生有利变动，套期保值者可以放弃期权来保护利益

三、权证

1. 权证的概念

权证（Share Warrant），是指基础证券发行人或其以外的第三人发行的，约定持有人在规定期间内或特定到期日，有权按约定价格向发行人购买或出售标的证券，或以现金结算方式收取结算差价的有价证券。

从权证的产品属性来看，权证是一种期权类金融衍生产品。权证与交易所交易的期权的主要区别在于，期权是交易所制定的标准化合约，具有同一基础资产、不同行权价格和行权时间的多个期权形成期权系列进行交易；权证是权证发行人发行的合约，发行人作为权利的授予者承担全部责任。

2. 权证种类

权证根据不同的划分标准有不同的分类：

（1）按基础资产分类。根据行权时的基础资产或标的资产，分为股权类权证、债券类权证以及其他权证。我国证券市场推出的权证属于股权类权证。

（2）按基础资产的来源分类。根据权证行权所买卖的标的股票来源不同，权证可以分为认股权证、备兑权证。认股权证也称股本权证，由基础证券发行人发行，行权时上市公司增发新股给认股权证的持有人。备兑权证通常由投资银行发行，备兑权证所认兑的股票不是新发行的股票，而是已经在市场上流通的股票，不会增加股份公司的股本。

（3）按持有人权利分类。权证分为认购权证和认沽权证。认购权证实质上是看涨期权，其持有人有权按规定价格购买基础资产；认沽权证是看跌期权，其持有人有权按规定价格卖出基础资产。

（4）按行权时间分类。可以将权证分为美式权证、欧式权证和百慕大权证。所谓欧式权证，就是只有到了到期日才能行权的权证。所谓美式权证，就是在到期日之前随时都可以行权的权证。所谓百慕大权证，就是持有人可在设定的几个日子或约定的到期日有权买卖标的证券的权证。

（5）按权证的内在价值分类。可以将权证分为平价权证、价内权证和价外权证。

3. 权证起源

权证起源于1911年美国电灯和能源公司。在1929年以前，权证作为投机性的品种而沦为市场操纵的工具。20世纪60年代，许多美国公司利用股票权证作为并购的融资手段。由于权证相对廉价，部分权证甚至被当成了促销手段。当时美国的公司在发售债券出现困难时，常常以赠送股票权证加以“利诱”，颇有种“买电脑赠保险”的意味。1970年，美国电话电报公司以权证方式融资，使得权证伴随标的证券的发行成为最流行的融资模式。欧洲最早的认股权证出现在1970年的英国，而德国自从在1984年发行认股权证之后，一度迅速成为世界上规模最大的权证市场，拥有上万只权证品种，但其地位目前已经让位于中国香港。截至2014年4月20日，中国香港权证市场共有7028只权证。

1992年6月中国内地第一只权证——大飞乐的配股权证推出。1992年10月30日深宝安向老股东发行了中国内地第一张中长期（一年）认股权证“宝安93认股权证”，发行总量为2640万张。1995年、1996年沪深两市推出A2配股权证。1996年6月底证监会终止了权证交易。

2005年8月22日第一只股改权证、第一只备兑权证——宝钢认购权证于上海证券交易所挂牌上市。2005年11月23日第一只认沽权证——武钢认沽权证于上海证券交易所挂牌上市。2007年6月第一只以现金行权的股改权证南航JTP1上市。

4. 权证的要素

权证包括类别、标的、行权价格、存续时间、行权日期、行权结算方式等。

（1）权证类别，指标明权证属于认购权证或认沽权证。

（2）标的，指权证的种类，涵盖了股票、债券、外币、指数、商品或其他金融产品，股票权证可以是单只股票或一篮子股票组合。

（3）行权价格，是发行人发行权证时所约定的、权证持有人向发行人购买或出售权证的标的的价格。如标的资产在发行后有除息、除权的，通常要对认股权证价格进行调整。

（4）存续时间，即权证的有效期，超过有效期，权证自动失效。沪深证交所规定，权证自上市后，存续时间为6个月以上24个月以下。

（5）行权日期，权证持有人行使权利的日期。

（6）行权结算方式，分为证券给付结算方式和现金结算方式。证券给付结算方式是权证持有人行权时，发行人有义务按照行权价格向权证持有人出售或购买标的证券；现金结算方式指持有人行权时，发行人按照约定向权证持有人支付行权价格与标的证券结算价格之间的差额。

（7）行权比例，指单位权证可以购买或出售的标的证券数量，沪深证交所规定，标的证券发生除权的，行权比例要做调整，除息则不作调整。

5. 权证发行和上市

（1）权证的发行，由标的证券发行人以外的第三人发行并上市的权证，发行人应按照下列规定之一，提供履约担保：

①发行人通过在结算公司开设的专用账户提供足够数量的标的证券或现金，作为履约担保。交易所将根据具体情况决定发行人需要提供的履约担保数量，并要求发行人在权证发行前完成履约担保。同时，交易所有权根据市场情况通过调整担保系数要求发行人追加履约担保品，担保系数是一个介于0和1之间的数字。

履约担保的标的证券数量=权证上市数量×行权比例×担保系数。

履约担保的现金金额=权证上市数量×行权价格×行权比例×担保系数。担保系数由交易所发布并适时调整。

②提供经交易所认可的机构如商业银行等作为履约的不可撤销的连带责任保证人。

（2）权证的上市。申请权证上市的，发行人应向交易所提交下列文件：

①上市申请书；

②权证发行情况说明；

③上市公告书；

④董事、监事和高级管理人员持有标的证券和权证的情况报告、禁售申请；

⑤交易所要求的其他文件。

（3）权证的交易。

①上交所规定，证券公司（以下简称本所会员）可以自营或代理投资者买卖权证。

②单笔权证买卖申报数量不得超过100万份，申报价格最小变动单位为0.001元人民币。权证买入申报数量为100份的整数倍。

③当日买进的权证，当日可以卖出。

④权证交易实行价格涨跌幅限制，涨跌幅按下列公式计算：

权证涨幅价格=权证前一日收盘价格+（标的证券当日涨幅价格–标的证券前一日收盘价）×125%×行权比例

权证跌幅价格=权证前一日收盘价格–（标的证券前一日收盘价–标的证券当日跌幅价格）×125%×行权比例

当计算结果小于等于零时，权证跌幅价格为零。

上海交易所权证管理有关规定见本章附录3。

四、金融衍生产品的交易方式

根据金融衍生产品的不同性质和不同种类，金融衍生产品的交易方式也不同，其可分为场内交易方式和场外交易方式。

（一）场内交易方式

场内交易方式，交易者需要进行开户，设立金融衍生产品交易账户，才能进行交易。

1. 开户必须具备的条件

要想进行股指期货交易，投资者须满足以下要求：

（1）具有完全民事行为能力；

（2）有与进行期货交易相适应的自有资金或者其他财产，能够承担期货交易风险；投资者开户的资金门槛为50万元；

（3）符合国家、行业的有关规定；

（4）拟参与股指期货交易的投资者需通过股指期货知识测试。该测试将由中金所提供考题，期货公司负责具体操作，合格分数线为80分；

（5）投资者必须具有累计10个交易日、20笔以上的股指期货仿真交易成交记录，或者最近三年内具有10笔以上的商品期货交易成交记录。

2. 期货开户场所

期货公司营业部临柜开户。

3. 开户资料

（1）个人。银行卡复印件或者扫描件1份、身份证扫描件（电子版）、个人数码大头照（500万以上像素，整体上身尺寸占整个照片比例的60%），签合同时的正面照。

（2）法人。营业执照（正本复印件，副本原件、复印件）、税务登记证（复印件）、组织机构代码证（原件、复印件）、机构法定代表人身份证件原件或加盖机构公章、法定代表人名章的《法人授权委托书》及开户代理人的身份证件原件、银行开户许可证，机构授权的指令下单人、资金调拨人、结算单确认人的身份证件原件（开户详细要求见本章附录3）。

4. 开户流程

（1）选择期货公司和经纪人。①资本雄厚、信誉好；②通讯联络工具迅捷、先进、服务质量好；③能主动向客户提供各种详尽的市场信息；④主动向客户介绍有利的交易机会，有一定的专家团队在线指导，有良好的商业形象和背景；⑤收取合理的履约保证金；⑥规定合理、透明的交易佣金；⑦能为客户提供理想的经纪人和高端的服务。

（2）具体流程。①客户提供有关文件、证明材料。②期货公司向客户出具《风险揭示声明书》和《期货交易规则》，向客户说明期货交易的风险和期货交易的基本规则。由客户在《风险揭示声明书》上签字、盖章。③客户填写资信情况登记表，并与期货公司确定交易手续费。④客户与期货经纪机构双方共同签署《客户经纪合同书》，明确双方权利义务关系，正式形成合作关系。⑤客户取得期货公司提供的专门账户，该账户与期货经纪机构的自有资金账户必须分开。客户必须在其账户上存有足额保证金后，方可下单。如图 3-6 所示。

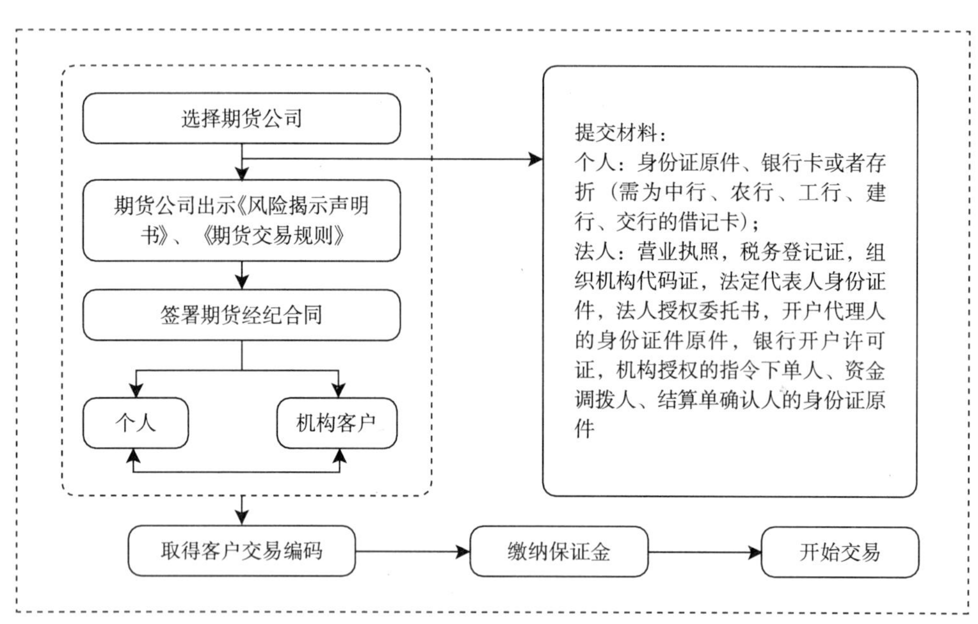

图 3-6　期货交易开户流程

（二）场外交易

场外交易与交易所市场交易不同。交易所市场需要办理期货等金融衍生产品交易的开户手续、缴纳保证金，才能进行交易。场外交易市场是一个无形市场，金融衍生产品交易可以通过场外交易市场交易。最重要的场外交易是银行柜台交易，投资者可通过银行柜台，与银行进行金融远期合约等衍生产品交易。通过银行柜台，与银行进行金融远期合约等衍生产品交易。

本章小结

1. 债券

了解债券的概念和特征。债券是一种有价证券，持有者可以获得利息收入和到期还本付息的权利，体现的关系是债权债务关系。债券的种类很多，有政府、公司、金融债券。上市债券的交易方式与股票交易方式一致。非上市债券的交易需到有关承办金融机构购买。

2. 基金

基金体现的关系是信托关系。学习了基金的种类和基金交易程序。

3. 金融衍生产品

了解金融衍生产品的种类和特点，并了解金融衍生产品市场交易方式。

练习

1. 谈谈债券的特点和种类，比较与股票的区别，并谈谈如何购买不同种类的债券。

2. 浅谈基金的种类，并谈谈如何购买基金进行投资。

3. 浅谈金融衍生产品的种类，并通过市场软件，查询市场上的金融衍生产品的种类，谈谈如何进行金融衍生产品市场交易。

附录1：中国金融期货交易所交易规则

第一章　总则

第一条　为规范期货交易行为，保护期货交易当事人的合法权益和社会公共利益，根据国家有关法律、行政法规、规章和《中国金融期货交易所章程》，制定本规则。

第二条　中国金融期货交易所（以下简称交易所）根据公开、公平、公正和诚实信用的原则，组织经中国证券监督管理委员会（以下简称中国证监会）批准的期货合约、期权合约交易。

第三条　本规则适用于交易所组织的期货交易活动。交易所、会员、客户、期货保证金存管银行及期货市场其他参与者应当遵守本规则。

第二章　品种与合约

第四条　交易所上市经中国证监会批准的交易品种。

第五条　期货合约是指由交易所统一制定的、规定在将来某一特定的时间和地点交割一定数量标的物的标准化合约。

第六条　期权合约是指由交易所统一制定的、规定买方有权在将来某一时间以特定价格买入或者卖出约定标的物（包括期货合约）的标准化合约。

第七条　期货合约主要条款包括合约标的、报价单位、最小变动价位、合约月份、交易时间、最低交易保证金、每日价格最大波动限制、最后交易日、交割方式、交易代码等。

第八条　期权合约主要条款包括合约标的、报价单位、最小变动价位、合约月份、交易时间、执行价格间距、卖方交易保证金、每日价格最大波动限制、最后交易日、执行方式、交易代码等。

第九条　合约的附件与合约具有同等法律效力。

第三章　会员管理

第十条　会员是指根据有关法律、行政法规和规章的规定，经交易所批准，有权在交易所从事交易或者结算业务的企业法人或者其他经济组织。

第十一条　交易所的会员分为交易结算会员、全面结算会员、特别结算会员和交易会员。

第十二条　交易会员、交易结算会员、全面结算会员具有在交易所进行交易的资格。

第十三条　交易结算会员、全面结算会员和特别结算会员具有与交易所进行结算的资格。交易会员可以从事经纪或者自营业务，不具有与交易所进行结算的资格。

第十四条　会员资格的批准、变更和终止，须经交易所批准，报告中国证监会，并予以公布。

第十五条　会员享有下列权利：

（一）在交易所从事规定的交易、结算和交割等业务；

（二）使用交易所提供的交易设施，获得有关期货交易的信息和服务；

（三）按照交易所交易规则行使申诉权；

（四）交易所交易规则及其实施细则规定的其他权利。

第十六条　会员应当履行下列义务：

（一）遵守国家有关法律、行政法规、规章和政策；

（二）遵守交易所的章程、交易规则及其实施细则和有关决定；

（三）按照规定缴纳各种费用；

（四）接受交易所监督管理；

（五）履行与交易所所签订协议中规定的相关义务；

（六）交易所规定应当履行的其他义务。

第十七条　申请成为交易所会员应当符合法律、行政法规、规章和交易所规定的资格条件。

第十八条　申请或者变更会员资格应当向交易所提出书面申请，在获得交易所批准后，与交易所签订相关协议。

第十九条　交易所建立会员联系人制度。会员应当设业务代表一名、业务联络员若干名，组织、协调会员与交易所的各项业务往来。

第二十条　会员出现下列情形之一的，交易所有权限制、暂停其业务或者调整、取消其会员资格：

（一）违反交易所的会员管理规定；

（二）不再符合会员资格条件；

（三）不符合中国证监会或者交易所相关规定。

第二十一条　交易所制定会员管理办法，对会员进行监督管理。

第二十二条　交易所可以根据市场发展，对会员的业务运作、风险管理、技术系统等提出要求，会员应当持续满足上述要求。

第四章　交易业务

第二十三条　期货交易是指在交易所内集中买卖期货合约、期权合约的交易活动。

第二十四条　交易日为每周一至周五（国家法定假日除外）。每一交易日各品种的交易时间安排，由交易所另行公告。

第二十五条　会员可以根据业务需要向交易所申请一个或者一个以上的席位。

第二十六条　会员在为客户开立账户前，应当向客户充分揭示期货交易风险，评估客户的风险承受能力，根据金融期货投资者适当性制度的规定审慎选择客户。

第二十七条　交易所实行交易编码制度。会员应当为每一个客户单独开立专门账户、申请交易编码，不得混码交易。

根据法律、行政法规、规章和有关规定需要对资产进行分户管理的特殊单位客户，可以为其分户管理的资产向交易所申请交易编码。

第二十八条　客户可以通过书面、电话、互联网等委托方式以及中国证监会规定的其他方式，下达交易指令。

第二十九条　交易指令分为市价指令、限价指令及交易所规定的其他指令。

第三十条 会员接受客户委托指令后，应当将客户的所有指令通过交易所集中交易，不得进行场外交易。

第三十一条 买卖申报经撮合成交后，交易即告成立。符合本规则各项规定达成的交易于成立时生效，买卖双方应当承认交易结果，履行相关义务。依照本规则达成的交易，其成交结果以交易所系统记录的成交数据为准。

第三十二条 交易指令成交后，交易所按照规定发送成交回报。

第三十三条 每日结算后，会员应当按照规定方式获取并核对成交记录。会员有异议的，应当在当日以书面形式向交易所提出。未在规定时间内提出的，视为对成交记录无异议。

第三十四条 交易所实行套期保值和套利管理制度。

第三十五条 会员进行期货交易，应当按照规定向交易所缴纳手续费。

第五章 结算业务

第三十六条 结算业务是指交易所根据公布的结算价格和交易所有关规定对交易双方的交易结果进行资金清算和划转的业务活动。

第三十七条 期货交易的结算，由交易所统一组织进行。

第三十八条 交易所实行会员分级结算制度。交易所对结算会员进行结算，结算会员对其受托的交易会员进行结算，交易会员对其客户进行结算。结算会员对其受托交易会员的期货交易承担履约责任，交易会员无法履约时，结算会员应当代为履约，并取得对违约交易会员的相应追偿权。

第三十九条 交易所实行保证金制度。保证金是交易所向结算会员收取的用于结算和担保合约履行的资金。经交易所批准，会员可以根据有关规定提交有价证券作为保证金。

第四十条 保证金分为结算准备金和交易保证金。结算准备金是指未被合约占用的保证金；交易保证金是指已被合约占用的保证金。

第四十一条 结算会员向交易会员收取的保证金不得低于交易所规定的保证金标准。结算会员有权根据市场运行情况和交易会员的资信状况调整对其收取保证金的标准。

第四十二条 交易所在期货保证金存管银行开设专用结算账户，用于存放结算会员的保证金及相关款项。结算会员应当在期货保证金存管银行开设期货保证金账户，用于存放其客户及受托交易会员的保证金及相关款项。

第四十三条 交易所与结算会员之间的期货业务资金往来应当通过交易所专用结算账户和结算会员专用资金账户办理。

第四十四条 会员应当将客户缴纳的保证金存放于期货保证金账户，并与其自有资金分别保管，不得挪用。

第四十五条　交易所实行当日无负债结算制度。

第四十六条　结算会员结算准备金余额低于规定水平且未按时补足的，如果结算准备金余额小于规定的最低余额，不得开仓；如果结算准备金余额小于零，交易所可以按照规定对其进行强行平仓。

第四十七条　交易会员只能委托一家结算会员为其办理结算交割业务，交易会员应当与结算会员签订协议，并将协议报交易所备案。

第四十八条　交易会员和结算会员可以根据交易所规定，向交易所申请变更委托结算关系，交易所审核通过后为其办理。

第四十九条　结算会员应当建立结算风险管理制度。结算会员应当及时准确地了解客户及受托交易会员的盈亏、费用及资金收付等财务状况，控制客户及受托交易会员的风险。

第五十条　交易所应当按照有关规定提取、管理和使用风险准备金。风险准备金用于为维护期货市场正常运转提供财务担保和弥补因交易所不可预见风险带来的损失。

第六章　交割业务

第五十一条　期货交易的交割，由交易所统一组织进行。

第五十二条　期货交割采用现金交割或者实物交割方式。

第五十三条　现金交割是指合约到期时，按照交易所的规则和程序，交易双方按照规定结算价格进行现金差价结算，了结到期未平仓合约的过程。

第五十四条　实物交割是指合约到期时，按照交易所的规则和程序，交易双方通过该合约所载标的物所有权的转移，了结到期未平仓合约的过程。

第五十五条　会员不得因其客户违约而不履行合约交割责任。对不履行交割责任的，交易所有权强制执行。

第七章　风险控制

第五十六条　交易所实行涨跌停板制度。涨跌停板幅度由交易所设定，交易所可以根据市场风险状况调整涨跌停板幅度。

第五十七条　交易所实行持仓限额制度。持仓限额是指交易所规定的会员或者客户持仓的最大数量。会员或者客户的套期保值、套利交易的持仓按照交易所有关规定执行。

第五十八条　交易所实行大户持仓报告制度。会员或者客户持仓达到交易所规定的持仓报告标准或者被交易所指定必须报告的，会员或者客户应当向交易所报告。客户未报告的，会员应当向交易所报告。交易所可以根据市场风险状况，制定并调整持仓报告标准。

第五十九条 交易所实行强行平仓制度。会员或者客户存在违规超仓、未按照规定及时追加保证金等违规行为或者交易所规定的其他情形的，交易所有权对相关会员或者客户采取强行平仓措施。强行平仓盈利部分按照有关规定处理，发生的费用、损失及因市场原因无法强行平仓造成的损失扩大部分由相关会员或者客户承担。

第六十条 交易所实行强制减仓制度。期货交易出现同方向连续涨跌停板单边无连续报价或者市场风险明显增大情况的，交易所有权将当日以涨跌停板价格申报的未成交平仓报单，以当日涨跌停板价格与该合约净持仓盈利客户按照持仓比例自动撮合成交。

第六十一条 交易所实行结算担保金制度。结算担保金是指结算会员按照交易所规定缴纳的，用于应对结算会员违约风险的共同担保资金。

第六十二条 交易所实行风险警示制度。交易所认为必要的，可以单独或者同时采取要求会员和客户报告情况、谈话提醒、书面警示和发布风险警示公告等措施，以警示和化解风险。

第六十三条 期货交易出现同方向连续涨跌停板单边无连续报价或者市场风险明显增大情况的，经交易所董事会执行委员会审议批准，交易所可以采取调整涨跌停板幅度、提高交易保证金标准及强制减仓等风险控制措施化解市场风险。采取上述风险控制措施后仍然无法释放风险的，交易所应当宣布进入异常情况，由交易所董事会决定采取进一步的风险控制措施。

第六十四条 结算会员无法履约时，交易所有权采取下列措施：

（一）暂停开仓；

（二）按照规定强行平仓，并用平仓后释放的保证金履约赔偿；

（三）依法处置作为保证金的有价证券；

（四）动用该违约结算会员缴纳的结算担保金；

（五）动用其他结算会员缴纳的结算担保金；

（六）动用交易所风险准备金；

（七）动用交易所自有资金。

交易所代为履约后，取得对违约会员的相应追偿权。

第六十五条 有根据认为会员或者客户违反交易所交易规则及其实施细则并且对市场正在产生或者将产生重大影响的，为防止违规行为后果进一步扩大，交易所可以对该会员或者客户采取下列临时处置措施：

（一）限制入金；

（二）限制出金；

（三）限制开仓；

（四）提高保证金标准；

（五）限期平仓；

（六）强行平仓。

前款第（一）、（二）、（三）项临时处置措施，可以由交易所总经理决定，其他临时处置措施由交易所董事会决定，并及时报告中国证监会。

第八章　异常情况处理

第六十六条　在期货交易过程中，出现下列情形之一的，交易所可以宣布进入异常情况，采取紧急措施化解风险：

（一）因地震、水灾、火灾或者计算机系统故障等导致交易无法正常进行；

（二）会员出现结算、交割危机，对市场正在产生或者将产生重大影响；

（三）出现本规则第六十三条情况并采取相应措施后仍未化解风险；

（四）交易所规定的其他情况。

出现前款第（一）项异常情况时，交易所总经理可以采取调整开市收市时间、暂停交易等紧急措施；出现第（二）、（三）、（四）项异常情况时，交易所董事会可以决定采取调整开市收市时间、暂停交易、调整涨跌停板幅度、提高交易保证金、限期平仓、强行平仓、限制出金等紧急措施。

因交易异常情况及交易所采取的相应措施造成的损失，交易所不承担责任。

第六十七条　交易所宣布进入异常情况并决定采取紧急措施前应当报告中国证监会。

第六十八条　交易所宣布进入异常情况并决定暂停交易的，暂停交易的期限不得超过3个交易日，但经中国证监会批准延长的除外。

第九章　信息管理

第六十九条　交易所期货交易信息是指期货、期权上市合约的交易行情、交易结算数据、统计资料、交易所发布的各种公告信息以及中国证监会要求披露的其他相关信息。

第七十条　交易所期货交易信息所有权属于交易所，由交易所统一管理和发布。

第七十一条　交易所发布的交易信息包括：合约名称、合约月份、开盘价、最新价、涨跌、收盘价、结算价、最高价、最低价、成交量、持仓量及其持仓变化、结算会员成交量和持仓量排名等其他需要公布的信息。

信息发布应当根据不同内容按照实时、每日、每周、每月、每年定期发布。

第七十二条　交易所应当采取有效通信手段，建立同步报价和即时成交回报系统。

第七十三条　因不可抗力、意外事件、交易所系统被非法侵入等原因导致交易信息传输发生异常或者中断的，交易所不承担责任。

交易所的行情发布正常，但因会员、信息服务机构或者公共媒体等转发发生故障，影响会员和客户交易的，交易所不承担责任。

第七十四条 交易所、会员不得发布虚假的或者带有误导性质的信息。

第七十五条 交易所、会员和期货保证金存管银行不得泄露业务中获取的商业秘密。经批准，交易所可以向有关监管部门或者其他相关单位提供相关信息，并执行相应的保密规定。

第七十六条 为保证交易数据的安全，交易所应当实行异地数据备份。

第七十七条 交易所管理和发布信息，有权收取相应费用。

第十章 监督管理

第七十八条 交易所依据本规则和有关规定，对与交易所期货交易有关的业务活动实施自律监督管理。会员、客户、期货保证金存管银行及期货市场其他参与者应当接受交易所对其期货业务的监督管理。

第七十九条 交易所监督管理的主要内容为：

（一）监督、检查期货市场法律、行政法规、规章和交易规则及其实施细则的落实执行情况，控制市场风险；

（二）监督、检查会员业务运作及内部管理状况；

（三）监督、检查会员的财务、资信状况；

（四）监督、检查期货保证金存管银行及期货市场其他参与者与期货有关的业务活动；

（五）调解、处理期货交易纠纷，调查处理有关违规案件；

（六）协助司法机关、行政执法机关依法执行公务；

（七）对其他违背“公开、公平、公正”原则、扰乱市场秩序、制造市场风险的行为进行监督管理。

第八十条 交易所履行监督管理职责时，可以行使下列职权：

（一）查阅、复制与期货交易有关的信息、资料；

（二）对会员、客户、期货保证金存管银行以及期货市场其他参与者等进行调查、取证；

（三）要求会员、客户、期货保证金存管银行以及期货市场其他参与者等对被调查事项作出申报、陈述、解释、说明；

（四）交易所履行监督管理职责所必需的其他职权。

第八十一条 交易所履行监督管理职责时，会员、客户、期货保证金存管银行及期货市场其他参与者应当配合。对不如实提供资料、隐瞒事实真相、故意回避调查或者妨碍交易所工作人员行使职权的单位和个人，交易所可以按照有关规定采取必要措施或者进行处理。

第八十二条　交易所每年应当对会员遵守交易所交易规则及其实施细则的情况进行抽样或者全面检查，并将检查结果上报中国证监会。

第八十三条　交易所发现会员、客户、期货保证金存管银行及期货市场其他参与者在从事期货相关业务时涉嫌违规的，应当立案调查；情节严重的，交易所可以采取相应措施防止违规行为后果进一步扩大。

第八十四条　交易所工作人员不能正确履行监督管理职责的，会员、客户、期货保证金存管银行及期货市场其他参与者有权向交易所或者中国证监会投诉、举报。经查证属实的，应当严肃处理。

第八十五条　交易所制定违规违约处理办法对违规违约行为进行处理。

第八十六条　交易所在中国证监会统一组织和协调下，与证券交易所、证券登记结算机构和期货保证金安全存管监控机构等相关机构，建立对期货市场和相关市场的信息共享等监管协作机制。

第十一章　争议处理

第八十七条　会员、客户、期货保证金存管银行及期货市场其他参与者之间发生的有关期货业务纠纷，可以自行协商解决、提请交易所调解、向仲裁机构申请仲裁或者向人民法院提起诉讼。

第八十八条　提请交易所调解的当事人，应当提出书面调解申请。经调解达成协议后，交易所制作调解书，经双方当事人在调解书上签字确认后生效。

第十二章　附则

第八十九条　交易所可以根据本规则制定实施细则或者办法。

第九十条　本规则由交易所董事会负责解释。

第九十一条　本规则的制定和修改须经交易所股东大会通过，报中国证监会批准。

第九十二条　本规则自 2013 年 8 月 30 日起施行。

附录 2：沪深 300 股指期货合约

第一章　总则

第一条　为规范中国金融期货交易所（以下简称交易所）沪深 300 股指期货合约（以下简称本合约）交易行为，根据《中国金融期货交易所交易规则》及相关实施细则，制定本细则。

第二条　交易所、会员、客户、期货保证金存管银行及期货市场其他参与者应当遵守本细则。

第三条　本细则未规定的，按照交易所相关业务规则的规定执行。

第二章　合约

第四条　本合约的合约标的为中证指数有限公司编制和发布的沪深 300 指数。

第五条　本合约的合约乘数为每点人民币 300 元。股指期货合约价值为股指期货指数点乘以合约乘数。

第六条　本合约以指数点报价。

第七条　本合约的最小变动价位为 0.2 指数点，合约交易报价指数点为 0.2 点的整数倍。

第八条　本合约的合约月份为当月、下月及随后两个季月。季月是指 3 月、6 月、9 月、12 月。

第九条　本合约的最后交易日为合约到期月份的第三个周五，最后交易日即为交割日。最后交易日为国家法定假日或者因异常情况等原因未交易的，以下一交易日为最后交易日和交割日。到期合约交割日的下一交易日，新的月份合约开始交易。

第十条　本合约的交易代码为 IF。

第三章　交易业务

第十一条　本合约的交易单位为手，合约交易以交易单位的整数倍进行。

第十二条　本合约交易指令每次最小下单数量为 1 手，市价指令每次最大下单数量为 50 手，限价指令每次最大下单数量为 100 手。

第十三条　本合约采用集合竞价和连续竞价两种交易方式。

集合竞价时间为每个交易日 9:10~9:15，其中 9:10~9:14 为指令申报时间，9:14~

9:15 为指令撮合时间。连续竞价时间为每个交易日 9:15~11:30（第一节）和 13:00~15:15（第二节），最后交易日连续竞价时间为 9:15~11:30（第一节）和 13:00~15:00（第二节）。

第四章 结算业务

第十四条 本合约的当日结算价为合约最后一小时成交价格按照成交量的加权平均价。计算结果保留至小数点后一位。

第十五条 本合约以当日结算价作为计算当日盈亏的依据。具体计算公式如下：

当日盈亏 = {∑[（卖出成交价 - 当日结算价）× 卖出量] + ∑[（当日结算价 - 买入成交价）× 买入量] +（上一交易日结算价 - 当日结算价）×（上一交易日卖出持仓量 - 上一交易日买入持仓量）}× 合约乘数

第十六条 本合约的手续费标准为不高于成交金额的万分之零点五。

第十七条 本合约的交割结算价为最后交易日标的指数最后两小时的算术平均价。计算结果保留至小数点后两位。

第十八条 本合约采用现金交割方式。

第十九条 本合约的交割手续费标准为交割金额的万分之一。

第五章 风险管理

第二十条 本合约的最低交易保证金标准为合约价值的 12%。

第二十一条 本合约的每日价格最大波动限制是指其每日价格涨跌停板幅度，为上一交易日结算价的±10%。季月合约上市首日涨跌停板幅度为挂盘基准价的±20%。上市首日有成交的，于下一交易日恢复到合约规定的涨跌停板幅度；上市首日无成交的，下一交易日继续执行前一交易日的涨跌停板幅度。

本合约最后交易日涨跌停板幅度为上一交易日结算价的±20%。

第二十二条 本合约会员和客户的持仓限额由交易所另行规定。

第六章 附 则

第二十三条 违反本细则规定的，交易所按照《中国金融期货交易所违规违约处理办法》有关规定处理。

第二十四条 本细则由交易所负责解释。

第二十五条 本细则自 2013 年 8 月 30 日起实施。

附录3：上海证券交易所权证管理暂行办法

上证国字［2005］17号，2005年7月19日

第一章 总则

第一条 为规范权证的业务运作，维护正常的市场秩序，保护投资者的合法权益，根据《证券法》等法律、行政法规以及本所相关业务规则，制定本办法。

第二条 本办法所称权证，是指标的证券发行人或其以外的第三人（以下简称发行人）发行的，约定持有人在规定期间内或特定到期日，有权按约定价格向发行人购买或出售标的证券，或以现金结算方式收取结算差价的有价证券。

第三条 权证在本所发行、上市、交易、行权，适用本办法，本办法未作规定的，适用本所其他有关规定。

第四条 本所对权证的发行、上市、交易、行权及信息披露进行监管，中国证监会另有规定的除外。

第五条 在本所发行、上市、交易、行权的权证，其登记、托管和结算由本所指定的证券登记结算机构办理。

第二章 权证的发行上市

第六条 发行人申请发行权证并在本所上市的，应在发行前向本所报送申请材料。本所自受理之日起20个工作日内出具审核意见，并报中国证监会备案。

前款申请材料的内容与格式，由本所另行制定。

第七条 权证发行申请经本所核准后，发行人应在发行前2~5个工作日内将权证发行说明书刊登于至少一种指定报纸和指定网站。

权证发行说明书的内容与格式由本所另行规定。

第八条 发行人应在权证发行结束后2个工作日内，将权证发行结果报送本所，并提交权证上市申请材料。

权证上市申请经本所核准后，发行人应在其权证上市2个工作日之前，在至少一种指定报纸和指定网站上披露上市公告书。

第九条 申请在本所上市的权证，其标的证券为股票的，标的股票在申请上市之日应符合以下条件：

（一）最近20个交易日流通股份市值不低于30亿元；

（二）最近 60 个交易日股票交易累计换手率在 25%以上；

（三）流通股股本不低于 3 亿股；

（四）本所规定的其他条件。

标的证券为其他证券的，其资格条件由本所另行规定。

第十条 申请在本所上市的权证，应符合以下条件：

（一）约定权证类别、行权价格、存续期间、行权日期、行权结算方式、行权比例等要素；

（二）申请上市的权证不低于 5000 万份；

（三）持有 1000 份以上权证的投资者不得少于 100 人；

（四）自上市之日起存续时间为 6 个月以上 24 个月以下；

（五）发行人提供了符合本办法第十一条规定的履约担保；

（六）本所规定的其他条件。

第十一条 由标的证券发行人以外的第三人发行并在本所上市的权证，发行人应按照下列规定之一，提供履约担保：

（一）通过专用账户提供并维持足够数量的标的证券或现金，作为履约担保。

履约担保的标的证券数量 = 权证上市数量 × 行权比例 × 担保系数；

履约担保的现金金额=权证上市数量×行权价格×行权比例×担保系数。担保系数由本所发布并适时调整。

（二）提供经本所认可的机构作为履约的不可撤销的连带责任保证人。

发行人应保证按前款第（一）项规定所提供的用于履约担保的标的证券或者现金不存在质押、司法冻结或其他权利瑕疵。权证存续期间，用于履约担保的标的证券或者现金出现权利瑕疵的，发行人应当及时披露，并采取措施使履约担保重新符合规定。

第十二条 申请权证上市的，发行人应向本所提交下列文件：

（一）上市申请书；

（二）权证发行情况说明；

（三）上市公告书；

（四）董事、监事和高级管理人员持有标的证券和权证的情况报告、禁售申请；

（五）本所要求的其他文件。

上市公告书的内容和格式，由本所另行规定。

第十三条 发行人应当在权证上市前与本所签订上市协议，明确双方的权利、义务和有关事项。

第十四条 出现下列情形之一的，权证将被终止上市：

（一）权证存续期满；

（二）权证在存续期内已被全部行权；

（三）本所认定的其他情形。

权证存续期满前 5 个交易日，权证终止交易，但可以行权。

第十五条 发行人应当在权证存续期满前至少 7 个工作日发布终止上市提示性公告。

第十六条 发行人应于权证终止上市后 2 个工作日内刊登权证终止上市公告。

第十七条 本所有权根据市场需要，要求发行人和相关投资者履行相关信息披露义务。

发行人应指定一名专职人员作为权证信息披露事务联络人。

第三章 权证的交易行权

第一节 交易

第十八条 经本所认可的具有本所会员资格的证券公司（以下简称本所会员）可以自营或代理投资者买卖权证。

第十九条 本所会员应向首次买卖权证的投资者全面介绍相关业务规则，充分揭示可能产生的风险，并要求其签署风险揭示书。风险揭示书由本所统一制定。

第二十条 单笔权证买卖申报数量不得超过 100 万份，申报价格最小变动单位为 0.001 元人民币。权证买入申报数量为 100 份的整数倍。

第二十一条 当日买进的权证，当日可以卖出。

第二十二条 权证交易实行价格涨跌幅限制，涨跌幅按下列公式计算：

权证涨幅价格=权证前一日收盘价格+（标的证券当日涨幅价格-标的证券前一日收盘价）×125%×行权比例；

权证跌幅价格=权证前一日收盘价格-（标的证券前一日收盘价-标的证券当日跌幅价格）×125%×行权比例。

当计算结果小于等于零时，权证跌幅价格为零。

第二十三条 权证上市首日开盘参考价，由保荐机构计算；无保荐机构的，由发行人计算，并将计算结果提交本所。

第二十四条 本所在每日开盘前公布每只权证可流通数量、持有权证数量达到或超过可流通数量 5%的持有人名单。

第二十五条 权证发行人不得买卖自己发行的权证，标的证券发行人不得买卖标的证券对应的权证。

第二十六条 禁止内幕信息知情人员利用内幕信息进行权证交易活动，获取不正当利益。

第二十七条 禁止任何人从事下列活动：

（一）直接操纵权证价格；

（二）通过操纵标的证券价格影响其对应权证的价格；

（三）通过操纵权证价格影响其对应的标的证券价格。

第二十八条　标的证券停牌的，权证相应停牌；标的证券复牌的，权证复牌。本所根据市场需要有权暂停权证交易。

第二十九条　已上市交易的权证，合格机构可创设同种权证，具体要求由本所另行规定。

第二节　行权

第三十条　权证持有人行权的，应委托本所会员通过本所交易系统申报。

第三十一条　权证行权的申报数量为100份的整数倍。

第三十二条　当日行权申报指令，当日有效，当日可以撤销。

第三十三条　当日买进的权证，当日可以行权。当日行权取得的标的证券，当日不得卖出。

第三十四条　标的证券除权、除息的，权证的发行人或保荐人应对权证的行权价格、行权比例作相应调整并及时提交本所。

第三十五条　标的证券除权的，权证的行权价格和行权比例分别按下列公式进行调整：

新行权价格 = 原行权价格 ×（标的证券除权日参考价/除权前一日标的证券收盘价）；

新行权比例 = 原行权比例 ×（除权前一日标的证券收盘价/标的证券除权日参考价）。

第三十六条　标的证券除息的，行权比例不变，行权价格按下列公式调整：

新行权价格 = 原行权价格 ×（标的证券除息日参考价/除息前一日标的证券收盘价）。

第三十七条　权证行权采用现金方式结算的，权证持有人行权时，按行权价格与行权日标的证券结算价格及行权费用之差价，收取现金。

前款中的标的证券结算价格，为行权日前十个交易日标的证券每日收盘价的平均数。

第三十八条　权证行权采用证券给付方式结算的，认购权证的持有人行权时，应支付依行权价格及标的证券数量计算的价款，并获得标的证券；认沽权证的持有人行权时，应交付标的证券，并获得依行权价格及标的证券数量计算的价款。

第三十九条　采用现金结算方式行权且权证在行权期满时为价内权证的，发行人在权证期满后的3个工作日内向未行权的权证持有人自动支付现金差价。

采用证券给付结算方式行权且权证在行权期满时为价内权证的，代为办理权证行权的本所会员应在权证期满前的5个交易日提醒未行权的权证持有人权证即将期满，或按事先约定代为行权。

第四十条　权证交易佣金、费用等，参照在本所上市交易的基金的标准执行。

第四章　罚则

第四十一条　权证发行人违反本办法或本所相关业务规则的，本所可责令其改正，并视情节轻重，给予下列惩戒：

（一）通报批评；

（二）公开谴责；

（三）本所认为需要采取的其他措施。

第四十二条　本所会员违反本办法或本所其他业务规则，本所可视情节轻重，给予下列惩戒：

（一）责令改正；

（二）通报批评；

（三）公开谴责；

（四）暂停其权证自营或经纪业务，限制其在自营或经纪业务中买入权证；

（五）本所认为需要采取的其他措施。

第四十三条　本所会员严重违反证券登记结算机构结算规则，根据证券登记结算机构的提请，本所可暂停其权证自营或经纪业务，或限制其在自营或经纪业务中买入权证。

第四十四条　本所对权证交易进行实时监控，对存在异常交易，或内幕交易、市场操纵嫌疑的，本所视具体情况，可采取下列措施：

（一）口头警告相关人员；

（二）约见相关人员谈话；

（三）限制出现重大异常交易情况的证券账户的权证交易；

（四）向中国证监会报告。

第五章　附则

第四十五条　本办法下列用语含义如下：

（一）标的证券：发行人承诺按约定条件向权证持有人购买或出售的证券。

（二）认购权证：发行人发行的，约定持有人在规定期间内或特定到期日，有权按约定价格向发行人购买标的证券的有价证券。

（三）认沽权证：发行人发行的，约定持有人在规定期间内或特定到期日，有权按约定价格向发行人出售标的证券的有价证券。

（四）行权：权证持有人要求发行人按照约定时间、价格和方式履行权证约定的义务。

（五）行权价格：发行人发行权证时所约定的，权证持有人向发行人购买或出售标的证券的价格。

（六）行权比例：一份权证可以购买或出售的标的证券数量。

（七）证券给付结算方式：指权证持有人行权时，发行人有义务按照行权价格向权证持有人出售或购买标的证券。

（八）现金结算方式：指权证持有人行权时，发行人按照约定向权证持有人支付行权价格与标的证券结算价格之间的差额。

（九）价内权证：指权证持有人行权时，权证行权价格与行权费用之和低于标的证券结算价格的认购权证；或者行权费用与标的证券结算价格之和低于权证行权价格的认沽权证。

第四十六条　本办法所称“以上”、“以下”含本数，“超过”、“低于”不含本数。

第四十七条　本办法经本所理事会通过，报中国证监会批准后生效，修改时亦同。

第四十八条　本办法由本所负责解释。

第四十九条　本办法自发布之日起施行。

附录4：期货市场客户开户管理办法

证监会公告［2009］24号，2009年8月27日

第一章　总则

第一条　为加强期货市场监管，保护客户合法权益，维护期货市场秩序，防范风险，提高市场运行效率，根据《期货交易管理条例》、《期货交易所管理办法》、《期货公司管理办法》等行政法规和规章，制定本规定。

第二条　期货公司为客户开立账户，应当对客户开户资料进行审核，确保开户资料的合规、真实、准确和完整。

第三条　中国期货保证金监控中心有限责任公司（以下简称监控中心）负责客户开户管理的具体实施工作。期货公司为客户申请、注销各期货交易所交易编码，应当统一通过监控中心办理。

第四条　监控中心应当建立和维护期货市场客户统一开户系统（以下简称统一开户系统），对期货公司提交的客户资料进行复核，并将通过复核的客户资料转发给相关期货交易所。

第五条　期货交易所收到监控中心转发的客户交易编码申请资料后，根据期货交易所业务规则对客户交易编码进行分配、发放和管理，并将各类申请的处理结果通过

监控中心反馈期货公司。

第六条 监控中心应当为每一个客户设立统一开户编码，并建立统一开户编码与客户在各期货交易所交易编码的对应关系。

第七条 中国证券监督管理委员会（以下简称中国证监会）及其派出机构依法对期货市场客户开户实行监督管理。

中国期货业协会、期货交易所依法对期货市场客户开户实行自律管理。

第二章 客户开户及交易编码申请

第八条 客户开户应当符合《期货交易管理条例》及中国证监会有关规定，并遵守以下实名制要求：

（一）个人客户应当本人亲自办理开户手续，签署开户资料，不得委托代理人代为办理开户手续。除中国证监会另有规定外，个人客户的有效身份证明文件为中华人民共和国居民身份证；

（二）单位客户应当出具单位客户的授权委托书、代理人的身份证和其他开户证件。除中国证监会另有规定外，单位客户的有效身份证明文件为组织机构代码证和营业执照；

（三）期货经纪合同、期货结算账户中客户姓名或者名称与其有效身份证明文件中的姓名或者名称一致；

（四）在期货经纪合同及其他开户资料中真实、完整、准确地填写客户资料信息。

第九条 期货公司应当对客户进行以下实名制审核：

（一）对照有效身份证明文件，核实个人客户是否本人亲自开户，核实单位客户是否由经授权的代理人开户；

（二）确保客户交易编码申请表、期货结算账户登记表、期货经纪合同等开户资料所记载的客户姓名或者名称与其有效身份证明文件中的姓名或者名称一致。

第十条 客户开户时，期货公司应当实时采集并保存客户以下影像资料：

（一）个人客户头部正面照和身份证正反面扫描件；

（二）单位客户开户代理人头部正面照、开户代理人身份证正反面扫描件、单位客户营业执照（副本）扫描件和组织机构代码证（副本）扫描件。

第十一条 证券公司依法接受期货公司委托协助办理开户手续的，应当按照本规定的要求对照核实客户真实身份，核对客户期货结算账户户名与其有效身份证明文件中姓名或者名称一致，采集并留存客户影像资料，并随同其他开户资料一并提交期货公司审核开户和存档。

第十二条 期货公司应当按照统一的格式要求采集并以电子文档方式在公司总部集中统一保存客户影像资料，并随其他开户材料一并存档备查。各营业部也应当保存所办理的客户开户资料及其影像资料。

第十三条 期货公司不得与不符合实名制要求的客户签署期货经纪合同，也不得为未签订期货经纪合同的客户申请交易编码。

第十四条 期货公司为客户申请交易编码，应当向监控中心提交客户交易编码申请。客户交易编码申请填写内容应当完整并与期货经纪合同所记载的内容一致。

第十五条 期货公司为单位客户申请交易编码时，应当同时按照规定要求向监控中心提交该单位客户的组织机构代码证（副本）扫描件和营业执照（副本）扫描件。

第十六条 期货公司应当按照规定要求定期向监控中心提交客户的以下资料：

（一）个人客户的头部正面照和身份证正反面扫描件；

（二）单位客户的开户代理人头部正面照和身份证正反面扫描件。

第十七条 监控中心应当按以下标准对期货公司提交的客户交易编码申请表及其他相关资料进行复核：

（一）客户交易编码申请表内容完整性、格式正确性；

（二）个人客户姓名和身份证号码与全国公民身份信息查询服务系统反馈结果的一致性；

（三）单位客户名称和组织机构代码证号码与全国组织机构代码管理中心反馈结果的一致性；

（四）客户姓名或者名称与其期货结算账户户名的一致性；

（五）其他应当复核的内容。

第十八条 监控中心在复核中发现以下情况之一的，监控中心应当退回客户交易编码申请，并告知期货公司：

（一）客户资料不符合实名制要求；

（二）客户交易编码申请表及相关资料内容不完整、格式不正确；

（三）中国证监会规定的其他情形。

第十九条 监控中心应当将当日通过复核的客户交易编码申请资料转发给相关期货交易所。

第二十条 期货交易所应当将客户交易编码申请的处理结果发送监控中心，由监控中心当日反馈给期货公司。

第二十一条 当日分配的客户交易编码，期货交易所应当于下一交易日允许客户使用。

第三章 客户资料修改

第二十二条 期货公司修改与申请交易编码相关的客户资料，应当向监控中心提交修改申请，申请修改的内容应当与期货经纪合同中客户资料保持一致。

第二十三条 期货公司申请对客户姓名或者名称、客户有效身份证明文件号码、客户期货结算账户户名进行修改的，监控中心重新按本规定第十七条进行复核。通过复核的，监控中心将修改后的资料转发相关期货交易所和期货公司并由其进行相应处理。

修改单位客户的客户名称、组织机构代码或者营业执照号码，期货公司应当同时上传该单位客户的组织机构代码证（副本）扫描件和营业执照（副本）扫描件。

第二十四条 期货公司申请对客户姓名或者名称、客户有效身份证明文件号码、客户期货结算账户户名之外的客户资料进行修改的，应当指明修改申请拟提交的期货交易所，监控中心对修改后客户资料内容的完整性、格式正确性进行复核，并将通过复核的申请转发相关期货交易所。期货交易所根据其业务规则检查后，向监控中心反馈修改申请的处理结果，由监控中心反馈给期货公司。

第二十五条 监控中心和期货交易所在管理中发现客户资料错误的，应当统一由监控中心通知期货公司，由期货公司登录统一开户系统进行修改。

第四章 客户交易编码的注销

第二十六条 期货公司应当登录监控中心统一开户系统办理客户交易编码的注销。

第二十七条 监控中心接到期货公司的客户交易编码注销申请后，应当于当日转发给相关期货交易所。

第二十八条 期货交易所应当将期货公司客户交易编码注销申请处理结果及时反馈监控中心，监控中心据此反馈期货公司。

第二十九条 期货交易所注销客户交易编码的，应当于注销当日通知监控中心，监控中心据此通知期货公司。

第五章 客户资料管理

第三十条 期货公司在交易结算系统中维护的客户资料应当与报送统一开户系统的客户资料保持一致。

监控中心应当对期货公司报送保证金监控系统与统一开户系统的客户姓名或者名称、内部资金账户、期货结算账户和交易编码进行一致性复核。

第三十一条 监控中心应当根据统一开户系统，建立期货市场客户基本资料库。

客户姓名或者名称、有效身份证明文件号码和客户期货结算账户户名之外的客户信息，监控中心应当根据不同的期货交易所、期货公司分别维护。

第三十二条 期货交易所应当定期向监控中心核对客户资料。

第六章 监督管理

第三十三条 中国证监会依法对期货市场客户开户进行监督检查。中国证监会派出机构对期货公司客户开户进行监督检查。

第三十四条 监控中心应当依据本规定制定期货市场客户开户管理的业务操作规则，并报告中国证监会。

监控中心应当建立健全相应的应急处理机制，防范和化解统一开户系统的运行风险。

第三十五条 期货公司、证券公司违反本规定的，中国证监会及其派出机构可以采取责令限期整改、监管谈话、出具警示函等监管措施；逾期未改正，其行为可能危及期货公司稳健运行、损害客户合法权益的，中国证监会及其派出机构可以责令期货公司、证券公司暂停开户或办理相关业务。

第三十六条 期货交易所、监控中心的工作人员应当忠于职守，依法办事，公正廉洁，保守期货公司和客户的商业秘密，不得利用职务便利牟取不正当的利益。

第三十七条 期货公司、证券公司违反本规定的，依照《期货交易管理条例》第七十条的规定进行处罚。

第三十八条 期货交易所、监控中心违反本规定的，依照《期货交易管理条例》第六十八条、第六十九条的规定进行处罚、处分。

第三十九条 期货交易所、监控中心的工作人员违反本规定的，依照《期货交易管理条例》第八十二条的规定进行处分。

第七章 附则

第四十条 期货公司会员号变更、会员分级结算关系变更、会员资格转让或者交易编码申请权限受到期货交易所限制时，期货交易所应当将有关情况及时通知监控中心。

第四十一条 对于实行会员分级结算制度期货交易所的非结算会员，监控中心应当将其申请和注销客户交易编码的结果及时通知其结算会员。

第四十二条 期货公司应当按照统一部署分期分批完成开户系统切换工作。完成开户系统切换后，期货公司应当按照本规定的要求办理客户开户手续。

第四十三条 本规定自 2009 年 9 月 1 日起施行。2007 年 11 月 5 日中国证监会发布的《关于进一步加强期货公司开户环节实名制工作的通知》（证监期货字［2007］257 号）同时废止。

参考文献

[1] 中国证券业协会:《证券市场基础知识》，中国金融出版社 2012 年版。
[2] 中国证券业协会:《证券投资分析》，中国金融出版社 2012 年版。
[3] 中国证券业协会:《证券发行与承销》，中国金融出版社 2012 年版。
[4] 上海证券交易所：http：//www.sse.com.cn/。
[5] 深圳证券交易所：http：//www.szse.cn/。
[6] 中国香港证券交易所：http：//www.hkex.com.hk/eng/index.htm。
[7] 中国台湾证券交易所：http：//wwwc.twse.com.tw/ch/index.php。
[8] 767 股票学习网：http：//www.net767.com/gupiao/junxian/200903/13474.html。